国家社会科学基金重大项目成果

主编 杜建录

西夏通志

语言志

段玉泉 王培培 撰

人民出版社

教育部人文社会科学重点研究基地
宁夏大学西夏学研究院重大项目

目　录

序　一

在西夏陵入选世界文化遗产名录之际，以宁夏大学杜建录教授为首的西夏研究团队，凭借着对学术的执着追求与深厚积淀，又推出一部重磅成果——《西夏通志》。这部多年精心编纂的大型西夏史著作共 11 卷（12 册），包括《西夏史纲》（2 册）《西夏地理志》《西夏经济志》《西夏职官志》《西夏军事志》《西夏人物志》《西夏部族志》《西夏风俗志》《西夏语言志》《西夏文献志》《西夏文物志》，共 400 余万字。首卷《西夏史纲》以全景式的视角，为读者徐徐展开西夏王朝兴衰更迭的历史长卷，其余各卷则从不同维度分别展示西夏历史的一个重要侧面。

《西夏通志》为 2015 年国家社科基金重大项目成果，立项前我和建录教授多次交换意见，立项后我们的交流就更多了，我还参与《部族志》的撰写、《职官志》的审读，书稿付梓前又得以先睹，感到此书的编纂意义重大，功力深厚，贡献良多。

众所周知，宋辽夏金之后的元朝为前代修史时，只修了《宋史》《辽史》和《金史》，未修西夏史，仅在这三史的后面缀以简约的"夏国传""西夏纪""西夏传"，概略地介绍了西夏主体民族党项族和西夏建国后的大事简况，以及各自与西夏的交聘争战。历史资料的稀缺，使得人们对西夏历史和社会的认识模糊不清，感到西夏史在中国历史链条中似乎是个缺环。清代以来，有识之士拾遗补阙，先后编撰《西夏书事》《西夏事略》《西夏纪》等著作，均是对传统典籍中文献资料的编年辑录，不是一部完整的西夏史。20世纪80年代以来，学界推出多部重要的西夏史著作，尤以吴天墀《西夏史稿》影响最为深远。但一方面章节体很难容纳更多的内容，另一方面出土的文献资料特别是西夏社会文书尚未公布和释读，很难弥补元代没有编纂西夏史的缺憾。

为此，《西夏通志》在系统占有资料特别是近年公布考释的西夏社会文书的基础上，将我国古代史书中的纪传史志和近代以来的章节体专史结合起来完成的一部大型西夏史著作，如"西夏史纲"是西夏王朝兴衰更迭的历史长卷；"西夏史志"，相当于"正史"中的《志》，包括地理志、经济志、职官志、军事志、部族志、语文志、文献志、文物志等，但内容和"正史"中《志》不大相同，而是根据资料和当代学术的发展，赋予新的内容，显示出新的活力，如"经济志"中的经济关系、阶级结构和社会形态；"职官志"中蕃汉官名；"军事志"中的战略、战术与战役；"语文志"中的语音和文字；"文献志"已不是传统《艺文志》中的国家藏书，而是所有地下出土文献和传世典籍文献；"人物志"，相当于人物传记；"表"包括世袭、帝号、纪年、交聘、大事、战事、词汇以及名物制度异译对照等。由此可见，《西夏通志》在一定程度上弥补了元朝没有纂修一部西夏史的缺憾。

《西夏通志》的特点是内容丰富而平实。正如首卷《西夏史纲》在凡例中所提出的"本史纲在百年西夏学基础上，系统阐述西夏建国、发展和衰亡过程以及西夏政治、经济、军事和文化面貌，不是资料考辨和某种观点的阐述。"其他各卷也都在各自的凡例中规定，该卷是在前人研究的基础上，进行客观叙述，不是资料考辨和某种观点的阐述。这样明确的自我约定，表明了作者们的科学、客观的治学态度和大众化的表述理念，充分彰显了作者团队严谨的治学态度和致力于学术大众化传播的理念。他们十分注重吸收近些年来在西夏法律、经济、军事、文化诸多方面的最新研究成果，把认真搜罗的相关文献、文物资料展陈于前，将成熟的学术观点归纳于后，没有佶屈聱牙、艰涩难懂的争辩，只是客观地叙述历史，娓娓道来，毫无强加读者之意，却能收平易推介之功，让读者在轻松愉悦的阅读体验中，自然而然地接受西夏历史知识。这种独特的写作风格，真正实现了学术著作的传播，让高深的学术知识走出象牙塔，走进大众视野。

《西夏通志》的另一个特点是系统而全面。全卷不仅多方位地涵盖了西夏历史，即便是每一卷也都能做到在各领域中尽量搜罗各种资料，做到全面系统。如《西夏文献志》收入西夏世俗文献167种，出土西夏佛教文献556种，传统汉文典籍中的西夏文献41种，历代编撰的党项西夏文献21种，还有亡佚的西夏文献25种，共达810种之多，同时对每一种文献都有介绍，为读者提供了翔实的西夏文献盛宴，可谓西夏文献的集大成之作。

《西夏通志》还有一个亮点是多数卷的末尾附有《表》，如《史纲》卷的《世袭表》《帝号表》《纪年表》《交聘表》《大事年表》《西夏学年表》，《地理志》的《党项与西夏地名异译表》，《职官志》的《党项与西夏职官异名对照表》《西夏蕃名官号一览表》《夏汉官职异名对照表》《机构异名对照表》，《语言志》的《词汇表》等。这些《表》以简洁明了的形式，将复杂的历史信息清晰地呈现出来，如《西夏学年表》呈现出百年西夏学发展脉络，《词汇表》以2000条的篇幅分门别类地展示出西夏语的常用词，每条词有西夏文、国际音标和汉译文三项，非常方便读者检索使用。这些附录有的是对正文的补充，有的是对正文的提炼，有的则与正文相呼应，成为各卷不可或缺的有机组成部分，充分体现了作者对各研究领域的深入理解、长期积累以及对读者需求的贴心考量。我想，只有作者对该领域的全面了解和深耕细作才能做出这样既专业，又方便读者的附录，我们应该对作者们为读者的精细考量致以诚挚的感谢。

本书作者团队阵容强大，领衔的杜建录教授为长江学者，他一人担纲了《西夏史纲》《西夏经济志》及部分《西夏军事志》的重担。其他各卷作者均是这些年成长起来的学术带头人和学术骨干，据我所知，他们大多数主持完成两项以上国家社科基金项目,有的主持国家社科基金重大项目和国家社科基金冷门绝学团队项目。这个研究团队经过多年历练,有良好的研究基础与合作传统,十多年前也是由杜建录教授主持的 4 卷本《党项西夏文献研究——词目索引、注释、异名对照》(中华书局 2011 年出版),这个团队的大部分成员就参加了这项基础资料建设工作,使他们在对党项西夏文献整理过程中打下了坚实的基础。他们中有的还参与《西夏文物》整理出版,看得出《西夏通志》是在坚实的基础上厚积薄发,他们的学术积累得到了充分的运用和表达。

他们还有一个特点,就是多熟悉西夏文。随着近代西夏文文献的大量发现,特别是近些年来黑水城出土文献的系统刊布,使西夏文文献成为解读西夏历史文化的重要资料基础。掌握西夏文成为解读西夏历史文化的关键。熟悉西夏文译释的本书作者们凭借这一优势,在研究中可以将汉文史料和西夏文资料以及文物资料充分同时利用,相互印证,有机地融汇在一起,做出特殊的深层次解读,从而取得新的符合史实的客观认识。他们如同穿越时空的使者,借助古老的文字,与历史对话,从而得出更符合史实的客观认识。揆诸各卷内容,都不乏利用新的西夏文资料展现该卷历史内容的实例,这种在中国史研究中大量利用民族文字资料的特殊手段彰显出本书的特点,展现出作者们经过艰苦学习、训练而能熟练应用西夏文的亮丽学术风采。

最后,我要说的是《西夏通志》作者无论研究环境优劣,都能正确把握国家对"冷门绝学"长远战略,以研究西夏历史文化为己任,以彰显其在中华文明中的价值为使命,坚守岗位,坚持学术,默默耕耘、潜心研究,努力发掘西夏文化在中华文明发展中的历史性贡献,用实际行动和优秀成果推动着西夏学的发展。对他们这种难能可贵的学术坚守点赞,对他们的学术品格表示尊敬!

随着西夏陵入选世界文化遗产名录,西夏研究将愈加受到有关部门、学术界和社会的关注和重视。此重要成果的推出无疑将会给方兴未艾的西夏学增添新的热度，对关心西夏的读者们有了认识西夏历史的新途径，为读者打开西夏历史知识的全新窗口，助力大众深刻理解西夏文化在中华文明中的重要地位，对铸牢中华民族共同体意识发挥积极的作用。

史金波

2025 年 7 月 15 日

（史金波　中国社会科学院学部委员　中国社会科学院学部委员工作室专家）

序　二

西夏史学史研究表明，西夏学一百多年的发展史，大体经历了两个阶段。第一阶段从20世纪20年代至80年代。从俄国探险家掠走黑水城西夏文献开始，苏联学者因资料上的优势，率先开始了西夏文献的整理研究，出版了一批论著。日本及欧美的学者也开始了西夏文献的研究。这个阶段，我国学者在西夏文文献资料有限的情况下，开始着手对西夏语言文献、社会历史及宗教文化等方面的研究。总体来讲，这一时期国外西夏学特别是俄罗斯西夏文献研究具有十分重要的地位。第二阶段从20世纪七八十年代开始，中国西夏学的研究开始出现了新的变化。70年代开始，西夏陵等一批西夏遗址的考古发掘，90年代以来的俄、中、英、法、日等国藏西夏文献的整理出版，西夏学的主战场逐渐由国外转移到国内，西夏学的内涵从早期的黑水城文献整理与西夏文字的释读，拓展成对党项民族及西夏王朝的政治、经济、军事、地理、宗教、考古、文物文献、语言文字、文化艺术、社会风俗等全方位的研究，完整意义上的西夏学逐渐形成，和敦煌学、简牍学一样，成为一门涵盖面非常广泛的综合性学科。西夏学取得的丰硕成果，表明已开始走出冷门绝学的境地，出现了初步的繁荣局面，学界给予了更多的关注和赞誉。2007年，在北京召开的《中国藏西夏文献》出版座谈会上，史学大师蔡美彪先生曾说，"我深切的感到30年来，我国西夏学、西夏史的研究取得的成绩非常大，甚至可以说，将这 30 年的中国历史学的各个领域比较起来的话，西夏的文献整理和西夏学研究的成绩，应该是最显著的领域之一"（《西夏学》第 3 辑，2008 年）。

西夏学在新的发展进程中，研究机构及学术团队的建立发展壮大，是必要的条件和基础工作。西夏故地在宁夏，宁夏大学一直把西夏学作为重点建设的学科，2001 年，宁夏大学西夏学研究中心被教育部批准为高校人文社会科学重点研究基地，2008 年教育部批准更名西夏学研究院。基地建设二十多年来，他们立足当地，着眼长远，培养队伍，积极开展具有学科发展意义的重点项目研究，已成长为国内外西夏学领域一支有科研实力、能够承担重大项目并起到领军作用的学术团队。在这个过程中，我作为亲历者和见证者，看到杜建录教授带领的基地和团队之所以能取得突出成效，缘于他们坚持正确的学术导向，具有长远的学术眼光，尊重学术发展规律，在推动西夏学学科体系建设方面采取了一系列必要的举措：

一是重视基础建设，组织文献整理、集成和出版。二十多年来，他们以教育部人文社会科学重点研究基地为平台，联合中国社会科学院西夏文化研究中心等单位，整理出版大型文献丛书《中国藏西夏文献》《中国藏黑水城汉文文献》《中国藏黑水城民族文字文献》《西夏文献丛刊》，建设大型西夏文献文物资料数据库；参与承担并完成国家社科基金特别委托项目《西夏文献文物研究》；将西夏文献研究由西夏文延伸到拓跋政权和西夏时期的汉文、西夏文、吐蕃文、回鹘文等多语种文献，拓展了西夏文献研究的深度和广度。

二是倡导"大西夏史"。跳出西夏看西夏，从唐五代辽宋夏金元大背景下研究西夏，推动多学科交叉综合研究，揭示中华民族"多元一体"格局形成的历史轨迹，揭示西夏多元杂糅的文化特点。将西夏学研究拓展到中华民族"三交"史的研究。

三是重视和推进民族史学理论建设。二十多年前建在宁夏大学西夏学研究院的中国少数民族史博士点就设立了中国民族史学理论专业方向。以"多元一体"为核心的史学理论建设推进和指导了西夏研究，专业人员的史学理论素养和分析概括能力明显提高，和近年来习近平总书记提出的铸牢中华民族共同体意识的理论创新思想紧密衔接。

四是重视学术团队建设和拓宽研究视域。宁夏大学西夏学研究已形成了有一定数量、结构配置合理的团队，研究方向涵盖了西夏历史、文化、语言、文献、文物等主要领域，近十多年迅速发展起来的西夏文化和西夏艺术研究，进一步丰富了西夏学的内涵，具有填补空白和创新的学术意义。运用中华民族史观和多学科综合研究方法，成为西夏学新的增长点。

五是重视国际合作研究，提升国际话语权。2010 年成立中俄西夏学联合研究所，开展黑水城文献合作研究，形成中俄联合研究机制。连续举办八届国际学术论坛，促进国际西夏学的交流和学术资源共享；利用国家社科基金外译项目等各种途径，组织出版西夏研究外译著作十多种。

这些举措的坚持和落实，使宁夏大学西夏学研究基地积累了经验，扩大了视野，历练了队伍，完成了一系列重大项目，展示了"西夏在中国，西夏学也在中国"的厚实基础。这也正是他们能够承担并高质量完成国家社科基金重大攻关项目《西夏通志》的主要原因。

杜建录担任主编的《西夏通志》2015 年获批国家社科基金重大项目，2022 年完成结项，2025 年正式出版，十年磨一剑，是迄今为止西夏学各个领域研究成果的集大成者。在学术指导思想上，贯穿了中华民族历史观和中华民族共同体意识；在历史资料运用上，充分吸收了迄今国内外发现刊布的各类文字资料及实物资料以及近年考古新发现；在叙述内容上，尽可能涵盖了西夏社会的各个方面和各个领域，力求全方位呈现一个真实、生动、立体的历史上的西夏；在编纂体例上，将我国传统的史志体和近代以来的章节体结合起来，作了有益的探索。从上述意义上看，《西夏通志》不仅是目前西夏学全面的创新性成果，而且是具有中国自主话语权和自主知识体系的学术成果。

在这里，特别要提到的是《西夏通志》所采用的编著体例。在中国悠久的治史传统中，不仅保留了各种记述历史的文献资料，也创造了编著史书的体例，形成了以纪传体（如《史记》为代表的二十四史）为主流以及编年体、纪事本末体等体例的史书编纂方式，与此同时形成的还有志书体例。志基本属于史的范畴，"郡之有志，犹国之有史"（宋·郑兴裔《广陵志·序》），"方志是地方之史"（白寿彝《史学概论》）。志更侧重于资料内容的分类编纂。以历史纵向为主线的"史"和以横向分类为主线的"志"，构成了中国传统史学的主要记述模式。传统史志体例作为中国历史庞大复杂内容的主要载体，数千年来不断改进完善，其功能和作用不可低估。但传统史著体例也有其历史局限性，如以王朝政治史为中心，忽视社会多元性；以儒家史观主导，难避片面性；以人物和事件描述为中心，缺乏历史发展内在联系及因果分析；史料的选择有局限，民间、地方、民族方面的史料缺失等等。上个世纪随着西方史学理论和方法的引入，史著的章节体体例渐成现代历史著作的主要形式，它以历史演进为基本线索，以科学分类和逻辑分章的形式，将传统史志的叙事方式赋予了现代学术规范，具有结构清晰、内容涵盖面广、可以跨学科综合、便于阅读和传授的特点。但史家在运用章节体书写历史中，与传统史著相比，也感到有不足之处，如对人物、典籍、制度、文化等专项内容的描述不够，一般的处理方法是简要地概括在章节的综合叙事中。白寿彝先生主编的12卷《中国通史》作了新的尝试，用传统与现代相融合的创新编纂体例，采用甲、乙、丙、丁四编结构，甲编"序说"整合文献与研究成果，乙编"综述"以时序勾勒朝代脉络，丙编"典志"解析政治经济文化制度变迁，丁编"传记"通过人物纪传体现史实。这种创新体例将专题考据与宏观叙事结合，史料评介、制度分析、人物纪传、考古发现、研究动态等在章节体中不易展开的内容都有了一定的位置呈现。

作为以断代史和王朝史为叙述对象的西夏历史，《西夏通志》大胆采用了传统史志体例与现代章节体例相融合的方式，将史、志、传、表作为基本结构，"史"为"西夏史纲"，以纵线时间脉络为主，集中阐述从党项到西夏政权的治乱兴衰和社会各方面的演进；"志"为"西夏史志"，采用传统地理志、职官志、军事志、部族志、语文志、文献志、文物志等分类编纂叙述的方法，但充分运用了新资料，内容更充实，阐释更有新意；"传"即"人物志"，对见于记载的西夏人物逐个立传；"表"包括世袭、帝号、纪年、交聘、大事、战事、词汇以及名物制度异译对照等。全书在中华民族史观的统领下，继承考证辨析的严谨治学方法，以现代学术规范为基本要求，充分吸收传统体例的元素，力求作到史论结合、史志结合、出土文献和实物与典籍文献结合、西夏文文献与汉文文献及其他民族文字文献结合、国内研究与国外研究结合，尽可能吸收国内外研究的新成果。这种编纂体例，虽然带有试验性，但体现了学术上守正创新的精神，体现了构建自主知识体系的积极探索。

经过 10 年的不懈努力，煌煌 12 卷 400 多万字的《西夏通志》终于呈现在读者面前，可以说，《西夏通志》的出版，在西夏学发展史上具有里程碑意义，对于西夏学的过往来讲，是一次全面的总结和收获；对于西夏学的未来来讲，是进一步研究的起点。正如编著者在"序"中所言，《西夏通志》的完成不是收官，而是起点！

陈育宁

2025 年 7 月 6 日

（陈育宁　宁夏大学教授　宁夏大学原党委书记　校长）

序 三

元朝修宋辽金三史，没有给西夏修一部纪传体专史，给后人留下很多缺憾。现存的资料无法编纂一部纪传体《西夏史》，当代章节体的《西夏史》又无法容纳更多内容。鉴于此，2008年就开始策划编纂多卷本历史著作《西夏通志》，2015年获批国家社会科学基金重大项目，2022年完成结项，2025年正式出版。该多卷本著作体裁介于"纪传体"断代史和"章节体"专史之间，将我国的史论和史志结合起来，在西夏史乃至中国古代史研究体例和方法上都是创新，这是本通志纂修的意义和价值所在。

自明、清以来，封建史家有感于西夏史的缺憾，筚路蓝缕，拾遗补阙，撰写出多种西夏专史，重要的有明代《宋西事案》、清代张鉴《西夏纪事本末》、吴广成《西夏书事》、周春《西夏书》、陈崑《西夏事略》，民国初年戴锡章《西夏纪》等等。这些著作梳理了西夏史资料，特别是参考了当时能见到、现已不存的文献资料，值得我们重视。不过从总体上来看，明、清两代学者对西夏史的研究有较大的局限性：一方面采取的是传统的封建史学观点、方法和体例；另一方面黑水城文献尚未发现，西夏陵等重要考古尚未开展，所使用的资料仅限于传世典籍，因此，这些著作都不能够全面阐释西夏社会面貌。

20世纪70年代以来，西夏史的研究又得到学界的重视，先后出版林旅

芝《西夏史》（1975）、钟侃等《西夏简史》（1980）、吴天墀《西夏史稿》
（1981）、李蔚《简明西夏史》（1997）、李范文主编《西夏通史》（2005），这
些成果各有所长，大大推动新时期西夏史的研究，如果从研究的全面性来看，
仍有一定的局限，一是章节体例无法容纳更多历史事实，前四种都在四十万
字以内，其中《西夏简史》不足10万字，即使由专家集体完成的《西夏通史》
也是几十万字；二是地下出土文献尚未完全公布，特别是数千件俄藏西夏社
会文书近年才公布，所利用的资料有限。因此，有必要运用新资料、新体例
完成一部多卷本的西夏史。

国外西夏研究的重点集中在西夏文献，西夏历史方面的成果相对较少，
主要有苏联克恰诺夫的《西夏史纲》（1968），日本冈崎精郎的《党项古代史
研究》（1972），美国邓如萍的《白高大夏国：十一世纪夏国的佛教和政体》
（1998），《西夏史纲》比较简略，且汉文资料使用上有较多错误；《党项古代
史研究》侧重西夏建国前的历史；《白高大夏国：十一世纪夏国的佛教和政体》
过分强调西夏佛教的地位，国外的西夏史代表作虽有较高的参考价值，但也
不能反映西夏历史全貌。此外，《中国通史》《辽宋西夏金代通史》《剑桥辽夏
金史》也都有西夏史的内容。该成果或作为中国通史的一部分，或是辽金西
夏断代史的组成部分。

除通史外，文献资料和专史研究也取得了很大成绩，文献资料整理研究
方面，相继出版《俄藏黑水城文献》《英藏黑水城文献》《法藏敦煌西夏文文
献》《中国藏西夏文献》《中国藏黑水城汉文文献》《斯坦因第三次中亚考古所
获汉文文献》《日本藏西夏文文献》《西夏文物》（多卷本）。韩荫晟《党项与
西夏史料汇编》，陈炳应《西夏文物研究》，史金波《西夏经济文书研究》《西
夏军事文书研究》，史金波等译《天盛改旧新定律令》，杜建录等《党项西夏
文献研究——词目索引、注释与异名对照》《西夏社会文书研究》等。所有这
些，将西夏历史文献整理研究推向了新阶段。

西夏专史方面，史金波《西夏文化》《西夏佛教史略》《西夏社会》，白滨

《元昊传》《党项史研究》，周伟洲《唐代党项》《早期党项史》，汤开建《党项西夏史探微》，杜建录《西夏经济史》《西夏与周边民族关系史》，李华瑞《宋夏关系史》，杨浣《宋辽关系史》，陈育宁、汤晓芳《西夏艺术史》，韩小忙《西夏美术史》，鲁人勇《西夏地理考》等。这只是百年西夏学论著的一部分，还有大量论著收录在《西夏学文库》《西夏学文萃》两套大型丛书中，不一一列举。这些研究成果，为多卷本《西夏通志》的撰写奠定坚实的基础。

《西夏通志》约四百万字，从内容上看，可分为四部分，一是"西夏史纲"，包括党项内迁与夏州拓跋政权建立、西夏建国与治乱兴衰、西夏人口与社会、西夏农牧业和手工业、西夏通货流通与商业交换、西夏赋役制度、西夏社会形态与阶级结构、西夏文化、西夏遗民等。

二是"西夏史志"，相当于"正史"中的《志》，包括地理志、经济志、职官志、军事志、部族志、语文志、文献志、文物志等，但内容和方法和"正史"中《志》大不相同，而是根据资料和当代学术的发展，赋予新的内容，显示出新的活力，如"地理志"中的地的西夏地图；"经济志"中的经济关系、阶级结构和社会形态；"职官志"中蕃汉官名；"军事志"中的战略、战术与战役；"语文志"中的语音和文字；"文献志"已不是传统《艺文志》中的国家藏书，而是所有地下出土文献和传世典籍文献（含典籍中记载而已佚失的文献），既包括西夏文文献，又包括西夏时期产生汉文文献和其他民族文字文献。

三是"西夏人物志"，相当于人物传记，对目前见于记载的所有西夏人物立传，由于资料不一，每个传记多则近千字，少则数十字。

四是附表，包括《西夏世袭表》《西夏帝号表》《西夏纪年表》《西夏交聘表》《西夏大事年表》《党项与西夏地名异译表》《党项与西夏职官异名对照表》《西夏蕃名官号一览表》《夏汉官职译名对照表》《机构译名对照表》《西夏战事年表》《西夏人物异名对照表》《西夏部族名称异译表》《西夏沿边部族名称异译表》《西夏词汇表》《西夏学年表》等。

为了高质量完成书稿，课题组结合西夏文献资料特点，尽可能多重证据，将地下出土文献和传世典籍文献相结合，西夏文文献和汉文文献及其他民族文字文献相结合，《天盛律令》《亥年新法》《法则》《贞观玉镜将》等制度层面上的资料和买卖、借贷、租赁、军抄、户籍等操作层面上的资料相结合，国内研究和国外研究相结合。例如，《天盛律令》规定"全国中诸人放官私钱、粮食本者，一缗收利五钱以下，及一斛收利一斛以下等，依情愿使有利，不准比其增加。"过去对这条律令不好理解，通过和黑水城出土西夏天盛十五年贷钱文契结合研究，可知一缗收利五钱为日息，一斛收利一斛为年息。

郡为秦汉以来普遍设置的地方机构，相当于州一级，下辖县，有时是州县，有时是郡县。一般情况下县级名称不变，而州郡名称互换，如灵州与灵武郡，夏州与朔方郡，凉州与武威郡，甘州与张掖郡，肃州与酒泉郡。西夏立国后承袭前代，在地方上设州置郡，以肃州为蕃和郡，甘州为镇夷郡。这条资料出自清人吴广成《西夏书事》，由于该书没有注明史料来源，往往为史家所诟病，研究者不敢确认西夏设郡。黑水城出土西夏榷场文书明确记载镇夷郡，为西夏在地方设郡找到了确凿证据，其意义不言自明。

二是考证辨析，对异见异辞、相互矛盾的史料，加以辨正，以求其是；辨析不清者，两存其说、存疑待考。例如，《天盛律令》记载有石州、东院、西寿、韦州、卓啰、南院、西院、沙州、啰庞岭、官黑山、北院、年斜等十二个监军司，有的名称和《宋史》《续资治通鉴长编》记载相同，有的不相同，要逐一考辨清楚。还如，汉文文献中的党项西夏地名、人名、官名、族名，有的是意译，有的是用汉语音写下来，不同的译者往往用字不同，出现了大量的异译；有的在传抄、刊印过程出现讹、衍、误。以上种种现象，造成将一人误做两人，将一地误做两地，将一官误做两官，为此，在全面系统搜集资料的基础上，对汉译不同用字以及讹、衍、误逐一进行甄别和考辨，表列党项与西夏地名、人名、官名、族名异名对照。

三是分三步完成，第一步为按卷编纂"西夏通志资料长编"，将所有出土文献、传世典籍、文物考古资料，按照时间和门类编成资料长编；第二步对搜集到西夏文献资料辨析考证，完成西夏史考异，对当代专家不同的认识，也要加以辨析，有的问题两存其说；第三步在资料长编和文献考异的基础上，删繁就简、去误存真、存疑待考，完成资料详实、内容丰富、观点鲜明的多卷本《西夏通志》。

教育部西夏学重点研究基地建设伊始，确立了西夏文献整理出版、西夏文献专题研究以及西夏社会面貌阐释的"三步走"战略。《西夏通志》的纂修是该战略的重要环节，它的完成不是收官，而是起点！

杜建录

2025 年 6 月 1 日

（杜建录　教育部人文社科重点研究基地

宁夏大学西夏学研究院院长　民族与历史学院院长）

凡　例

　　——本志分语音、词汇、语法、文字四大类。各类中又分若干小类。

　　——本志所用语料尽可能采用有汉文原文或藏文原文可参照者，以汉文可参照者为主。确无可参照而语料价值较高者，亦可少量收入。所有语料均标注西夏文文献出处，标明至卷数。

　　——语料采用多行式对勘法处理。对勘材料为汉文者采用四行式：第一行西夏文录文、第二行标注拟音、第三行汉文逐字对译、第四行列对勘之汉文；对勘材料为藏文者采用五行式，增加一行对勘之藏文。无对勘材料之语料者采用学界成熟之译文，注明译文来源。

　　——西夏文录文采用景永时先生所造字体，拟音标注采用龚煌城先生之构拟。

　　——学术界研究之分歧尽可能以脚注形式呈现。

一、概论

（一）

西夏（1038—1227），是以党项羌族为主体而建立起来的一个多民族地方政权。早期的党项羌族主要居住在青藏高原东部，即今天的四川、甘肃、青海交界处。这一地带被今天的语言学界称之为川西民族走廊，现有十种不同的语言，属于藏缅语的羌语支。[①] 党项羌原居住地北接吐谷浑，西接吐蕃，于公元 7 世纪开始内迁至今甘肃庆阳、陕西横山一带。1038 年，党项首领元昊立国，国号大夏，又称大白高国、白高大夏国。1227 年被蒙古所灭。

党项内迁前与吐谷浑、吐蕃等民族有广泛交流，内迁至立国前与唐、宋等王朝有密切联系，也与吐蕃、回鹘等民族交往频繁。西夏政权是建立在以党项民族为主体的一个多民族地方政权，西夏境内除党项族之外，还有大量的汉、藏、回鹘乃至其他少数民族居民。《天盛改旧新定律令》卷一〇《司序行文门》载："一任职人番、汉、西番、回鹘等共职时，位高低名事不

---

① 孙宏开:《川西民族走廊地区的语言》，载《西南民族研究》，四川民族出版社 1983 年版，第429—454 页。

同者，当依各自所定高低而坐。"①类似"番""汉""蕃（西番）""回鹘"连称者，尤其是"番""汉""蕃（西番）"连称者，在出土西夏文献中多有所见。西夏境内多民族居民的存在，表现在语言文字的使用上，除党项族主体使用的西夏文记录的西夏语之外，还有汉文、藏文等其他民族语言文字同时存在。

　　西夏多民族语言文字并存也可以由出土文献材料佐证。出土西夏文献，固然以西夏文文献为主，也包括大量汉文文献，以及藏文、梵文、回鹘文、女真文等多种民族文字文献。就汉文文献而言，大体有两种情况：一是翻印、抄写中原的传世汉文文献，二是西夏本土原创或翻译的汉文文献。中原传世的汉文文献经西夏翻刻或重抄的数量甚多，西夏本土原创或翻译的汉文文献也为数不少。西夏原创汉文文献涉及诗歌、《杂字》、佛教发愿文以及数量不少的社会经济文书，西夏翻译出的汉文佛教文献，多半从藏文翻译过来，在翻译出西夏文本的同时，通常也翻译出一个汉文本。大量汉文文献的存在，反映出汉语是西夏境内除党项语之外的一种重要的交流语言。西夏文人也特别看重党项人学习汉语、汉人学习西夏语的双语学习，他们提到："今时人者，番汉语言可以俱备。不学番言，则岂和番人之众？不会汉语，则岂入汉人之数？"②两种语言间的相互学习及交流的重要性在这些文人眼里有着非常透彻的认识。藏语也是在西夏境内使用的一种语言之一。黑水城出土文献中有不少藏文文献，其中相当一部分是西夏时期的刻本和写本。这些文献不少是在西夏境内形成的，更多则是大量的藏地僧人前往西夏传法所带来的著作，并与党项、汉族僧人合作将它们翻译成西夏文和汉文。《天盛改旧新定律令》中还多处提及"𘟣𘟣𗙼𘕿"（回鹘通译）的记载，表明西夏也有与通回鹘文者交流的需要，不排除有部分回鹘文文献流传。

------

① 史金波、聂鸿音、白滨译注：《天盛改旧新定律令》，法律出版社 2000 年版，第 378 页。
② （西夏）骨勒茂才：《番汉合时掌中珠》序，见《俄藏黑水城文献》第 10 册，上海古籍出版社 1999 年版，第 2 页。

　　概言之，西夏是一个以党项民族为主体的多民族聚居的地方政权，其境内除党项族之外，还有大量的汉、藏、回鹘以及其他少数民族居民。在语言使用方面，表现出以党项语为主的多语言并存的情况。因此，西夏政权建立后，在西夏境内使用的语言，不只有党项族使用的党项西夏语，也包括汉语和藏语，甚至其他语言。在文字方面，西夏境内使用的文字也不只有西夏文，还大量使用汉文、藏文甚至回鹘文等其他文字。所以，作为一个以党项民族为主体的多民族地方民族政权，西夏境内存在着多语言流通、多文字并存的状况。

　　本志所及的西夏语不包括西夏境内同时使用的汉语、藏语等其他语言，也不完全等同于党项语，即既不包括原始党项语，也不括党项口语，是专指通行于古代中国西北西夏（1038—1227）王朝境内的、现已消亡的、以西夏文字为载体的党项书面语。①

（二）

　　1908 年，随着黑水城文献的出土，夏汉对照词语集《番汉合时掌中珠》以及《文海宝韵》《同音》《同音文海宝韵合编》《五音切韵》等一批西夏辞书面世，加上其他各种文献的呈现，西夏语的研究迎来了大量可兹利用的材料，西夏语的神秘面纱也逐步揭开。

---

　　① 按，关于"西夏语"或"党项语"的提法，学术界也有不认同者，因为在西夏本土文献中，党项人称其语言为"𗾟𗝠" mji^2-ηwu^1（番言），因此克平就主张采用 Mi（番）来称呼这一语言，而反对使用"西夏"或者 Tangut（党项）。我们虽然认可克平的这一观点，但在这里还是沿用学术界习用的提法。此外，最近聂鸿音先生提出，西夏文字实际上是记录了两种不同的语言："番语"和"勒尼语"。前者是河湟一带党项人传统的通行语，即通常所说的"西夏语"或"党项语"；后者是外来的统治部族带入的，使用范围较窄。西田龙雄将其称之为"赤面语"与"黑头语"，克平称之为"通行语"和"仪式语"。与西田龙雄、克平将二者看作是一种语言的不同变体有别，聂先生则认为是两种完全不同的语言。参见 K. B. Keping，"Mi-nia（Tangut）self-appellation and self-portraiture in Khara-Khoto materials"，*Manuscripta Orientalia* 7.4，2001，p37-47；聂鸿音：《一文双语：西夏文字的性质》，《宁夏社会科学》2019 年第 5 期。笔者这里介绍的主要是指聂鸿音先生论及两种语言与其中"番语"对应的部分。

　　关于西夏语的谱系分类问题，早期研究中，劳费尔主张西夏语属于汉藏语系藏缅语族彝语支。[①] 20 世纪 80 年代以来，随着学者对中国四川西部及滇川交界区域的藏缅语的深入调查研究，羌语支正式从藏缅语中确立为一个语支。根据对西夏语的语法特征以及同源词的证据，学术界开始倾向于西夏语属于羌语支说。[②]

　　羌语支语言分布在我国四川省西部和云南省的岷江、大渡河、雅砻江、金沙江等流域。现今使用语言目前所知有十二种，它们是：羌语、普米语、嘉绒语、道孚语（尔龚语）、却域语、扎坝（扎巴）语、贵琼语、木雅语、尔苏语、纳木义语、史兴语、拉乌戎语。一般将它们分为南北两支。南支包括：尔苏语、纳木义语、史兴语、却域语、扎坝语、贵琼语；北支包括：羌语、普米语、嘉绒语、道孚语（尔龚语）、拉乌戎语。[③] 羌语支语言有一些比较明显的共同特点：

　　语音方面，各语言都有复辅音声母，单辅音有小舌塞音和擦音，塞擦音有四套；元音有长短、卷舌、鼻化，但很少有松紧，韵尾大体已丢失；声调的作用不大，南部方言有辨义声调。从语音结构上看，贵琼、木雅、尔苏、纳木义等南部语言声韵调数目比较接近，复辅音声母少，单元音韵母多，无辅音韵尾，都有声调，特点与毗邻的藏语康方言及彝语支比较接近。羌、嘉绒、道孚等北部语言复辅音声母多，单元音韵母较少，多数有复辅

　　① 　B.Laufer，"The Si-hia Language：A Study in Indo-Chinese Philology"，*T'oung Pao*，vol.17，1916，pp1-126. 汉译本见劳费尔：《西夏语言：印度支那语文学研究》，聂鸿音、彭玉兰译，载孙伯君编：《国外早期西夏学论集》（一），民族出版社 2001 年版，第 180—288 页。

　　② 　这一观点由孙宏开先生于 1981 年在银川召开的第一届西夏研究学术讨论会提出，参见李范文主编：《西夏语比较研究》，宁夏人民出版社 2004 年版，第 8 页。正式发表的观点参见孙宏开：《从词汇比较看西夏语与藏缅语族羌语支的关系》，《民族语文》1991 年第 2 期。关于语音、语法、词汇的详细探讨，参见李范文主编：《西夏语比较研究》，宁夏人民出版社 2004 年版。此后，马蒂索夫（1991）、克平（1993）等皆有同样的观点，见 Matisoff.，James A.，"Sino-Tibetan linguistics：present state and future prospects"，*Annual Review of Anthropology* 20，1991，p.469-504.

　　③ 　参见马学良：《汉藏语概论》，民族出版社 2003 年版，第 176—182 页；孙宏开：《论藏缅语族的羌语支》，《语言暨语言学》，"中研院"语言学研究所 2001 年版，第 160 页。

音韵尾，有的没有声调，其特点与毗邻的藏语安多方言接近。

语法方面，人称代词有格，量词与数词结合为数量型，但不如彝语支丰富，谓词有人称、数、体、态、式、趋向等语法范畴，形态丰富，其中趋向范畴在藏缅语族其他语支中少见，结构助词比藏语支语言丰富。

词汇方面，有较多的汉语借词和藏语借词，各语言之间的同源词一般在20% 左右，最多达 30%。

西夏语在语法和词汇方面，有很多特征和羌语语言特征相同，尤其是与北支语言相同。语法特征中如名词的数范畴，人称代词的语音形式及第三人称代词的由来，谓词有人称、数、体、态、式、趋向范畴等诸多方面，都表明西夏语同羌语支语言保持着紧密联系或很大一致。[①] 词汇方面，西夏语中有大量的汉藏语借词，与藏缅语族各语支同源词比较，同羌语支诸语言同源的词语平均高达 33.7%。[②]

但在语音方面，西夏语既有与藏、羌、彝三个语支共有的现象，如卷舌元音及发音方法等问题；也有与羌、彝两个语支共有的现象，如鼻化元音及辅音韵尾问题等；还有与羌、藏两个语支共有的现象，如松紧元音问题；当然也有与羌语支独有的现象，如复合元音问题等。比较起来，可以得出西夏语与羌语支最为接近的结论，更为准确地说，是与羌语支南部方言以及木雅、纳木义、史兴、尔龚等这几种语言更接近些。[③]

是以，学术界初步认为西夏语是羌语支中介于南支和北支之间的一种语

---

① 参见李范文主编：《西夏语比较研究》，宁夏人民出版社 2004 年版，第 254—255 页。
② 孙宏开先生选择了 845 个西夏词语与国内藏缅语族主要语支的不同语言逐个进行比较，得出的与各主要语支同源的百分比排列顺序分别为，羌语支 33.07%、彝语支 22.6%、缅语支（阿昌语）17.3%、藏语支 16.2%、景颇语支 15.4%；与羌语支各语言逐个比较，同源的百分比排列顺序分别为，木雅语 36.1%、扎巴语 34.9%、尔龚语 34.1%、尔苏语 33.3%、贵琼语 32.9%、普米语 32.7%、纳木义语 32.5%、羌语 31.8%、史兴语 31.3%、嘉戎语 31.1%。参见李范文主编：《西夏语比较研究》，宁夏人民出版社 2004 年版，第 341—344 页。
③ 同上，第 48—49 页。

言[①]，它兼有南支的一些语音特点，而保留北支的一些语法特点，词汇上则与尔龚、木雅、扎巴、尔苏等语言最为接近。[②] 西夏语在羌语支内部的地位如下图[③]所示：

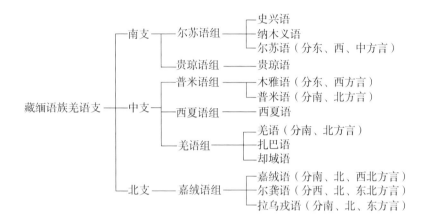

（三）

西夏立国前，操持党项语的党项人并没有自己的文字。党项内迁之后，在很长一段时间内多与汉人接触，更多使用汉字。为配合西夏立国，西夏开始创造自己的文字，用于专门记录党项语。西夏文字的创制，史书记载各异。今天，学界倾向于是在元昊的倡导下由野利仁荣创制的。

西夏文字笔画繁杂，"乍视，字皆可识；熟视，无一字可识。"[④] 西夏文字无论是就笔画、偏旁部首而言，与汉字相距甚远。然而就实际构形而言，汉

① 也有学者提出不同意见，法国学者向柏霖认为西夏语和羌语的关系不如与嘉绒语等语言的关系密切，他提议在汉藏语系缅彝语族内部另行建立一个"党项语支"（branche tangoutique），或叫做"木雅语支"，这个语支包括被中国学者归入羌语支的党项语（西夏）、嘉绒语、木雅语、普米语和却域语，而不包括羌语。见 Guillaume Jacques, *Esquisse de phonologie et de morphologie historique du tangoute*, Leiden : Global Oriental，2014, pp. 2-4.

② 李范文主编：《西夏语比较研究》，宁夏人民出版社 2004 年版，第 343 页。

③ 转引自孙宏开：《西夏语声母系统拟测》，《语言科学》2016 年第 1 期；又见孙宏开：《西夏与羌——兼论西夏语在羌语支中的历史地位》，《阿坝师范学院学报》2016 年第 6 期。

④ （清）张澍：《养素堂文集》卷一九（清道光十五年枣华书屋刻本），第 18—20 页。

字六书中的会意及形声两种造字法成为主要方法。此外，中古汉字中的"否定会意""切身字"，俗写中的变换构件位置、符号替代、类化等等现象同样大量出现。汉字构形的诸多内在规律在西夏文字中尽现。

人类历史上文字的产生与发展，一般不外乎两种情况：一是在长期的生产生活中积累经验独立创造出来的，如汉字；一是借鉴、参考或依傍其他文字而创造出来的，如契丹文、女真文等。西夏文字属于后一种类型，是借鉴其他文字而创制出来的。西夏周边的民族很多，它创制文字时可以接触到的文字有汉文、藏文、回鹘文、契丹文等多种不同文字，它有足够的自由度选择到底应该借鉴哪种文字。

一般来说，中途创制的文字在借鉴、参考或依傍其他文字时是以文化的发展为向心力的，一个国家和民族要创制新的文字，既要记录自己的语言，也更想要通过这一文字将先进文化快速介绍到本民族或国家中来。汉文化是世界上最古老的也最具影响力的文化之一，它积累了汉民族长期发展起来的大量智慧和经验，并由汉字记录传承下来，具有一定的向心力，并直接表现在文字上。周边国家朝鲜、越南、日本等国家在创制自己的文字之前曾一度直接使用汉字，契丹、女真等周边民族也曾一度借用汉字，他们在创制自己的文字时也不同程度受到汉字的影响。受汉字影响最为直观的是曾在越南等地使用的字喃，它不仅借助了汉文的造字法，更将汉字或汉字的构件直接移入，有时还直接使用汉字。日本后来使用的假名虽然是一种音节文字，但受汉字的影响同样非常直观。其片假名是取汉字楷书字的偏旁或笔画而成，用于书写和印刷；其平假名是由汉字的草书变化而来，用于记载外来语和特殊词汇。汉文化以及汉字的巨大向心力同样吸引着党项民族，其创制文字时也自然地选择了借鉴、参考或依傍汉字。

但与上述几种文字有所不同，西夏文字没有照搬现成的汉字，就连汉字的偏旁部首也没有借用。这些偏旁或部首到底是如何创制而来的？至今是一个令我们无法解开的谜团。然而深入西夏文字的内部构造，那一个个字的合成、一类类的规律都与中古汉字实际运行过程中表现出来的，特别是民间的、俗文化层面的用字规律如此神合，无疑是属于源自汉文的汉字系文字。造字者在字面上力求表现出与汉字的差别，但内在的构造规律却在紧密追随汉字实际应用中的内在变化，这或许正是两个民族紧密相连、长期互动交融的结果，也是党项紧密追随汉地文化发展的表现。

二、语音

（一）西夏语音的一般特点

声母方面，有 28 个辅音，两个半元音。声母的基本格局是，塞音和塞擦音有三套，分别为不送气清音、送气清音和不送气浊音；擦音有清浊严格对应的两套，如 s:z、ś:ź、x:ɣ，鼻音有 m、n、ŋ，n 兼与 t 组和 ts 组对应，m、ŋ 均对应于同部位的塞音和塞擦音；有边音和舌尖颤音 l、r，无轻唇音 f。[①]

韵母方面，《文海》平声分为 97 韵，上声分为 86 韵，平上相配共 105 韵。105 韵中，不同类型的元音从 u 到 o 循环出现，形成四个循环。元音分长短、松紧、卷舌与不卷舌，元音鼻化，有无辅音韵尾等，学术界皆有不同看法。

声调分平声与上声。

（二）西夏语音的构拟

1. 西夏语音构拟的材料

西夏语音构拟的材料可以分为内部材料和外部材料。内部材料主要是指出土的西夏文韵书和韵图，是西夏语音系统框架建构的主要依据。外部材料

---

① 参见李范文主编：《西夏语比较研究》，宁夏人民出版社 2004 年版，第 48 页。

是指各种对音资料，是西夏语音系统构拟的重要参考资料和检验依据。

（1）内部材料

内部材料涉及的韵书和韵图主要有《同音》《文海宝韵》及《五音切韵》。

《同音》，又译《音同》。令吭犬长、罗瑞灵长等编纂，成书于西夏早期。后屡经修订，有学士浑吉白、勿布犬乐改编本，学士兀罗文信整理本，梁德养校勘本和义长整理本等多种版本。出土《同音》皆为刻本，蝴蝶装，有多种版本，大体可分为义长整理本（甲种本）和德养校勘本（乙种本）两种。义长整理本共 56 页，序、跋具存。据序、跋知，此本在兀罗文信整理基础上，由义长重新校订，于西夏正德六年（1132）成书。全书按声母顺序，分为重唇音、轻唇音、舌头音、舌上音、牙音、齿头音、正齿音、喉音、舌齿音（亦称"来日音"）九类。每类之下，将同音字排列在一起，不同音者以小圆圈分隔；有些西夏字没有与之同音的字，独自记录一个音节，称之为独字，列于各声类之末，不再以圆圈分隔。每一字头（大字）下均以小字为注，注字排列或左或右，多为一字，间或二三字。注字与字头往往构成同义关系、反义关系或复合成词，亦有指明类属、用途和词性的注释等等。据《同音》序所载，兀罗文信整理本大字 6133 字，注字 6230 字。德养校勘本与义长整理本体例上大体一致，不同在于同音字的划分及独字的安排。前者平声、上声分设；后者不区分声调，平声、上声合为一体。

《文海宝韵》，亦简称《文海》。罗瑞智忠等编纂，成书于西夏前期（11 世纪中期）。原书存有详本（刻本，亦称为甲本）、略本（抄本，亦称为乙本）两种。出土《文海宝韵》详本，蝴蝶装，残，存平声及杂类之一部分;《文海宝韵》略本，前有残序，正文基本为按详本顺序排列的西夏字表，分平声、上声和入声、杂类，偶有简略注释。合详、略两本，知《文海宝韵》原书包括平声、上声和入声、杂类三部分。平声 97 韵，上声和入声 86 韵。每韵类之前列韵类代表字，以"【"标记，代表字之下列韵序。如"【瓶啮"，"瓶"表示平声第 5 韵，"瓶"为该韵代表字。每韵所收西夏字按声母重唇音、轻唇音、舌头音、舌上音、牙音、齿头音、正齿音、喉音、来日舌齿音为序排列。每类之下，将同音字排列在一起，不同音者以小圆圈分隔。有些西夏字没有与之同音的字，独自记录一个音节，称之为独字，列于各韵类之末，各字之下皆注反切，不另以小圆圈分隔。杂类亦分平声、上声两部分，每部分亦依声母顺序编次。全书排列顺序类似于汉语韵书《切韵》《广韵》等类著作。详本每韵类之下所收西夏字皆有双行小字解释，解释一般包括三部分。首以四字设限，分析字形构造；次以较多的文字或同义、或近义、或构词、或指明类属用途等多种方式解释字义；最后以反切法注音，凡有同音字者，反切仅出现在首字末尾，反切之后标明同音字数。各字分形、义、音三部分解释，类似于汉语文字学著作《说文解字》。《文海宝韵》兼具汉语韵书《广韵》及文字学著作《说文解字》的特点，于传统辞书领域未见先例。

　　《五音切韵》，西夏语韵图。著者不详。编纂于西夏（1038—1227）早期。现出土6种写本，蝴蝶装，皆残。其中甲种本有一篇由西夏皇帝惠宗秉常御制的序，言及"是以建立《五音切韵》者，统摄《文海宝韵》之字"。是书以《文海宝韵》为基础编成，分为韵表、韵图两部分。韵表名为"九音显门"，纵行为韵，横列为声，依九品音分类，每类一表。韵图名为"众漂海入门"，自右而左以声分为唇、舌、牙、齿、喉5格，上下共分为9段，前4段为开、合口清音，5、6两段为来、日母音，7、8两段为平、上声韵的代表字。其中乙种本书页之间粘贴有《文海》所收本韵字表。韵图反映出了西夏语的声韵配合关系。

　　利用这些内部材料，可以帮助确定西夏语的声类以及韵类，进而构建声母与韵母系统的框架。

（2）外部材料

　　外部材料主要是指各种对音材料，根据其性质可以区分为注音材料和译音材料。

　　注音材料主要有汉夏注音、夏汉注音、藏夏注音。汉夏注音是指用汉文给西夏文字注音，主要材料为《番汉合时掌中珠》（以下简称《掌中珠》）书中每栏的第一列汉字，即是给第二列西夏文字注音，供汉人学习西夏文使用。夏汉注音是指用西夏文字给汉字注音，主要材料为《掌中珠》书中每栏第四列西夏文字，给第三列汉字注音，供西夏人学习汉文使用。藏夏注音是指用藏文字母给西夏字注音，主要材料为出土的藏文注音佛经残片，目前所见有20件。这三类注音材料，都属于对音材料。

译音材料是指翻译文献中的各种音译材料，可区分为夏汉译音、夏梵译音两类材料。夏汉译音是指用西夏文字音译汉字的资料，主要有从汉文翻译而成的各种地名、人名、药名、佛教术语、陀罗尼用字等等。夏梵译音主要是指用西夏文字音译梵文字母的资料，主要有从藏文翻译而来的佛教术语及陀罗尼用词。这两类材料，都是重要的对音资料。

此外，还有大量的汉语或藏语借词，也可以作为对音资料使用。

2. 西夏语音构拟的历程

对西夏语音的探讨首先是从发现和利用各种对音资料开始的。1871年，韦列（A.Wylie）首先利用居庸关石刻中的梵文与西夏文的陀罗尼对音资料，初步构拟出了87个西夏字字音，大多准确无误。[①]1904年，毛利瑟（M.G.Morisse）利用同样的方法处理《妙法莲华经》中的陀罗尼用字，为75个西夏字给出了读音。然而，这一解读不大成功，因为《妙法莲华经》是从汉文翻译而来，应该使用汉夏对音，而非梵夏对音。1909年，伊凤阁（A.I.Ivanov）利用从黑水城文献中发现的《掌中珠》，选出了部分容易判读的词语，依据所注汉字推定西夏语音。然而其推定过程犯了一些关键性错误，即是将《掌中珠》中的复字注音顺序误读了，按照汉语古书的阅读顺序应该从右往左，结果他全从左向右来读；依次是对这些汉字的读音，他采用

---

① A.Wylie, "On an Ancient Buddhist Inscription at Keu-yung-kwan, in North China", *Journal of the Royal Asiatic Society*, vol. Ⅴ, 1871.

了他所熟悉的现代北方官话读音，而实际应采用当时的西北方音。① 伊凤阁的错误误导了著名语言学家劳费尔（B. Laufer），致使他据此词表读音而做出西夏语属于彝语支的判断，在材料利用上出现了致命错误。1926 年，聂历山（Н.А.Невский）利用 7 件俄藏藏文注音残片整理出《西藏文字对照西夏文字抄览》②。1928 年，斯坦因（A. Stein）《亚洲腹地考古图记》也刊布了一张英藏藏文注音残片，并附有劳费尔对这张残片中的藏文注音所作的拉丁转写。③1929 年，龙果夫（A. Dragunov）利用《掌中珠》"尼 x"型汉字注音材料和相应西夏字的藏文注音前加字材料，推论西夏语有前置鼻辅音④。1930 年王静如先生利用汉字和藏文对西夏文的注音探讨西夏语音结构。⑤1931 年、1934 年伍尔芬敦（S. N. Wolfenden）通过与嘉绒语等亲属语言比较，认为藏文注音前加字反映的是复辅音声母。⑥

对西夏语语音声母系统的初步构拟从劳费尔开始的。他利用同源词的比较及部分借词材料，初步构拟出了 29 个声母。韵母和元音部分则与藏语、汉语进行了部分比较。劳费尔所用西夏词语的材料基础则是伊凤阁关于《掌中

---

① A. Ivanov, "Zur Kenntniss der Hsi-hsia-Sprache", *Известия Императорской Академии Наук*, VI серия，т . III，1909，стр . 1221-1226.

② N. A. Nevsky, "A brief manual of Si-hia characters with Tibetan transcriptions", *Research Review of the Osaka Asiatic Society*, No. 4, 1926. 译文见聂历山著，刘红军、孙伯君、聂大昕译：《西藏文字对照西夏文字抄览》，载孙伯君编：《国外早期西夏学论集（二）》，民族出版社 2005 年版，第 1—98 页。

③ A. Stein, *Innermost Asia : Detailed Report of Explorations in Central Asia, Kan-su and Eastern Īrān*, Oxford : Oxford University Press, Vol. III, 1928, Plate CXXXIV.

④ A. Dragunov, "Binoms of the type 尼 卒 in the Tangut-Chinese dictionary", *Доклады Академии Наук СССР*, 1929, стр . 145—148. 译文见龙果夫著，聂大昕译：《夏汉字典中"尼卒"型的二合字》，载孙伯君编：《国外早期西夏学论集（二）》，民族出版社 2005 年版，第 127—131 页。

⑤ 王静如：《西夏文汉藏译音释略》，《中研院历史语言研究所集刊》第二本第二分，1930 年，第 171—184 页。又载王静如：《王静如民族研究文集》，民族出版社 1998 年版，第 1—16 页。

⑥ S. N. Wolfenden, "On the Tibetan transcriptions of Si-Hia words", *Journal of the Royal Asiatic Society*, 1931, pp.47-52. 译文见聂大昕译：《论西夏字的藏文注音》，载孙伯君编：《国外早期西夏学论集（二）》，民族出版社 2005 年版，第 170—174 页；"On the prefixes and consonantal finals of Si-Hia as evidenced by their Chinese and Tibetantranscriptions", *Journal of the Royal Asiatic Society*, 1934, pp. 745—770. 译文见聂大昕译：《汉藏文注音中的西夏语前缀和辅音韵尾》，载孙伯君编：《国外早期西夏学论集（二）》，民族出版社 2005 年版，第 202—221 页。

珠》的解读成果。① 其后，聂历山利用西夏文《五音切韵》也初步归纳出一个西夏语的声母表，构拟出了 32 个声母。② 此后对西夏语音作构拟的学者及成果较多，最主要有以下几家：

（1）索弗洛诺夫与克恰诺夫（1963）

（2）西田龙雄（1964、1966）

（3）桥本万太郎（1965）

（4）索弗洛诺夫（1968）

（6）李范文（1986）

（7）龚煌城（1988）

（8）荒川慎太郎（1997）

除此之外，黄振华、李新魁、孙宏开等也有过全面或部分的构拟，聂鸿音、林英津、孙伯君、张竹梅等学者也有部分关于语音构拟及探讨的相关成果。

3. 语音构拟的相关概念

（1）平上相配。西夏语分平声、上声两个声调，平声 97 韵，上声 86 韵。平上相配所确定综合韵共 105 韵。早期各家所确定综合韵大不相同。日本学者桥本万太郎首开平、上声相配研究，他发现西夏旧本《同音》经常不区分声调，将声母韵母都相同的字排列在一起，视为同音，据此将西夏语综合韵设定为 98 韵；西田龙雄利用同一资料设定为 100 韵（他把平声最后两韵以资料不足为由暂时排除）；索弗洛诺夫与克恰诺夫则根据西夏韵图《五音切韵》

---

① 　B. Laufer, "The Si-hia language, a study in Indo-Chinese philology", *T'oung Pao*, Vol. 17, 1916, pp. 1-126. 译文见劳费尔著，聂鸿音、彭玉兰译：《西夏语言：印度支那语文学研究》，载李范文主编：《西夏语比较研究》，宁夏人民出版社 2004 年版，第 352—416 页；又载孙伯君编：《国外早期西夏学论集（一）》，民族出版社 2005 年版，第 180—298 页。

② 　聂历山著，马忠建等译：《西夏语文学》，载李范文主编：《西夏研究》第六辑，中国社会科学出版社 2007 年版，第 90 页。

设定为 105 韵（1963）。以上三个研究对平上相配的关系都有少数出入且都有若干不能确定的部分。至 1968 年，索弗洛诺夫始正确排出平上相配的关系，综合韵仍为 105 韵。

（2）韵摄。在确定平上相配关系后，学者们都先后开始探求西夏韵书排列韵的次序所依据的原则，据以作有秩序的拟音。他们根据对音资料看出西夏韵书将元音相近的韵排列在一起，因此参照汉语音韵学"摄"的概念，做韵摄的归纳工作。但各家分摄数目差异很大，具体如下：

索弗洛诺夫、克恰诺夫十五摄（1963：76）：

西田龙雄：二十二摄（1964：67）

桥本万太郎：三十二摄（1965：118）

龚煌城：十二摄（1997）

荒川慎太郎：十九摄[①]（1997）

贾常业：八摄[②]

（3）循环韵

索弗洛诺夫与克恰诺夫根据 105 韵中不同类型的元音从 u 到 o 循环出现，而将西夏韵分为四个循环韵，索弗洛诺夫后来进一步指出各循环韵中所用反切上字有明显的区分。这四个循环韵如下：

大循环，从第 1 韵至 60 韵，反切上字大抵为前 14 韵的字；

第一小循环，从第 61 韵至 76 韵，反切上字大抵属于第 61 至 74 韵的字；

第二小循环，从第 77 韵至第 98 韵，反切上字大抵属于第 80 至 84 韵的字；

第三小循环，从第 99 韵至 105 韵，没有专属的反切上字。

① ［日］荒川慎太郎：《西夏语通韵字典》，《言语学研究》第 16 号（1997）。
② 贾常业：《西夏语韵母的构拟与分摄》，《西夏研究》2012 年第 1 期。

（三）声母

1. 声类

根据《同音》与《文海宝韵》将同音字组排列在一起的规律，西夏语的声母按发音部位可分为九类，各类下面可分出的小类如下：

重唇音：147 小类

轻唇音：44 小类

舌头音：182 小类

舌上音：5 小类

牙音：186 小类

齿头音：136 小类

正齿音：120 小类

喉音：99 小类

来日音：179 类

利用《文海宝韵》的反切资料将各小类的声母可以系联起来，进而利用各种对音资料，构拟出声母。各家归纳出来的声母数量略有出入，辅音的构拟也有所差别。[①] 下面关于声母拟音结果的介绍，主要采用的龚煌城先生的构拟。

[①] 各家辅音数量有不少出入。具体情况是，劳费尔（1916）29 个、克恰诺夫与索夫诺罗夫（1963）66 个、西田龙雄（1964）50 个、索夫诺罗夫（1968）31 个、李新魁（1980）33 个、李范文（1986）31 个、黄振华（1989）33 个、张竹梅（2004）31 个、孙宏开（2016）68 个。又，西夏文《五音切韵·序》末尾附有"诠九音门"（𘝞𗹥𗡪𗏁），列有 36 字母，学界普遍认为，这未能反映西夏声母系统之实际，完全是对中古三十六字母的套用。兹将二者列表如下：

九音	西夏文三十六字母	中古三十六字母
𘝞𗹥𗍝 / 重唇音	𗸜𘜶𘊞𗡪 pio¹ phio² phiej² bieej¹	帮滂并明
𘝞𗹥𗽴 / 轻唇音	𗼓𗗚𗰜𗁬 we¹ ɣjiw² xjwi¹ wjo¹	非敷奉微
𗾟𘊩𗹥 / 舌头音	𗟟𘟜𘔶𗡝 to² thwo² thjɨj¹ djiij¹	端透定泥
𗾟𗥦𗹥 / 舌上音	𘏨𗤳𗏵𘄿 tœju¹ tœhju² tœhjɨ² dⱫji²	知彻澄娘
𗑒𗹥 / 牙音	𘃽𘃳𗤊𘜶 kjo¹ khjo² khjij¹ gjiij¹	见溪群疑
𗸍𘊩𗹥 / 齿头音	𗾝𘛂𘀍𗔣𘅖 tsji¹ tshji¹ tshjo¹ sej¹ sjij¹	精清从心邪
𗸍𗥦𗹥 / 正齿音	𘒛𗒸𗰜𘏨𘆖 tœjo¹ tœhjo² tœhjaa¹ œiej¹ œjij¹	照穿床审禅
𗟗𗹥 / 喉音	𘝢𗥓𗰛𗰜 ·ji¹ xji¹ xjij¹ ·jij¹	影晓匣喻
𗾟𗸍𗹥 / 舌齿音	𘍦𘊨 lji¹ Ⱬjiòj²	来日

2. 声母

西夏语的声母有 28 个辅音，两个半元音。喉音与塞擦音分清浊与送气不送气。擦音则分清浊。龚煌城先生西夏语的辅音声母如下：

表一　西夏声母的构拟 [①]

	双唇音	舌尖音	舌叶音	舌根音	喉音
不送气清塞音	p	t		k	ʔ（·）
送气清塞音	ph	th		kh	
浊塞音	b	d		g	
不送气清擦音		ts	tʃ（tś）		
送气清塞擦音		tsh	tʃh（tśh）		
浊塞擦音		dz	dʒ（dź）		
鼻音	m	n		ŋ	
清擦音		s	ʃ（ś）		h（x）
浊擦音		z	ʒ（ź）		ɦ（ɣ）
闪音		r			
边音		l			
边擦音		ɬ（lh）			
半元音	w		j		

（四）韵母与元音

1. 韵母

西夏语韵母的构拟主要依据西夏韵书与对音材料。西夏语有两个声调：平声与上声。平声有 97 韵，上声有 86 韵。平声与上声相配，综合起来共有 105 韵，分成十二摄。下面所列为龚煌城先生的拟音。表中方框内 1 表示平声，2 表示上声，随后的数字表示在各韵中该韵的次序（例如：1.02 表示平声

---

① 龚煌城：《西夏语概况》，载《西夏语言文字研究论集》，民族出版社 2002 年版，第 254 页。

第 2 韵)。

表二　西夏韵母的构拟^①

摄	短元音			长元音	
	松元音	紧元音	卷舌元音	松元音	卷舌元音
Ⅰ摄	1〔1.01〕u〔2.01〕	61〔1.58〕ụ〔2.51〕	80〔1.75〕ur〔2.69〕	5〔1.05〕uu〔2.05〕	
	2〔1.02〕ju〔2.02〕			6〔1.06〕juu	
	3〔1.03〕ju〔2.03〕	62〔1.59〕jụ〔2.52〕	81〔1.76〕jur〔2.70〕	7〔1.07〕juu〔2.06〕	
	4〔1.04〕u〔2.04〕				
Ⅱ摄	8〔1.08〕e〔2.07〕	68〔1.65〕ẹ〔2.58〕	82〔1.77〕er〔2.71〕	12〔1.12〕ee〔2.11〕	99〔2.84〕eer
	9〔1.09〕ie〔2.08〕	69〔1.66〕iẹ〔2.59〕	83〔1.78〕ier	13〔1.13〕iee	101〔1.93〕jiir〔2.86〕
	10〔1.10〕ji〔2.09〕	70〔1.67〕jị〔2.60〕	84〔1.79〕jir〔2.72〕	14〔1.14〕jii〔2.12〕	
	11〔1.11〕ji〔2.10〕				

① 龚煌城:《西夏语概况》,载《西夏语言文字研究论集》,民族出版社 2002 年版,第 250—253 页。

续表

摄	短元音			长元音	
	松元音	紧元音	卷舌元音	松元音	卷舌元音
Ⅲ摄	15 [1.15] ẽ [2.13] 16 [1.16] jĩ				
Ⅳ摄	17 [1.17] a [2.14] 18 [1.18] ia [2.15] 19 [1.19] ja [2.16] 20 [1.20] ja [2.17]	66 [1.63] a̩ [2.56] 67 [1.64] ja̩ [2.57]	85 [1.80] ar [2.73] 86 [1.81] iar 87 [1.82] jar [2.74]	21 [1.21] jaa [2.18] 22 [1.22] aa [2.19] 23 [2.20] iaa 24 [1.23] jaa [2.21]	88 [1.83] aar 89 [2.75] jaar
Ⅴ摄	25 [1.24] ã [2.22] 26 [1.25] iã [2.23] 27 [1.26] jã [2.24]				

续表

摄	短元音			长元音	
	松元音	紧元音	卷舌元音	松元音	卷舌元音
Ⅵ摄	28〔1.27〕ə〔2.25〕	71〔1.68〕ə̣	90〔1.84〕ər〔2.76〕	32〔1.31〕əə	
	29〔1.28〕iə〔2.26〕		91〔1.85〕iər	33a〔1.32〕iəə〔2.29〕	
	30〔1.29〕ji〔2.27〕	72〔1.69〕jị〔2.61〕	92〔1.86〕jir〔2.77〕	33b〔1.32〕jii〔2.29〕	100〔1.92〕jiir〔2.85〕
	31〔1.30〕jɨ〔2.28〕				
Ⅶ摄	34〔1.33〕ej〔2.30〕	63a〔1.60〕ẹj〔2.53〕	77〔1.73〕ejr〔2.66〕	38〔1.37〕eej〔2.34〕	
	35〔1.34〕iej〔2.31〕	63b〔1.60〕iẹj〔2.53〕	78〔2.67〕iejr	39〔1.38〕ieej	
	36〔1.35〕jij〔2.32〕	64〔1.61〕jịj〔2.54〕	79〔1.74〕jijr〔2.68〕	40〔1.39〕jiij〔2.35〕	
	37〔1.36〕jɨj〔2.33〕				

续表

摄	短元音			长元音	
	松元音	紧元音	卷舌元音	松元音	卷舌元音
VIII摄	41 [1.40] əj 42 [1.41] iəj [2.36] 43 [1.42] jɨj [2.37]	76 [2.65] iəj 65 [1.62] jɨj			
IX摄	44 [1.43] ew [2.38] 45 [1.44] iew [2.39] 46 [1.45] jiw [2.40] 47 [1.46] jiw		93 [1.87] ewr [2.78] 94 [1.88] jiwr [2.79]	48 [2.41] eew 49 [1.47] jiiw	
X摄	50 [1.48] jwo 51 [1.49] o [2.42] 52 [1.50] io [2.43] 53 [1.51] jo [2.44]	73 [1.70] ǫ [2.62] 74 [1.71] iǫ [2.63] 75 [1.72] jǫ [2.64]	95 [1.89] or [2.80] 96a [1.90] ior [2.81] 96b [1.90] jor [2.81]	54 [1.52] oo [2.45] 55a [1.53] ioo [2.46] 55b [1.53] joo [2.46]	102 [1.94] oor 103 [1.95] joor

摄	短元音			长元音	
	松元音	紧元音	卷舌元音	松元音	卷舌元音
XI 摄	56〔1.54〕ow 〔2.47〕 57〔1.55〕iow 〔2.48〕 58〔1.56〕jow 〔2.48〕 〔2.49〕		97〔1.91〕owr 〔2.82〕 98〔2.83〕jowr	59〔1.57〕ioow 60〔2.50〕joow	
XII 摄	104〔1.96〕ũ 105〔1.97〕jwã				

2. 元音

西夏语有 i、ɨ、u、e、ə、o、a 等七个元音。元音分长短、松紧与卷舌不卷舌。其中紧元音只有短的，而没有长的。在本文中长元音用成双的元音符号来表示，例如：ii、ɨɨ、uu、əə、oo、aa；紧元音在元音符号下加一点表示，例如 i̠、ɨ̠、u̠、e̠、ə̠、o̠、a̠；卷舌元音在元音符号后加 r 表示，例如：ir、ɨr、ur、er、ər、or、ar；长的卷舌元音则写作：iir、ɨɨr、uur、eer、əər、oor、aar。除了这些元音以外还有四个鼻化元音：ĩ、ũ、ẽ、ã。这些鼻化元音主要出现在汉语借词中。

（五）声调

西夏语有两个声调：平声与上声。平声有 97 韵，上声有 86 韵。

（六）西夏语音研究中的若干问题

1. 复辅音问题

西夏语声母构拟的一个重要分歧是复辅音问题。针对《掌中珠》中出现的如以"尼卒"二字注西夏"𘓐"（人）字这样的"复字注音"现象，龙果夫提出将其构拟为复辅音 ndz-。这一观点后来被王静如、苏敏、西田龙雄和黄振华所采纳。龚煌城则提出，这些"复字注音"实际上是在用"鼻音加清塞音"这种方式比况当时汉语中并不存在浊塞音 dz-，这个意见后来被李范文、聂鸿音所认可，即龙果夫等人认可的鼻冠音实际上是普通的浊声母 b、d 等，西夏语中不存在 mb : b、nd : d 这样的音位对立。然而，孙宏开从西夏语亲属语言同源词的语音对应出发，指出"尼-"等与同语族带前置鼻音的复辅音有明显对应关系，不仅与 ndz- 类型复辅音相对应，像"尼顷""尼仓""尼托"还分别与藏缅语族语言里的 ŋkh-、ntsh-、nth- 等带鼻冠音的送气声母相对应。[①] 此后，他进一步构拟出带有前置鼻音的鼻冠复辅音 13 个，带有前置擦音 h-、ɦ- 构成的复辅音 16 个，共 29 个之多。[②]

2. 小舌音问题

小舌音是指根据发音部位划分的辅音类别之一。发音时舌根向小舌接触或靠近构成气流障碍而发出声音。根据发音器官形成阻碍和解除阻碍的方式，小舌音可以分为塞音、擦音和颤音。小舌音是羌语支语言在语音上保留藏缅语族乃至汉藏语系早期语音特征的一个重要标志。

西夏语中关于小舌塞音的假设由聂鸿音先生提出。他在已有的声母构拟

---

① 孙宏开、聂鸿音：《二十世纪西夏语言研究》，载杜建录主编：《二十世纪西夏学》，宁夏人民出版社 2005 年版，第 126—127 页。

② 孙宏开：《西夏语声母系统拟测》，《语言科学》2016 年第 1 期。

方案之外，根据《掌中珠》中出现的"夷隔""夷格""夷耿""夷皆"等注音资料，提出西夏语声母系统中有小舌塞音 G 的假设，并从羌语支和彝语支找到一批带有小舌声母的同源词的证据。带有这批注音的西夏字，其辅音声母西田龙雄、黄振华分别拟为复辅音 ɣk、ɣg，苏敏拟为喉塞音 ʔ，李范文拟为 ɣ。根据音系配比的惯例，聂先生进一步推测，在原始党项语中应该有一套完整的小舌塞音，即存在与浊塞音 G 配对的清音 q 或 qh，只是在 12 世纪的西夏语里由于 i 介音颚化作用变成了舌根塞音 k 或 kh。[①]

　　孙宏开先生通过与羌语支和彝语支的比较，进一步提出了一套小舌音声母，既有塞音的 q、qh，也有擦音 X、ʁ，但关于是否有小舌浊塞音，他提出发现了些证据，但要下结论似乎没有把握。[②] 但在后来构拟的声母系统中，又增补出了浊塞音 G。[③]

　　西田龙雄先生也曾拟测过小舌擦音 ʁ 及 ʁz，前者用于拟测《掌中珠》中注音汉字为"哆"的西夏字，后者用于拟测复合注音"哆＋精母"的西夏字。[④] 不过，这两类字索弗洛诺夫、龚煌城、张竹梅等都将其合为一类，分别构拟为 ź、z、ɦz[⑤]。龚勋则在"等"的基础上进一步阐述了西夏语的小舌音化假说。[⑥]

①　聂鸿音：《西夏语的小舌塞音》，《宁夏社会科学》1992 年第 4 期。
②　孙宏开、刘光坤：《也谈西夏语里的小舌音问题》，《宁夏大学学报》2001 年第 6 期。
③　孙宏开：《西夏语声母系统拟测》，《语言科学》2016 年第 1 期。
④　[日]西田龙雄：《西夏语の研究》（Ⅰ），日本座右宝刊行会 1964 年版，第 142—143 页。
⑤　M. B. Софронов, *Грамматика тангутского языка. Книга 1*, 2. москва：издательство «научное», 1968. Книга1, стр.105；2, стр.95-99；龚煌城：《西夏语言文字研究论集》，民族出版社 2005 年版，第 30 页；张竹梅：《西夏语第九类声母音值拟测之我见》，载杜建录主编：《西夏学》（第一辑），宁夏人民出版社 2006 年版，第 157 页。
⑥　龚勋也引用了大量羌语支同源词的材料，在"等"的基础上提出了西夏语的小舌音化假说。索弗洛诺夫和龚煌城将西夏语韵依介音分为三等 -Ø-、-i- 和 -j-，龚勋指出虽然上述结论有大量的汉文证据，但同时有大量藏文、梵文和某些汉文的转写证据并不支持 -i- 用于二等字、-j- 用于三等字。因此他参照向柏霖（Guillaume Jacques）对嘉绒语同源词的整理，提出带有小舌音的词语中，一等、二等字的元音会小舌音化，三等字则为非小舌化的普通元音。参见 Xun Gong, "Uvulars and uvularization in Tangut phonology", *Language and Linguistics*, 2020, pp.175-212。

3. 西夏语松紧元音问题

在现有的西夏语音构拟方案中，西田龙雄、王静如、李范文、龚煌城等人的方案中都表现出了松紧元音的对立[1]，但有所不同。1964年，西田龙雄把平声第58韵至74韵、上声51韵至66韵的字一律拟为紧喉元音[2]。其后，在《缅甸馆译语之研究》书中，提出彝、缅诸语言单纯元音内有紧喉音与非紧喉音对立的现象，并将西夏语纳入其中比较，指出西夏语与浪峨（Malu）语、傈僳语、拉祜语、彝语、哈尼语等彝语支语言有紧喉音。[3]这实际上是认可了西夏语是彝语支语言的一种。

王静如先生注意到索弗洛诺夫在《西夏语文法》书中提到《文海》平声第1至57韵反切上字自成一套，与后40韵的反切上字未有联系，认为是紧喉音影响了辅音。并且指出，前57韵反切上字中清气音多无松紧之别，合于彝、缅诸语松紧音的演变情况，加上受西田龙雄先生的影响，所以断定西夏语有紧喉音，并将此作为西夏语属于彝、缅诸语中的一个重要论证。[4]

李范文在《同音研究》一书中则提出，与古汉语入声字对音的西夏韵母应是紧元音。这一想法当受戴庆厦《我国藏缅语族松紧元音来源初探》一文影响，戴庆厦认为，藏缅语族元音松紧对立的形成经过了两条渠道，其一便是从韵母的舒促对立转化来的。据此，李范文为西夏语拟出了16个紧元音韵母（平声第3、第7、第9、第17、第19、第28、第30、第31、第32、第

① 关于紧元音（Tense Vowel），学术界一般是在元音下面加"·"表示，但有两点需要注意：一是索弗洛诺夫于第一、二、三小循环韵所属字元音下面也全部加"·"表示，这里的"·"并不表示为紧元音，只是为和大循环韵所属字区别而用；二是李范文先生的构拟系统中则在元音下面加横线"__"表示紧元音。

② 此即其所确立的综合韵100韵中第59韵至第75韵。见西田龙雄《西夏语の研究》（Ⅰ），东京座右宝刊行会1964年版，第58页。

③ ［日］西田龙雄：《缅甸馆译语の研究》，日本京都松香堂1972年版，第240页。

④ 王静如：《西夏语音系导论》，《民族语文》1982年第2期。

45、第 59、第 60、第 66、第 83、第 99、第 100 韵）。[1]

　　龚煌城通过检讨形声字、反切字以及《同音》的同处关系等现象，确立了松紧元音如下的相配关系[2]：

松元音韵		紧元音韵	
R.1，R.4	u	R.61	ụ
R.2，R.3	ju	R.62	jụ
R.34	ej	R.63a	ẹj
R.35	iej	R.63b	ẹj
R.36，R.37	jij	R.64	jị̇j
R.43	jɨj	R.65	jị̇j
R.17	a	R.66	ạ
R.19，R.20	ja	R.67	jạ
R.8	e	R.68	ẹ
R.9	ie	R.69	iẹ
R.10，R.11	ji	R.70	jị
R.28	ə	R.71	ậ
R.30，R.31	jɨ	R.72	jị̈
R.51	o	R.73	ọ

---

[1]　李范文:《同音研究》，宁夏人民出版社 1986 年版，第 190 页。

[2]　其初在《西夏语的紧元音及其起源》文中确立的松紧元音相配关系如下：

松元音韵		紧元音韵	
R.1，R.4	u	R.61	ụ
R.2，R.3	ju	R.62	jụ
R.10，R.11	ji	R.70	jị
R.36，R.37	jij	R.64	jị̇j
R.17	a	R.66	ạ
R.30，R.31	jɨ	R.72	jị̈
R.53	jo	R.75	jọ

后在《西夏语概论》文中“西夏韵母构拟表”内又有增加，此从后者摘录而出。参见龚煌城:《西夏语言文字研究论集》，第 175、244—247 页。

松元音韵		紧元音韵	
R.52	io	R.74	iọ
R.53	jo	R.75	jọ
R.42	iəj	R.76	iəj̣

其将第 61 韵至 76 韵确定为紧元音，几乎等同于索弗洛诺夫四类循环韵中的第一小循环（从第 59 韵至 76 韵）。

龚煌城先生进一步指出，松紧元音的转换有由他动词造动词使动式，由自动词造他动词或动词使动式，由名词、形容词或其他词类造动词使动式，以及由动词造名词等作用。紧元音同时与长、短松元音以及长、短卷舌元音有转换关系，由此推测紧元音是后起的。清的送气声母在变成紧元音时往往变成不送气的紧元音，这是受词头影响的结果，结合与藏缅语的比较研究，可以确定这个词头是原始藏缅语的词头或复辅音的第一个成分 *s-。[1]

聂鸿音先生则认为西夏语没有松紧元音的对立，或者说，西夏语没有紧元音。西田龙雄、王静如提出紧元音之说实际上是先认可西夏语属于彝语支语言，而且他们都未能提供有关西夏语和彝语支语言紧元音同源词的足够证据。李范文先生构拟中松紧元音的搭配未能呈现出藏缅语中严整的对应关系，有紧的元音 ɘ 却没有松的 ɘ，有松的 e 却没有紧的 e，存在明显缺陷。紧元音确实存在于彝语支的多数语言和羌语支的个别语言中，但藏语支的全部语言、羌语支的多数语言和彝语支的少数语言是没有紧元音的。傈僳语，拉祜语、基诺语和白语这几个彝语支语言中，紧元音仅仅是声调的一种伴随现象，并不能看成是真正的区别性特征。用藏缅语的情况来看西夏语，在松紧元音对立这个问题上，西夏语与藏语支和羌语支比较相像，而与彝语支相距

---

① 龚煌城：《西夏语概况》，载《西夏语言文字研究论集》，民族出版社 2002 年版，第 190 页。

较远。①

4.西夏语元音长短问题

西夏语元音有长短之分，是由龚煌城先生假设的。他认为西夏韵书《文海》是把韵按照一等、二等、三等的次序排列，这样的排列次序在同摄中经常出现两次，即同韵摄中出现两类不同的西夏字，但《掌中珠》却以同一个汉字注音。为区分这两类西夏字，龚先生而提出长短元音的假设，这就可以很好地解释，《掌中珠》中缘何出现同一个汉字与这两类西夏字对音的情况，因为汉语没有长短元音之分。②

与汉语元音没有长短之分不同，梵语是区分长短元音的。根据梵夏对音规则，梵文的长元音，在西夏对音中经常用一小字"𗆌"（引）表示，与汉语译经中的"引"相同。如果西夏语有长短元音之分，就不需要像汉语译经专门用"引"来表示梵语中的长元音了。此外，西夏文中还有几个与"𗆌"（引）关联的西夏字，即"𘟛"·iaa^2、"𗙪"·ji^2、"𗏁"·wu^1、"𗱸"·o^2，是分别为对译梵文长元音 ā、ī、ū、au 而造的专属字。这一现象也表明西夏可能没有长元音。所以，孙伯君提出西夏语没有长短元音的对立。③

5.西夏语鼻化元音问题

在《掌中珠》中，有不少西夏字，既可与汉语阳声字对音，又可与汉语阴声字对音，类似于汉语音韵学上的"阴阳对转"，如西夏字"𗹢"分别用汉字"能"和"那"注音，西夏字"𗾧"则分别给汉字"孔"与"库"注音。

---

① 参见李范文主编：《西夏语比较研究》，宁夏人民出版社 1995 年版，第 36—39 页。

② Gong, Hwang-cherng. A hypothesis of three grades and vowel length distinction in Tangut, *Journal of Asian and African Studies* 46-47：305-314，1994.汉译文《西夏语韵分三等、元音分长短的假设》，载《西夏语言文字研究论集》，民族出版社 2002 年版，第 135—144 页。

③ 孙伯君：《西夏新译佛经陀罗尼的对音研究》，中国社会科学出版社 2010 年版，第 139—140 页。

王静如据此并与藏文注音比较，提出西夏语中可能没有鼻音尾的观点。[①] 伯希和在评论该文中指出，不如把这些西夏语的元音标为鼻化音[②]，即鼻化元音。此后，几乎所有的构拟方案都包含了或多或少的鼻化元音韵母，即认可了西夏语中有鼻化元音的观点，但差别很大。

聂鸿音则提出了不同的观点，即西夏语里没有鼻化元音。《掌中珠》里出现一个西夏字同时可与汉语阳声韵、阴声韵字对音，实际上是汉语宋代西北方言中不少阳声韵字失落了鼻音韵尾。聂先生并以刘敛《贡父诗话》载宋时关中以"丹青之青为妻"、张师正《倦游杂录》载关右（函谷关以西）破题以"萝""忙"叶韵、以及陆游《老学庵笔记》卷六："秦人讹'青'字，则谓'青'为'妻'，谓'经'为'稽'"等材料为例，证实宋代这些地区的"青""忙""经"等阳声字已失落了鼻韵尾 -ŋ，变得与收元音的"妻""萝""稽"等阴声字韵母相同了。在回鹘文译的《玄奘传》里，汉语"玄奘"译作 huintso、"三藏"译作 samtso、"洛京"译作 laɣki，等等。回鹘文本可以译出汉语的鼻韵尾（如"道场"译作 tauqang），但"奘""藏"和"京"分别译成了不带鼻韵尾的 tso 和 ki，这只能说明当时汉语西北方言里这几个阳声韵字已不带鼻音尾了。所以，《掌中珠》中汉字对音的阴阳对转现象只能说明失落鼻音尾的是当时汉语的西北方言，而不是西夏语，这些同时与汉语阳声韵及阴声韵字对音的西夏字一定是非鼻化的、普通的元音。[③]

6.西夏语卷舌元音问题

在多数西夏语音构拟方案中都构拟出了卷舌元音 -r（也有称之为 -r 韵尾

---

① 　王静如：《西夏文汉藏译音释略》，《历史语言研究所集刊》第二本第二分，1930 年。

② 　伯希和评论原文法文，无标题，见 *T'oung Pao*. Vol.28（1931），pp. 490-491. 聂鸿音汉译文《评〈西夏文汉藏译音释略〉》，载孙伯君编：《国外早期西夏学论集》（二），民族出版社 2005 年版，第168—169 页。

③ 　聂鸿音：《西夏语音商榷》，《民族语文》1985 年第 3 期。又见李范文主编：《西夏语比较研究》，宁夏人民出版社 2004 年版，第 39—40 页。

者），但分歧较大。西田龙雄将《文海》平声第 75 至 93 韵全部拟为卷舌元音①，黄振华构拟了 33 个，李范文则构拟了 7 个。

西田龙雄、李范文构拟卷舌元音都是依据西夏残经的注音藏文中带有后加的 ra。然而，与这些后加 ra 相对的同韵西夏字同样也用不带 -r 的藏文注音，而且出现比例更大，另外藏文后加 ra 在现在的口语中不发音，而在西夏时期同样也可能不发音，大量的藏夏对音可以印证。与西夏残经不同，敦煌汉藏对音写卷中的后加 ra 却是发音的，并且和汉语的入声字形成了严整的对应关系，黄振华正是基于此而为西夏语构拟卷舌元音，把与中古汉语入声字对音的一大批西夏韵类拟成了卷舌元音。然而西夏时期的汉语方言和唐五代时期的敦煌语音并不完全一致，依据罗常培《唐五代西北方音》，一个汉语入声字在同一写卷中不会同时出现与藏文 -r 和不带 -r 对音的情况。而《掌中珠》的情况截然不同，有大量古入声和非入声相通的情况。例如，西夏文"㣤"字的对音汉字既有入声字"药"，又有舒声的"与"；"汾"字的对音汉字既有入声字"脚"，又有舒声的"锯"，等等。入声与舒声同音是汉语入声韵尾脱落后的必然结果，这就说明西夏人讲的汉语里已经没有入声了。

聂鸿音先生因此提出，西夏文的对音汉字和注音藏文实际上都没有 -r 韵尾，西夏语里也没有 -r 韵尾或卷舌元音。②

7. 西夏语辅音韵尾问题

辅音韵尾问题也是西夏语构拟中值得关注的问题，有的构拟体系中没有辅音韵尾，有的或构拟了入声韵尾或鼻音韵尾，有的二者都构拟了。

王静如先生早在 1930 年提出西夏语很可能没有鼻音韵尾。在后来的西夏语音构拟体系中，李范文、龚煌城的构拟中则完全没有构拟辅音韵尾。孙伯

---

① 荒川慎太郎的构拟与此全同，龚煌城的构拟是从平声第 73 韵开始至 95 韵。
② 李范文主编:《西夏语比较研究》，宁夏人民出版社 2004 年版，第 41—42 页。

君也指出，从梵夏对音来看，梵文中以 -n、-ṃ、-ṇ、-ṭ、-r 收尾的音节西夏文对译中都以小字表示，表明西夏语中没有以 -n、-m、-ŋ、-t、-r 收尾的音节。[①]

黄振华把《文海》平声第 15、16、24、25、26、42（部分）、48、56（部分）、70、72、85、93、95、96 诸韵拟成了鼻尾韵。其构拟原则是：如果一个西夏韵类只和带鼻韵尾的中古阳声汉字对音，而从来不和阴声和入声汉字对音，那么这个西夏韵类的韵尾一定是纯粹的、清晰的 -n。这些韵在索弗洛诺夫、西田龙雄、李范文等的构拟中都是鼻化元音。黄振华的处理得到了聂鸿音先生的认可，并进一步总结出西夏韵的鼻韵尾只有《文海》的平声第 15、16、24、25、26、85、96 韵共七个。[②]

西田龙雄在早期的构拟中有不少韵构拟了 -ɦ。聂鸿音先生认为这个 -ɦ 符号显然是借自西夏残经注音藏文的后加字母 ɦa，而具体的使用则限于既和舒声汉字对音又和入声汉字对音的那些西夏韵。大约在他的心目中，当时汉语入声音节应带一个韵尾 -ʔ。这个喉塞韵尾是汉语入声向舒声演化的中间形式，也就是中古 -p、-t、-k 三种塞音韵尾的残余，在母语中没有入声的人听起来，它介于入声和舒声之间。可是另一方面我们也不可忽略，那就是在母语中有入声的人听起来，带喉塞韵尾的音节和不带喉塞韵尾的音节仍然构成了鲜明的对立，正如汉语吴方言的苏州话虽然把古代的 -p、-t、-k 三个塞音韵尾合并成了喉塞音 -ʔ，但苏州人在说话时却绝不会把 poʔ（八）和 po（巴）混淆起来。结合现代汉语吴方言苏州话和北方方言北京话的实际语音系统来思考，我们不难定下一条简单的标准来观察《掌中珠》的汉字对音——如果当时的汉语就像苏州话那样，把中古的 -p、-t、-k 三个塞音韵尾都读成了 -ʔ，那么《掌中珠》里的古入声对音汉字就应该仅仅在入声内部混用（如"合""曷""鹤"），而不可能与舒声混用（如"合""河"）；如果当时的汉语

① 孙伯君：《西夏新译佛经陀罗尼的对音研究》，中国社会科学出版社 2010 年版，第 140—142 页。
② 李范文主编：《西夏语比较研究》，宁夏人民出版社 2004 年版，第 42—45 页。

就像北京话那样，把中古的入声字都读成了舒声的零韵尾，那么《掌中珠》里的古入声对音汉字就应该不但在入声内部混用，而且也与舒声混用（如"合""曷""鹤""河"）。这就是说，入声字是否与舒声字混用，是判断当时是否存在入声（-p、-t、-k、-ʔ）的关键标准。一旦用上述标准来衡量《掌中珠》的夏汉译例，事实就显得非常清楚——《掌中珠》属于后一种类型，在当时的汉语和西夏语里部没有 -ʔ。[①] 西田龙雄后来又修正了早期的构拟，并于部分韵末尾部分增加了鼻音韵尾 -n。

荒川慎太郎的构拟体系中，既有入声韵尾 -k，又有鼻音韵尾 -n、-ng（ -ŋ）。其中的第 8、10、11、13 摄皆为入声韵尾 -k，第 9、12 摄部分为入声韵尾 -k、部分为鼻音韵尾 -ŋ（ ng ），第 2、3、5、7 等摄部分为鼻音韵尾 -n。[②]

① 李范文主编：《西夏语比较研究》，宁夏人民出版社 2004 年版，第 42—45 页。
② 荒川慎太郎：《西夏语通韵字典》，《言语学研究》16（1997），第 122—124 页。

三、词汇

（一）西夏语词汇的一般特点

西夏语词语大部分是单音节词和由单音节词组合而成的合成词。单音节词基本上都是单纯词，多音节的单纯词较少。

西夏语的构词主要有复合构词法和派生构词两类，也有部分词语是通过内部曲折产生新词。复合构词法中，修饰式及联合式是最能产的构词方式，支配式、陈述式复合词数量也不少，此外还有少量的补充式复合词。重叠也是西夏语复合词的一个重要构词法。派生构词是指在词根基础添加前缀、后缀的一种构词法，西夏语中前缀、后缀数量都不少。

西夏语作为汉藏语系藏缅语族中的一种语言，常用词语中有相当一部分词语与原始藏缅语同源，有更多词语是与羌语支词语同源。也有不少词语在藏缅语中，基本上找不到它与其他语言的同源关系（至少是目前尚未找到）。[①]

西夏语也有不少借词，其中汉语借词数量最多，也有不少藏语借词，还有部分其他语言借词等。

[①] 参见李范文主编：《西夏语比较研究》，宁夏人民出版社 2004 年版，第 256—254 页。

（二）构词法

西夏语的构词法主要有复合构词法和派生法，也有部分词语是通过内部曲折产生的。

1. 复合构词法

复合构词法是西夏语合成词构成的一个主要方法。根据构成复合词的两个或两个以上单音节词间的关系，这些复合构词的主要方式有联合式（或称并列式）、修饰式（或称偏正式）、支配式、陈述式、补充式。重叠也是复合构词的一个重要方法。

1.1 并列式

并列式通常是指把两个意义相同、相近或相对，抑或类别相同相关的单音节词根按照一定顺序并列起来，合成一个词。

两个单音节词意义相同或相近者。例如：

𗱸𗑲（虚—空）/ 虚空　　𗤁𗊱（阴—阳）/ 阴阳

𘀊𗵘（寻—找）/ 搜寻　　𗫂𘊴（持—施）/ 受纳

𘉞𗍫（明—光）/ 光明　　𗡪𗂸（喜—乐）/ 喜乐

两个单音节词意义相对者。例如：

𗾞𗛃（下—高）/ 高下　　𗺌𗹠（浅—深）/ 浅深

𗾞𗫴（小—大）/ 大小　　𗷲𘂝（因—果）/ 因果

两个单音节词类别相同或相关者。例如：

𗀱𗡑（衣—钵）/ 衣钵　　𗰖𘃢（肠—胃）/ 肠胃

𘎑𘏲（斗—升）/ 斗拱

在语义关系上，并列式复合词的意义与构成它们的两个单音节词意义之间往往存在多种情况。

有意义相同或相近的。例如：

𘜈𘜪（虚—空）/虚空　　　𘟀𘟈（寻—找）/搜寻

有意义完全发生变化的。例如：

𘟉𘟊（斗—升）/斗拱　　　𘟋𘟌（土—谷）/社稷

有些词性也发生变化的。例如：

𘟍𘟎（驰—飞）/禽兽　　　𘟏𘟐（妙—美）/牡丹

在语序上，有相当一部分并列式复合词的两个单音节词与对应汉文词语语序相反。例如：

𘟑𘟒（明—光）/光明

𘟓𘟔（小—大）/大小

𘟕𘟖（下—高）/高下

1.2 修饰式

修饰式复合词，由一个中心成分同一个修饰或限定成分按照一定规则结合而成。中心成分（被修饰成分或限定成分）或为单音节名词词根，或为单音节谓词词根。

A. 中心成分（被修饰成分或限定成分）为单音节名词者，修饰或限定成分有形容词、名词、谓词或数词等多种类型。修饰或限定成分为形容词者，有两种形式：

一种是名词词根在前，形容词词根在后，与汉语修饰语在前，被修饰的名词在后顺序相反。这类词语数量较多。例如：

𘟗𘟘（龙—青）/青龙　　　𘟙𘟚（虎—白）/白虎

𘟛𘟜（鱼—双）/双鱼　　　𘟝𘟞（豆—黑）/黑豆

𘟟𘟠（首—黑）/黔首　　　𘟡𘟢（花—净）/莲花

𘟣𘟤（勒—长）/长勒　　　𘟥𘟦（瓜—长）/瓠子

一种是名词词根在后，形容词词根在前，与汉语顺序完全相同。这类词在西夏晚期文献较多，特别神宗时期重新校改的《金光明最胜王经》中，将初译本及仁宗校译本中修饰语在后的不少词语给改译成与汉文一致。例如：

汉文	俄藏初译本	国图重校本	出处
大地	𗐼𗼻（地—大）	𗼻𗐼（大—地）	卷六
大法	𗡪𗼻（法—大）	𗼻𗡪（大—法）	卷六
长远	𗕅𗏹（远—长）	𗏹𗕅（长—远）	卷六
大智	𗄭𗼻（智—大）	𗼻𗄭（大—智）	卷六
静室	𗋽𗤛（室—静）	𗤛𗋽（静—室）	卷六

修饰或限定成分同样为名词，这类词语修饰词根在前，被修饰词根在后，顺序与汉文一致。例如：

𘂽𗌰（天—体）/天体　　　𗵽𗓁（玉—兔）/玉兔

𗟎𗡪（佛—法）/佛法　　　𗕡𘕰（帐—女）/室女

数词词根修饰名词词根时，数词在前，名词在后。如：

𗣼𗤋（九—霄）/九霄　　　𘏞𗌦（四—季）/四季

𘝠𗭊（八—节）/八节　　　𗠣𘜘（五—行）/五行

谓词词根修饰名词词根时，谓词词根在前，名词词根在后。如：

𗤁𘟙（涂—香）/涂香　　　𗦻𘟀（典—库）/当铺

B.中心成分（被修饰成分或限定成分）为谓词（含动词和形容词）词根，修饰或限定成分有形容词和副词等类型。

中心成分（被修饰成分或限定成分）为谓词者，修饰或限定成分多为副词。例如：

𗾭𗻏（皆—持）/总持　　　𗕆𗴿（最—竟）/究竟

𘛝𘛝𗼉（悄悄—盗）/偷盗

中心成分（被修饰成分或限定成分）为形容词者，修饰或限定成分可以有形容词和副词。其语序存在两种情况：

一种是被修饰词根在后。例如：

𗸐𘛾（微—热）/小暑　　　𗴿𗊂（小—寒）/小寒

一种是被修饰词根在前。例如：

𗾟𗙴（热—大）/ 大暑

1.3 支配式

支配式复合词，又叫动宾式复合词。是由一个谓词词根及其支配的对象组合而成。汉语的支配式谓词在前，支配对象在后；西夏语语序相反，支配对象在前，谓词在后。例如：

𗗂𗵘（手—锁）/ 手铐

𗸉𗍿（兽—射）/ 田猎

𗼃𗦳（汗—护）/ 汗衫

𗙵𗥃（音—观）/ 观音

𗸐𗇋（财—施）/ 财施

𗋒𗤶（情—有）/ 有情

支配式复合词复合成词后，部分词语仍为谓词，保留相应的语义，但不少词语不但语义发生变化、词性也发生变化。例如：

𗥦𗂪（人—医）/ 医人

𗧘𗩈（语—传）/ 译师

𗟻𗉫（马—侍）/ 马夫

𗋽𗳦（地—识）/ 虞人、向导

1.4 陈述式

陈述式复合词，也叫主谓式复合词。由前后两个单音节词根结合而成。前者表示被陈述的事物，后者是陈述前一词根的。例如：

𗣼𗼃（自—投）/ 自尽　　　𗣼𗠋（自—愧）/ 自愧

𗀔𗈻（天—杀）/ 天杀　　　𗋽𗈻（地—杀）/ 地杀

𗼈𗈻（月—杀）/ 月杀　　　𗥃𗈻（劫—杀）/ 劫杀

𗦀𗗙（世—尊）/ 世尊　　　𗥃𗥦（头—归）/ 投诚

1.5 重叠式

重叠也是西夏语构词的重要方法。词根重叠合成新词后，词义往往发生变化，或程度加深、或词性变化。这些重叠复合词中，谓词（包括动词和形容词）根重叠者较多，名词、代词、数词、量词和副词等词根也可以重叠构成复合词。

A. 形容词根重叠

单音节形容词根重叠后构成的复合词，仍为形容词。它所描写的是事物或动作的状态，并带有某些感情色彩。如：

𗗘（长）—𗗘𗗘（长·长）长长

𗑾（好）—𗑾𗑾（好·好）好好

𗖊（快）—𗖊𗖊（快·快）快快

𗖿（细）—𗖿𗖿（细·细）细细

𗴝（远）—𗴝𗴝（远·远）远远

B. 动词根重叠

单音节动词根重叠，是西夏语构成复合词的常见方式之一。以这种方式构成的复合词，在西夏文文献中发现不少。

有领属意义的动词重叠构成的复合词，具有代词的性质，其语法功能是作定语。如：

𗦲（有）—𗦲𗦲（有有）"所有""一切"

𗦻𗤒𗦲𗦲

一切诸王

𗴂𗴿𗙏𗦲𗦲

众生所有音

C. 代词根重叠

𗦻（诸），重复后"𗦻𗦻"为"诸处、诸人、周遍"意。（《掌中珠》）

𗤒（自），重复后"𗤒𗤒"为"自己、自我"意。如："𗤒𗤒𗫂"（自杀）（《类林》卷三《忠谏篇》）

D. 副词根重叠

西夏语中，能够重叠构词的单音节副词根只有为数很少的几个，如："𗣼"（并、同）、"𗙫"（共、俱）、"𗷒"（重、又）。这些词根重叠构成的复合词，依然是副词，不增添什么附加意义，语法特点和语法功能亦未见发生变化。例如：

𗣼 — 𗣼𗣼

𗧉𗤿𗣼𗜈   𗥃𗨻𗰝𗾔𗣼𗣼𗤻𗷨

两日并出   时十千鱼同时命过

𗙫—𗙫𗙫

𗼃𗦜𗫉𗣼𗙫𗪉𗟻𗰣   𗶷𗎆𗙫𗙫𗌭𗄛𗑗𗪉𘄬𗇋

我与彼王共听正法   云何俱共出，舍身不归家

𗷒—𗷒𗷒

𗷒𗆜𗡝𗘍   𗤿𗣀𗑠𗲠𗇋𗰣𗜈𗷒𗷒𗦜𘃡

重入道场   陶侃不听此议，而言者不已

西夏语重叠复合词还有两种变体。[①]

a. 第一种变体

重叠复合词的第一个音节发生音韵变化，将前元音改变成相对应的央元音。在下面的例子中，第二个音节代表原来的词形（基本式），第一个音节则是由第二个音节所衍生（衍生式）。方法是：如果有韵尾辅音 -j 先把它去掉，然后再把前元音改变成相对应的央元音。

𗟻𗬆 *ɣwə¹ ɣwej¹*（争争）斗争

𗈜𗒹 *sə² sej¹*（清清）清静

𗐴𘅠 *dźiə² dźiej²*（旋旋）回旋、轮回

---

① 龚煌城:《西夏语概况》, 载《西夏语言文字研究论集》, 民族出版社 2002 年版, 第 257—258 页。

𘀎𗾟 *śiə¹śiej*（导导）引导

𗄟𘂄 *bji¹bji²*（低低）底下

𗿖𗼻 *mji²mji²*（默默）默然

𗙼𗤒 *bji¹bjij²*（高高）高处

𗧁𗠶 *sji²sjij²*（识识）相识

𗋽𗫂 *lji¹ljij²*（午午）日午、日中

𗑠𗲧 *sjii¹sjii¹*（疑疑）疑虑

b. 第二种变体

重叠的两个音节中，将前面或后面的前元音改成相对应的圆唇后元音。

a）基本式 + 衍生式

𗠹𗤔 *giee¹-gioo¹*　呆痴、愚蠢

𗇋𘀈 *śiee¹-śioo¹*　收集

𗣋𗣫 *wjii¹-wjoo¹*　买卖、交易

𗍤𗥃 *djii¹-djoo¹*　分给

𗟱𗨰 *gjii¹-gjoo*　咬啮

b）衍生式 + 基本式

𗡞𗷚 *no²-nej²*　安稳、安逸

𘄀𗩱 *ror²-rejr²*　绕行

𗣀𗥴 *kio²-kie²*　憎厌、厌恶

𗴢𗴛 *sjwo²-sjwij¹*　研磨

𗋆𗾔 *djo-djij*　悲叹、哗喧

2. 派生法

派生法是在词根上附加前加成分或后加成分派生新词，这是丰富西夏语词汇的重要手段之一。

2.1 词根附加前加成分

A. 加词头"𘝞"·ja²

西夏语中在一些亲属称谓前往往加词头"𘝞"（阿）派生新词。例如：

𘊲（耶、爸）/ 𘝞𘊲（阿耶，即阿爸）

𘏚（母、娘）/ 𘝞𘏚（阿娘）

𗴂（兄、哥）/ 𘝞𗴂（阿哥）

𘞋（姊、姐）/ 𘝞𘞋（阿姐）

𗒅（妈）/ 𘝞𗒅（阿妈）

𗤧（爸）/ 𘝞𗤧（阿爸）

𗰽（婆）/ 𘝞𗰽（阿婆）

B. 加谓词前缀

西夏语中部分谓词前缀（词头）与某些特定谓词结合十分紧密，已固定成词，表示特定意义①，这些前缀主要有"𗧘" *kji¹*、"𘔿" *wji²*、"𘃞" *rjir²*。如：

𘈷（定）/ 𗧘𘈷（必定、一定）

𗦎（过）/ 𘔿𗦎（过去）

𘟙（至）/ 𘃞𘟙（乃至）

𘃞（多）/ 𘃞𘃞（颇多）

𗢼（说）/ 𘃞𗢼（所说）

2.2 词根附加后加成分

A. 加后加成分"𘔿" *wji¹*

"𘔿"有两种用法：一为谓词，相当于汉语的"做、为"；二是作为复合谓词的构词后加成分。作为复合谓词的构词后加成分有两种情况：

一是出现在谓词词根后面，造与谓词词根意义相同的复合谓词。例如：

𘄒（饶、治）— 𘄒𘔿（恤治）

---

① 《同音》中有不少动词前缀作为小字用来注释某个大字的用例，应该都是这类情况。

𗰖（完）—𗰖𗉞（完成）

二是出现汉语译音词或借词之后，造与该汉语译音词或借词相同的复合谓词。例如：

𗙴 *tew¹*（捣，借）—𗙴𗉞 *tew¹ wji¹*（捣）

𗗚 *sã¹*（撒，借）—𗗚𗉞 *sã¹ wji¹*（撒）

B. 加存在动词

部分存在动词有较强的构词功能。主要有"𗼃"*dju¹*、"𗢋"*lheew²*、"𗥩"*tśhju¹*，例如：

𗀔（为）—𗀔𗢋（有为）

𗑠（吉）—𗑠𗢋（吉祥）

𗟲（兔）—𗟲𗢋（月亮）

𗢳（默，闭）—𗢳𗢋（瑜伽）

𗢼（稀，少）—𗢼𗼃（奇哉）

𗰛（情，识）—𗰛𗼃（有情）

𗍺（菩萨）—𗍺𗥩（众生）

𗾖（命）—𗾖𗥩（物命、生命）

C. 加名物化后缀

西夏语的名物化后缀主要有"𗁟"*mjijr²*、"𘝞"*sji²*、"𗥹"*śjij¹*、"𗤓"*lew²*、"𗥤"*tji²*、"𘀁"*djij²*。其中前5个都有较强的构词功能，详细参见下文助词部分之"名物化助词"。除作名物化后缀加在谓词之后，部分后缀也还出现其他词语之后。

𗁟 *mjijr²*

除作名物化后缀加在谓词之后，"𗁟"*mjijr²* 也可以加在某些名词根之后，构成派生词，表示拥有该名词根所表现的那种事物的人。例如：

𗼦（力）—𗼦𗁟（力者、力士、壮士）

𗢜（世，寿）—𗢜𗁟（寿者、高寿者）

[illegible][illegible]（光明）—[illegible][illegible][illegible]（光明者）

[illegible] *śjij*[1]

除作名物化后缀加在谓词之后，“[illegible]” *śjij*[1] 也可以附在名词根之后构成派生词。这种派生词，表示该名词根所表现的那种事物的属性或呈现出的状态。例如：

[illegible]（地）—[illegible][illegible]（地形、地理）

[illegible]（时）—[illegible][illegible]（时、时间性）

[illegible]（水）—[illegible][illegible]（水情、水性）

D. 加序数后缀“[illegible]” *tsew*[2]

“[illegible]” *tsew*[2] 作为词缀，可以加在基数词根之后，构成派生词，表示序数。例如：

[illegible]（二）—[illegible][illegible]（第二）　　[illegible]（三）—[illegible][illegible]（第三）

[illegible]（五）—[illegible][illegible]（第五）　　[illegible]（七）—[illegible][illegible]（第七）

E. 其他后加成分

A）[illegible] *sju*[2]

“[illegible]” *sju*[2] 可以附在某些形容词根之后构成派生词，表示状态。如：

[illegible][illegible]（行行）—[illegible][illegible][illegible]（行行如）

[illegible][illegible]（侃侃）—[illegible][illegible][illegible]（侃侃如）

“[illegible]” *sju*[2] 也可以加在某些代词根之后，构成派生词。例如：

[illegible]（此、是）—[illegible][illegible]（如此、如是）

[illegible]（何）—[illegible][illegible]（如何、何如）

B）[illegible] *twụ*[1]

“[illegible]” *twụ*[1] 作为后加成分，常附在谓词根（既有表现直接及于客体的动作的，也有表现不直接及于客体的）之后，构成派生词，表示该动作或状态发生或存在的地点。例如：

𗗿（得）—𗗿𗙏（得……之处）

𗋽𗊏𗱚𗱚𗢳𗗁𗗿𗙏𗢳𗏹𗄑𗶊

一切如来得菩提处常在其中

𗼃（有）—𗼃𗙏（有……之处）

𗍫𗅲𗃀𗼃𗙏

有水草之处

𗈼（有）—𗈼𗙏（有……之地）

𗰗𗗿𗱻𗈼𗙏

有可得利之处

"𗙏" *twụ¹* 也可以加在表现直接及于客体的动作的谓词根之后，构成派生词，表示该动作的直接对象。如：

𗫦（爱、惜）—𗫦𗙏（所爱、所惜）

"𗙏" *twụ¹* 还可以加在形容词根之后，构成派生词，表示具有该形容词根所描写的那种性质和特征的场所。例如：

𗾞（宽、阔）—𗾞𗙏（宽阔之地）

𗵜（安）—𗵜𗙏（安处）

𗿦（高）—𗿦𗙏（高处）

C）𗨁 *nji²*

作为后加成分，"𗨁" *nji²* 能够附在表示国家或民族的专用名词根之后构成派生词，表示该国家或民族的组成成员。如：

　　𘟼（楚）—𘟼𘔼（楚人）

　　𗓽（吐蕃）—𗓽𘔼（吐蕃人）

　　𘋨𘓐（匈奴）—𘋨𘓐𘔼（匈奴人）

"𘔼" *nji* [2] 也能够加在某些形容词根之后构成派生词，这种派生词，表示具备该形容词根所描写的那种性质和特征的人。如：

　　𘜶（大）—𘜶𘔼（大人）

D）𘃪·*o* [1]

"𘃪" ·*o* [1] 通常附在名词根之后，所构成的派生词，表示该名词根所表现的那种事物的领有者。如：

　　𗧃（船）—𗧃𘃪（船主）

　　𗂧（债）—𗂧𘃪（债主）

有时候，以"名词词根＋𘃪"这种方式构成的派生词，并不产生新的意义，而只是强调名词根原来的词汇意义。如：

　　𗧇（客）—𗧇𘃪（宾客）

　　𗗙（主、主人）—𗗙𘃪（主、主人）

E）𘄴 *dźjwi* [1]

"𘄴" *dźjwi* [1] 多为宾词，但也可以作词缀。作为词缀，"𘄴" *dźjwi* [1] 能够加在谓词根之后构成派生词。这种派生词，表示该谓词根所表现的那种动作或行为的主体。如：

　　𘘘（议）—𘘘𘄴（议者、言者）

　　𗰖（佑、佐、助）—𗰖𘄴（助者、助手）

"𗙪" *dzjwi¹* 还可以附在名词根之后构成派生词，表示与该名词根所表现的事物相关的人。如：

𗫂𗙈（伴）—𗫂𗙈𗙪（伴、伴者、伙伴）

𗙈（辈、部、类）—𗙈𗙪（朋党）

3. 内部屈折构词

西夏语的构词主要是通过复合法和派生法产生的，也有部分词语是通过内部曲折产生的。

3.1 声母变换与构词

浊声母与送气清声母之间的转换，或者不送气与送气清音的转换，引起词性变化，或由自动词造他动词、或由自动词造使动词（造使动词例，详见下文"谓词的态范畴"）。例如：

𗟁 *bie²* 解（自动）　　　　𗟂 *phie²* 解（他动）

𗟃 *bja²* 断（自动）　　　　𗟄 *phja¹* 断（他动）

也有清浊声母间的变换，清声母为形容词，浊声母为动词。例如：

𗢺 *tsəj¹* 小（形）　　　　𗢻 *dzəj¹* 减小、缩短（动）

3.2 韵母变换与构词

西夏语谓词随人称变化而呈现有条件的音韵转换，详见下文"西夏语的人称呼应"。这里介绍松紧元音交替与构词现象。

松紧元音交替可引起动词自动与使动的变换，详见下文"谓词的态范畴"。松紧元音交替也会引起词性变化，常见的是形容词或名词音韵转换构成动词。例如：

𗆧 *bji¹* 薄（形）　　　　𗆨 *bji̱¹* 变薄（动）

𗆩 *bjij²* 高（形）　　　　𗆪 *bji̱j²* 加高（动）

𗆫 *mji²* 迹、足迹（名）　　　　𗆬 *mji̱²* 觅迹、追踪（动）

𘏢 *lə¹* 坑、壑（名）　　　　𘎨 *lə¹* 埋（动）

3.3 声调变换与构词

西夏语有两个声调：平声与上声。声调的变换可以部分引起词类的变化[①]。可以分为两种情况：

一是平声为名词，上声为动词。例如：

𘏎 *wạ¹* 肩（名）　　　　𗱕 *wạ²* 担（动）

𗤊 *zji¹* 靴（名）　　　　𘜶 *zji²* 穿靴（动）

𗫕 *ljii¹* 裤（名）　　　　𘜵 *ljii²* 穿裤（动）

二是平声为动词，上声为名词。例如：

𗧊 *sju¹* 藏（动）　　　　𘟡 *sju²* 柜子（名）

𗋩 *za¹* 梳（动）　　　　𗭼 *za²* 梳子（名）

𘓆 *dzjwo¹* 钻、穿（动）　　　𘕾 *dzjwo²* 洞、穴、孔（名）

（三）同源词

同源词，指的是音义相关，由同一语源孳生的词或词素。西夏语词汇的构成，包括固有词和借词。固有词中有一批古词，这些词是从原始藏缅语族语言延续下来的，它们与同语支、同语族乃至同语系的词有明显的同源关系。

大批西夏文字典发现公布之时，西夏学界展开了一场有关西夏语支属问题的讨论。一大批学者通过西夏语与周边语言对比中找到了同源关系。我们知道，学术界关于西夏语支属问题的认识经历了一个多世纪的历程。最初戴维理亚估计西夏语是藏语的一个方言[②]，后来劳费尔在1916年发表了他著名的

---

① 西夏语中也有声调的转换不影响词类变化的例子，例如动词"𗷲" *rjir¹*（得）与"𗹬" *rjir²*（得）、"𗥃" *jir¹*（问）与"𗥂" *jir²*（问），它们之间到底存在什么区别目前尚未可知。

② Devéria, "L'Écriture du royaume de Si-hia ou Tangout"，参见孙伯君编：《国外早期西夏学论集》（一），民族出版社 2005 年版，第 82 页。

论文《西夏语言：印度支那语文学研究》[①]，提出西夏语应该归入藏缅语族"西（夏）—倮（猓）—么（些）"语支，也就是我们现在所说的彝语支，尽管劳费尔的具体论证存在许多问题[②]，但最终结论还是得到了当时绝大多数语言学家的认同[③]，并且在那以后的半个多世纪间始终处于学术界的统治地位。从20世纪80年代开始，孙宏开提出了西夏语属于羌语支的设想，并且从同源词角度进行了论证[④]。孙先生的这个设想迄今已经基本取代"彝语支说"而成了这一领域的主导观点，包括龚煌城、马提索夫、黄布凡在内的一大批优秀的藏缅语言学家都是这个设想的支持者。

　　目前学界发现，西夏语常用词中有近百个与整个藏缅语族明显的同源词[⑤]。略选数例如下：

1. 西夏语与国内藏缅语主要语言的同源词

（1）羅 *zjɨr²* "水"，西夏文汉字注音"°移则"。藏文 tɕhu，桃坪羌语 tsuə³³，麻窝羌语 tsə，嘉绒语 tə tʃi，尔龚语 wʑɯ，木雅语 tɕɯ⁵³，扎巴语 zi³⁵，贵琼语 tʃi⁵³，尔苏语 dʒo⁵⁵，纳木义语 ndʑɳ⁵⁵，始兴语 dzɛ⁵⁵，喜德彝语 zɳ³³，南涧彝语 ɣɯ⁵⁵，纳西语 dzi³¹，傈僳语 e⁴⁴dʒɛ⁴⁴，碧卡哈尼语 v⁵⁵tshv̩³¹，拉祜语 i³⁵kA⁵⁴，基诺语 ji³¹tʃho⁵⁵，土家语 tshie²¹，缅语 je²²，阿昌语 ti⁵⁵，载瓦语 i²¹tʃam²¹，怒苏语 ʑi³¹gɹa⁵³，景颇语 n³¹tsin̠³³，达让语 ma³¹tɕi⁵³，博嘎尔珞巴语 i

　　① B. Laufer, "The Si-hia Language, a study in Indo-Chinese philology"，参见孙伯君编：《国外早期西夏学论集》（一），第264页。

　　② 例如他把《番汉合时掌中珠》"二合注音汉字"（binom）里两个字的左右次序读颠倒了，由此造成了西夏词语转写形式的大量错误。见 E. von Zach, Über einen störenden Fehler in den bisherigen Hsi-hsia-Studien，参见孙伯君编：《国外早期西夏学论集》（二），民族出版社2005年版，第116页。

　　③ 只有伍尔芬敦认为西夏语和嘉绒语同源，而当时人们是把嘉绒语归入藏语支的，见 Stuart N. Wolfenden, On the Tibetan Transcriptions of Si-Hia Words，参见孙伯君编：《国外早期西夏学论集》（二），第173页。

　　④ 孙宏开：《六江流域的民族语言及其系属分类》，《民族学报》1983年第3期。有关同源词的论证参见其著《从词汇比较看西夏语与藏缅语族羌语支的关系》，《民族语文》1991年第2期。

　　⑤ 李范文：《西夏语比较研究》，宁夏人民出版社2004年版，第321—340页。

ɕi，义都珞巴语 ma⁵⁵tɕi⁵⁵。

（2）綒 lji² "地"，西夏文汉字注音"勒"。麻窝羌语 zəp，桃坪羌语 zuə³¹pə³³，桃巴普米语 dē³⁵，扎巴语 muɯ⁵⁵zi⁵⁵，贵琼语 dzã³⁵，尔苏语 mɛ³³li⁵⁵，史兴语 dē³⁵，喜德彝语 mu⁴⁴dɯ³³，丽江纳西语 lɯ³³，永宁纳西语 lv⁵⁵，碧卡哈尼语 me⁵⁵tshɔ³¹，基诺语 mi³¹tsha³³，拉祜语 mi³¹kɯ³¹，土家语 li⁵³，仰光缅语 mje²²tɕi⁵⁵，阿昌语 mi̠⁵⁵，福贡怒语 mɯ⁵⁵，怒苏语 mɹi³⁵ɑ⁵⁵，独龙语 mɯ³¹li⁵⁵，达让语 khɯ³¹lai⁵⁵，苏龙珞巴语 mə³³ʝɛ⁵³。

（3）瓵 khjwɨ¹ "狗"，西夏文汉字注音"屈"。藏文 khji，错那门巴语 chi⁵³，仓洛门巴语 khu，麻窝羌语 khuə，箐花普米语 tʂhə¹³，木雅语 khuɯ⁵³，扎巴语 tɕhuɯ⁵³，贵琼语 khu⁵³，尔苏语 tʂho⁵⁵，纳木义语 tʂhŋ̍³³，史兴语 khuɐ⁵⁵ŋ̍³³，喜德彝语 khɯ³³，丽江纳西语 khɯ³³，碧卡哈尼语 khɤ³¹，基诺语 khɯ³³jo³³，大理白语 khua³³，缅文 khwe³，载瓦语 khui²¹，阿昌语 xui³¹，阿侬语 dɛ³¹gŋ⁵⁵，怒苏语 khui⁵⁵，独龙语 dɯ³¹guɯi⁵⁵，景颇语 kui³¹，格曼语 kui⁵⁵，达让语 kuaɯ⁵³，义都珞巴语 mi⁵⁵ku⁵⁵，博噶尔珞巴语 i ki。

（4）瓱 ɣie² "声音"，西夏文汉字注音"夷隔"。藏文为 sgra，错那门巴语 ku⁵³，仓洛门巴语 kan，麻窝羌语 qe wu，桃巴普米语 tʂhuɐ⁵³，嘉绒语 tə skɛt，尔龚语 skiɛ，木雅语 kɐ⁵³，扎巴语 kho⁵³，尔苏语 tʂho⁵⁵，纳木义语 qhu⁵⁵，丽江纳西语 kho³³，格曼语 kɹ̌an⁵³，达让语 khɹɑ⁵³，义都珞巴语 khɹɑ⁵⁵ha⁵⁵，博噶尔珞巴语 kɛː。

（5）緪 məə¹ "吹"，西夏文汉字注音。"没"。藏文为 phu brgjab，错那门巴语 phu⁵³，仓洛门巴语 mu，桃坪羌语 phə³³，桃巴普米语 mə³⁵，嘉绒语 ka wa phu，尔龚语 gɯ wmɯ，木雅语 phɯ⁵⁵，扎巴语 lə³⁵ma⁵⁵，贵琼语 mɐ³⁵，尔苏语 ma⁵⁵，纳木义语 fu⁵³，史兴语 hũ⁵⁵，喜德彝语 mo̠³³，丽江纳西语 mo³¹，豪白哈尼语 mɤ³³，拉祜语 mə⁵⁴，剑川白语 phɯ⁵⁵，缅文 hmut，土家语 mie³⁵，阿昌语 mu̠t⁵⁵，载瓦语 mut²¹，景颇语 kɑ³¹wut³¹，阿侬语 ba³¹phu³¹，独龙语 mut⁵⁵，达让语 mɯŋ⁵³，义都珞巴语 mu⁵⁵，博噶尔珞巴语 mit。

（6）稜 *wji¹* "做"，西夏文汉字注音"为"。藏文 bjed，夏河藏语 le，泽库藏语 li，错那门巴语 jA¹³，麻窝羌语 bəl，桃坪羌语 pu³³，桃巴普米语 pɯ⁵⁵，嘉绒语 ka pa，木雅语 thɯ⁵⁵vi⁵³，扎巴语 zu³⁵，贵琼语 bi³⁵，史兴语 bɛ⁵³，纳木义语 mu⁵⁵，喜德彝语 mu³³，丽江纳西语 be³³，碧卡哈尼语 mi⁵⁵，基诺语 muu⁴²，缅文 lup，阿侬语 ua³¹，怒苏语 lɔ⁵³，独龙 wa⁵³，景颇语 kǎ³¹lo³³，格曼语 pam³⁵，达让语 ba⁵³，博嘎尔珞巴语 mo。

（7）褬 *kwar¹* "哭"，西夏文汉字注音"贵"。藏文 ŋu，错那门巴语 ŋu¹³，仓洛门巴语 gep，桃坪羌语 ŋə⁵⁵，箐花普米语 squa⁵⁵，嘉绒语 ka ŋa kru，木雅语 ŋGɛ³⁵，扎巴语 tʂuɛ³⁵，贵琼语 qo³⁵，纳木义语 ŋgu⁵⁵dʑu⁵⁵，史兴语 quɛ̃⁵⁵，大方彝语 ŋu³¹，丽江纳西语 ŋv³¹，傈僳语 ŋu³³，哈雅哈尼语 ŋø⁵⁵，基诺语 ny³¹，剑川白语 kho⁴⁴，缅文 ŋo²，阿昌语 ŋau⁵⁵，载瓦语 ŋau⁵¹，阿侬语 a³¹ŋuu⁵⁵，怒苏语 ŋuu³⁵，独龙语 ŋuu⁵³，景颇语 khʑap³¹，格曼语 ŋai⁵⁵，达让语 khɹo⁵³，义都珞巴语 a⁵⁵tɕɑ⁵⁵，博嘎尔珞巴语 kap，苏龙珞巴语 ciak⁵³。

（8）繎 *lji²* "容易"，西夏文汉字注音"栗"。藏文 las sla po，错那门巴语 len¹³po⁵³，仓洛门巴语 jalu，桃坪羌语 zie³¹，桃巴普米语 ze³⁵ze⁵⁵mə⁵³，尔龚语 zɛ zɛ，木雅语 ɣi³⁵ɣɤ³⁵，扎巴语 dze³³dze⁵⁵，贵琼语 tɕɔ³³lɛ⁵⁵，尔苏语 ja³³ʐɿ⁵⁵，纳木义语 ʁo³³dy⁵⁵，史兴语 dzyɛ⁵⁵ʐɿ³³rɤ̃³³，南涧彝语 le⁵⁵，丽江纳西语 la³¹zə³³xɯ³¹，豪白哈尼语 la³¹jɔ⁵⁵，基诺语 mɔ³³ja³³，缅文 lwɑj²，载瓦语 lui⁵¹，怒苏语 uɔ³¹，独龙语 sɑ⁵⁵sɑ⁵⁵lɑ⁵⁵，景颇语 loi³¹，格曼语 pɯ³¹la⁵⁵。

（9）圆 *jar¹* "八"，西夏文汉字注音"耶"。藏文 brgjad，错那门巴语 cen¹³，仓洛门巴语 jen，桃坪羌语 tʂhe³³，桃巴普米语 ɕyɛ³⁵，嘉绒语 wə rjat，尔龚语 zɣiɛ，木雅语 ɕyɛ⁵³，扎巴语 ɕyɛ⁵⁵，贵琼语 je⁵⁵，尔苏语 ʒɿ⁵⁵，纳木义语 hi³³，史兴语 ɕyi⁵⁵，喜德彝语 hi⁵⁵，傈僳语 he⁴¹，丽江纳西语 xo⁵⁵，碧卡哈尼语 xe³¹，拉祜语 xe³⁵，基诺语 xɛ⁴⁴，土家语 jie²¹，缅文 hras，阿昌语 eet⁵⁵，载瓦语 ʃit⁵⁵，阿侬语 ɕɛn⁵⁵，怒苏语 ŋɯ⁵³，独龙 ŋɯ⁵⁵，景颇语 mǎ³¹tsat⁵⁵，格曼语 liɯm⁵³，达让语 liɯm³⁵，义都珞巴语 i⁵⁵lioŋ³³，苏龙珞巴语 la³³。

（10）慨 *mji¹* "不"，西夏文汉字注音"名"。藏文 mi，错那门巴语 mA¹³，仓洛门巴语 ma，桃坪羌语 mi⁵⁵，桃巴普米语 ma³⁵，嘉绒语 ma，尔龚语 mi，木雅语 ŋi³⁵，扎巴语 ma³⁵，贵琼语 me³⁵，尔苏语 ma³³，纳木义语 mɛ³³，史兴语 mu⁵⁵，大方彝语 ma²¹，丽江纳西语 mə³³，傈僳语 mɑ³¹，碧卡哈尼语 mɔ³¹，拉祜语 mA⁵³，大理白语 mu³³，缅文 mɑ²，阿昌语 ma³¹，载瓦语 ŋau⁵¹，阿侬语 m³¹，怒苏语 mɑ³³，独龙语 mɯ³¹，格曼语 mai⁵³，达让语 m⁵⁵，义都珞巴语 mi⁵⁵，博嘎尔珞巴语 moŋ。

2. 西夏语与羌语支、彝语支部分语言的同源词

（1）燚 *śjwa¹* "湖"，西夏文汉字注音"说"。羌语支部分语言与西夏语同源，麻窝羌语 eiɣu，桃坪羌语 eye³³，箐花普米语 xɯ⁵⁵，桃巴普米语 xuɐ⁵³，木雅语 xɯ³⁵，纳木义语 xie³⁵，史兴语 ɣu⁵⁵。彝语支部分语言与西夏语同源，喜德彝语 ʂu⁴⁴fu³³，大方彝语 xɯ²¹，丽江纳西语 xɯ⁵⁵，永宁纳西语 xi¹³，豪白哈尼语 xv³¹，怒苏语 shuɑ³⁵。

（2）彽 *tser¹* "土"，西夏语汉字注音为"尼则"。羌语支部分语言与西夏语同源，麻窝羌语 dzu，桃坪羌语 dzu⁵⁵，箐花普米语 xɯ⁵⁵，桃巴普米语 tɕa⁵³，嘉绒语 ta tʂo，木雅语 tsa⁵³，扎巴语 tʂɛ⁵³，史兴语 tɛɛ⁵⁵。彝语支部分语言与西夏语同源，喜德彝语 tsa³³，丽江纳西语 tʂɯ³³，永宁纳西语 tʂe³³，碧卡哈尼语 me⁵⁵tshɔ³¹，拉祜语 dze²¹。

（3）籔 *tshe²* "锡"，西夏语汉字注音为"贼"。羌语支部分语言与西夏语同源，桃坪羌语 χɻ̩³³，箐花普米语 si¹³，扎巴语 si⁵⁵，贵琼语 sɿ⁵⁵zɑ⁵⁵，尔苏语 xəi⁵⁵，史兴语 tsha³³la⁵⁵ka⁵⁵bu⁵⁵。彝语支部分语言与西夏语同源，喜德彝语 tʂho⁵⁵，丽江纳西语 si¹³，碧卡哈尼语 sɿ³⁵，基诺语 se³¹，怒苏语 tshɯ⁵³。

（4）彽 *kwə¹* "后面"，西夏语汉字注音为"古"。羌语支部分语言与西夏语同源，麻窝羌语 sta ka，桃巴普米语 zɐ⁵⁵gi⁵³，嘉绒语 tə khu，扎巴语 ka³⁵lõ⁵⁵，贵琼语 tcɔ̃³³ngɑ³³ri⁵⁵，尔苏语 gɑ⁵⁵mɑ³³ŋi⁵⁵，纳木义语 gu⁵⁵nu⁵⁵。彝语支部分语言

与西夏语同源，喜德彝语 ɣa³³nɔ³³，南华彝语 ko³³tA³³，傈僳语 ka⁵⁵nɛ⁵⁵，永宁纳西语 ɣo³³tho³¹，碧卡哈尼语 ka³³nv̰³³，剑川白语 ɣɯ³³no³³。

（5）𗼖 ŋwu² "是"，西夏文汉字注音 "兀"。羌语支部分语言与西夏语同源，麻窝羌语 ŋuə，桃坪羌语 ŋuə³³，嘉绒语 ŋos，尔龚语 ŋuə，木雅语 ŋe³³，史兴语 uɛ̃³³ji⁵⁵。彝语支部分语言与西夏语同源，喜德彝语 ŋu³³，大方彝语 ŋu²¹，南涧彝语 ŋɑ⁵⁵，弥勒彝语 tsho³³，墨江彝语 tshu⁵⁵，碧卡哈尼语 tshu⁵⁵，拉祜语 tshu³³pe²¹，浪速话 tshau³¹。

3. 西夏语与羌语支语言的同源词

（1）𗁬 mur² "雹子"，西夏汉字注音为 "莽"。羌语支与西夏语同源的语言有嘉绒语，尔龚语 lmu，木雅语 5355，贵琼语 si⁵⁵wi⁵⁵，缅文 mo³thi³。

（2）𗁥 pji¹ "今（年）"，西夏文汉字注音 "杯（韦）"。羌语支与西夏语同源的语言有麻窝羌语 pəʂk，箐花普米语 pə⁵⁵，桃巴普米语 pu⁵⁵，嘉绒语 pəi（pa），尔龚语 pə（vi），木雅语 pu³³（wu⁵³），扎巴语 pu⁵⁵（wu⁵³）。

（3）𗅋 tjạ¹ "骡子"，西夏文汉字注音 "怛"。同源语言有木雅语 the³⁵，尔苏语 thua⁵⁵，史兴语 tui⁵⁵，另外一些语言可能同源，如麻窝羌语，箐花普米语 tʂi¹³，尔龚语 dʐi，扎巴语 tʂi³⁵。

（4）𗤃𗤘 we¹lạ¹ "老鹰"，西夏文汉字注音 "崴郎"。羌语支与西夏语可能同源的语言麻窝羌语 χlu，嘉绒语 khal ldʒi，尔龚语 wula。

（5）𗒹 ·o² "酒"，西夏文汉字注音 "讹"。羌语支中部分语言与西夏语有同源关系。如尔龚语 vo，木雅语 wi⁵³，扎巴语 wa⁵³，尔苏语 vu⁵⁵，纳木义语 vu⁵³，景颇语支的博噶尔珞巴语 o: 也许与西夏语有同源关系。

4. 西夏语与彝语支主要语言的同源词

（1）𗼃 mja¹ "河"，西夏文汉字注音 "麻"。彝语支与西夏语同源的语言或方言有傈僳语 e³¹ma³³，喜德彝语 zɿ²¹mo²¹，大方彝语 zi²¹mo²¹，弥勒彝语

$zi^{33}mo^{33}$。部分缅语支也有同源关系，如缅文 mras，载瓦语 $vui^{51}mo^{55}$。羌语支的木雅语也可能同源 $t\varepsilon ui^{55}m\rotatebox[origin=c]{180}{e}^{35}$。

（2）𗈪 *wja¹* "旗帜"，西夏文汉字注音"。缚"。彝语支与西夏语同源的语言或方言有喜德彝语 $pho^{33}bo^{33}$，大方彝语 phe^{33}，南华彝语 $ph\varepsilon^{21}$，弥勒彝语 $phA^{21}ts\varepsilon^{33}$，墨江彝语 $ph\varepsilon^{33}$，傈僳语 $ph\varepsilon^{41}$，哈雅哈尼语 $ba^{31}phja^{33}$，碧江白语 $p\underline{a}^{21}$，景颇语支的阿侬语 $ph\varepsilon^{35}$。

（3）𗦛 *nja¹* "神"，西夏文汉字注音"捺"。彝缅语支部分语言或方言与西夏语有同源关系，如彝语支的南涧彝语 ni^{21}，南华彝语 $n\varepsilon^{21}$，碧卡哈尼语 ni^{31}，拉祜语 ne^{53}；缅语支的仰光缅语 na^{244}，载瓦语 nat^{21}；景颇语支的景颇语 nat^{55}。

（4）𗙣 *wee¹* "欠（债）"，西夏文汉字注音为"勿"。彝语支与西夏语同源的方言有喜德彝语 bu^{21}，大方彝语 bu^{21}，南涧彝语 vi^{33}，南华彝语 bui^{33}，弥勒彝语 bu^{21}，傈僳语 bu^{33}，剑川白语 vu^{33}，碧江白语 ve^{33}，怒苏语 bui^{31}，$ta^{55}31$。

（5）𗰀 *lhjwi²* "旧"，西夏文汉字注音为"泪"。彝语支与西夏语同源的语言或方言有喜德彝语 $a^{44}li^{33}$，大方彝语 ^{55}，南涧彝语 $u^{33}l（ɤ）^{55}$，南华彝语 li^{55}，弥勒彝语 lui^{33}，傈僳语 $e^{55}lu^{44}$，丽江纳西语 lv^{31}，基诺语 $a^{33}li^{33}$。与羌语支部分语言也可能同源，如尔苏语 $l\varepsilon^{55}$，史兴语 $ly\varepsilon^{33}ly\varepsilon^{55}$。与景颇语支的阿侬语也可能同源，如 $\eta^{31}l\!\!\!\!\;\rotatebox[origin=c]{180}{h}^{55}$。

（四）借词

借词就是一种语言从另一种语言中"借"来的词，通常这种词都是音译词。在历史发展中，民族与民族之间，总会发生交流，当某种物品的名字在交流一方使用的语言中并不存在，或其中一方特别强大时，借词就产生了。借词是外来词的一种，它的音和义都借自外语。西夏语在与其他民族的不断接触中，吸收了不少其他民族的新语词。这些词语成为西夏语的有机组成部分，并被编入不同的西夏文字典中，按照读音分门别类地归入相应的西夏语声类、韵类之中，从而把借词的声韵纳入了西夏语的语音体系。如西夏文字典《文海》：

𗊒，𗊒𗄑𗄑𗆄𗤀𗊒，𗄈𗆄𗌰𗄑𗤭𗾔𗾔𗾔。

君，君者汉语与同，夏语丈夫之谓也。

对于西夏语借词的研究始于 1916 年。劳费尔在其力作《西夏语言：印度支那语文学研究》中就注意到了这个问题。[①] 指出了西夏语中一大批借词的来源，计有汉语借词、藏语借词、印度语借词、伊朗语借词、西亚借词等。由于他所依据的文献材料有限，对西夏语的认识尚浅等问题，一些借词的考证还有待商榷。后来学者的研究成果表明，西夏语中的汉语借词最为丰富，其次为藏语借词，梵语借词往往来源于汉语。而其他语言借词的研究尚未起步。

迄今为止，学界对西夏语中汉语借词的研究是最充分的，甚至可以说已经基本上解决了汉语借词具体词例的识别和总体声韵对应关系的归纳问题。[②] 西夏语中的汉语借词按照词类分为名词、谓词、形容词和量词等等。据史金波的文章所说，在西夏语常用词中，这些借词占十分之一，而在口语中这些汉语借词的数量可能更大。根据学者们的考证，目前已知的西夏语汉语借词不到两百个。

与汉语借词相比，西夏语中藏语借词的地位就显得不那么突出。由于材料的限制，学界还无力整理出一套藏语和西夏语的借词语音对应规律。我们只是粗略地感觉到，西夏人在借用（转写）藏文词的时候，仅仅采用了藏文"基字"的读音，而对于"前加字""后加字"之类附加音素则一般不予考虑。学术界对西夏语与藏语词汇关系的零星探讨已有了数十年的历

① B. Laufer, "The Si-Hia Language, A study in Indo-Chinese philology", *T'oung Pao* 2.17, 1916.

② 这方面的论文有：龚煌城：《西夏语中的汉语借词》，《历史语言研究所集刊》第 52 本第 4 部分，1981 年；史金波：《西夏语中的汉语借词》，《中央民族学院学报》1982 年第 4 期；李范文、杨占武：《西夏语中的汉语借词补遗》，《宁夏社会科学》1993 年第 2 期；聂鸿音：《西夏语中汉语借词的时间界限》，《民族语文》1994 年第 1 期。

史，比较专门的研究则在近年由陈庆英开其先河。[①] 虽然陈先生一直在试图证明西夏语和藏语尤其是安多方言的同源关系，这一点和当前西夏学界的普遍看法颇有不同，但是他举出的一些具体词例仍然能给人们很大的启发。例如，他认为西夏语读若"领" *leŋ 的"马"来源于藏语的 gyi ling，"良马、骏马"；西夏语读若"啰贼" *ra tshi 的"山羊"来源于藏语的 ra rtsid "山羊毛"《宋史·夏国传》中汉语译音为"撞令郎"的"前军"来源于藏语的 gdong len "先锋"等。

西夏语的汉语借词中有一些是以汉语为媒介辗转借入的西域词。例如西夏语的"和尚" *xo ɕo）像汉语的"和尚"而不像梵语的 upādhyāya 或于阗语的 khosha，西夏语的"僧" *səŋ，）像汉语的"僧"而不像梵语的 saṃgha 或回鹘语的 sang，西夏语的"沙门" *ɕoa mun 像汉语的"沙门"而不像梵语的 śramana，西夏语的"梵" *xuan 像汉语的"梵"而不像梵语的 brāhma。西夏语中当"塔"讲的双音词出现在"凉州护国寺感通塔碑铭"里，音 *bu do，显然是汉语"浮图"的早期借词。[②]

学者们在研究西夏语借词之时指出了一个极为重要的事实，即汉语借词是在两个不同的时代输入西夏的。西夏语中的汉语借词，大致可分为两个层次：保存中古浊声母及鼻音声母的中古音层及浊音已变清音，鼻音已变鼻化浊塞（擦）音的近古音层。有四对有趣的例子，可以证明早期借词和晚期借词在 12 世纪的西夏语言中仍然同时存在。例如"荄"（和）和"俊"（和）、"秵"（杂）和"絴"（杂）、"頗"（旋）和"蔽"（旋），"甂"（强）和"骸"（强），每一对字的韵母都完全相同，但前一字是早期借词而后一字是晚期借词，它们之间的语音差别仅仅表现在声母上。[③]

以下将成对列举西夏语中的汉语借词：

---

① 陈庆英：《西夏语同藏语词汇之比较》，《青海民族学院学报》1992 年第 4 期。

② 聂鸿音：《西夏词源学浅议》，《民族语文》1995 年第 5 期。

③ 聂鸿音：《西夏语中汉语借词的时间界限》，《民族语文》1994 年第 1 期。

1. 名词

山〔山〕　　川〔川〕　　龙〔龙〕　　僧〔僧〕

寺〔寺〕　　岔〔茶〕　　海〔海〕　　汉〔汗〕

泊〔破〕　　身〔申〕　　哥〔哥〕　　州〔州〕

经略〔经略〕　　筌筷〔筌筷〕　　沙门〔沙门〕

2. 谓词

赶〔干〕　　拦〔兰〕　　转〔转〕　　知〔知〕

弃〔弃〕　　栽〔灾〕　　生〔生〕　　成〔成〕

说〔说〕　　累〔雷〕　　渗〔参〕　　涅槃〔涅槃〕

3. 形容词

大〔大〕　　粗〔粗〕　　细〔斜〕　　正〔正〕

曲〔曲〕　　全〔全〕　　贵〔贵〕　　憨〔含〕

顽〔顽〕　　香〔香〕　　杂〔杂〕　　明〔明〕

4. 其他

寸〔寸〕　　卷〔卷〕　　三〔三〕　　双〔双〕

内〔内〕　　南〔南〕　　镒〔盈〕　　正〔张〕

四、语法

（一）西夏语法的一般特征

西夏语属于藏缅语族羌语支语言，在语法特点上与羌语有很多相似之处。名词有数的范畴，复数的表现形式是在名词后面缀加若干复数标记。人称代词有单数、双数和复数之分，没有发展出真正的第三人称代词。

谓词是句法结构的中心，西夏语句法结构的各种关系标志大多集合在谓词上。[①] 谓词的语法范畴十分丰富，有趋向、人称、数、体、式等范畴。西夏语存在两组与趋向范畴有关的谓词前缀，其方向性逐渐弱化，第一组谓词前缀逐渐发展为表示完成体的标记，第二组谓词前缀发展为表示希求意义的标记。两组前缀存在音韵转换关系，后者是将前者韵母改为 -jij 而产生。[②] 谓词的人称呼应有两个表现形式，一是在谓词之后或句尾出现与第一、二人称代词呼应的人称后缀，二是谓词随人称变化而出现音韵转换的变化。体和式范

[①] 向柏霖提出了西夏语复合动词的概念，将与动词相关的形态归纳出一个模板，其排列顺序是"趋向前缀—否定前缀—式前缀—编插语—动词词根—助动词—人称后缀—将来时后缀—体后缀"；张珮琪亦将动词之分层结构用公式罗列出来，表示为"┆〔（PFV/OPT/Q）+CONC/SPEC+（NEG）+V+（CAUS）〕+AGR+（CAUS）+ PERFECT/PROG/PROSP + EVI+ QP ┆"。详见 Guillaume Jacques, *Esquisse de phonologie et de morphologie historique du tangoute*, Leiden：Brill, 2014, p. 178.；张珮琪：《西夏语的复合谓语结构析探》，《西夏学》2021 年第 2 期。

[②] 龚煌城：《西夏语概况》，载《西夏语言文字研究论集》，民族出版社 2002 年版，第 252 页。

畴绝大多数通过前缀来表达，少部分通过后缀表示。西夏语存在谓词比较丰富，不同的客观事物存在使用不同的谓词表示，辅助谓词数量较多，均在动作谓词之后。

结构助词比较丰富，用于名词性词语之后，分别表示与其他词语之间存在的领属、施动、受动、工具、处所、从由、比较、随同等关系，个别结构助词存在多种不同用法。名物化助词存在"能"和"所"的交叉对立关系。①

（二）词类

根据词语的意义和它们在句子中的语法功能，并结合形态变化，西夏语的词可分为名词、代词、数词、谓词、副词、连词、语气词和助词等八类。其中的谓词是将一般语言学著作中所说的动词和形容词合并在一起，将动词称为动作谓词，形容词称为性状谓词，这样处理是因为它们在句子中的主要功用都是作谓语，更重要的是它们还有共同的形态标志。这里将各类词分别进行介绍。

1. 名词

名词是表示人或事物名称的词。名词可受名词、代词、数量词、谓词的修饰，在句中可以作主语、宾语、定语，时间名词和处所名词还可以作状语。

---

① 本章为语法部分，涉及大量例句，其对译部分尽量使用汉语对出，不便对出者作了语法标记。相关标记如下：

TOP 主题标记	COMP 比较助词	Q 疑问式前缀
ERG 施事助词	-1sg 第一人称单数	IMP 命令式前缀
ACC 受事助词	-2sg 第一人称单数	NOM 名物化后缀
GEN 领属结构助词	-1dl 第一人称双数	PROG 进行体标志
O–P 不及物动词主语助词	-2dl 第二人称双数	PROS 将行体标志
INSTR 工具助词	-1pl 第一人称复数	DUR 持续体标志
LOC 方位、处所助词	-2pl 第二人称复数	CONC 让步标志
TERM 目标助词	Pref.1 第一类谓词前缀	QUOT 引语标志
COM 伴随助词	Pref.2 第二类谓词前缀	△ 其他

＊各人称后缀于标记前加"-"表示，例如"-1sg"表示第一人称单数后缀。

西夏语名词可以分为普通名词、专有名词、亲属称谓名词、时间名词和处所名词等。从形态上看，西夏语名词有数的范畴，有丰富的格标记，也有表示特定概念的专有名词标记。谓词之后加名物化后缀可以构成名词或名词性短语。

1.1 名词类别

西夏语名词可以分为普通名词、专有名词、亲属称谓名词、时间名词和处所名词等。

A) 普通名词

普通名词是指表示某些人、某类事物、某种物质或抽象概念的名称。如：

与自然有关的：朡 $mə^2$（天）、綜 lji^2（地）、刻 be^2（日）、獗 $lhjij^2$（月）、霧 gji^2（星）、霧 $gjij^2$（宿）、靴 lji^2（风）、毓 $dji̱j^2$（云）、獥 $dzju^2$（雨）、㧯 wji^1（雪）、粂 ηar^1（山）、藜 mja^1（河）、綞 $\acute{s}jwa^1$（江）、脩 ηjow^2（海）。

与人体有关的：綵礠 $yu^1\ mej^1$（头目）、傖纾 $njii^2\ lhjwa^1$（鼻舌）、訛爾 $\acute{s}jwi^1\ kowr^2$（齿牙）、籹阪 $ljaa^2\ mər^1$（口唇）、覣祗 $kor^1\ njwij^1$（咽喉）、茊㷉 $nju^1\ d\acute{z}jwo^2$（耳窍）、綵燚 $yu^1\ mjar^1$（头发）、㺢燚 $bee^2\ mjar^1$（眉毛）、靤縅 $ts\partial^1\ kjiir^2$（肺胆）、篋篋 $pjwiir^2\ sji^2$（脾肝）、敫㹸 $\cdot o^1\ bja^2$（腹肚）、㐱頸 $d\acute{z}jiw^1\ \eta wer^2$（腰膝）、㧯祗 $khji^1\ gjij^2$（脚胫）、㦎茈 $la^1\ pja^1$（手掌）、㦎㽾 $la^1\ dzji^1$（指爪）、綵蔴 $rjir^1\ tsewr^1$（骨节）。

与瓜果有关的：蘹 $xiə^2$（杏）、藕㣺 $wji^1\ mjaa^1$（梨）、蘵㣺 $\cdot jur^1\ mjaa^1$（檎）、蘵芏 $njwi^1\ do^1$（樱桃）、菲芏 $d\acute{z}ia^1\ do^1$（胡桃）、藏芏 $bie^2\ do^1$（蒲桃）、茈礠 $we^1\ mej^1$（龙眼）、蕭㣺 $tsjiir^1\ mjaa^1$（荔枝）、菽㣺 $ner^2\ mjaa^1$（李子）、㚒㣺 $\acute{s}jwii^2\ mjaa^1$（柿子）、繎㣺 $kji^2\ mjaa^1$（橘子）、㣵蒅 $\acute{s}iwe^1\ dze^2$（枣）、藗腹 $lu^1\ we^1$（石榴）、芏㣺 $do^1\ mjaa^1$（桃）。

B) 专有名词

专有名词主要指人名、地名、国家机构名称、专业术语或某一事物所特有的名称等。西夏语中值得关注的专有名词主要有国名、族名、帝王封号、西夏职官、姓名。这里介绍几个文献中所见与西夏和党项有关的几个专有名词。

𗼨𗓦（大夏）、𗼨𗄊𗉧𗼨（大白高国）、𗼨𗄊𗼨𗓦𗉧（白高大夏国）。

𗼨𗼨 *mji² njaa²*（弭药）。

𗼨 *mji²*（番）、𗼨𗼨 *ljwij¹dźji²*（勒尼①）。

第一组是西夏自称的国名，第二组"𗼨𗼨" *mji² njaa²* 相当于藏文中 *mi-nyag* 及汉文史籍中的"弭药"，应当是一个他称，既可以用来称呼西夏立国前的拓跋党项、也可以称呼立国后的西夏，既可以用来称呼西夏人、也可以用来称呼西夏国。② 第三组的"𗼨" *mji²*（番）是西夏主体民族的族称，既可用于"番国"、也可用于"番人"；"𗼨𗼨" *ljwij¹dźji²*（勒尼）则是党项族群中与"𗼨𗼨" *ljwij¹dźji²*（赤面）相对应群体的一个称呼，有自己独立的语言。

C）亲属称谓名词

也有学者将亲属称谓划归专有名词。亲属称谓直接或间接地反映婚姻、家庭和社会关系，是民族语言中值得特别关注的地方，这里单独列出。

详细的亲属称谓名词可见本书附录。这里特别提出的是，西夏语亲属称谓中兄弟姐妹间有性别之分，具体如下：

𗼨 *ljo²* 表示男性之兄弟或男性称呼兄弟；

𗼨 *mju¹* 表示女性之兄弟或女性称呼兄弟；

𗼨 *diow²* 表示男性之姐妹或男性称呼姐妹；

𗼨 *kiej¹* 表示女性之姐妹或女性称呼姐妹。

表示女性之兄弟姐妹者，例如：

①𗼨𗼨𗼨𗼨𗼨，……𗼨𗼨𗼨𗼨𗼨𗼨𗼨𗼨𗼨𗼨𗼨𗼨𗼨。

---

① 这里采用了聂鸿音先生的音译。参见聂鸿音：《一文双语：西夏文字的性质》，《宁夏社会科学》2019 年第 5 期。

② 除"弭药"外，汉文史籍还有多种不同称呼，欧阳修：《新五代史·四夷附录》称作"捻崖"，《胜妙吉祥真实名经》称作"聂崖"，《范文正公集》则称"木内"用以标注西夏祖坟。藏文则还有 *mi-gnyags*、*me-nyag* 等不同写法。

ljiw¹ tśhjow¹ khjij¹ gji² bjij² …… *mju¹ khwej² kięj ¹khwej² nji² dźji ʔ ·wji mjiɨldo²jar¹śji¹phji¹kięj²*

刘长卿妻子，……兄大姐大等行为他处嫁往命欲。

刘长卿妻，（夫死子死）……兄姊欲嫁之。（《类林》卷二《贞治篇》）

文献中，在区分"兄"与"弟"之时，一般在"緉"*ljo²*、"叕"*mju¹*之后用"緈"*khwej²*（大）、"緂"*tsəj¹*（小）表示。区分"姊"与"妹"亦然。例如："緉緈"*ljo² khwej²*为"兄"、"緉緂"*ljo² tsəj¹*为"弟"，上例"叕緈"为"兄"、"緈緈"为"姊"。

"兄"与"弟"同时出现时，也偶见以"緉"*tjo²*和"緉"*ljo²*分别加以区分。例如：

②𗂤𗥃𗥃𗢳，𗧘𗜓𗥃𗢳。

tśjiw¹ kow¹ ljo² ŋwu² kwã ¹śjuu¹ ljo²ŋwu²

周公弟是，管叔兄是。

周公弟也，管叔兄也。（《孟子》卷四《公孙丑下》）

1.2 名词数范畴

西夏语名词的数范畴，包括单数和复数。单数名词没有示数的形态标志（或视为零标记），复数是在名词后面附加复数标记"𗥃"*ŋewr²*、"𗝋"*nji²*、"𗝋"*nji²*表示。①

"𗥃"*ŋewr²*、"𗝋"*nji²*可以附加在任何可计量事物的名词之后，通常也与"𗤛"搭配使用，构成"𗤛……𗥃""𗤛……𗝋"的形式。如：

𗥃𗤛𗥃 *tha² bji² ŋewr²* 众大臣

𗥃𗤛𗥃 *gji² lhji¹ ŋewr²* 诸子孙

𗥃𗥃 *njɨɨ² ŋewr²* 数日

---

① 参见马忠建：《西夏语名词数范畴之比较》，载李范文主编：《西夏语比较研究》，宁夏人民出版社2004年版，第71—81页。

𗧥𗀚 *gji² ŋewr²* 数夜

𗀚𗆍𗟻 *tha² bji² nji²* 众大臣

𗕿𗟨𗟻 *zji¹ lji¹ nji²* 众童子

𗢸𗣼𗟻 *sji² dzjwo² nji²* 众妇人

𗊰𗜯𗥠𗀚 *rjur¹ sjij² dju¹ ŋewr²* 诸有情（《圣胜慧到彼岸功德宝集偈》卷上　）

𗊰𗟨𗟨𗀚 *rjur¹ zji¹ lji¹ ŋewr²* 诸愚童辈（《圣胜慧到彼岸功德宝集偈》卷上　）

𗊰𗣼𗫡𗟻 *rjur¹ dzjwu¹ njij² nji²* 诸人王等（《金光明最胜王经》卷六 ）

𗊰𗤢𗫂𗟻 *rjur¹ mə·ji¹ nji²* 诸天众等（《金光明最胜王经》卷十 ）

　　"𗟻"*nji²* 是专门附加在人物类名词之后的复数标记。如：

𗣼𗫡𗟻 *wji dzjwi¹ nji²* 众友

𗞂𗫡𗳆𗟻 *nji¹ dzjwi¹·o¹ nji²* 邻里们

𗣤𗳆𗟻 *wji¹·o¹ nji²* 宾客们

1.3 几个专有名词标记

A）指人标记

　　"𗟻"*nji²*　主要是附加在民族、国家之后，表示"……人"。如：

𗷫𗟻 *tshji¹ nji²* 秦人

𗥚𗴮𗟻 *dji¹ kjwïir¹ nji²* 匈奴人

𗼕𗟻 *phə¹ nji²* 吐蕃人

在西夏语翻译文献中，往往于部分外来专有名词之后附加一些标志成分，这里称之为专有名词标记。它们是放在外来地名之后的标记"𗋕𗿦"，放在书名之后的标记"𗗔"，人名之后的标记"𗤶"。

B）地名标记"𗋕𗿦"

𗴂𗬩……，𗷲𗤫𗣫𗹥𗋕𗿦𗫡𗪟。𗰖𗤁𗋕𗿦𗫲𗵽𗒀𗥤𗣤𗟻𗿷𗔀。

范式……，山阳金乡△△人是，汝南△△张伯元与 友 △为。

范式……，山阳金乡人也，与汝南张伯元为友。（《类林》卷三《敦信篇》）

西夏文译者在翻译"山阳金乡"及"汝南"汉语地名时，均采用音译，并在后面附加地名标志"𘐩𘐩"。"𘐩𘐩"有时也不用在音译地名之后，而有实在意义。如：

𘐩𘐩……�������……���������。

郭伋……外出自△△内巡行……郭伋△△内△行△归。

郭伋……外出巡行部内……郭伋巡行部内回。(《类林》卷三《敦信篇》)

这里的"��"表示郭伋自己的管理范围（并州）之内。

"�"亦单独或者以"��"的形式出现在非音译地名，且是较大地域范围的某些概念如"国""洲""河"之后。如：

�����	����
大白高国△	赡部洲△
大白高国	赡部洲

"�""��"除出现在某些地域范围的概念之后，也出现在一段时间概念之后。如：

��������。

人药王子干岁△中。

人药王子于千岁中。(《大宝积经》卷七九)

�����。

多亿岁△中。

于多亿岁中。(《大宝积经》卷八四)

�����������。

恶业识亦七日△内如是念为。

造恶业识，亦七日中作是忆念。(《大宝积经》卷一二〇)

C）书名标记"�"

������。

此事汉时文中说。

此事《汉书》中说。

2. 代词

代词是指能够替代名词、数词、形容词等词类的词。西夏语代词可分为人称代词、反身代词、指示代词和疑问代词。

2.1 人称代词

一般认为，西夏语只有第一人称和第二人称代词，没有发展出真正的第三人称代词[①]。西夏语人称代词有单数、双数[②]和复数之分。第一、二人称的双数和复数皆有包括式和排除式两种。在人称一致标记层面，西夏语存在第一、二人称单、双、复数后缀（详见谓词的人称范畴）。西夏语人称代词的基本格局如下：

	单数	双数	复数
第一人称	纚 ηa^2 甂 mjo^2	甂瓞 $gja^2\ mji^1$（包含式） 緤瓞 $gji^2\ mji^1$（排除式）	甂絶 $gja^2\ mji^2$（包含式） 緤絶 $gji^2\ mji^2$（排除式） 纚靴 $\eta a^2\ nji^2$
第二人称	楙 nji^2 馘 nja^2		楙靴 $nji^2\ nji^2$

A）第一人称代词

西夏语第一人称代词单数有：

---

① 关于第三人称，学术界有不同看法。史金波先生认为西夏语第三人称单数有三个"毆"、"羁"、"耗"，复数有"羁燉"、"雞龀"，另有"骸"置于表示人的称谓后面，组成复数形式；西田龙雄曾明确提醒人们不应该把第三人称单数代词"耗" tha^2 混同于指示代词"耗" tha^2；马忠建先生认为，西夏语第三人称代词皆借自指示代词，其单数有"甂" $thji^2$、"羁" $thja^1$、"耗" $thja^2$，复数有"甂靴" $thji^2\ nji^2$、"甂骸" $thji^2\ \eta ewr^2$、"羁靴" $thja^1\ nji^2$、"羁骸" $thja^1\ \eta ewr^2$、"羁龀" $thja^1\ nji^2$、"耗靴" $thja^2\ nji^2$、"耗龀" $thja^2\ nji^2$；聂鸿音先生则进一步证实西田曾强调的第三人称单数代词"耗" tha^2 实实在在地是个指示代词。详见史金波：《西夏文教程》，社会科学文献出版社 2013 年版，第176—177页；西田龙雄：《西夏语の研究》（Ⅱ），东京座右宝刊行会 1966 年版，第 270 页；马忠建：《西夏语人称代词之比较》，见李范文主编：《西夏语比较研究》，宁夏人民出版社 2004 年版，第 115 页；聂鸿音：《西夏语谓词人称后缀补议》，《语言科学》2008 年第 5 期。

② 双数的概念由张永富博士提出，详见《西夏语人称系统新探》，《西域历史语言研究辑刊》2021 年第 2 辑。这里的观点及相关例句直接转引其文。

𗼮 *ŋa²* 我

𗼲 *mjo²* 我、吾、予

𗼮 *ŋa²* 基本与汉文"我"对译。"𗼲" *mjo²* 除与汉文"我"对译外（多见佛教文献），也常与古汉语中的"吾""予"等人称代词对译（多见非佛教文献）。[①] 例如：

（1）𗼮 𗣼 𗿈 𘄒 𗈁。

　　 ŋa² 　　*ju²* 　 *khjwɨˈŋər¹* 　 *dźjiij¹*

　　 我 　　　常 　　　 鹫 山 　　　 在。

我常在鹫山。（《金光明最胜王经》卷三）

（2）𗼲 𗣼 𗤁 𗎷 𘃡 𗾞，𗼮 𗣼 𗤁 𗎷 𘝯 𗾞。

mjo² *seew²* *gie¹* *sjij²* *bji¹* *dźjo²* *ŋa²* *seew²* *gie¹* *sjij²* *tjij¹* *dźjo²*

我 　思 　 难 　 智 　光 　 有，**我** 　思 　 难 　 智 　炬 　有。

我有难思智光，我有难思智炬。（《金光明最胜王经》卷八）

（3）𗼲 𗄊 𗲠，𘃡 𗉟 𗤁；𗼲 𗰖 𗭼 𗦚，𘃡

mjo² *wjij²* *khwa¹* *mji¹* *kjij¹* *njij¹* *mjo²* *ɣwə²* *rjir²* *we²* *mji¹*

吾 　Pref.2 　远，　 敌 　Pref.1 近；吾 　<u>前　面</u> 　为，敌

𗣼 𗄊 𗼮。

---

①　关于二者的区别，学术界也有不同看法。索弗洛诺夫（Sofronov）认为"𗼮" *ŋa²* 为第一人称单数代词的主格，"𗼲" *mjo²* 为旁格；克平（Kepping）认为"𗼮" *ŋa²* 和"𗼲" *mjo²* 是一般体和书面体的区别；龚煌城先生认为西夏语人称代词第一、二人称单数中存在通称和尊称的对立，"𗼮" *ŋa²* 和"𗲍" *nja²* 是单数代词的通称，"𗼲" *mjo²* 和"𗐓" *nji²* 是尊称，聂鸿音先生将这一观点进一步延伸至复数，提出"𗧓𗤁" *gji² mji²* 为通称，"𗐓𗤁" *gja² mji²* 为尊称，而非包括式和排除式的区分。参见 Sofronov, Mihail V.（Софронов М. В.），*Грамматика тангутского языка*（*The Grammar of Tangut Language*），Т. 1. Москва：Издательство «Наука»，1968；Kepping, K. B.，"The conjugation of the Tangut verb"，*Bulletin of the School of Oriental and African Studies*，57.2：339，1994；见龚煌城：《西夏语言文字研究论集》，民族出版社 2005 年版，第 251 页；Nie Hongyin. Honorific Personal Pronouns in the Tangut Language. *Journal of Chinese Writing Systems*，2022（2）。

nioow¹　wjij²　tji¹

后　Pref.2　置。

吾远之，敌近之；吾迎之，敌背之。(《孙子兵法三注》卷中《行军篇》)

（4）𘓞　𗼅　𗏹，𘑨　𗿒：“𗾔！　𗤁　𘎪　𘃻！　𗤁

ŋiaa²　jwã¹　yier¹　no²　ŋwuu¹　phjij¹　mə¹　mjo²　ljwij¹　mə¹

颜　渊　死，孔子　曰：“噫！　天　予　亡！　天

𘎪　𘃻！”

mjo²　ljwij¹

予　亡！”

颜渊死，子曰：“噫，天丧予，天丧予！”(《论语全解》卷六《先进篇》)

此外，还有两个与第一人称有关的词：

𗤶 *ŋə¹* 我、吾

𘜶 *γjir¹* 朕

“𗤶” *ŋə¹* 文献用例较少，除对译汉文“我”外，更多作为译音字对译梵文的 -m̩、-n 以及汉语的后鼻音韵尾 -ŋ。“𘜶” *γjir¹* 只用于帝皇之自称，通常与汉文“朕”对译。例如：

（1）𗤶　𗅆　𘄔　𗷣　𘆡　𗸷　𝥈　𗤻　𘔭　𗩋　𗏹。

ŋə¹　jij¹　lju　dzar¹　tśhjiw¹jir　jar¹　γa　khji　jiw¹　sjwĩ¹　rjar¹

我　之　身　量　六　百　八　十　万　由　旬　△。

我身六百八十万由旬。(《妙法莲华经》卷七)

（2）𗤶　𗒔　𗥩　𗏇　𘍦　𗿀　𗢯　𗾈　𘂤　𗴿。

ŋə¹　zji¹　ljɨr¹　mə²　ŋo²　dju¹　mji¹　nwə¹　nja²　lji¹

我　子　四　种　病　有　无　知　-2sg　也

汝不知吾辈有四患。（《孔子和坛记》）

（3）𗣀 𗣜 𗼩 𗣓 𗿮，𗣋 𗥤 𗢸 𗭪 𗏴 𗟻。

nji^2　tji^2　$djij^2$　$\eta wuu^1 nja^2$　$yjir^1$　$s\tilde{e}^1$　ηa^2　wji^2　$ljii^1$　ji^1

汝　勿　Pref.2 语　-2sg，朕　想　我　Pref.1 候　谓。

（曹操曰：）"卿勿语，稍后片刻，朕略思之。"（《类林》卷四《聪
慧篇》）

第一人称代词双数有两个，分为包括式和排除式：

𗣼𗟻 $gja^2 mji^1$（包括式）

𗣔𗟻 $gji^2 mji^1$（排除式）

两词都可以表示"咱们"，前者包括说话者及听话对象俩；后者是指排除
听话对象的我们俩。例如：

（1）𗬧 𗤾 𗤓 𗣜 𗑠 𗑱 𗼮 𗰖 𗥺 𗺒 𗖻

$tsj\tilde{i}^1$　tha^2　kow^1　kji^1　mji_j^1　$nji\ddot{u}^2$　zji^1　lji^2　$\cdot jij^1$　gu^2　$d\check{z}jwi^1$　jij^1

晋　悼　公　Pref.1 梦　二　童　子　自　共　相　ACC

𗣓 𗟻：𗭪 𗾺 𗤘 𗳌 𗫼 𗶹 𗣀，𗣜 𗫸 𗬧

da^2　ji^1　$tshj\tilde{i}^1$　$lhjij^2$　dji^1　$rjijr^1$　nji^2　lja^1　$zjij^1$　kji^1　$djii^2$　gja^2

言　谓　秦　国　医　良　至　来　时，必　定　咱

𗟻 𗖻 𗣔 𗿯

mji^1　jij^1　ηwo^2　lji^1

俩 ACC 伤　也

晋悼公梦见二竖子自相谓曰："秦良医至，必伤我等（咱俩）。"

（《类林》卷六《医巫篇》）

（2）𗭢 𗑗 𗤈 𗺏 𗟻 𗖻 𗣓 𗟻：𗬧 𗟻 𗆧 𗣋

dzjọ¹	sju²	njiij¹	dju¹	mji¹	jij¹	dạ²	·ji²	gja²	mji¹	śjuu¹	twụ¹
譬	如	人	有	他	ACC	语	曰:	咱	俩	荫	处

𗣼 𗵘 𘃡 𗰭?

dzuu²	śjɨ¹	kjɨ¹	jɨ²
坐	往	-1dl	QUOT

譬如有人语他人曰:"（咱俩）可共往诣荫处坐耶？"（《大宝积经》卷一）

（3）𘈖 𗗾 𘊛 𗼃 𗋈 𗏁 𗾈 𗀯 𗟳 𗗗 𗴂 𗏁

tśhji¹	zjo²	tha¹	·ja¹	na¹	ljɨ¹	niow¹	njij²	mə²	dźiã²	tsjij²	jij¹
尔	时	佛	阿	难	及	慈	氏	菩	萨	ACC	

𗹏 𗰭: 𗼖 𗿮 ……𗨁 𘁌 𗀯? 𗼃 𘊛 𗍫 𗹏:

dạ²	jɨ¹	nji²	nji²	·ja¹	ljij²	tsji¹	·ja¹	na¹	hụ¹	dạ²
言	曰	你	等	……Q	见	-2dl	阿	难	答	曰

𘄡 𗠁 𗯿 𗰭。

gjɨ²	mji¹	ljij²	kjɨ¹
我	俩	见	-1dl。

尔时佛告阿难及慈氏菩萨:"汝……见不？"阿难对曰:"唯然,（我俩）已见。"（《佛说无量寿经》卷下）

（4）𗼖 𗿮 ……𗨁 𘈖 𘁌 𗀯? 𗼃 𘊛 𗯿 𗹏: 𘄡

nji²	nji²	·ja¹	tśhji¹	ljij²	tsji¹	·ja¹	na¹	hụ¹	dạ²	gjɨ²
你	等	……Q	尔	见	-2dl	阿	难	曰:	我	

𗠁 𗗙 𗰭。

mjɨ¹	mji¹	kjɨ¹
俩	闻	-1dl。

"汝宁复见……不？"[1] 阿难对曰："唯然（我俩）已闻。"（《佛说无量寿经》卷下）

第一人称代词复数形式主要有三个：

𘓓𗂒 $gja^2 mji^2$ 咱们（包括时）

𗴔𗂒 $gji^2 mji^2$ 咱们（排除时）

𗼅𗏁 $\eta a^2 nji^2$ 我等

前两者都表示"咱们"，分为包括式和排除式，"𘓓𗂒" $gja^2 mji^2$ 包括听话者、说话者，"𗴔𗂒" $gji^2 mji^2$ 则排除听话者。第三种形式是在单数"𗼅" ηa^2 之后添加表复数概念的"𗏁" nji^2（等）合成，既可以表示复数，也可以表示双数。例如：

（1）𗟲𘗐𗾴：𗑗𗏮𗢁𗥃𗧘𗏁𗹙𗦟𗴟𘄒𘎑

　　　$xw\tilde{a}^1 \cdot w\tilde{e}^1 \quad da^2 \quad kwej \quad kji \quad njij^2 \quad ts\partial j \quad thja^2 \quad jij^1 \quad xjiw^1 \quad mji^1 \quad lji_\textbf{.}^1$

　　　桓　温　曰：会　稽　王　小　其　ACC　压　莫　得

　　　𗿢，𗟶𘓓𗂒𘃡𗥃𗤁𗼺𘎑？

　　　$kha^1 \quad nioow^1 \quad gja^2 \quad mji^2 \quad lji_\textbf{.}^1 \quad tshji_\textbf{.}j^1 \quad lj\varrho^2 \quad kjir^1 \quad ji^2$

　　　中，复　吾　等　论　说　岂　敢　谓？

桓温曰："会稽王尚不能屈，吾辈非敢拟议。"（《类林》卷三《隐逸篇》）

（2）𗐩𗷅𗾴：𘓓𗂒𗤇𘄴𗅥𗵤𘄒𗹙

　　　$tshew^1 \quad tsha^2 \quad da^2 \quad gja^2 \quad mji^2 \quad \gamma w\partial^2 \quad rjir^2 \quad t\acute{s}hjwir^2 \quad sji^1 \quad bo^1 \quad dju^1 \quad thja^2$

　　　曹　操　曰：我　等　前　面　梅　树　林　有，其

　　　𗦟𘄒𗰔𘃞𘃞𗵤𗤁𘎑。

---

① 此接上例，仍为佛问阿难及慈氏菩萨二人。

$\cdot jij^1$　mja^1　tja^1　ηa^2　ηa^2　$t\acute{s}hjwir^2$　lji^1　$\cdot ji^2$

之　　果　　者　　好　　好　　酸　　　也　　谓。

曹操曰："前有梅林，其子甚酸。"(《类林》卷四《权智篇》)

（3）嘉 莪 彩：缓 辂 虎 糇 孫 祕 訛 骸 莪 劝。

$\cdot jij^1$　nji^2　da^2　gji^2　mji^2　$thej^1$　pie^1　jij^1　gji^2　$lhji^1$　ηwu^2　nji^2　$\cdot ji^2$

自　家　语：我　等　太　伯　之　子　孙　是　人　谓。

（倭人）自谓："我等是太伯之子孙。"(《类林》卷四《四夷篇》)

（4）缓 辂 訛 孫 舣 羧 羧 骹 莪 夋，矖 祓

gji^2　mji^2　nja^2　$\cdot jij^1$　bju^2　lju^2　kji^1　$zeew^2$　nji^2　zjo^2　ηjow^2　$tjoo^1$

我　等　你 ACC 召　捉　△　遣 -1pl 时，档案 寻

毣 牦 訛 孫 羧 磣 骸 羧

$t\acute{s}hji^2$　γa^2　nja^2　$\cdot jij^1$　zjo^2　$tsew^2$　$mjij^2$　$d\dot{z}jwa^1$

本　于　你　之　寿　限　未　竟。

吾被差来时，检你算寿（未竟）。(《金光明经忏悔灭罪传》)

（5）緂 靯 雞 獛 翙 栬 羧 羧 緵，緂 靯 孫

ηa^2　nji^2　$\dot{z}ju^2$　$khwej^2$　gji^2　$rjir^2$　$djii^1$　mji^1　$njwi^2$　ηa^2　nji^2　$\cdot jij^1$

我　等　鱼　大　一　得　分　无　能，我　等 ACC

羧 辋 緵 毣？

$djii^1$　$\cdot\text{-}ja^1$　$njwi^2$　nja^2

分　Q　能 -2sg

我等得此大鱼不能分，汝能为我分不？(《经律异相》卷十五)

（6）骸 辍 彩：緂 靯 縗，辍 孫 羧 絼 絅 絅

so^1	$dzjwo^2$	da^2	ηa^2	nji^2	tja^1	$dzjwo^2$	jij^1	zjo^2	ka^1	ljo^1	ηjir^1
三	人	曰：	我	等	者，	人	之	寿	命	福	祸

𗏇　𗏁　𗥤，……

$dzju^2$	$mjijr^2$	ηwu^2
主	者	是，……

三人曰："我等是司命……"（《类林》卷四《报恩篇》）

不过，也有例外的情况。"𗟲𗟼" $gja^2\,mji^2$ 有表示排除式的，"𗟳𗟼" $gji^2\,mji^2$ 也见用于双数的情况。[①] 例如：

（1）𗁩 𗿷 𗥤 𗤒 𗿘 𗤙：𗍫 𗤿 𗡪 𗢪，𗟲 𗟼

$\eta w\vartheta r^1$	$dzow^1$	$ljij^1$	no^2	nji^2	da^2	nji^2	tji^1	$sjwi^1$	zji^1	gja^2	mji^2
皇	后	太	子	等	曰：	汝	莫	忧	恼，	我	们

𗑾　𗣀　𗧓

gju^2	nja^2	ji^2
救	-2sg	谓。

皇后太子曰："勿虑，我当救之。"（《类林》卷四《医巫篇》）

（2）𗍫 𗣼 𗤙：𗟳 𗟼 𗥤 𗤙 𗫔 𗥫 𗣼 𗥤，𗪐

nji^2	$mjij^1$	da^2	gji^2	mji^2	ji^1	gju^1	gor^1	jij^1	$mjij^1$	ηwu^2	$kjwir^1$
二	女	曰：	我	们	尹	虞	君	之	女	是，	贼

𗠉　𗑾　𗤒　𗢪　𗧓

jij^1	gji^2	$bjij^2$	mji^1	$\cdot wji^1$	ji^2
之	妻	子	不	作	谓。

---

① 因此，学术界也有不同看法。聂鸿音先生把二者纳入人称代词通称与尊称的对立系统之中，认为"𗟲𗟼" $gja^2\,mji^2$ 是尊称，"𗟳𗟼" $gji^2\,mji^2$ 是通称。见 Nie Hongyin. Honorific Personal Pronouns in the Tangut Language. *Journal of Chinese Writing Systems*，2022（2）。

二女曰："我尹虞君女，终不为贼作妇。"（《类林》卷四《烈女篇》）

B）第二人称代词

西夏语第二人称代词单数形式有：

𗥃 *nji*₂.₁₀　你、汝

𗋒 *nja*₂.₁₇　你、汝、子、尔、卿

二者间的关系，学术界同样有不同看法，参看第一人称单数部分。就与汉文对译而言，前者多与汉文"汝"对译，后者除"汝"外，亦见与"子""尔""卿"等词对译。例如：

（1）𗥃　𗓽　𗏹　𗆐　𗄊？

　　　*nji*² 　*thjij*² 　*sjo*² 　*nwə*¹ 　*nja*²

　　　汝　　云　　何　　知　　-2sg？

　　　汝何以知之？（《类林》卷四《权智篇》）

（2）𗥃　𗤀　𗥦　𗣼　𗢈　𗅲　𗤁　𗐁　𗱆　𗣼　𗤁　𗯨

　　　*nji*² 　*jij*¹ 　*mee*² 　*mjijr*² 　*yie*¹ 　*ŋwu*² 　*thji*² 　*lwər*² 　*lhejr*² 　*wji*¹ 　*tśjụ*¹ 　*·wejr*²

　　　汝　　之　　神　　通　　力　　以　　此　　经　　典　　Pref.1　守　　护

　　　𗄊。

　　　*nja*²

　　　-2sg。

　　　以汝之神通力守护是经。（《妙法莲华经》卷六）

（3）𗋒　𗍂　𗰜　𗥦，　𗣼　𗅲　𗤁　𗥦　𗤀　𗣼　𗥦　𗄊

　　　*nja*² 　*lhjij*² 　*lhjwo*¹ 　*zjij* 　*wa*² 　*ŋwu*² 　*zjïr*¹ 　*dźjwu*¹ 　*jij*¹ 　*njwi*¹ 　*ljïi*¹ 　*nja*²

　　　汝　　国　　还　　时，　何　　以　　寡　　人　　之　　恩　　报　　-2sg

　　　𗏹？

　　　*ji*¹

谓

子回国时，何以报寡人？（《类林》卷三《敦信篇》）

（4）𗰔　𗩳　𗾺　𗿷　𗥑　𗉋　𗢫

mə¹　·jij¹　dźjij²　ŋewr²　nja²　do²　tji¹

天　之　历　数　汝　TERM　在

天之历数在尔躬。（《论语全解》卷十《尧曰篇》）

（5）𗥑　𗣼　𗦲　𗈘　𗥤　𗩾　𗣼　𗤄　𗣼　𗷟。

nja²　nə²　dźiə¹　njaa²　ku¹　śiwə¹　wə¹　ŋwu²　nja²　ljɨ¹

汝　狐　狸　非　则　鼠　老　是　-2sg　也。

卿非狐狸，则是老鼠。（《类林》卷六《异识篇》）

第二人称代词复数形式主要以"𗥃𗤢"njɨ² njɨ²（汝等）表示。有时也见"𗥃"njɨ² 表示复数。例如：

（1）𗥃　𗤢　𗷟　𗭼　𗣕　𗔻　𗾺　𗀰　𗼖。

njɨ²　njɨ²　ljɨ¹　nioow¹　rjur¹　wji¹　tśhjiw²　·jij¹　zji¹　mjii¹

汝　等　　及　　诸　眷　属　ACC　布　施。

施与汝等及诸眷属。（《金光明最胜王经》卷六）

（2）𗥃　𗤢　𗵜　𗭤　𗀰　𗥤　𗨁　𗬩　𗕺。

njɨ²　njɨ²　ljij²　ji¹　·jij¹　nę¹　tśhjij¹　wji¹　njɨ²

汝　等　大　众　ACC　演　说　为　-2pl。

为汝等大众宣说。（《金光明最胜王经》卷七）

2.2 反身代词

西夏语反身代词为"𗾫"·jij¹，意为"自、己、自己"。"𗾫"·jij¹ 可以重叠，重叠后仍为反身代词；后面连接“[illegible]” *twụ*^{1}，表示“各自”；连接“[illegible]” *gu*^{2}，表示“自相”“相互”。“[illegible]” *·jij*^{1}后面也可以附加“[illegible]” *njɨ*^{2}或“[illegible]” *nji*^{2}，构成复数形式。例如：

（1）[illegible] [illegible] [illegible] [illegible] [illegible] [illegible]。

boo^2 *kow*^{1} *·jij*^{1} *źier*^{1} *dźjar*^{2} *dźjị*$^?$

穆 公 自 詈 罪 伏。

穆公悔过自责。（《类林》卷三《忠谏篇》）

（2）[illegible] [illegible] [illegible] [illegible] [illegible] [illegible] [illegible] [illegible] [illegible] [illegible] [illegible]。

xu^1 *tśhiəj*^{2} *tsə*^{1} *sjụ*^{2} *jij*^{1} *ɣạ*^{1} *khjow*^{1} *jij*^{1} *jij*^{1} *sja*^{1} *phji*^{1}

夫 差 子 胥 ACC 剑 给 自 自 杀 使。

夫差赐子胥剑，令自杀。（《类林》卷三《忠谏篇》）

（3）[illegible] [illegible]：[illegible] [illegible] [illegible] [illegible] [illegible] [illegible]，[illegible] [illegible] [illegible] [illegible]

njij^2 *dạ*^{2} *śjạ*^{1} *ljị*^{1} *tha*^{2} *mẹ*^{2} *rewr*^{2} *dźjij*^{2} *·jij*^{1} *twụ*^{1} *dja*^{2} *śjị*^{1}

王 曰 阇 梨 大 神 足 有 自 各 Pref.1 去

[illegible] [illegible]。

nji^2 *·jɨ*^{2}

AGR QUOT。

王曰：“阇梨有大神足，宜各还去。”（《经律异相》卷一五）

（4）[illegible] [illegible] [illegible] [illegible]，[illegible] [illegible] [illegible] [illegible]。

jij^1 *gu*^{2} *dźjwɨ*^{1} *ljiij*^{2} *lhjịj*$^?$ *lhjo*^{1} *·jij*^{1} *ŋwu*^{2}

自 共 相 毁，国 亡 相 是。

自相残害，亡国之征也。（《黄石公三略》卷上）

（5）𗤊 𗧨 𗣼 𗐿 𗆧 𘜶 𗉟。

·jij¹ nji² thja¹ śjij¹ ɣa¹ dja² sji²

自   等   彼   顺   赢   Pref.1 死。

（二子）遂饿死。（《类林》卷七《感应篇》）

（6）𗀚 𗰖 𗣨 𗆧 𗏆 𘝞 𗤊 𗉩 𘜶 𗁅 𗰖 𗤊

kju¹ we² dzjwo⁰ dźjɨ¹ wji¹ tśiow¹ tśhji² ·jij¹ dja² sja¹ we² ·jij¹

莒   城   人   ERG   淖   齿   ACC Pref.1 杀   城   自

𗤪 𗁅 𘆖。

nji² lwo² zow²

等   固   守。

莒城人杀淖齿，自己守城。（《类林》卷四《权智篇》）

2.3 疑问代词

疑问代词，又称疑问词，是在句子中以疑问形式指代未知的人或事物、时间、处所、原因、数量等等。西夏语中有八个单一形式的疑问代词，其中有些可以与别的词素组成疑问代词的复合形式，或者与其他词语组合成固定格式的短语。其主要形式及所指代内容如下：

单一形式	疑问内容	复合形式	疑问内容
𗤊 *sjwɨ¹*	人	𗣼𗆧 *ljɨ¹kjɨ¹*	人、事等
𗤪 *sjwɨ²*	人	𗏆𘝞 *thjij²sjo²*	原因
𘜶 *wa²*	涉及较广	𘝞𗉟 *thjij² ɣiej¹*	原因
𗉩 *zjij¹*	原因、时间、事物	𗐿𘆖 *zjɨ¹dju¹*	时间
𗣨 *ljo²*	处所、原因	𗐿𗐿 *zjɨ¹rjijr²*	数量
𘝞 *thjij*	原因	𘜶𗆧 *wa² kjɨ²*	未知
𗏆 *thwo²*	人、原因	𘜶𗣼 *wa² kjɨ¹*	未知
𗰖 *thwo²*	人、原因		

𗾖 *sjwi¹* 与 𗾖 *sjwi²*

皆用于问人，相当汉语的"谁"[1]。二者仅有声调之别，一般认为前者表示施事者，后者表示领属或受动[2]，通常与结构助词"𗣼"*jij¹*、"𗤁"*do²* 相连。例如：

（1）𗾖 𗟲 𗎩 𘟀 𗋕?

    sjwi¹   *kjir¹*   *jiw²*   *njiij¹*   *śjwo¹*

    谁   勇   猛   心   起?

    谁能发勇猛心?（《金光明最胜王经》卷十）

（2）𗊱 𗣼 𗏁，𗏩 𗤁 𗾖 𘃡?

    goor¹   *gji²*   *mjij¹*   *gjij²*   *dzjwo²*   *sjwi¹*   *mjii²*

    君   子   无，   野   人   谁   治?

    无君子，莫治野人（无君子，野人谁治?）（《孟子》卷五《滕文公章句上》）

（3）𗾊 𗕑 𗢿 𘟀 𗾖 𗡞?

    śiə¹   *lji¹*   *śjow¹*   *nji²*   *sjwi¹*   *mee²*

    师   及   商   等   谁   贤?

    师与商也孰贤?（《论语全解》卷六《先进篇》）

---

[1] 除作疑问代词之外，"𗾖"*sjwi²* 还作无定代词用，相当于汉语的"某"。佛教文献中常见用 "𗾖𗤁"*sjwi² njii²* 一词对译汉文的"某甲"。

[2] 西田龙雄提出代词变调形式有格标记之功能，这里的上声为平声的变调，表示属格和对格；张珮琪亦提出此即以声调区别主格和旁格。参见［日］西田龙雄：《西夏语研究新论》，日本京都松香堂 2012 年版，第 72 页；张珮琪：《西夏语代词系统析探》，"中国少数民族文学与文献国际学术论坛（成都，2018）"会议论文，待刊。

（4）𗪩　𗪩　𗏁　𗖰？

sjwɨ¹　sjwɨ²　·jij¹　tshjɨɨj¹

谁　谁　ACC　说？

谁为谁说？（《大宝积经》卷四）

（5）𗪩　𗏁　𗣼　𗧌　𗏁？　𗧌　𗦇　𗢳　𗤓　𗯨？

sjwɨ²　·jij¹　tsjiir¹　ɣiwej¹　·jiij¹　wa²　sju²　tha¹　tśja¹　djọ²

谁　ACC　经　受　持？　何　如　佛　道　修？

受持行谁经？修习何佛道？（《妙法莲华经》卷一五）

（6）𗵒　𗰖　𘃸　𗂤　𗪩　𗏁　𘃸　𗦴？

thja¹　mej¹　do²　tja¹　sjwɨ²　·jij¹　do²　ŋwu²

彼　眼　入　者　谁　GEN　入　是？

彼眼入者是谁入？（《大宝积经》卷六九）

（7）𗪩　𘃸　𘃸　𗾔　𗡞？　𗧌　𗦇　𗢳　𗣼　𗾔？

sjwɨ²　do²　njiij¹　ja¹　śjwo¹　wa²　sju²　tha¹　tsjiir¹　deej¹

谁　LOC　心　Pref.1　起？　何　如　佛　经　传？

从谁初发心，称扬何佛法？（《妙法莲华经》卷一五）

不过，"𗪩"sjwɨ¹同样可以接领属和受格助词"𗏁"·jij¹，用作定语和宾语。例如：

（1）𗾔　𗱪　𗤁　𗆧　𗴂　𗸦　𗒷　𗂤，𗪩　𗏁　𗅋　𗦴？

dja²　tjij²　nja²　ljɨ¹　kjɨ¹　rjir²　nji²　tja¹　sjwɨ¹　·jij¹　gji²　ŋwu²

Pref.1　抱　-2sg　及　Pref.1　弃　等　者，　谁　之　子　是？

汝所抱及所遗者，谁之子？（《新集慈孝传》卷下《姑妹章》）

（2）𗣼 𗡞 𗫂 𗾔 𗆟 𗩾 𗾔 𗱲 𗫤 𗆟？

thji² mjir¹ nioow¹ mji¹ ya¹ ku¹ nioow¹ sjwɨ¹ ·jij¹ ya¹

此　人　故　不　恼　则　又　谁　ACC　恼？

非夫人之为恸而谁为？（《论语全解》卷六《先进篇》）

𗤁 **wa²**

"𗤁" wa² 相当于"何"，用法相对广泛，几乎涉及问人之外的方方面面，除单独使用外，还可以和多种词语组合，表达不同疑问，主要有：

𗤁𗫂 wa² nioow¹，何故（问原因）

𗤁𗪙 wa² dzjij¹，何时（问时间）

𗤁𗫔 wa² njɨɨ²，何时（问时间）

𗤁𗈁 wa² sju²，如何（问方式）

𗤁𗢏 wa² zjij¹，几何（问数量）

相关例句如下：

（1）𗣼 𗦎 𗫜 𗫔 𗤁 𗪙？

thji² le² mja¹ njij² wa² dzjij¹

此　虎　昔　日　何　食？

此虎每常所食何物？（《金光明最胜王经》卷一○）

（2）𗦳 𗫜 𗍦 𗭘 𗤁 𗆟 𗣋 𗰜 𗾔？

nji² sjij¹ tha¹ do² wa² tji¹ kju¹ kiej² nja²

汝　今　佛　TERM　何　愿　求　欲　-2sg？

汝今从佛欲乞何愿？（《金光明最胜王经》卷一）

（3）[illegible] [illegible] [illegible] [illegible] [illegible] [illegible] [illegible] [illegible]?

wa² *nioow¹* *ŋa²* *wja¹* *·jij¹* *bju²* *ɣju¹* *nja²*

何 因 我 父 ACC 召 请 -2sg？

何故须唤我父？（《金光明最胜王经》卷六）

（4）[illegible] [illegible] [illegible] [illegible] [illegible]?

wa² *njij²* *·jị²* *dźju²* *ljij²*

何 日 重 遇 见？

何日复重逢？（《类林》卷七《文章篇》）

（5）[illegible] [illegible] [illegible] [illegible] [illegible] [illegible] [illegible] [illegible] [illegible] [illegible]

wa² *dzjɨj¹* *ljɨ¹* *ŋo²* *gu¹* *wa²* *dzjɨj¹* *tsja¹* *ŋo²* *dow²*

何 时 风 病 起 何 时 热 病 动

何时风病起？何时热病发？（《金光明最胜王经》卷九）

（6）[illegible] [illegible] [illegible] [illegible] [illegible]：[illegible] [illegible] [illegible] [illegible] [illegible] [illegible] [illegible]

dzjwɨ¹ *·jị²* *dja²* *·jɨr¹* *dạ²* *wa²* *sju²* *phu²* *war²* *tśhja̱¹* *bji²* *djij²*

帝 重 Pref.1 问 曰：何 如 树 枝 上 鸣 PROG

[illegible]?

·jɨ²

谓？

帝又问曰："鸣于何枝？"（《类林》卷四《权智篇》）

（7）[illegible] [illegible] [illegible] [illegible] [illegible] [illegible] [illegible] [illegible]?

nji̱² *rejr²* *zji̱r¹* *wa²* *zjịj¹* *kjɨ¹* *gjị²* *·jɨ²*

日 多 少 何 限 Pref.1 蚀 谓？

（帝遣人往香处诘问）："（日）所蚀多少？"（《类林》卷四《聪慧篇》）

"𗧁" wa^2 也与存在动词"𗀓" $\cdot o^1$、"𗓽" dju^1 组合，构成"……𗋕𗧁𗀓（𗓽）？"的固定句式，表示"岂有……？""安有……？"之疑问。例如：

（1）𗫼 𗊱 𗢯 𗐔 𗅉 𗗙 𗤻 𘃞 𗋕 𗧁 𗀓?

　　　khu^2　$śjwi^1$　$dźjij^1$　twu^1　$dźiə^1$　ta^1　$\cdot jij^1$　$\cdot jir^1$　lew^2　wa^2　$\cdot o^1$

　　　豺　狼　在　处　狐　狸　ACC　问　所　何　有？

　　　财狼仍在，安问狐狸？（《类林》卷三《烈直篇》）

（2）𗰔 𗋽 𗥃 𗱈 𗘟 𗒹 𘄬 𗋕 𗧁 𗀓?

　　　$mə^1$　lji^2　$śjij^1$　$nwə^1$　ku^1　mji^1　buu^2　lew^2　wa^2　$\cdot o^1$

　　　天　地　NOM　知　则　不　胜　所　何　有？

　　　知天知地，胜乃不穷（岂有不胜）？（《孙子兵法三注》卷下《地形篇》）

（3）𗤨 𘒛 𗈁 𗲎 𗋕 𗧁 𗓽?

　　　zji^1　$ɣa^1$　$mə^2$　do^2　lew^2　wa^2　dju^1

　　　子　父　姓　异　所　何　有？

　　　父子岂有异姓乎？（《类林》卷五《辩捷篇》）

（4）𗵐 𗾦 𘜶 𗋕 𗧁 𗓽?

　　　$dzjij^2$　kju^1　$\cdot ju^2$　lew^2　wa^2　dju^1

　　　他　求　寻　所　何　有？

　　　不假求于他也（岂假求于他？）（《孙子兵法三注》卷中《行军篇》）

𗣫 zji j[1]

通常用于表示数量的不确定，相当于"许""左右"。由此也延伸至表示疑问，除上述与"𗥤"wa[2]连用外，也常单独使用，用于表示数量的多少、时间的长短等等。例如：

（1）𗣫 𗡥 𗡥 𗣛 𗼨 𗉅 𗣫 𗣛?

　　　zji j[1]　·jiw[1]nioow[1]　ŋwu[2]　pǐuo　tie　njiij[1]　rjir[1]

　　　几　　因　　缘　INSTR　菩　提　心　　得？

以几因缘得菩提心？（《金光明最胜王经》卷四）

（2）𗤶 𗥃 𗣛 𗥤 𗣛, 𗱕 𗣫 𗣛 𗣛?

　　　goor[1]　·jij[1]　·jir[2]　dźjɨ　dju[1]　nji[2]　zji j　mə[2]　dźjo[1]

　　　男　O-P　百　艺　有，汝　几　种　有？

男有百艺，汝有几种？（《类林》卷九《丑人篇》）

（3）𗿆 𗣫 𗥃 𗣛 𗣛 𗣛 𗣛?

　　　ŋa[2]　zji j[1]　·jaar[2]　nioow[1]　rjijr[2]　sjɨ[1]　ŋa[2]　ljɨ[1]

　　　我　几　日　后　方　死　-1sg　也？

我几日后将死？（《类林》卷三《隐逸篇》）

𗣛 ljo[2]

"𗣛"ljo[2]的功能主要有二：一是用于问处所、方位，二是表示反诘、反问。偶尔也用于问原因和人。问处所时，"𗣛"ljo[2]常与动词"𗤘"dźjiij[1]连接，组成短语，表示"安在""所在"之义；问方位时常接方位词"𗣛"rjijr[2]，表示"何方"之意。例如：

（1）𗱕 𗱕 𗣛 𗣛 𗣛 𗣛? 𗣛 𗱕 𗣛 𗣛?

　　　rjur[1]　kha[1]　ljo[2]　rjir[2]　ljij[2]　śjɨ[1]　ljo[2]　do[2]　nji[2]　śjɨ[1]

世　中　何　Pref.1　来　往？　何　TERM　至　往？

世间从何处来？去至何所？（《华严经》卷一二）

（2）㥩　敝　燚　弦　祅　虒？

ŋwə¹　bji¹　nja̱¹　nji　ljo̱²　dju¹

五　　光　　神　　珠　　何　　有？

五光神珠安在？（《类林》卷七《感应篇》）

（3）䶵　禨　徣　靮　禮　帆　散　祅　烝　敠　㣎。

ljiw¹　kjã¹　·ju¹　nji̱　zji²　mji¹　ljij²　ljo̱²　dźji̱j¹　mji̱　nwə¹

刘　　根　　鬼　　等　　皆　　不　　见　　何　　在　　莫　　知。

刘根与鬼俱不见，不知所在。（《类林》卷五《方术篇》）

（4）㸱　䖫　韸：嬎　祅　㹟　冞　㣺　茐？

dzjwɨ¹　·jɨr¹　da̱²　khia²　ljo̱²　rjijr²　bji²　djij²　·jɨ¹

帝　　问　　言：鹊　　何　　方　　叫　　PROG　谓？

帝问曰：“鹊何方而鸣？”（《类林》卷四《权智篇》）

"祅" ljo̱² 表示反诘、反问，相当于汉语的"岂""焉"。且常用于"㣎"
nwə¹、"䫈" dwewr²、"㦹" śjwo¹、"𢲕" wjij²、"剗" wjij²、"虒" dju¹、"劯"
kjɨr² 等感知、存在或辅助动词之前。例如：

（1）漉　柷　蘁　憛　茐　彩　祅　䩙？

thji̱²　sju²　tśja¹　nja̱²　·ji̱²　tshji̱j¹　ljo̱²　sji¹

此　　如　　道　　非　　谓　　说　　何　　尽？

（杀害忠良）如此不道，岂能尽言？（《类林》卷九《美人篇》）

（2）𗾟 𗱕 𗤋 𗫂 𗤩 𘂪 𗀔 𗏹，𗣼 𗣓 𗾟 𘄡？

bji² tser¹ zjɨr¹ mjɨr¹ tsəj¹ twụ ·wji² we̱¹ lji̱j² ·wo² ljo² nwə¹

臣 土 小 族 小 处 Pref.1 生， 大 义 岂 知？

臣生于小地寡姓，岂知大义？（《类林》卷三《忠谏篇》）

（3）𗼊 𘆄 𗭼 𗾟 𘕿？

mə¹ tśja¹ ljwu¹ ljo² kjir²

天 道 违 岂 敢？

天命岂敢违之？（《类林》卷七《报恩篇》）

（4）𗵽 𗪜 𗫻 𗾟 𘊝 𗲲 𗤎 𘐥，𗣼 𗗙 𗾟 𘃜

ljiw² tśju¹ jij¹ lhjwi¹ lji̱j² ŋa² mji̱¹ dji̱j² dzji̱ j² dzjwo² ljo² śjwo¹

绿 珠 ACC 取 来 我 ＿只＿ 余 人 何 须

𘗂？

·ji̱²

谓？

（使者曰）"我来取绿珠，何须他人？"（《类林》卷八《豪富篇》）

"𗾟" ljo² 与存在动词"𘕿" wji̱j² 连用，尚有一固定结构"……𘊝𗾟𘕿"，相当于汉文的"岂……""况……"。例如：

（1）𗣼 𘊝 𗛀 𗣼 𘊝 𗧻，𗣼 𗭼 𘊝 𗾟 𘕿 𘗂？

dzjwo² rjir² khjụ² du̱² rjir² ·wji¹ dźiej² ljwu¹ tji̱² ljo² ·wji̱j² ·ji̱²

人 与 会 限 Pref.1 为， 信 失 NOM 何 有 谓？

（文侯曰）"与人期，可失信？"（《类林》卷三《敦信篇》）

（2）𗤋 𗲁 𘕰 𘘄 𘊝 𗾟 𘕿？

gja¹　rjijr²　dwər¹　ɣwej¹　tjɨ²　ljo²　wjij²

军　马　争　战　NOM　何　有?

岂复得有兵戈相戈?(《金光明最胜王经》卷六)

𗿒𗅲 zjɨ¹dju¹ 与 𗿒𗤀 zjɨ¹rjijr²

这是以"𗿒"zjɨ¹为语素组合而成的复合疑问代词,二者意义有别:"𗿒𗅲"zjɨ¹dju¹意为"何时",用于问时间;"𗿒𗤀"zjɨ¹rjijr²意即"几""几何",指问数量多少。例如:

(1)𗾺　𗌽　𗙴　𗢛　𗾚　𗥪　𗤼　𗀱　𗥇　𗼺　𗿒

　　thjɨ²　wjɨ¹　ŋa²　gji¹　·jij¹　tśhjɨ²　sjij¹　wjɨ²　sa˒　wjɨ¹　ku¹　zjɨ¹

　　此　刻　我　子　之　疮　血　Pref.1　吮　为　则　何

　　𗅲　𗤶　𗌽　𗊯　𗤓?

　　dju¹　sjɨ¹　mjɨ¹　djij¹　·jɨ¹

　　时　死　不　过　谓?

今复吮此子,妾不知其死所矣?(《孙子兵法三注》第下《地形篇》)

(2)𗼨　𗤸　𗾞　𗣼　𗋽　𗤼　𗫤?　𗾋　𗤅　𗾺　𗼨　𗿒

　　we¹　kiej²　zjïr²　ŋwər¹　wa²　dzjij¹　sji¹　le²　lwəj¹　ŋər¹　njaa¹　zjɨ¹

　　龙　欲　水　青　何　时　止?　虎　跃　山　黑　何

　　𗅲　𗥈?

　　dju¹　dźjwa¹

　　时　竟?

龙恋青水何时止?虎跃深山何时竟?(《新集锦合辞》)

(3)𗾞　𗼥　𗠁　𗼼　𗢛　𗿒:　𗾺　𗼻　𗫟　𗥣　𗿒　𗤀

　　zjïr²　mjii¹　phu²　nja¹　·jij¹　jïr¹　thjɨ²　źju²　nju¹　ŋewr²　zjɨ¹　rjijr²

水 施 树 神 ACC 问 此 鱼 数 量 几 何

祄 蔽?

zjij¹ ŋwu²

许 为

（是时）流水问树神言："此鱼头数为有几何？"（《金光明最胜王经》
卷九）

（4） 蔽 蔽 傁 席 祇 蔽 敪 酼 糀 蔽 孫

dzjij¹ ljij² xiwã¹ njij² phji¹ bju¹ lji̵¹ bji¹ lã¹ dźiã² tsjij² ·jij¹

时 大 梵 王 意 如 宝 光 耀 菩 萨 ACC

紎 蔽: 蔽 蔽 蔽 蔽 蔽 棍 蔽 蔽 祇 祴

jir¹ dạ² zji̵¹ rjijr² ji¹ wee¹ thji̵² sju² zji² na¹ tśhja² tsjiir¹

问 言 几 何 众 生 此 如 最 深 正 法

紎 蔽?

tsjij² njwi²

解 能?

时大梵王问如意宝光耀菩萨言："有几众生能解如是甚深正法？"
（《金光明最胜王经》卷五）

蔽 *thjij²*、蔽嫋 *thjij²sjo²* 与蔽蔽 *thjij² ɣiej¹*

"蔽" *thjij²* 单用，与"祅" *ljo²* 表示反诘、反问类似，相当于汉语的
"岂""焉"。例如：

（1）祋 蔽 敽 紎，徔 蔽 蔽 紎？

dzjwo²tshji² mji¹ nji¹ ·ju¹ tshji² thjij² nji¹

人 侍 不 能， 鬼 侍 焉 能？

未能事人，焉能事鬼？（《论语全解》卷六《先进篇》）

（2）𗾒 𗡪 𗸕 � 𗢮 𗾒 𗀀 𗥩 𗋽 𗉌?

zar¹ dạ² mji¹ yiew¹ tsji¹ zar¹ dźjwu¹ rjir² thjij² ŋwej²

汉　言　不　学　亦　汉　人　COM　何　和?

不会汉语，则岂入汉人之数？（《掌中珠》序）

"𗋽" thjij² 与 "𘀄" sjo² 连用，组合成 "𗋽𘀄" thjij²sjo² 的复合形式，主要用于问原因，相当于汉语的 "云何""何以"。

（1）𗋽 𘀄 𗫷 𗼛 𗥷 𗼺 𗤌?

thjij² sjo² pji¹ njij² ljij² lji̱² saar¹

云　何　今　日　大　地　动?

何故今时大地动？（《金光明最胜王经》卷一〇）

"𗋽" thjij² 与 "𗦾" yiej¹ 连用，组合成 "𗋽𗦾" thjij² yiej¹ 的复合形式，同样用于问原因，相当于汉语的 "云何""何以"，有时又与落搭配，形成 "……�，𗋽𗦾?" 的疑问句式。例如：

（1）𗋛 𗥩 𗉃 𗬩 � 𗸕 𗪮 𗼺 𗏁 𗚕 𗉃 𗂈

nji² nji² tśjiw¹ jij¹ śji² mji¹ dzjij¹ lji̱² ji¹ djij² tśjiw¹ ŋər¹

汝　等　周　之　谷　不　食　虽　谓　NOM　周　山

𘉞 𗥧 𗉃 𗰖 𗸦 𗪮 � 𗋽 𗦾?

lwu² dźjiij¹ tśjiw¹ naa² dźjij¹ dzjij¹ tja¹ thjij² yiej¹

隐　居　周　菜　真　食　TOP　何　真?

汝等虽言不食周粟而又隐居周山复食周菜，何也？（《类林》卷十《感应篇》）

（2）𗧘 𗇋 𗓃 𗋽 𗖻 𗈭 𗼃：𗼃 𗼃 𗼃 𗼃 𗼃
tśjow¹ xjwi¹ gjĩ¹ ŋiaa¹ jij¹ źier¹ dạ² gja¹ bjuu¹ thju² nji² ljij¹
张 飞 严 颜 ACC 呵 言: 军 将 此 至 来

𗼃，𗼃 𗼃 𗼃 𗼃 𗼃 𗼃 𗼃 𗼃 𗼃 𗼃
ŋa² nja² mji¹ yiow¹ mji¹ dzji¹ ɣwej¹ nja² djij² tja¹ thjij² yiej¹
-1sg, 汝 不 降 不 斗 争 -2sg NOM 者 何 真

𗼃?
jɨ²
谓?

飞呵颜曰："将军至，汝何乃不降，复逆战乎？"（《类林》卷三《烈直篇》）

𗼃𗼃 *ljɨ¹kjɨ¹*

"𗼃" *ljɨ¹* 后接 "𗼃" *kjɨ¹*，构成复合疑问代词。其疑问对象一般指人，也可以指事物或者原因，通常以 "……𗼃，𗼃𗼃𗼃？" 的句式出现。其疑问对象也可以指做法、方法，通常以 "𗼃𗼃＋𗼃 *zjij²*（做、为）" 或 "𗼃𗼃＋𗼃 *wjɨ¹*（做、为）" 等固定形式出现。

（1）𗼃 𗼃 𗼃 𗼃 𗼃?
sjij²·ju² ljɨ¹ kjɨ¹ źiejr²
庶 民　　谁　　安?
百姓孰安也?（《将苑·揣能》）

（2）𗼃 𗼃 𗼃 𗼃 𗼃 𗼃 𗼃 𗼃 𗼃 𗼃 𗼃?
ŋa² sju² kjwĩ¹ phjij¹ rjir² ljɨ¹ kjɨ¹ ljuu² kjɨ¹ ljɨ¹ jɨ²

我　徐　君　平　与　　谁　　美　-/dl　也　QUOT

我与徐君平谁美？（《十二国》卷上）

（3）𗾊　𘜶　𗟲　𗣼　𗤶　𘀄？

sọ¹　lji¹　tja¹　lji¹　kji¹　ŋwu²

三　宝　TOP　何（什么）是？

敢问三宝？（《六韬》卷上《文韬》）

（4）𗤁　𘀗　𗥫，𘃡　𗤼　𗸰　𗡠　𘃡　𗸰　𘝵

neew²goor¹　gji²　dźiã²　tsjij²　po¹　tsa¹　ma²　ŋạ²　tsa¹　po¹　tjij¹

善　君　子　菩　萨　菩　萨　摩　诃　萨　菩　提

𗥼　𗾫　𗑗　𗥼　𗦣　𗵒　𗈛　𗥫　𗣼　𗤶　𘀄？

tsjiir¹·wu²　sji²　tsjiir¹　gji¹　sej¹　ɣa¹　tja¹　lji¹　kji¹　ŋwu²

法　助　能　法　清　净　门　TOP　云　何　是？

善男子，云何菩萨摩诃萨助菩提法清净之门？（《悲华经》卷十五）

（5）𗼃　𘘄　𗽱　𘒵　𗏁　𗣳　𗤶　𗲯　𗷘　𗾊　𗣼　𗤶

njij²　tjij¹　tshja¹　zjij¹　bji²　·jij¹　kji¹　djij¹　sja¹　lji¹　lji¹　kji¹

王　若　怒　时　臣　ACC　必　定　杀　也　　何

𘗠　𗴿？

zjij²　nji²

为　-1pl

王若怒时则必杀臣也，奈何？（《类林》卷六《医巫篇》）

（6）𘘄　𗚷　𗴛　𗮼　𗤶，𘕞　𗫂　𘕞　𗟞　𗰖　𗾊　𗣼

tjij¹　zji¹　njii¹　ɣie¹　ka¹　mji¹　ɣwej¹　mji¹　tśju　ku¹　lji¹　kji¹

若　两　两　力　均，不　战　不　得　则　如

𗧰?

zji.j²

何?

若二者势均，不得已战则如何?（《孙子兵法三注》卷下《地形篇》）

2.4 指示代词

指示代词是指用来指示或标识人或事物的代词。西夏语的指示代词主要有"𗇋" *thji²*、"𗋽" *thja¹*、"𗧓" *thja²*、"𗄊" *thju²*、"𗣼" *thja²*、"𗆧" *tjij¹*、"𗗙" *tśhji¹* 等。此外，还有只见于字书，和上述部分词语互为解释而暂未发现文献例证的几个词语，如"𗕊" *tśhju²*、"𗢯" *xo¹*、"𗗙𗧓" *tśju¹ zji¹* 等。

这些词语可以区分为远指和近指两类。其中的远指代词"𗋽" *thja¹*、"𗣼" *thja²* 通常也被借以表示第三人称。这些指示代词根据其指示概念不同，其关系大致如下:

近指	远指	指示概念
𗇋 *thji²*	𗋽 *thja¹* 𗧓 *thja²*	所有概念
𗄊 *thju²*	𗣼 *thja²* 𗆧 *tjij¹* 𗢯 *xo¹*	处所、方位
——	𗗙 *tśhji¹* 𗟰 *tśhjiw¹* 𗗙𗧓" *tśju¹ zji¹*	时间
𗕊 *tśhju²*	——	未知

𗋽 *thja¹* 与 𗇋 *thji²*

二者是西夏语中最为常见的指示代词，指代的范围和概念较为广泛。前者是远指代词，相当于汉语的"彼";后者为近指代词，相当于汉语的"此、是、

斯、兹"。例如：

（1）𗙵 𗥑 𗥰 𗙴 𗥑。

thjɨ² dzjar² ku¹ thja¹ dzjar²

此 灭 则 彼 灭。

此灭故彼灭。（《金光明最胜王经》卷九）

（2）𗙵 𗣼 𗏹 𗇃，𗇃 𗦫 𗈙 𗇃。

thjɨ² dzjwo² mji¹ ŋwụ ŋwụ zjij¹ djij² dźjaa¹

此 人 不 言， 言 时 定 正。

夫人不言，言必有中。（《论语全解》卷六《先进篇》）

（3）𗙴 𗧀 𗦜 𗧥 𗧠 𗦞 𗣼 𗤦 𗥉 𗥸。

thja¹ tsjɨ¹ la¹ źjɨ¹ tśier¹ we² ·jij¹ gu² dźjwɨ¹ gjuu²

彼 亦 手 左 右 如 自 共 相 救。

其相救也，如左右手。（《孙子兵法三注》卷下《九地篇》）

"𗙵" thjɨ² 可以单独充当主语、宾语及修饰语。"𗙴" thja¹ 有所不同，可以充当主语、修饰语，但不可直接作动词宾语，不过其后可以接"𗂧"、"𗰖"、"𗰿"等助词①。例如：

（4）𗥫 𗩼 𗖥 𗥩 𗅋 𗙴 𗂧 𗝠。

rjur¹ tha¹ po¹ tjij¹ zji² thja¹ bju¹ to²

诸 佛 菩 提 皆 彼 因 出。

诸佛菩提皆从是生。（《维摩诘所说经》卷下）

①　以上诸词，亦有学者将其看作介词，如此"𗙴"thja¹则类似于介词宾语。

（5）𗣺 𗙊 𗂍 𗑠 𗯨 𘋆 𗗙 𗙭。

lhjụ² rjir¹ ljo¹ tja¹ thja¹ su¹ rejr² thja¹

获　得　福　TOP　彼　COMP　多　倍。

所生之福，倍多于彼。（《金光明最胜王经》卷七）

（6）𗐜 𗠣 𗃛 𗋽 𗡮 𗤗 𗺌，𗯨 𗣼 𗤁 𘃦 𗫫

lj·ir¹ mja¹ ·iọ¹ ·u² kiwej² lj·ɨ¹ sə¹ thja¹ ŋwu² rjur¹ tha¹ rjir²

四　＿洲＿　内　珍　宝　满，彼　以　诸　佛　Pref.1

𗥤 𗈜。

kjụ¹ tshwew¹

供　养。

四洲珍宝皆充满，持以供养诸如来。（《金光明最胜王经》卷九）

"𗯨" thja¹ 与 "𗾲" thji² 通常也与其他词语组合，构成固定形式。前者参与构成的常用词语有：

𗯨𘌤 thja¹ śjij¹ 自然

𗯨𘋮 thja¹ bju¹ 因此

𗯨𗱲 thja¹ kha¹ 其中

𗯨𗊲 thja¹ tji² 立便、彼处

后者参与构成的常用词语有：

𗾲𗤋 thji² sju² 如是、如此

𗾲𘋮 thji² bju¹ 因此

𗾲𗤗 thji² wji² 此刻

𗾲𗊲 thji² tji² 此处

名词的复数形式是通过附加后加成分"𗥃" nji²、"𗤛" ŋewr²、"𗏵" nji² 表示，指示代词"𗯨" thja¹ 与 "𗾲" thji² 同样如此，只不过近指代词

"𗣼" *thji²* 目前未见有附加"𗇂" *nji²* 的例子。例如：

（7）𗴼 𗓽 𗇂 𗫒 𗀞 𗤁。

    dzjwi¹ thja¹ nji² ·jij¹ dja² ·jir¹

    帝 彼 等 ACC Pref.1 问。

    帝问彼等。(《类林》卷六《异识篇》)

（8）𗣼 𗽻 𗇂 𗲛 𗱽 𗇁 𗿒，𗓽 𗰕 𗧓 𘄢 𗱂

    thji² ·jij¹ nji² ·ji² dju¹ rjijr¹ djij² thja¹ ŋewr² xja¹ thju² djij²

    此 羊 等 再 告 诉 NOM 彼 等 迅 此 Pref.2

    𗺉。

    kiej¹

    驱。

    此羊等再诉，急唤诉者将来。(《金光明经忏悔灭罪传》)

（9）𗟲 𗀞 𗤖 𗥃 𗓽 𗇂 𗹙 𗼨 𗶩 𗾔 𗩾 𗧘。

    śji¹ dja² phji² rjijr¹ thja¹ nji² kji¹ tśhiow¹ wji¹ dzji¹ sji² ljij²

    先 Pref.1 失 马 彼 等 Pref.1 偷 Pref.1 食 NOM 见。

    (穆公)见先前所失之马，为彼等所偷食。(《类林》卷七《报恩篇》)

（10）𗣼 𗇂 𗤋 𗾔 𗙷 𗹙 𗷠，𗵘 𗧤 𘃵 𗸮 𗱄

    thji² nji² mji¹ wji¹ kjwir¹ kji¹ lhew² ku¹ da² bju¹ phə² ljïï¹

    此 等 不 用 贼 Pref.1 解， 则 事 因 价 报

    𗨳 𗤁。

    wji¹ lew²

    作 应。

    不闭贼偷，准事酬直。(《根本说一切有部目得迦》卷十)

（11）［西夏文］，［西夏文］

lhjij　sjiij²　sjwi¹　lji¹　mə²　sjij²　nioow¹　lji¹　thji²　ŋewr²　tja¹　źjir²

受　　想　　思　　及　　种　　识　　<u>及</u>　　此　　等　　者，慧

［西夏文］。

njaa²　thji²　ŋewr²　ɣa²　tsji¹　buu²　źjir²　mji¹　dju¹　lji¹

非　　此　　等　　于　　亦　　胜　　慧　　不　　有　　也。

受想及思并与如是种种识，即非是慧于如是等无胜慧。

rnam shes 'du shes tshor dang sems pa 'di dag ni //shes rab ma yin 'di dag la yang shes rab med //　　（《圣胜慧到彼岸功德宝集偈》卷上）

需要注意的是，"［西夏文］" thja¹ 与 "［西夏文］" thji² 偶尔也存在混用的情况，特别是在藏传文献中，多见 "［西夏文］" thja¹ 与藏文中的近指代词 'di 对译，"［西夏文］" thji² 则与远指代词 de 对译。[①]

（12）［西夏文］。

thja¹　tja¹　buu²　źjir²　tjij¹　rewr²　nji²　·jij¹　phju²　dźji²　ŋwu²

彼　　者　　胜　　慧　　彼　　岸　　到　　之　　上　　行　　是。

是行胜慧到彼岸之最上行。

'di ni shes rab pha rol phyin mchog spyod pa yin //（同上）

（13）［西夏文］。

thji²　tja¹　thja²　·jij¹　mə²　wee¹　dzjij¹　tsewr¹　nwa¹　tsjij²　lew²

此　　者　　彼　　之　　诞　　生　　时　　节　　知　　晓　　应。

---

① 文献中亦见二字存在异文现象，例如《功德宝集偈》偈颂之前一段文字 "［西夏文］"（尔时即说偈言）中，藏文本为 de'i tshe tshigs su bcad pa 'di dag bka' stal to，其中的 "'di dag"（此等），对应的西夏文 Инв. № 597 中作 "［西夏文］"，Инв. № 4087、5564 皆作 "［西夏文］"。参见段玉泉《西夏〈功德宝集偈〉跨语言对勘研究》，上海古籍出版社，2014 年，第 101—103 页。

应知即彼诞生时至极最近。

de ni de yi btsa' ba'i dus la bab ces bya //（《圣胜慧到彼岸功德宝集偈》卷上）

𗁳 *thja¹* 与 𗁯 *thja²*

二者有声调之别、皆为远指关系。一般认为前者表示施事者，后者表示领属或受动①，经常与结构助词"𗿭" *·jij¹* 相连，也多见与助词"𗢺" *do²*、"𗗙" *kha¹*、"𗏁" *·u²*、"𗓽" *ya²* 等连用。例如：

（1）𗟲　𗅲　𗏵　𗁯　𗿭　𗢺　𗢺　𗤇　𗥃　𗣼。

po¹　lhjij²　dzjwo²　thja²　·jij¹　śjwo²　ljuu²　tsə¹　kji¹　ljij²

褒　国　人　彼　之　端　正　色　△　见。

褒人见其美色。（《类林》卷九《美人篇》）

（2）𗁳　𗒑　𗗙　𗊏　𗤼　𗮇　𗀝，　𗁯　𗿭　𗢺　𗴦　𗼑

thja¹　rjur¹　dźjã²　tśhju¹　kạ¹　bja²　zjij¹　thja²　·jij¹　gjuu²　·wejr²　mjijr²

彼　诸　众　生　命　断　时，彼　ACC　救　护　者

𗃀　𗁮。

mji¹　dju¹

无　有。

彼诸众生临命终，无有能为救护者。（《大宝积经》卷四十五）

（3）𗣊　𗁯　𗢺　𗤙。

xja¹　thja²　do²　śji¹

———————————

① 西田龙雄提出代词变调形式有格标记之功能，平声为主格、上声为斜格；张珮琪亦提出此即以声调区别主格和旁格。参见西田龙雄：《西夏语研究新论》，京都：松香堂，2012 年，第 72 页；张珮琪：《西夏语代词系统析探》，"中国少数民族文学与文献国际学术论坛（成都，2018）"会议论文。

速　彼 TERM 往。

速至其所。(《金光明最胜王经》卷八）

（4）靵 鰍 桷 䚻 昱 粎。

thja² kha¹ njɨɨ¹　·jij¹ źjir¹ rjir¹

彼　中　二　相　实　得。

于彼二相，实不可得。(《金光明最胜王经》卷四）

（5）靵 鰍 敊 姊 迿 叢 㢱 纞 㵀。

thja² kha¹ wjij² zjɨ¹ lwu² gja¹ mja¹ dźjij² mo²

彼　中　敌　寇　伏　兵　恐　有　耶。

其中恐敌有伏兵也。(《孙子兵法三注》卷中《军争篇》）

（6）粼 赦 牖 㣱 靵 帒 䋁。

śji² ŋwu² jɨj² wji¹ thja² ·u² źiejr²

草　以　室　作　彼　中　居。

葺茅为室在中居。(《金光明最胜王经》卷七）

（7）靵 䋁 諥 絅 皵 薉 祅。

thja² ɣa² śjwo¹ ljɨɨr¹ niow² tśja¹ dzjiij²

彼　于　起　四　恶　道　越。

从是以来越四恶道。(《金光明最胜王经》卷三）

"靵" thja² 也可以不接格助词，直接表示受事。如同"㲉" thja¹，其后可以接"靽" nji²、"骹" ŋewr²、"茫" nji² 表示复数；也与"伖" sju² 连用作"靵伖" thja²sju²，与"㲉伖" thja¹sju² 意义相同。例如：

（8）𘟛　𗙩　𘝠　𗂅　𗙩　𗥰，𗋒　𗬩　𗂅　𗀕。

　　　tjij¹　ŋa²　·jij¹　dzu¹　ŋa²　ku¹　thja²　tsji¹　dzu¹　lew²

　　　若　我　ACC　爱　-1sg　则，彼　亦　爱　应。

　　　若爱我者，亦应爱彼。（《大般涅槃经》卷十一）

（9）𗋒　𗉔　𗁬　𗊱　𗄴　𗵨　𗷛　𗸰　𘜶　𗉔。

　　　thja²　nji²　low²　ljij¹　nioow¹　rjijr²　gja²　mji²　lju²　wji¹　nji²

　　　彼　等　懈　怠　后　方　我　们　攻　为　-2pl。

　　　候其懈怠而攻之。（《孙子兵法三注》卷下《九地篇》）

（10）𗵨　𗰖　𗥰　𗊱　𘕿　𘝠　𗀔，𗋒　𘄒　𗫲　𗤁　𗰗

　　　thji²　sju²　mjor¹　ljij²　lhu¹　tjij¹　mjij¹　thja²　ŋewr²　tja¹　tśjij¹　ljɨr¹

　　　是　如　如　来　增　减　无，其　数　者　正　四

　　　𗧅　𗫂

　　　ɣạ²　rjir²

　　　十　亿。

　　　如是如来无增减，其数满足四十亿。（《大宝积经》卷六十六》）

𗋒 thja² 与 𘍦 thju²

　　二者是一组指示处所方位、具有对立关系的指示代词。前者为远指，相当于汉文的"彼处、彼方、彼地"；后者为近指，相当于汉语的"此处、此方、此地"。后皆多见接"𗓽" dźjiij¹（在、住）、"𗊱" ljij²（来）、"𘕿" sji¹（往）、"𘙤" nji²（至）等动词。除处所方位外，二者有时也如同"𗗙" thja¹ 与"𗵨" thji² 对应于汉文"彼"与"此"，并表现出与"𗗙" thja¹ 与"𗵨" thji² 间的交叉对立。例如：

　　（1）𗥣　𗦺　𗤁？𘍦　𗋒　𗌽　𗁬　𘄒。

thjij²　sjo²　wji¹　thju²　thja²　·ja¹　gjɨ²　ljɨ¹

何　　云　　为？　此　　彼　　Pref.1　一　　也。

何以故？彼则是此故。(《大宝积经》卷四十四》)

（2）𗾟　𗵒　𗡞，　𗼖　𗙻　𗏇　𗼃　𗘼　𗙻　𗏇　𗢑，

thjɨ²　sjwɨj¹　nioow¹　ku¹　thju²　rjur¹　kha¹　śjwo¹　thja²　rjur¹　kha¹　njɨ²

此　　业　　故，　则　　此　　世　　间　　起　　彼　　世　　间　　至，

𗵆　𗘼　𗙻　𗏇　𗼃　𗙻　𗙻　𗏇　𗢑，　𘋏　𗮿　𗋕

nioow¹　thja²　rjur¹　kha¹　śjwo¹　thju²　rjur¹　kha¹　njɨ²　xja¹　ljɨ¹　dźiə²

后　　彼　　世　　间　　起　　此　　世　　间　　至，　迅　　速　　流

𘟣

dźiej²

转。

由此业故，从此世间至彼世间，又从彼世间至此世间，迅速流转。

(《大宝积经》卷四十一)

（3）𗊜　𘝞　𗑞　𗦀　𗰖，　𗙻　𗪒　𗖻　𗰖？

nji²　ljọ²　rjɨr²　śji²　nja²　thju²　thjij²　dźjiij¹　nja²

汝　　何　　Pref.1　往　　-2sg，　此　　何　　住　　-2sg？

汝从何来，乃在此耶？ (《大宝积经》卷四十七)

（4）𗷀　𗊾　𗡞　𘝧　𗼃　𘜶　𗘼　𗌜。

ŋa²　njɨ²　ljij²　·ji¹　to²　zji²　thja²　śji¹

我　　等　　大　　众　　悉　　皆　　彼　　往。

我等大众皆悉住彼。(《金光明最胜王经》卷四)

（5）慨 牧 孫 报 緻， 麂 形 猈 繖 憿。

ŋwə¹ dzjwo² ·jij¹ ·jar² nioow¹ śio¹ dzjiij² thju² nji² ljij¹

五 人 ACC 调 故， 导 师 此 至 来。

为欲调五人，导师来至此。（《大宝积经》卷二）

（6）羄 㴻 巚 㪥 猈 㴻 巚 豩。

thja¹ tsjɨ¹ mej¹ lji¹ thju² tsjɨ¹ mej¹ ŋwu²

彼 亦 眼 及 此 亦 眼 是。

彼亦是眼，此亦是眼。（《大宝积经》卷四十四）

（7）刻 菣 羄 粍 薆 㺇 羸， 绛 猈 粍 薆 㺇

tjɨ¹ tjij¹ thja¹ ɣa² laa¹ dzu¹ śjwo¹ ku¹ thju² ɣa² laa¹ dzu¹

假 若 彼 于 染 爱 生， 故 此 于 染 爱

杨 缕 羸。

·ja¹ mja¹ śjwo¹

Pref.1 然 生。

若有于彼起染爱者，应是于此而起染爱。（《大宝积经》卷四十四）

（8）㹰 繖……； 慨 鞁 㹰 㹲 㹰 骸 㽅 孫 豿。

twu¹ tja¹ nioow¹ thja² twu̱¹ thji² twu¹ nur tjɨ² jij¹ ·jɨ²

各 者……； 又 彼 处 此 处 指 NOM 之 谓。

各者……；又"彼处"、"此处"所指之谓。（《文海宝韵·平声》）

孫 tjij¹ 与 㺄 xo¹

前者，《文海宝韵》解释为"孫繖，孫粍骸、鞁骸、㺄骸，㹲㪥㥯"（"孫"者，"孫粍"也、"鞁"也、"㺄"也，非此方）。后者，《文海宝韵》解释为"㺄

□□□，□□□□"（"□"者"□"也，彼方之谓）。因知，"□" *tjij¹*、"□" *xo¹* 二词与"□" *thja²* 同义，皆为"□□□"（非此方）。

"□" *xo¹* 作为远指代词，除字书所载外，目前未见文献例证材料。"□" *tjij¹* 后一般接结构助词"□" *ɣa²*，通常也接名词"□" *rewr²*，表示"彼岸"。例如：

（1）□　□　□　□　□　□　□　□。
　　　thji² *rjijr²* *tjij¹* *ɣa²* *zji²* *kji¹* *mji̱j¹* *ŋa²*
　　　此　方　彼　于　皆　已　梦　-1sg.
　　　此中彼处我皆梦见。（《大宝积经》卷一○九）

（2）□　□　□　□　□　□　□　□？
　　　ŋa² *dzjwɨ¹* *njir²* *śjij¹* *tjij¹* *ɣa²* *dzjiij²* *kiej²* *mo²*
　　　我　舟　借　求　彼　于　渡　欲　乎？
　　　欲假我舟求渡乎？（《孔子和坛记》）

（3）□　□　□　□。
　　　tjij¹ *rewr²* *ɣa²* *nji²*
　　　彼　岸　于　至
　　　已达彼岸。（《金光明最胜王经》卷一）

□ *tśhji¹*、□ *tśhjiw¹* 与 □□ *tśju¹ zji¹*

前者《同音》下注"□" *jij¹* 字，构成"□□" *tśhji¹ jij¹* 结构；《文海宝韵》解释为"□□，□□□、□□，□□□□□□"（"□"者"□□"也、"□"也，语之助是也）。因知，"□" *tśhji¹*、"□□" *tśju¹ zji¹* 二词与前文所述"□" *thja²* 相同，属于旁格远指代词，相当于汉语的"彼"、"尔"。文献中多见"□" *tśhji¹* 与"□""□""□""□"等时间概念连用，组成以下词语，对应于汉文"尔

时"、"彼时",等等:

𗅁𗙈 *tśhji¹ zjọ²* 尔时、彼时

𗅁𗙑 *tśhji¹ zjij¹* 尔时、彼时

𗅁𗙣 *tśhji¹ dzjij¹* 尔时、彼时

𗅁𗙤 *tśhji¹ bjij²* 尔时、彼时

同样的概念,文献中也常见有"𗁮𗙈"*thja² zjọ²*、"𗁬𗙈"*thja¹ zjọ²* 等词语。

"𗅁"*tśhji¹* 亦与比较格助词"𘘚"*su¹* 搭配使用,表示"怎比得上""争如""宁可"的比较意义。例如:

(1)𗅁 𘘚 𗥃 𗈜。

　　tśhji¹ su¹ ·jij¹ lhjii¹

　　彼 COMP 自 悔。

　　争如自悔。(《掌中珠》)

(2)𗅁 𘘚 𗐾 𗕀 𗼻, 𗷰 𗝢 𗼻 𗔐 𗤀?

　　tśhji¹ su¹ ·ja¹ we² sji¹ djij² dju² wa² wji¹ kji¹

　　彼 COMP 一 处 死, Pref.2 有 何 为 -1dl?

　　宁可同捐命,岂复自存身? (《金光明最胜王经》卷十)

(2)𗅁 𘘚 𗾑 𗪚 𗆁, 𗦀 𗤇 𗒛 𗣼 𗒱。

　　tśhji¹ su¹ sjij² pjo¹ lhjij² wẹ¹ ·jij¹ jow² mji¹ gjii¹

　　彼 COMP 智 谤 受, 愚 ACC 赞 不 求。

　　宁受智毁骂,不用愚称赞。(《大宝积经》卷九十五)

"𗅁"*tśhji¹* 通常还出现在下列组合中,分别表示疑问、否定及连接作用。详见"谓词的式范畴"及"连贯连词"部分。

𘝞𘓄 ·*ja¹ tśhjɨ¹* 表示疑问

𘟪𘓄 *mjɨ¹ tśhjɨ¹* 表示否定

𘓄𘜶𘟿 *tśhjɨ¹ mja¹ nioow¹* 然后

"𘓄" *tśhjɨ¹* 也与 "𘍞" *zjij¹*（许、左右）连用，表示 "若干" 之义。例如：

（1）𘓄 𘍞 𘚟 𘚮 𘝵 𘙣 𘚮，𘞁 𘝜 𘜶 𘝀。

　　tśhjɨ¹ zjij¹ mə² yie̯² ŋwuu¹ da̯² yiew¹ twu̯¹ dźju¹ tsjij² phji¹

　　尔 许 声 音 论 言 学， 各 通 达 令。

　　使学若干音响、言辞，各令明了。（《大宝积经》卷八）

（2）𘓄 𘍞 𘚳 𘙾 𘝴 𘚷 𘝶 𘞊。

　　tśhjɨ¹ zjij¹ kiwej² lji̯¹ tji̯ war² mə² bju¹ śja²

　　尔 许 珍 宝 食 财 种 随 现。

　　现若干种珍宝财业。（《大宝积经》卷八）

"𘓄" *tśhjɨ¹*（尔）与 "𘟿" *nioow¹*（后）组合成 "𘓄𘟿" *jij¹tśhjɨ¹* 一词，表示 "余"、"其余" 之义。例如：

（3）𘓄 𘟿 𘝃 𘝶 𘞊， 𘝛 𘚃 𘞊 𘝽 𘝸。

　　tśhjɨ¹ nioow¹ tsə̯ mə² njij² tśhjɨ¹ nioow¹ bju¹ lhu¹ lew²

　　尔 后 药 种 种， 病 顺 随 增 可。

　　自余诸药物，随病可增加。（《金光明最胜王经》卷九）

（4）𘙾 𘟿 𘘎 𘝹 𘚙，𘓄 𘟿 𘍞 𘚈 𘝵 𘝹 𘜟?

　　thji̯² mji¹ wjo¹ nja² ku¹ tśhjɨ¹ nioow¹ ·wji¹ ljo² dzjij² nja² ji̯¹

　　此 不 作 -2sg 故， **尔 后** 为 何 肯 -2sg 谓?

　　此尚不作，余何肯为？（《根本说一切有部毗奈耶杂事》卷十三）

（5）𘂝 𗙜 𘜚 𗼖，𘜼 𗼋 𘜚 𗏹，𗗚 𗱠 𗤿 𗒹

khjow¹ ka¹ tja¹ ljow² dźju² tji² tja¹ rejr² ỵạ² kha¹ gji² gji²

强　壮　者　少　弱　疲　者　多　十　中　一　有

𗼖 𗰖 𘜚 𗹙，𗗟 𗏹 𗫔 𘝶 𘜼。

zjij¹ śji¹ nji² śji¹ tśhji¹ nioow¹ zji² kụ¹ rjir²

许　先　至　往　尔　后　皆　后　留

军健者少，疲者多，且十人可一人先到，余悉在后。（《孙子兵法
三注》卷中《军争篇》）

"𗗟" tśhji¹ 亦见与汉语的近指代词"斯"对译的情况。例如：

（3）𘜁 𗾔 𘝢 𘜭 𗾔 𗍿 𘊭 𗼃 𘆑 𘝧，𗗟 𗤁

po¹ tsa¹ ma² ŋạ² tsa¹ tsji¹ thji² ji² lji¹ wja¹ tśhji¹ rjir²

菩　萨　摩　诃　萨　亦　此　谓　也　尚，斯　已

𘈩 𘜚 𗑭 𘈩 𗜓 𘊭 𗗚 𗰜？

nioow¹ tja¹ tshja² mji¹ ljị¹ tji² ljọ² wjij²

下　者　报　不　报　可　何　有？

菩萨摩诃萨尚致此言，况降斯已下而无报答？（《慈悲道场忏法卷》
第七）

"𗰩" tśhjiw¹《文海宝韵》解释为"𗰩𘜚𗗟𗤁，𗤿𘋨𗲲𗤁"（"𗰩"者"𗗟"也，
语之助也）。可见"𗰩" tśhjiw¹ 与"𗗟" tśhji¹ 意义相同，读音相近，然未见文
献例证。"𘊹𘘚" tśjụ¹ zji¹ 一词，《文海宝韵》用于解释"𗗟" tśhji¹，其他文献
中暂未见例证，与之还存在解释关系的尚有"𘕷" zow²，暂时同样未发现文
献例证。

3. 数词与量词

3.1 数词

数词是表示数目的词。数词很少单用，通常与量词组合成数量词组。下面从基数词、序数词、分数和概数等方面介绍西夏语数词。

A）基数词

基数词表示数目的多少。有单纯基数词及复合基数词两种，一并罗列如下：

刻 *lew¹*	一	楄 *njɨɨ¹*	二
散 *sọ¹*	三	綳 *ljɨɨr¹*	四
愿 *ŋwə¹*	五	緣 *tśhjiw¹*	六
蒉 *śja¹*	七	圆 *jar¹*	八
瓶 *gjɨ¹*	九	骰 *ɣạ²*	十
繦 *·jir²*	百	孤 *tụ¹*	千
毳 *khjɨ²*	万	縱 *rjir²*	亿
骰刻 *ɣạ² lew¹*	十一	骰楄 *ɣạ² njɨɨ¹*	十二
骰散 *ɣạ² sọ¹*	十三	骰綳 *ɣạ² ljɨɨr¹*	十四
楄骰 *njɨɨ¹ ɣạ²*	二十	楄骰刻 *njɨɨ¹ ɣạ² lew¹*	二十一
繦圆 *·jir² ·jar¹*	百八（108）	愿繦 *ŋwə¹ ·jir²*	五百
刻孤圆 *lew¹ tụ¹ ·jar¹*	一千八（1008）	散孤 *sọ¹ tụ¹*	三千
刻毳愿孤 *lew¹ khjɨ² ŋwə¹ tụ¹*		一万五千	

西夏文献中，用于与汉文数词"一"对译的词，除了"刻" *lew¹* 之外，还有以下几个：

穱 *·ja¹*	散 *ljɨ¹*（可以重叠）
刻 *tjɨ¹*	炙 *dzjij²*
骰 *gjɨ²*	阙 *gjɨ²*

它们除和"一"对译外，都还有其他意义，在表示"一"义时，用法也各有不同。以"刻"*tji¹*、"豕"*dzjij²*为例：

"刻"*tji¹*只与"繎""勇"二词搭配，有"整日""整夜"之意。如"祇繎刻繎"意即"今日一日"，"刻繎刻勇"指"一昼一夜"。"刻繎"单用还有"一朝""一旦"之意，也可以表示"每日"。

"豕"*dzjij²*多见与身体器官类名词连用，且出现在这类名词之后。例如"巚豕"（一目）、"茈豕"（一耳）、"悆豕"（一手）、"骸豕"（一足）。

表示"二"的词，除了"梮"*njii¹*之外，还有：

𧤛 *lọ²*

该字在《番汉合时掌中珠》一书出现于"矝𧤛"（双鱼）、"𧤛骹"（双女）两个星座词语中，表示"双"义；与数字"二"相对仅见"𥖁𧤛𫒎𫘝"（二月）月份一词中，"𥖁𧤛"表示"第二"。一般认为这属于"勒尼"语。

表示"十"的词，除了"骹"*ɣa²*之外，还有：

蠃 *sja¹* 十　　　　　　　蠿 *dźji¹* 十

西夏语数词可以直接修饰名词，而不必与量词结合。修饰名词时，数词均位于名词之前。如：

繎絾 *ljɨɨr¹ tśhja²* 四德

俿蕆 *ŋwə¹ tśja¹* 五道

骹繦 *ɣa² ɣie¹* 十力

刻磭鶛 *lew¹ tsew² dźjar²* 第一过

繎磭𫒎 *ljɨɨr¹ tsew² rer¹* 第四弦

B）序数词

刻磭 *lew¹ tsew²* 第一　　　　　　𥖁磭 *phju² tsew²* 第一

梮磭 *njii¹ tsew²* 第二　　　　　　散磭 *sọ¹ tsew²* 第三

繎磭 *ljɨɨr¹ tsew²* 第四　　　　　　……

骹磭 *ɣa² tsew²* 第十

需要注意的是，西夏文《月月乐诗》在记录月份（𗼮𗼩）时，出现了一套有别于上述序数词的双音节序数词，从"二"至"十一"依次如下：

𗍫𘂜 *rjir² lo²* 第二　　　　　　𗕑𗟻 *lhejr² gju²* 第三

𗢯𗓅 *kwej¹ ŋwər¹* 第四　　　　　𗥃𗟰 *tśjïr² lu²* 第五

𗠨𘏨 *źjiw¹ we¹* 第六　　　　　　𘀍𗭉 *ŋwər¹ ka¹* 第七

𗤁𗴿 *njïï¹ ljïïr¹* 第八　　　　　𗴿𘂜 *ljïïr¹ ŋwə¹* 第九

𗤁𘂜 *njïï¹ ŋwə¹* 第十　　　　　　𘂜𗭉 *ŋwə¹ tśhjiw¹* 第十一

学术界目前将其称之为"勒尼"语。这套词中的"八"至"十一"四个词是据番语数词"二""四""五""六"等改装的，其基本方式是表示偶数用乘法，奇数用加法，即把"八"说成"二四"（2 × 4 = 8），把"九"说成"四五"（4 + 5 = 9），把"十"说成"二五"（2 × 5 = 10），把"十一"说成"五六"（5 + 6 = 11）。这一数字的表示方式，在我国藏缅族语言中，仅出现在珞巴语里。[①]

C）分数

西夏语分数的表示方式是"分母 + 𘋨 + 𗘟 + 分子"或"分母 + 𘋨 + 分子"，以前者为主。例如：

𗤁𘋨𗘟𗥔 *njïï² phiaa² kha¹ lew¹*　　二分之一

𗔀𘋨𗘟𗥔 *ɣa² phiaa² kha¹ lew¹*　　十分之一

𗾈𘋨𗥔 *jir² phiaa² lew¹*　　百分之一

D）概数

西夏语概数有几种表示方式。

一是连用两个邻近的数词表示。例如：

𗤁𗤅𗮔 *njïï²so¹gji²*　　二三子

𗤅𗴿𘋠 *so¹ljïïr¹tśhjaa²*　　三四尺

①　聂鸿音：《勒尼——一种未知的古代藏缅语》，《宁夏大学学报》1996 年第 4 期。

𗾑𗏹𗾚𗱡𗢸 *nji̱² zji¹ ɣa² ·jar¹ gi̱i¹*　子侄十八九

二是连续地说出两个相邻位数。例如：

𗾚𗾞𗋕 *·jir² tu̱¹ dzwo²*　百千人

𗾞𗇋𗇅 *tu̱¹ khji² kja²*　千万劫

三是在基数词之后加"𗱕" *dzji̱¹*（余、多）。例如：

𗦺𗱡𗾚𗱕𗙏 *śjwi¹ jar¹ ɣa²sju²we²*　年逾八旬。

𗥃𗾞𗱕𗥑 *lew¹ tu̱¹ sju² lji̱¹*　一千余斤。

四是在基数和其他概数之后附加"𗱞" *zji̱i¹*（许、约、左右）。例如：

（1）𗥃　𗱞　𗾣　𗅉　𗱕　𗹭　𗐷　𗋕。

　　　lew¹　zji̱i¹　tśhjo²　mji¹ lhjwi¹　ŋwu²　dja²　rji̱r²

　　　一　许　物　不　取　以　△　去。

　　　一无所取而去。（《类林》卷四《清吏篇》）

（2）𗏮　𗏹　𗱕　𗾚　𗱞　𗾈。

　　　kji̱r²　tsəj¹　gji²　·jir²　zji̱i¹　·wji̱i²

　　　室　小　一　百　许　有。

　　　有小房数百。（《类林》卷八《富豪篇》）

（3）𗦻　𗃜　𗇋　𗱞　𗋕　𗮅　𗩈　𗳏　𗨢。

　　　nji̱i²　so̱¹　khji²　zji̱i¹dzwo²　zji̱ir²　kha¹　nja¹　·ji̱ir¹

　　　二　三　万　许　人　水　中　△　沉。

　　　二三万人溺死水中。（《孙子兵法三注》卷中《军争篇》）

（4）𗿕　𗙶　𗒔　𗩈　𗃜　𗱡　𗱕　𗱞。

　　　ka̱¹　wee¹　ljwi̱j¹　·o̱¹　so̱¹　ɣa²　dzji̱i¹　zji̱i¹

　　　命　失　冤　主　三　十　过　许。

冤家债主三十余头。(《金光明经忏悔灭罪传》)

3.2 量词

量词是表示事物或动作的单位的词。量词一般不单用，要与数词组合成数量词组（详见短语部分）才能在句中使用。前文已及，西夏语数词可以直接修饰名词，而不必与量词结合。现所见量词绝大多数来自译文文献，而非西夏自撰文献。因此，这些量词能否算作西夏语固有量词，尚难肯定。这些量词多为名量词，动量词极为少见。

A）名量词

这些名量词主要涉及度量衡、面积、货币时间及物品等。例如：

𗄊 *bjuu²* 里、𗇁 *la²* 丈、𗿒 *tśhjaa²* 尺、𗝀 *tshjwĩ¹* 寸

𗰖𗆐𗹙 *·juu¹ śja¹ no¹* 瑜缮那、𗅁𗵘 *·jiw¹sjwĩ¹* 由旬、𗅁𗵜 *·jiw¹sjwi¹* 由句（皆古印度长度单位）

𗢏 *dźjaa¹* 斛、𗬺 *dụ²* 斗、𗬯 *śjij²* 升、𗡶 *ką¹* 勺、𗃛 *tśhjaa¹* 撮

𗧔 *ljii¹* 斤、𗰩 *lju²* 两、𗔣 *dzjij¹* 钱、𗦀 *xu¹* 分

𗤇 *dzow¹* 亩、𗑞 *dzįi²* 顷

𗵒 *sa¹* 缗、𗔣 *dzjij¹* 钱

𗣀 *kjiw¹* 年、𗼃 *lhjij²* 月、𗉛 *·jaar²* 日

𗰷 *biej¹* 支、𗕣 *phu²* 棵

𗲠 *no²* 段、𗝣 *phu¹* 部、𗑲 *twee²* 对

𗦻 *dzwə¹* 册、𗭼 *rer²* 篇、𗑠 *？* 卷、𗒀 *tjij¹* 品、𗙗 *kho¹* 首

𗪄 *khu¹* 碗、𗡊 *tjwij¹* 盏、𗪃 *khu²* 箱

𘅤 *gu²* 辆

𗶊 *njijr²* 面

𘄒 *gjiwr²* 滴

B）动量词

西夏文献中动量词极为少见。现所见者主要有：

𗥃 *dźjow¹* 遍、次

𗧀 *bji²* 步

4. 谓词

谓词是用来说明事物的性质状态、行为动作、存在以及对事物判断的词，包括通常所说的动词和形容词。根据它们的意义和在句子中所承担的成分可以分为：动作谓词、存在谓词、判断谓词、辅助谓词、性状谓词（形容词）。①这里首先介绍其中的存在谓词、判断谓词以及辅助谓词，然后阐述西夏语谓词的语法范畴。

4.1 存在谓词

存在谓词是指表示事物存在或领有的谓词，相当于汉语的"在"和"有"，学术界多称作存在动词。如同藏缅语族其他诸多语言，西夏语存在谓词比较丰富，有明显的类别范畴。不同性质的事物和现象的存在，需要用不同的存在谓词表示；同一事物或现象，由于存现形式或场所不同，也需要用不同的存在谓词来表示。

关于存在谓词的数量，各家认定稍有出入，这里暂认定为 12 个：②

𗼲 *dju¹*	𗤁 *lheew²*	𗰜 *dźjij²*	𗣼 *dźjo²*
𗗙 *tśhju¹*	𗥦 *tśhjo¹*	𗏒 *wjij¹*	𗼮 *wjij²*
𗼺 *du¹*	𗥤 *·o¹*	𗑣 *wə¹*	𗌮 *dzuu²*

其中，𗰜 *dźjij²* 与 𗣼 *dźjo²*、𗗙 *tśhju¹* 与 𗥦 *tśhjo¹* 两组各自为构成对立互补

---

　　① 这里所说"谓词"及其分类，采用了孙宏开、聂鸿音等先生的提法和观点。参见孙宏开：《羌语简志》，民族出版社 1982 年版，第 97 页；聂鸿音：《西夏语谓词人称后缀补议》，《语言科学》2008年第 5 期。

　　② 这里采用了史金波先生《西夏文教程》中的认定，史先生初认定为 11 个，后增补了"𗥦" *tśhjo¹*，共 12 个；马忠建先生认定了 9 个，它们是："𗼲" *dju¹*、"𗰜" *dźjij²*、"𗣼" *dźjo²*、"𗼮" *wjij²*、"𗥦" *tśhjo¹*、"𗏒" *wjij¹*、"𗥤" *·o¹*、"𗑣" *wə¹*、"𗌮" *dzuu²*。详见史金波：《西夏语的存在动词》，《语言研究》1983 年第 2 期；《西夏文教程》，社会科学文献出版社 2013 年版，第 256—283 页；马忠建：《西夏语存在动词类别范畴之比较》，载李范文主编：《西夏语比较研究》，宁夏人民出版社 2004 年版，第103—115 页。

关系的基本式与衍生式，基本式与第三人称搭配出现，衍生式与第一、二人称搭配使用。另外，𗵯 *dzjiij¹* 也可以表示"在"的概念，能否归入存在谓词之列，还有待于讨论。部分存在谓词如𗾭 *dju¹*、𗿒 *lheew²*、𗉞 *tśhju¹*，还有很强的构词功能。

𗾭 *dju¹*

𗾭 *dju¹* 是个万能存在谓词，它可以表现任何具体事物和现象的存在，也可以表示抽象概念的存在，使用频率最高。例如：

（1）𗤁　𗼋　𗴴　𘕥　𗾭。

　　lji²　*rjijr²*　*śjij²*　*dzjwo²*　*dju¹*

　　西　　方　　圣　　人　　有。

　　西方有圣人。(《类林》卷六《占梦篇》)

（2）𗿒　𗖵　𗋦　𘏋　𗾭。

　　ɣu¹　*njij²*　*jij¹*　*jwar¹*　*dju¹*

　　吴　　王　　P-O　越　　有。

　　吴王之有越。(《类林》卷三《忠谏篇》)

（3）𘕥　𗯔　𗸳　𗜓　𘈈　𗦶　𗖵　𗋕　𗾭。

　　dzjwo²　*khwa¹*　*sẽ¹*　*mjij¹*　*ku¹*　*djij²*　*njij²*　*sjwɨ¹*　*dju¹*

　　人　　远　　虑　　无　　则　　定　　近　　忧　　有。

　　人无远虑，必有近忧。(《论语全解》卷八《卫灵公篇》)

（4）𘕥　𗟻　𗼝　𗾭　𗏇，𗰖　𗟻　𗼝　𗾭　𗤙。

　　dzjwo²　*mji¹*　*wji¹*　*dju¹*　*lji¹*　*mja¹*　*nioow¹*　*wji¹*　*dju¹*　*nji¹*

　　人　　不　　为　　有　　也，然　　后　　为　　有　　能。

　　人有不为也，而后可以有为。(孟子·60)

（5）𗫜　𗠦　𗤋　𗗙　𗟶。

bji¹　do²　pha¹　dju¹　ljij²

光　差　别　有　见。

见光有差别。(《大宝积经》卷三十七)

𗳐 lheew²

𗳐 lheew² 在西夏字书《文海》中用以解释"𗗙"dju¹，同样表示任何事物和现象的存在，但在文献中实际出现频率较低。相对于"𗗙"dju¹，"𗳐"lheew² 表现出更强的构词能力。例如：

（1）𗧾　𗫣　𘀉　𗫽　𗦴　𗫜　𗳐。

bee²　źjạ¹　bjii²　phiow¹　·ju²bji¹　lheew²

眉　间　毫　白　常　光　有

眉间常有白毫光。(《金光明最胜王经》卷五)

（2）𗦲　𗳐　𘀋　𘀋　𗤋　𗤍　𗲲　𗗙，𗫽　𗤒　𗊱　𗳐。

dźjã²　tśhju¹　dźjiij¹　dźjiij¹　sjwi¹　tśjị¹　mji¹　dju¹　lew¹　de²　rejr²　lheew²

众　生　所　有　忧　苦　不　有，唯　喜　乐　有。

所有众生无有忧苦，唯有喜乐。(《大宝积经》卷六十三)

（3）𗊱　𗤍　𗳐　𗫽，𗊱　𗤋　𗼖　𗳐，𗊱　𗖵　𗟶　𗗙。

ljij¹　pjụ¹　tśhjaa¹　dźjij²　ljij¹　mee²　rewr²　lheew²　ljij¹　dzjwi¹　yie¹　dju¹

大　威　德　有　大　神　足　有　大　帝　势　有。

（顶生）有大威德，有大神足，有大威势。(《大宝积经》卷七十六)

𗼝 *dźjij²* 与 𗾟 *dźjo²*

都表示极有价值的贵重物品、值得珍惜和尊重的人物的存在。二者存在音韵间的转换，构成对立互补关系的基本式与衍生式，前者与第三人称搭配出现，后者与第一、二人称搭配使用。例如：

（1）𗼉　𗾫，𗾏　𗏒　𗼝。

　　　zji¹　*mjij¹*　*mjij¹*　*gji²*　*dźjij²*

　　　子　　无，　女　　一　　有。

　　　（老人）无子，有一女。（《类林》卷四《断狱篇》）

（2）𗧓　𗏁　𗥃　𗫡　𗆟　𗷻　𗼝。

　　　·jow¹　*sew²*　*tsəj¹*　*njij¹*　*mjiij²*　*ŋa²*　*dźjij²*

　　　杨　　修　　小　　昔　　名　　好　　有。

　　　杨修少有令名。（《类林》卷四《权智篇》）

（3）𗿧　𗥃　𗼝　𗤋　𗣼　𗬩。

　　　lhjij²　*tśja¹*　*dźjij²*　*zjij¹*　*bji²*　*wji¹*

　　　国　　道　　有　　时　　臣　　为。

　　　邦有道则仕。（《论语全解》卷八《卫灵公篇》）

（4）𗴺　𗦣　𗼕　𗲲　𗏒　𗾟　𗴺。

　　　ŋa²　*ljij¹*　*·u²*　*tsjiir¹*　*gji²*　*dźjo²*　*ŋa²*

　　　我　　大　　乘　　法　　一　　有　　-1sg。

　　　我有一大乘法。（《金光明经忏悔灭罪传》）

（5）𗴖　𗧓　𗥺　𗥃　𗤋　𗾟。

　　　mjo²　*seew²*　*gie¹*　*sjij²*　*bji¹*　*dźjo²*

我　思　难　智　光　有。

我有难思智光。(《金光明最胜王经》卷八)

𗧤 *tśhju¹* 与 𗧤 *tśhjo¹*

都表示物体存在于一定范围之内或某一容器之中。相当于"怀有""含有""包有""藏有"等意义。二者存在音韵间的转换，构成对立互补关系的基本式与衍生式，前者与第三人称搭配出现，后者应与第一、二人称搭配使用，但文献中罕见用例，惟《同音》《文海》等字书中与"𗧤"*tśhju¹*互注。

(1) 𗴢　𗦳　𗯿　𗧤。

　·*o¹*　·*u²*　*ŋo²*　*tśhju¹*

　腹　中　病　有。

　腹中有疾。(《类林》卷六《忠谏篇》)

(2) 𗆊　𗤁　𗂧　𗦳　𗆊　𗤁　𗾐　𗧤。

　ɣwej¹ lhjoor¹ljij²　·*u²*　*ɣwej¹ lhjoor¹ tsəj¹ tśhju¹*

　战　场　大　中　战　场　小　有。

　大阵之中必包小阵。(《孙子兵法》卷中《军事篇》)

(3) 𗢯　𗦳　𗂧　𗰖　𗾿　𗧤。

　ljaa²　·*u²*　*dzow¹*　*gji²*　*dja²*　*tśhju¹*

　口　中　钩　一　Pref.　有。

　(鱼)口中有钩。(《类林》卷七《报恩篇》)

(4) 𗼨　𗩾　𗧉　𗮔　𗐯　𗤁　𗶷　𗧤。

　we¹　*nju²*　*tśjiir²dźjwow¹twụ¹*　*gja¹*　*lwu²*　*tśhju¹*

鸟　降　惶　飞　处　兵　伏　有。

鸟起者，伏也（鸟起之处有伏兵）。(《孙子兵法三注》卷中《行军篇》)

瓥 *wjij¹*

表示众多同类事物中存在的部分或之一。"瓥" *wjij¹* 前加否定词 "糀" *mji¹* 组成 "……糀瓥" *mji¹wjij¹* 的固定结构，表示 "不在" "之外" "此外" "除……之外" 等表示排除的意义。例如：

（1）耣　纞　敍　幱　糤　瓥。

　　we¹　*tja¹*　*ɣạ²*　*kạ²*　*kha¹*　*wjij²*

　　丁　者　十　干　中　有。

　　丁者十干（天干）之一。(《文海宝韵·平声》)

（2）鼪　沂　…　敊　纞　席　孫　絪　嵤　糤　瓥。

　　xjwi²　*tśhjow¹*…　*tśjiw¹*　*·wẽ¹*　*njij²*　*·jij¹*　*lji ɨr¹*　*·wji¹*　*kha¹*　*wjij¹*

　　费　仲　…　周　文　王　之　四　友　中　有。

　　费仲……，周文王四友（之一）。(《类林》卷三《忠谏篇》)

（3）偒　纬　乩　糤　乩　纞　翃　瓥，姁　纞　刿　蘢。

　　ŋwə　*·jir²*　*rjijr¹*　*kha¹*　*rjijr¹*　*khwej²gji²*　*wjij²*　*mjiij²*　*tja¹*　*be²*　*·u²*

　　五　百　马　中　马　大　一　有，名　者　日　藏。

　　五百马中有一大马，名曰日藏。(《大宝积经》卷百八)

陵 *wjij²*

表示固定依附于一定处所的事物存在，或无形的、抽象事物的存在。例如：

（1）𗐿 𗧓 𗩛 𗉛 𗲣 𘂊 𗼨 𗀁 𗹭 𗫡。

njwo² mji¹ miej² tshjɨ¹ zjɨr² ljạ¹ bjụ² ja¹ yjụ¹ ·wjij²

昔 闻 孟 津 河 千 里 一 曲 有。

昔闻孟津河千里有一曲。（《类林》卷三《忠谏篇》）

（2）𗫼 𗾟 𗣼，𗤙 𗣼 𗩫 𗹐 𗣗 𗤏 𗩴 𗼨 𗛪 𗁡

xu¹ jụ¹ lhjɨj thji² lhjɨj xjwã¹ thu¹ ljạ¹ ljijr² tụ¹ bjụ² sju²

夫 余 国， 此 国 玄 菟 北 方 千 里 余

𗐱 𗫡。

rjar¹ ·wjij²

远 在。

夫余国，此国在玄菟北千余里。（《类林》卷四《四夷篇》）

（3）𗊴 𗆧 𗣼 𘊐 𗤙 𘈩 𗦮 𗫗 𗀁 𘃪 𗫡 𗦻？

tśhjụ¹ njij² lhjɨj² ·u² thji² sju² tsjɨr² pjụ² ja¹ tśhjɨ¹ ·wjij² ·ji²

楚 王 国 中 此 如 宫 殿 Q 尔 有 谓？

楚王国有如是宫殿乎？（《类林》卷五《辩捷篇》）

（4）𗣼 𗤣 𗗙 𗆫 𗫡。

lhjɨj² kha¹ dji¹ jij² wjij²

国 中 地 狱 有。

刹中有地狱。（《大方广佛华严经》卷一〇）

　　其常与"𗅲" tji² 连用，组合成"𗅲𗫡" tji² wjij²，表示"可""可以"；再加入疑问代词"𗤏" ljo²，组合成"𗅲𗤏𗫡" tji² ljo² wjij²，表示反问，相当汉语的"岂（可）……？""安……？"；或者加疑问前缀"𗀁"，组合成"𗅲𗀁

伎" *tji² ·ja¹ wjij²*，表示一般疑问。例如：

（5）𗀔　𗰗　𗢸　伎，𗯮　𗰭　𗢸　𗄈　伎，𗦴　𗫂　𗯴
　　　jij¹　śji¹　tji²　wjij²　mji¹　lja¹　tji²　tsji¹　wjij²　ku¹　gu²　lji²
　　　自　往　可　有，彼　来　可　亦　有，则　共　地
　　　𗤓。
　　　·ji¹
　　　谓。

我可以往，彼可以来者，为交地。（《孙子兵法三注》卷下《九地篇》）

（6）𗰭　𗂧　𗢸　𗉅　伎？
　　　mji¹　buu²　tji²　ljo²　wjij²
　　　不　胜　可　何　有。

安有不胜之理？（《孙子兵法三注》卷下《九地篇》）

（7）𗁨　𗇁　𗉛　𗰗，𗧘　𗢸　𗛫　伎？
　　　pji¹　nji²　thja²　śji¹　lhjwo¹　tji²　·ja¹　·wjij²
　　　今　日　其　往，还　可　Q　有？

今日欲去，可得还不？（《根本说一切有部百一羯磨》卷四）

　　其前加否定副词"𗰭" *mji¹*，组成"𗰭伎" *mji¹wjij²*，表示不存在，或表排除，相当于"除外""除……之外"。

（8）𗤁　𗢸　𗟇　𗅤　𗱕　𗪛　𗬩　𗋽　𗤋　𗬩　𗰭　伎。
　　　dźiej²　kji¹　rar²　twu¹　to²　zji²　tśhjaa¹　djij¹　bji²　bjij²　mji¹　wjij²
　　　轮　所　经　处　皆　悉　正　平，低　高　不　有。

轮所经处皆悉平正无有高下。（《大宝积经》卷七十六）

𗤎 **du¹**

表示附属固定存在，《同音》中与"𘝞"wjij²互注，《同音》丁种本背注解释为"𘅣𘓷"（置定）。文献中用例较少。

（1）𗖵 𗤀 𗥩 𗝵 𗭫 𗫂 𗢲 𗼑 𗤎。

thja¹ ya¹ mja¹ tśhjaa¹ twụ¹ yạ² ·jar¹ rjir² du¹

其　门　阃　上　各　十　八　釜　有。

于门阃上有十八釜。（《慈悲道场忏法》卷四）

（2）𗜓 𗝵 𗤎 � 𗤺 𗝇 𗭼 𗷖，𗈑 𗤎 � 𗧊

dzjọ¹ sju² du¹ tha¹ wjɨ² thew¹ phio² ·u² njɨɨ¹ du¹ lji² dzjwị¹

譬　如　楼　佛　东　穿　窗　内，　晒　有　西　壁

𗝵 𗤺。

tśhjaa¹ swew¹

上　照。

譬如重阁楼窗之中，日从东入光照西壁。（《大宝积经》卷六十一）

（3）𗦇 𗤺 𗭖 𗍫 𗙴，𗷷 𗬜 𗜓 𗝵 𗤎。

be² lhjij² tshọ² khwə¹ dźiej² bji¹ swew¹ ljɨ² tśhjaa¹ du¹

日　月　虚　中　转，　明　光　地　上　存。

日月空中转，光明地上存。（《新集锦合辞》）

𗘅 **·o¹**

可以作为动作谓词，也可以作为存在谓词。作为动作谓词表示"悬""系"等义；作为存在谓词，表示附属或粘着于大物体的小物体的存在，或人身上带有的某种事物。例如：

（1）𗧠 𗤎 𗝵 𗬜 𗵒 𗥩 𗘅。

giu¹　*tja¹*　*wa¹*　*lji¹*　*njii²*　*khjwi²*　*·o¹*

亥　TOP　猪　也　鼻　圈　有。

亥者猪也，有鼻环。(《文海宝韵·平声》)

（2）𗥤　𗥤　𗥤。

lji̭²　*sjij¹*　*·o¹*

身　血　有。

身涂血。(《金光明最胜王经》卷十)

（3）𗥤　𗥤　𗥤　𗥤　𗥤。

lji̭²　*ɣa²*　*ljii¹*　*wjij¹*　*·o¹*

身　于　裤　短　有。

身著犊鼻裩（短裤）。(《类林》卷八《贫窭篇》)

（4）𗥤　𗥤　𗥤　𗥤。

ɣjir¹　*lji̭²*　*dzjar²*　*·o¹*

朕　身　罪　有。

朕躬有罪。(《论语全解》卷十《尧曰篇》)

（5）𗥤　𗥤　𗥤　𗥤　𗥤　𗥤。

gja¹　*bjuu²*　*pji̭¹*　*wer¹*　*mji¹*　*·o¹*

军　将　威　仪　不　有。

将无威重。(《孙子兵法三注》卷中《行军篇》)

𗥤 *wə¹*

表示领有、占有、享有等意义，可以是具体事物，也可以是抽象事物。

例如：

（1） 𗋽 𗤊 𗿷 𗤁 𗆐 𗢭 𘃡。

njij² tsəj¹ ·jij¹ wə̣¹ lji̥² tśhjaa¹ ɣwej¹

王 小 自 有 地 上 战。

诸侯自战其地。(《孙子兵法三注》卷下《九地篇》)

（2） 𗋽 𗈈 𗳌 𗁅，𗤀 𗐯 𘏨 𗤁。

thja¹ kjij¹ ljiij² nji¹ dzjwo² tji̥¹ lew¹ wə̣¹

彼 朽 毁 宅， 人 独 一 有。

是朽故宅，属于一人。(《妙法莲华经》卷二)

（3） 𗐢 𗸟 𗤁 𗰔 𗄺。

sẽ¹ gu² wə̣¹ tji̥¹ war²

僧 共 有 食 财。

僧共有之物。(《佛说宝雨经》卷十)

𗓁 dzuu²

可以作为动作谓词，也可以作为存在谓词。作为动作谓词表示"植""立"等义；作为存在谓词，表示竖直物体的直立存在。例如：

（1） 𗷋 𗲲 𘄒 𗉝 𗆟 𗤨 𗐴 𗓁。

jir² bji² rjar¹ ŋwu² bie̱¹ phu² gji̥² dzuu²

百 步 远 以 杨 树 一 有。

百步远有杨树。(《类林》卷九《善射篇》)

（2） 𗋽 𘇂 𗣙 𗤭 𗉝 𗧀 𗤋 𗓁

thja¹ rjir² ·jar¹ khji̥² ljī̥¹ tụ¹ dzji̥² dzuu²

其 堂 八 万 四 千 柱 有。

其堂有柱八万四千。(《大宝积经》卷百二十)

4.2 判断谓词

判断谓词，表示判断、系联。西夏语的判断谓词有肯定和否定形式，其肯定形式为"𗓦"ŋwu²（是），否定形式为"𗢸"njaa²（非）。例如：

（1）𗁲 𗧘 𗙏，𗭴 𗢤 𗧘 𗓦。

　　 mjɨ¹ lhjij² tja¹ njij² tsəj¹ lhjij² ŋwu²

　　 他 国 TOP，王 小 国 是。

　　 其邦者，诸侯国也。(《孙子兵法三注》卷中《军争篇》)

（2）𗴩 𗆫 𗴩 𗁲 𗤉 𗾈 𗓦。

　　 kię¹ we¹ kię¹ bji¹ ŋa² gji² ŋwu²

　　 金 龙 金 光 我 子 是。

　　 金龙金光是我子。(《金光明最胜王经》卷五)

（3）𗦻 𗷝 𗾈 𗙏，𗽅 𗤁 𗢸，𗣼 𗵽 𗰖 𗗙 𗓦。

　　 thjɨ² tśhjiw¹ mə² tja¹ mə¹ ŋjir¹ njaa² gja¹ bjuu¹ ·jij¹ dźjar² ŋwu²

　　 此 六 种 TOP，天 灾 非， 军 将 之 罪 是。

　　 凡此六者，非天之灾，将之过也。(《孙子兵法三注》卷下《地形篇》)

（4）𗢨 𗦋 𗾈，𗧓 𘈈 𗗙 𗢨 𗦋 𗢸。

　　 ŋwər¹ khju¹ tja¹ gji² dzjwo² ·jij¹ ŋwər¹ khju¹ njaa²

　　 天 下 TOP，一 人 之 天 下 非。

　　 天下者，非一人之天下。(《六韬》卷上《武韬》)

（5）𗀁 𗰣 𗓽 𘝞 𗤉。

ŋa² jiij¹ kiẹ¹ dźja² njaa²

我 心 金 刚 非。

我心非金刚。（《金光明最胜王经》卷十）

4.3 运动谓词

运动谓词是指表示人或事物在空间领域位移的动词。西夏语中的运动谓词不少，这里主要介绍与趋向意义有关系的两组"往"、"来"动词：

𗘁 śji¹、𗅠 śji²（往）

𗄈 lja¹、𗇋 ljij²（来）

西夏语的"往"、"来"动词比较特殊，它们既如一般谓词在句中单独作谓语使用，也可以附加在其他动词之后，虚化为表示空间趋向意义的语法范畴。[①] 无论是单独作为谓语，还是虚化为空间趋向范畴，两组"往"、"来"分别呈现出"现实"（实然）与"非现实"（非实然）的对立关系。[②] 其对立关系如下：

[①] 关于这组动词，学术界有过不少讨论。1982 年，克平（Kepping）将其中虚化的三词"𗄈"lja¹（来）、"𗇋"ljij²（来）、"𗘁"śji¹（去），作为用来表示方位参照点的方向助词处理。2001 年，龚煌城先生则提出，"𗘁"śji¹（去）与"𗅠"śji²（去）之间存在人称呼应的音韵转换关系，"𗘁"śji¹（去）为衍生式，用在主语为第一、二人称单数时，其他情况，则基本式𗅠 śji²（去），并将它们归入人称呼应的第三类动词之中。2012 年，西田龙雄则将四词分成两组："𗄈"lja¹（来）与"𗘁"śji¹（去）为一组，表示由上至下的"来"和"去"；"𗇋"ljij²（来）与"𗅠"śji²（去）为一组，表示由下至上的"来"和"去"。2013 年，张珮琪指出，克平的方向助词遗漏了"𗅠"śji²（去），而龚煌城先生提出的人称呼应说存在反例，本为基本式的"𗅠"śji²（去）却出现在第一人称句子之中；2014 年，向柏霖再次指出"𗘁"śji¹（去）与"𗅠"śji²（去）之间的关系，区别不在人称方面。相关成果参见：（1）Kepping, K. B. 1982. Deictic Motion Verbs in Tangut. *Linguistics of the Tibeto-Burman Area*（*LTBA*）Vol. 6.2（1982），pp.77-82；（2）龚煌城：《动词的人称呼应及音韵转换》，《语言暨语言学》Vol.2 No.1（2001），第 21—67 页；（3）西田龙雄：《西夏语研究新论》，日本京都松香堂书店，2012 年，第 285—287 页；（4）张珮琪：《论西夏语的来去动词》，《西夏学》第九辑，上海古籍出版社，2014 年，第 321—344 页；（5）Guillaume Jacques, *Esquisse De Phonologie Et De Morphologie Historique Du Tangoute*, Global Oriental, 2014, pp. 227-228.

[②] "往"、"来"动词分别"现实"（实然）与"非现实"（非实然）对立关系的确立，可以推及至龚煌城先生所及谓词人称呼应音韵转换中的整个第三类动词。参见刘少华：《西夏语における「第 3 类」動詞の对について》，东京外国语大学语学研究所《语学研究所论集》第 27 号（2022），第 95—104 页。

现实	非现实
𗙲 śji² （往、去）	𗙲 śji¹ （往、去）
𗣀 ljij² （来）	𗣀 lja¹ （来）

四个"来"、"往"谓词，如一般谓词，都可以在句中单独作谓语使用，前面可以接不动前缀，后面也可以接辅助谓词。其中的"𗣀"lja¹（来）与"𗙲"śji¹（去）经常成对地出现，表示动作并未实现;而"𗣀"ljij²（来）与"𗙲"śji²（往、去），则表示"来""去"动作已成现实。例如：

（1）𗙲 𗣀 𗙲 𗣀 𗙲 𗣀 𗣀?

　　thji² dźiəj² ·u² zjɨɨr² mər² ljọ² rjɨr² ljij²

　　此 池 中 水 本 何 Pref.1 来？

　　是池中水从何处来？（《金光明最胜王经》卷九）

（2）𗙲 𗣀 𗙲 𗣀, 𗙲 𗣀 𗙲 𗙲, 𗣀 𗙲 𗣀 𗣀。

　　thja¹ ljij² goor¹ kiej² dźjwi² tśhjaa¹·ja¹ śji² tjij¹ dzuu² tjij¹ gjwir¹

　　彼 大 丈 夫， 床 上 Pref.1 往， 若 坐 若 卧。

　　彼大丈夫，升于此床，若坐若卧。（《大宝积经》卷三十七）

（3）𗙲 𗙲 𗙲 𗣀, 𗣀 𗣀 𗣀 𗙲 𗣀, 𗣀 𗣀 𗙲

　　jij¹ śji¹ tji² wjij² mji¹ lja¹ tji¹ tsji¹ wjij² ku¹ gu² lji¹

　　自 往 可 有， 彼 来 可 亦 有， 则 共 地

　　𗣀。

　　ji¹

　　谓。

　　我可以往，彼可以来者，为交地。（《孙子兵法三注》卷下《九地篇》）

（4）橛　鼗　粀　薐　艞　氹，　瓿　燹　燹　帗　緂。

nji^2　$dzjir^1$　ya^2　dja^2　$śji^1$　nja^2　mjo^2　lwe^2　lwe^2　lja^1　ηa^2

汝　　急　　中　　Pref.1　往　-2sg,　吾　　迟　　迟　　来　　-1sg。

然君但急行，我当缓缓来。（《类林》卷七《报恩篇》）

这四个"来"、"往"谓词的另一个显著特征是，虚化之后可以附加在许多动词之后[1]，表示一定的空间趋向意义。其所接谓词以运动谓词"艤"nji^2（至）最为频繁，并清楚地区分动词"艤"nji^2（至）的"现实"与否。例如：

（5）絹　隤　麲　燑　艤　帗　羖，　燚　恍　瓿　敪　孫

$tshji^1$　$lhjij^7$　dji^2　$rjir^1$　nji^2　lja^1　$zjij^1$　kji^1　$djij^2$　gja^2　mji^1　jij^1

秦　　国　　医　　良　　至　　来　　时,　必　　定　　咱　　俩　　ACC

燑　羖。

ηwo^2　lji^1

伤　也。

（二竖子自相谓曰：）"秦良医至，必伤我等。"（《类林》卷六《医巫篇》）

（6）艤　䐈,　毪　繊　艤　憿。　絹　菥　锵　絋　燚　彖

na^1　rar^2　lu^2　$\cdot ji^1$　nji^2　$ljij^2$　$tsji^1$　tha^2　kow^1　ηo^2　kji^1　$\cdot ju^1$

明　　日,　庐　医　　到　　来。　晋　　悼　　公　　病　　△　　视

祦。

$phji^1$

令。

明日，庐医至。悼公命视病。（《类林》卷六《医巫篇》）

---

① 来去谓词常接的动词，学界已做过初步统计，详见张配琪上文。

（7）楜 豽 赦 纞 斅 皶 燃 㳠, 庹 羖 澉 㦿

nji² dzjɨr¹ ŋwu² nji¹ do² ·wji² lhjwo¹ nja² zjɨr¹ ɣa¹ djɨr² nioow¹

汝 速 以 家 处 Pref.1 归 -2sg, 南 门 外 后

㵲 㰠 㲎 㱸 㰗 赦 㳪 㳪 禒 㴟。

nji² śji¹ zjij¹ yie² ·wja² ŋwu² ŋa² ŋa² kwar¹ lew²

至 往 时 声 放 以 好 好 哭 应。

君速归家，至南门外放声大哭。（《类林》卷六《医巫篇》）

（8）䶗 㪰 㲎 㣗 㵟, 纞 斅 皶 燃, 庹 羖 㦿

tśjow¹ pə¹ thja¹ dạ¹ bju¹ nji¹ do² ·wji² lhjwo¹ zjɨr¹ ɣa¹ nioow¹

张 本 其 言 依, 家 处 Pref.1 归, 南 门 外

㵲 㲍, 㱸 㰗 赦 㳪 㳪 㣀 禒。

nji² śji² yie² ·wja² ŋwu² ŋa² ŋa² kji¹ kwar¹

至 往, 声 放 以 好 好 Pref.1 哭。

张本依其言，还家，至南门外，放声大哭。（《类林》卷六《医巫篇》）

"来""去"谓词虚化后同样也可以出现在未虚化的"来""去"谓词之后。例如：

（9）㪟 㵲 㣗 㵟 㰗 㲍? 㣗 斅 㵲 㲍?

rjur¹ kha¹ ljo² rjɨr² ljij² śji¹ ljo² do² nji² śji¹

世 中 何 Pref.1 来 往? 何 TERM 至 往?

世间从何处来，去至何所？（《大方广佛华严经》卷二十一）

4.4 辅助谓词

辅助谓词在句子中主要起辅助其他谓词的作用，其中以能愿谓词为主，它们通常出现在谓词之后。在特定语境中，有些也可以单独使用。这些词主

要有：

　　𫞩 *njwi²* 能、善

　　𘝿 *wji²* : 𘀈 *wjọ²* 能、会

　　𗣼 *ljii¹* 得、能

　　𗒾 *wo²* 可

　　𗥨 *lew²* 应、当

　　𗥪 *dźjij²* 肯

　　𗫷 *kiẹj²* 欲

　　𗤛 *kjir²* 敢、能

　　𗣼 *rjir¹* 得

　　𗡪 *rjir²* 得

下面分别加以介绍。

𫞩 *njwi²* 能、善

（1）𗧯　𫞩　𗄼　𫞩。

　　　·*iọ¹*　*njwi²*　*dzjij²*　*njwi²*

　　　圆　能　方　能。

　　　能圆能方。(《掌中珠》)

（2）𗮀　𫞩　𗗙　𫞩，𗘞　𫞩　𗤋　𗣼，𗴾　𫞩　𘝸　𫞩。

　　məə¹　*tjạ¹*　*ljij²*　*njwi²*　*bạ¹*　*tjạ¹*　*mji¹*　*njwi²*　·*ọ²*　*tjạ¹*　*ŋwuu¹*　*njwi²*

　　盲　者　见　能，聋　者　闻　得，痖　者　言　能。

　　盲者能视，聋者得闻，痖者能言。(《金光明最胜王经》卷一)

（3）𗥫　𫞥　𗤄　𫞩。

　　dzjọ¹　*dza²*　*nur¹*　*njwi²*

　　譬　喻　引　善。

善引譬喻。(《出生三法藏经》卷一〇)

（4）𘟿 𘟿 𗟲 𗟭 𗉇。

·jiw¹ nioow¹ wo² tsjij² njwi²

因　缘　义　解　善。

善解因缘义。(《大般涅槃经》卷四)

𗉇 *wji²* : 𗉿 *wjọ²*　能、会

"𗉇" *wji²* 与 𗉿 *wjọ²* 既是一般动词，也可以作辅助动词。二者存在音韵转换的基本式和衍生式的关系。其作用和意义与 "𗉇" *njwi²* 相同，表示主体能够做到或善于做、会做。其具有人称范畴，可以接否定副词 "𘟄" *mji¹* 修饰，还能与否定副词组合成 "𗉇𘟄𗉇" *wji² mji¹ wji²*，表示选择性疑问。例如：

（1）𗡞 𘟿 𗉾 𗉇 𗡞 𗝆 𗉇 𗉇 𗡞。

gaa¹ ·ju¹ we² tja¹ lhui wji¹ wji² nji² lji¹

阒　与　城　TOP　取　为　会　-1pl　也。

阒与城可得也。(《孙子兵法三注》卷中《行军篇》)

（2）𗧓 𗤁 𗧩 𗌺 𗣗 𗣙 𗉇 𗧤 𗝆 𗉇 𗉇。

gja¹ mji¹ gja¹ lho? ywej¹ śji¹ nji² ku¹ pha¹ wji¹ wji² nji²

咱　每　军　出　战　往　-1pl　则　破　为　会　-2pl。

我军出战，可破。(《孙子兵法三注》卷中《军事篇》)

（3）𗵒 𗉾 𗌱 𗫝 𗣙 𗟲 𗪣 𘟿 𗧤 𘟄 𗉇。

thja¹ we² ·u² dzji² dźjwij² rejr² zjij² nioow¹ pha¹ wji¹ mji¹ wji²

彼　城　中　粮　食　多　众　因　破　为　不　会。

贼食多，数攻不下（彼城中食多，不可破）。（同上）

（4）𗱣 𗤋 𗤁 𗵒 𘝞 𗤄。

thjij¹ pu¹ tśhjwij¹ rjir² mji¹ wji²

田 布 禁 止 不 能。

田布不能禁。（《孙子兵法三注》卷下《地形篇》）

（5）𗣼 𗵼 𗢳 𗾔 𗆬 𘞪 𗤄 𘝞 𗤄 𗿧。

ŋo² thji² kha¹ ·o² zjij¹ dji² wji² mji¹ wji² sjwij¹

病 此 中 入 时 治 会 不 会 明。

病入此中时，知其可疗不？（《金光明最胜王经》卷九）

𗆟 wo² 可、应

（1）𗥃 𘓓 𗆟 𗫠。

wəə¹ ·ji¹ wo² mo²

孝 谓 可 乎。

可谓孝乎！（《番汉合时掌中珠》）

（2）𗼃 𗃛：𗤋 𗆟。

no² ŋwuu¹ mji¹ wo²

子 曰 不 可。

子曰："不可！"（《论语全解》卷六《先进篇》）

（3）𗴾 𗤻 𗫔：𘟣 𗆟 𘓓。

thja¹ dzjwo² da² sja¹ wo² ·ji¹

彼 人 言 杀 可 谓。

彼人曰："当斩。"(《孙子兵法三注》卷中《九变篇》)

（4）𘟀 𗹐 𘟀 𗅉 𗈁 𗡞。

dji^1 $\cdot jij^2$? kha^1 ? wo^2

地 狱 鬼 中 堕 应。

应堕地狱饿鬼中。(《金光明最胜王经》卷三)

𗣼 rjir[1] : 𗏁 rjir[2] 得

（1）𗢁 𗦻 𗬈 𗾔 𗼃 𘜶 𗤋 𗏣 𗴿 𗺉 𗤒 𘄒

mji^1 pju^1 bju^2 $mjij^1$ ji^1 wee^1 $\cdot jij^1$ gji^1 sej^1 bie^2 $lhew^2$ no^2

不 量 边 无 众 生 ACC 清 净 解 脱 安

𗼩 𗣼 𗢭 𘄒。

$rejr^2$ $rjir^1$ $phji^1$ $kiej^2$

乐 得 使 欲。

欲为无量无边众生，令得清净、解脱、安乐。(《金光明最胜王经》
卷三)

（2）𗆟 𗥤 𗣼。

$dzjwo^2lju^2$ $śjij^1$ $rjir^1$

人 身 成 得。

得成人身。(《掌中珠》)

（3）𗹙 𗊬 𗴿 𗢭 𗣼。

zji^2 $phju^2$ do^2 nji^2 $rjir^1$

最 上 TERM 至 得。

得至无上处。(《金光明最胜王经》卷四)

（4）𗱳　𗽻　𗟻　𗣼。

rjur¹ tha¹ ljij² rjir²

诸　佛　见　得。

得见诸佛。（《金光明最胜王经》卷三）

（5）𗅲　𗢳　𗷰　𗼃　𗤁　𗣼　𗤁　𗜈　𗟻　𗫨　𗗙　𗣼。

ŋa² nji² thji² wji² zji² na¹ zji² phju² thjoo¹ tsjiir¹ mji¹ rjir²

我　等　此 Pref.1 最　深　最　上　妙　法　闻　得。

我等今者得闻甚深无上妙法。（《金光明最胜王经》卷八）

𗣼 ljɨ¹ 得、能

（1）𗜈　𗤁　𗣼　𗷰。

tsjij² mji¹ ljɨ¹ nji²

解　不　能　-2pl。

所不达（不能解悟）。（《妙法莲华经》卷五）

（2）𗦻　𗤰　𗤁　𗣼。

do² tśjuu¹ mji¹ ljɨ¹

毒　害　不　能。

毒不能害。（《妙法莲华经》卷五）

𗤁 lew² 应、当

与其他辅助谓词不同，"𗤁"与谓词结合比较紧密，中间不加入其他词语，若表否定，否定词"𗤰"出现在谓词之前。例如：

（1）𗅲　𗰖　𗫨　𗾈　𗤹　𗤁　𗅲。

ŋa² sjij¹ tsjiir¹ dźjɨ² djọ² lew² ŋa²

我　今　法　行　修　当　我。

我于今者当修法行。(《大宝积经》卷四十八)

（2）𗥦 𗧃 𗧃 𗤋，𗥦 𗦆 𗲤 𗏂。

lhwu¹ ŋowr² ŋowr² tśhjaa¹ tśhjọ² ŋwu² njạ² lew²

帔　一　切　上，物　以　衬　应。

所有卧帔，应以物衬。(《根本说一切有部目得迦》卷一○)

（3）𗅲 𗿤 𗤋 𗏼 𗏂。

·jiw² ljij¹ mji¹ śjwo¹ lew²

疑　惑　不　起　应。

不应起疑惑。(《金光明最胜王经》卷一)

𗏂 dźjij²⁻ 肯

（1）𗇃 𗟀 𗤋 𗏂。

dạ² gju¹ mjɨ¹ dźjij²

言　招　不　肯。

不肯招承。(《番汉合时掌中珠》)

（2）𗤋 𗦆 𗥃 𗏼 𗥻 𗳉 𗤋 𗬤 𗦩 𗹬 𗥃

tshjạ¹ ŋwu² gja¹ śjwo¹ dźjwɨ¹ ljiij¹ mji¹ dwər¹ dźjow¹ ka² tsjɨ¹ mjɨ¹

怒　INSTR军　起　相　交　不　战　分　离　亦　不

𗏂。

dźjij²

肯。

兵怒而相迎，久而不合，又不（肯）相去。(《孙子兵法三注 》卷

中《行军篇》）

（3）𗗚 𗰜 𗀤 𗼝 𗗺 𗔇 𗩱 𗁨。

dzjij¹ ɣew¹ na¹ wji¹ ɣwej¹ śji¹ mji¹ dźjij²

沟 堑 深 为 战 往 不 肯。

（赵奢）增垒不进（深沟壕，不肯往战）。（同上）

（4）𗬛 𘝶 𗗐 𗝢 𗐜 𗾺 𗄼 𗾔 𗆄 𗁨。

thji² nji² zjɨir¹ dju¹ war² tji² tjij¹ wjɨ¹ khwa¹ dźjij²

此 等 稀 有 物 或 若 转 变 肯。

斯等稀有物，或容可转变。（《金光明最胜王经》卷一）

𗹬 kiej²　欲、愿

可以是名词，也可以是辅助谓词。作为辅助谓词，表示主体主观上想要、
愿意、希望去实现谓词所要表示的动作和行为。

（1）𗵑 𘝶 𗒹 𗺌 𗰀 𗄼 𘘣 𗅥 𗩱 𗘆 𗌬 𗿩

nji² nji² pji¹ njwo² tśji¹ dźjɨ¹ dźiã² tsjij² jij¹ mər² śja¹ lji²

汝 等 往 昔 苦 行 菩 萨 之 本 舍 利

𗿩 𘝆 𗹬 𘏨

ljij² ja¹ kiej² nji²

见 Pref.1 欲 -2pl。

汝等乐欲见往昔苦行菩萨之本舍利不？（《金光明最胜王经》卷十）

（2）𗋽 𘝶 𗄈 𘕾 𗰱 𗗐 𗹬 𘏨。

ŋa² nji² tsjɨ¹ jer ɣwu² dźjij¹ kiej² nji²

我 等 亦 勤 INSTR 行 欲 -1pl。

我等亦欲勤修行之。(《妙法莲华经》卷七)

(3) 𗼨 𗏁 𗧫 𗴮 𘝙。

　ŋa² 　nji² 　ljij² 　kięj² 　nji²

　我 　　等 　　见 　　欲 　　-1pl。

我等愿见。(《金光明最胜王经》卷十)

(4) 𗦀 𗱚 𗪛 𘝾 𗫭 𗤋 𗧫 𘕕 𗣼 𗗙 𗗙 𗴮

dzjwi̱¹ dzow¹ pju² wji¹ gja¹ mjiir¹ ljij² nioow¹ lhjwo¹ njiij¹ mji¹ kięj²

舟 　　桥 　　烧 　　为 　　军 　　卒 　　见 　　因 　　返 　　心 　　不 　　欲

𗣼 𘝾

ŋwu² lji̱¹

是 　　也。

焚舟梁,示民(士卒)无返顾之心。(《孙子兵法三注》卷下《九地篇》)

𘝾 kjir² 敢、可

附在谓词之后,表示主体有勇气或胆量去进行谓词所表现的动作或行为。谓词与"𘝾"的结合比较松散,中间多加入否定词"𗤋"(不)、疑问代词"𗬩"(岂)、"𗧫"(何)以及副词"𘏨"(亦)等。例如:

(1) 𗴴 𗴽 𗏵 𗥃, 𗼨 𗗂 𗤋 𘝾。

wja¹ mja¹ piəj² lju̱² ŋwo² ljiij² mji¹ kjir²

父 　　母 　　发 　　身, 　损 　坏 　　不 　　敢。

父母发身,不敢毁伤也。(《掌中珠》)

(2) 𗧫 𘞩 𗸒 𗤁, 𗣼 𘝾 𗤋 𘝾。

mjij²　ljij²　rjur¹　niow²　·ji²　wji¹　mji¹　kjir²

未　　来　　诸　　恶，　复　　造　　不　　敢。

未来之恶，更不敢造。（《金光明最胜王经》卷三）

（3）𗥃　𗆐　𗥦　𘄡　𗃽　𗴦　𗂍，　𗯴　𗢳　𗨉　𘉞　𗴾

gja¹　mjijr¹　zji̠¹　nwu¹　sju²　jur¹　ku¹　gu²　bjij¹　ŋwu²　jij¹　lju²

军　卒　婴　儿　如　养　故，　共　险　境　自　入

𗂍　𗄹。

tsji̠¹　kjir²

亦　敢。

视卒如婴儿，故可与之赴深溪。（《孙子兵法三注》卷下《地形篇》）

4.5 谓词的人称呼应

西夏语谓词人称呼应有两种表现形式：一是在谓词之后或句尾出现与第一、第二人称代词呼应的人称后缀；二是谓词随人称变化而出现音韵转换的变化。

A）句尾人称呼应词（后缀）

西夏语中共有五个人称后缀，它们与第一、第二人称代词对应，第三人称不存在呼应后缀。其对应关系如下：

人称	人称后缀		
数	单数	双数	复数
第一人称	𗑐 *ŋa²*	𗂸 *kji̠¹*	𗼨 *nji²*
第二人称	�󠄀 *nja²*	𗂍 *tsji̠¹*	𗼨 *nji²*

西夏语第一人称、第二人称的单数和复数人称后缀的系统观点由克平提

出①，西夏人称双数后缀"𘟂 *kji¹*"由荒川慎太郎提出②，张永富进一步区分出第一、第二人称双数后缀，即"𘟂 *kji¹*"与"𗒹 *tsji¹*"③。

a）第一、第二人称单数后缀

西夏语第一、第二人称单数的人称呼应后缀分别为𗗛 *ŋa²* 与 𗀁 *nja²*，它们分别源于第一人称代词𗗛 *ŋa²* 及第二人称单数𗅲 *nja²*。第一、第二人称单数的人称呼应有主语呼应和宾语呼应之别④。

主语呼应者，主语可以出现，也可以不出现，但能推定而出者。例如：

（1）𗰗 𗆗 𗟲 𗪚 𗿦 𗀁，𗗛 𗱃 𗆐 𗞪 𗗛。

　　　nji²　ɣwə²　rjir²　dja²　śji¹　nja²　ŋa²　nioow¹　rjijr²　lja¹　ŋa²

　　　汝　先　前　Pref.1　往　-2sg，吾　后　面　来　-1sg。

汝且前往，吾寻后至。（《大宝积经》卷三十六）

---

① 事实上，在早期的认识中，西田龙雄、索孚洛诺夫等把它们当作表示语气的词尾处理。不过，西田龙雄曾举出了单数第一人称后缀的一个例子，指出其与现代克钦语之间似乎存在着某种关联；此后，索孚洛诺夫又举出了单数第二人称和复数的例子；克平则是这一观点的系统提出者，其前后也有不同的认识，最初将"𗜣" *nji²* 与"𗰗" *nji²* 当作第二人称复数处理（1976），此后改"𗜣" *nji²* 为第一、第二人称复数的词尾（1981），而将"𗰗" *nji²* 作为表单数的敬语，并指出第三人称没有呼应词尾。参见西田龙雄：《西夏语の研究》（Ⅱ），东京座右宝刊行会1966年版，第270页；М.В. Софронов, *Грамматика тангутского языка*, Москва：Наука , 1968, кн.1, стр.217-219.Kepping, K.B.：Subject and object agreement in the Tangut verb, Translated by James A.Matisoff, *Linguistics of the Tibeto-Burman Area*2.2：29-231，1976；Kepping, K.B.：Agreement of the verb in Tangut, Translated and edited by L.Kwanten, *Linguistics of the Tibeto-Burman Area* 6.1：39-47，1981；Kepping, K.B.：Once again on the agreement of the Tangut verb, *Linguistics of the Tibeto-Burman Area* 7.1：39-54，1982。

② ARAKAWA Shintaro：New studies on the directional prefixes in Tangut,《第五届西夏学国际学术论坛暨黑水城历史文化研讨会论文集（下册）》,2017年，第47—58页。又见［日］荒川慎太郎著，孟令兮、麻晓芳译:《西夏语的双数后缀》,《西夏研究》2019年第4期。事实上，在此之前西田龙雄先生也有过类似猜测。参见［日］西田龙雄:《西夏研究新论》,日本京都松香堂2012年版，第238—240页。

③ 张永富:《西夏语第一、二人称双数后缀与人称范畴再探讨》,《民族语文》2022年第1期；张永富:《西夏语双数人称后缀补议》,《西夏研究》2021年第3期。

④ 此亦由克平提出。她指出，人称后缀既可以用在代词主语句的末尾，也可以用在省略主语句的末尾；多数情况下，人称后缀都对应于句子的人称代词主语，但是有时也可以对应于直接宾语、间接宾语或者物主代词。不过，聂鸿音先生认为，上述归纳有些复杂，这些句末的人称后缀总是与句中最后出现的一个人称代词相一致，不管这个代词是直接宾语、间接宾语还是物主代词。参见聂鸿音：《西夏语谓词人称后缀补议》,《语言科学》2008年第5期。而马忠建则提出，根据动词的不同性质及宾语的有无或形式，可以区别为三种类型：不及物动词（单向动词）和A类及物动词（双向动词）为第一类型；B类及物动词中的双向动词为第二类型；B类及物动词中的三向动词为第三种类型。参见马忠建：《西夏语动词的人称范畴和数范畴》,载李范文主编:《西夏语比较研究》,第133—136页。

（2）𗢳 𗥔 𗖻：𗫉 𘀄 𗰖 𗭴 𗧡 𗣼 𗼨 𗰜 𗑠 𗤋 𗥃 𘃡。

ljiw² tśju¹ dạ² pji¹ nji̱² nja² mej¹ rjir² djij² sji¹ ŋa² ·ji²

绿 朱 曰：今 日 汝 眼 前 Pref.2 死 -1sg 谓。

绿朱曰："今日死在汝眼前。"（《类林》卷八）

（3）𗱀 𘀈 𗱸 𗖻：𗁬 𘃅 𗳖 𗱸 𘝞 𗤻 𘎑 𗪴？

sji² dzjwo² kụ² dạ² wa² wẹ¹ lə² sjij² źjɨr¹ mjij¹ nja² lji¹

女 人 答 言：何 愚 痴 智 慧 无 -2sg 也。

女人答言："汝甚愚痴，无有智慧。"（《大般涅槃经》卷十二）

宾语呼应者，宾语有出现、亦有不出现者。例如：

（1）𗫌 𗒍 𗤋 𗙴 𘝞 𗄜 𗤋 𗾰，𘏨 𗴺 𘘰 𗄜

nji² tjij¹ ŋa² ·jij¹ lji̱¹ thji² ŋa² ku¹ thja¹ tsji¹ wji¹ thji²

汝 若 我 O-P 及 驱 -1sg 则， 彼 亦 Pref.1 驱

𘎑 𘃡

nja² ·ji²

-2sg 谓。

汝若驱我，亦当驱彼。（《大般涅槃经》卷一二）

（2）𗙏 𗊉 𘘰 𘘰 𗖻：𗫌 𗼌 𗹙 𘝍 𘝍 𘀄 𘎑

·wji¹ dźjwɨ¹·wji² djɨj¹ dạ² nji¹ dzji¹ tsjir¹ ŋa² ŋa² xjij¹ nja²

友 眷 Pref.1 笑 曰：汝 盅 法 好 好 能 -2sg

𗑱 𗤋 𘟄，𘝍 𘀄 𘕰 𘎑 𗉷 𗤻， 𘏊 𘝍 𗱵

nwə¹ ŋa² bju¹tśhjwo¹nja² kạr¹ nja² mji¹ djij² tji¹ ŋa²·wier¹

知 -1sg 因， 故 汝 试 -2sg 只是， 食 美 齐

𗟻　𗀔。

ŋja²　·jɨ²

非　谓。

友人笑曰："知汝颇能蛊术，故试**汝**，非斉甘食也。"（《类林》卷五
《方术篇》）

（3）𗟻𗹙𗼉𗗙𗾔𗤒：𗗙𗀔𗏆𗗙𗋒𗇋𗗂𗤶𗏚

　　ŋwər¹dzow¹ljɨj²　no²　nji²　dạ²　nji²　tji¹　sjwɨ¹　zjɨ¹　gja²　mji²

皇　后　太　子　等　曰：汝　莫　忧　恼　我　们

𗗙𗴮𗀔。

gjụ²　nja²　·jɨ²

救　-2sg　谓。

皇后太子曰："勿虑，我当救之。"（《类林》卷四《医巫篇》）

宾语呼应也包括与宾语之物主（或者说修饰宾语的人称代词）呼应
者，如：

（1）𗤒𗜓𗟻𗫂𗤌𗤒𗫼𗿷𗟻。

　　dzjwo²gjɨ²　ŋa²　·jij¹　lạ¹　kji¹　zow²　wji¹　ŋa²

人　一　我　之　手　Pref.1　持　为　-1sg

一人持我之手。（《孙子》卷五）

（2）𗟻𗼓𗼉𗫂𗥃𗵀𗤌𗆟𗵃𗵃𗗙𗵜

　　ŋa²　njij²　ljɨj²　·jij¹　lhjij²　·iọ¹　sjij²　·ju²　mə²　mə²　rjar¹　ŋo²

我　王　大　之　国　内　人　民　种　种　疾　病

𗁅𗢲𗿷𗴮。

kjɨ¹　djị²　wji¹　nja²

P1 治 为 -2sg

我为大王国土人民治种种病。(《金光明最胜王经》卷九)

也有复杂句子中，同时出现与主语、宾语呼应的情况。例如：

（1）㮝 𗼩 𗤁 𗒛 𗫂 𗡝 𗥃 𗹬 𗌽 𗣼 𗏁 𗤛

nji² *ŋa²* *jij¹* *lhwu¹* *pa²* *dja²* *phji²* *nja²* *sji²* *wji²* *tshja²* *wji¹*

汝 我 之 衣 钵 Pref.1 失 -2sg NOM Pref.1 还 为

𗼩 𗣼

ŋa² *ji¹*

-1sg 谓。

汝失我衣，急须还我。(《根本说一切有部目得迦》卷第十)

句中，前一分句末尾的"𗹬"是第二人称"㮝"（汝）呼应，后一分句末尾的"𗼩"当与承前一分句省略了的"𗼩𗤁𗒛𗫂"（我之衣钵）的"𗼩"（我）呼应。

b) 第一、第二人称复数后缀

西夏语第一、第二人称复数的人称呼应后缀同为"𗤛" *nji²*。例如：

（1）𗼩 𗱸 𗾞 𗤛 𗤛。

gia² *mji¹* *lju²* *wji¹* *nji²*

我 们 攻 为 -1pl。

我等攻之。(《孙子兵法三注》卷下《九地篇》)

（2）𗼩 𗦲 𗒛 𗰣 𗼩 𗡞 𗥃 𗤛 𗤛 𗣼。

ŋa² *nji²* *to²* *zji²* *bie²* *lhew²* *djij²* *rjir¹* *nji²* *ji¹*

我 等 尽 皆 解 脱 愿 得 -1pl 谓。

我等皆当愿得解脱。(《大宝积经》卷三十五)

（3）𗂈 𗂇 𗟲 𘃡，𗣼 𗤁 𗴴 𘟣 𗂇？

　　nji²　nji̶²　thji̶²　wji̶²　bie²　lhew²　·ja¹　kiej²　nji̶²

　　汝　　等　　此　　刻，解　　脱　　Q　　欲　　-2pl？

　　汝等今者，欲解脱不？（《大宝积经》卷三十五）

（4）𗂈 𗂇 𗴴 𗣼 𗂇。

　　nji²　nji̶²　wji̶²　nji̶²　nji̶²

　　汝　　等　　Pref.1　听　　-2pl。

　　汝等应听。（《金光明最胜王经》卷九）

第一、第二人称复数后缀"𗂇"*nji̶²*与前述单数后缀一样，同样存在着主语呼应、宾语呼应等情况，此不详述。

c）第一、第二人称双数后缀

西夏语第一、第二人称双数后缀有两个："𘃡"*kji̶¹*与"𗴴"*tsji̶¹*。前者为第一人称双数后缀，呼应我俩；后者为第二人称双数后缀，呼应你俩。例如：

（1）𘟣 𗼟 𗄭 𗿢 𗫨：𘉒 𗤀 𗴢 𗘺 𗟍，𗖻

　　pha¹　na¹　thow¹　jir¹　da̠²　sẽ¹　·ji¹　dʑjwij²　dʑji̶²　rjir²　wji¹　mji̶¹

　　跋　　难　　陀　　问　　曰：僧　　众　　夏　　居　　Pref.1　为，施

　　𗤇 𗴴 𘃡 𗣼 𗴴 𘏨？𗨻 𗫨：𗣼 𘃡。𗿢 𗫨：

　　war²　·ja¹　tshji̶¹　dʑji̶j¹　tsji̶¹　ji̶²　hu̠²　da̠²　dʑji̶j²　kji̶¹　jir¹　da̠²

　　物　　Q　　彼　　有　　-2dl　QUOT？答　　曰：有　　-1dl　问　　曰

　　𗄉 𘃡 𗨁 𘃡 𗴴？𗨻 𗫨：𗨁 𘃡 𘃡 𘏨。

　　dja²　dji̶¹　mji̶j²　dji̶¹　tsji̶¹　hu̠²　da̠²　mji̶j²　dji̶¹　kji̶¹　·ji̶²

　　已　　分　　未　　分　　-2dl？答　　曰：未　　分　　-1dl　QUOT。

　　跋难陀问："众僧安居有施物不？"答："有。"问言："分未？"答

言："未分。"① (《经律异相》卷十五）

（2）𗧗　𗤻　𘞪　𗼻　𗦣　𗈱　𘄒　𗤀　𘄒　𗦎　𗤁?
　　 ŋa² sju² kjwĩ¹ phjij¹ rjir² lji¹ kji¹ ljuu² kji¹ lji¹ ·ji²
　　 我　徐　君　平　与　＿谁＿　美　-1dl　也　QUOT。
　　 我与徐君平谁美？(《十二国》卷上）

（3）𘊝　𗣼　𗦵　𘔼,　𗒆　𗦺　𗫂　𗤀　𗮀,　𘟩　𘟨
　　 mjo² sji¹ nioow¹ ljijr² mji¹ jij¹ gji¹ bjij² tji¹ ·wji¹ zjɨ² njɨ¹
　　 我　死　后　方,他人　之　妻　子　莫　为,俱　二
　　 𗧗　𗬩　𗴺　𗣼　𗸯,　𗟠　𗟤　𗮀　𘊒　𗭑　𘃡
　　 ŋa² nioow¹ djij² sji¹ tsjɨ¹ na² ŋwu¹ ·wji¹ ŋwu² kjur¹ kjij¹ lew²
　　 我　故　当　死　-2dl,赌　誓　为　以　志　△　同
　　 𗸯　𗤁。
　　 tsjɨ¹ ·ji²
　　 -2dl　谓。
　　 吾死后，不可为他人妻，皆当为我效死，发誓同志。② (《类林》卷
六《烈女篇》）

（4）𘕿　𗥔　𗟻　𘜶:　𘟩　𗏝　𗼯　𗼯　𘏨　𗤀　𗸯　𘝿。
　　 pha¹ na¹ thow¹ dạ² nji² nji² nej² nej² mjij² djii¹ tsjɨ¹ sji²
　　 跋　难　陀　言:汝　等　＿好＿　未　分　-2dl　NOM。
　　 跋难陀言："汝未分者好。"(《经律异相》卷一五）

---

① 原文句前一段文字是"跋难陀游行诸处，遍观施物多少，二长老遥见，从座起迎，与坐问讯。"
② 此为张天锡病重，对宠妾阎氏、薛氏二人所说之话。

B）谓词随人称变化而出现音韵转换

在克平提出西夏语谓词人称呼应后缀的系统观点，并区分出主语呼应与宾语呼应的同时，西田龙雄也开始关注到谓词本身也随人称发生变化[①]，龚煌城先生结合两者的发现进一步指出，西夏语的人称呼应常伴随着动词的音韵变化，这些音韵变化只出现在主语呼应条件之下，并呈现整齐的音韵转换规律，宾语呼应则不会引起音韵转换[②]。

主语呼应与音韵转换

关于主语呼应，龚煌城先生在克平基础上作出进一步阐述，指出主语呼应常伴随着动词的音韵变化，而动词后面的人称词尾反而常被省略，因此西夏语动词的主语呼应不完全依靠人称词尾来表达，而要看动词的变化。根据音韵的变化，龚煌城先生将动词区分为基本式和衍生式，共归纳出四种音韵转换类型[③]：

第一类动词（-ji 与 -jio 的转换）：

基本式	衍生式	汉义
祇 $phji^1$（1.11）	庇 $phjo^2$（2.44）	令、使
蕿 mji^1（1.11）	巍 mjo^1（1.51）	闻
縃 wji^1（1.10）	狥 wjo^1（1.51）	为、作、做
瓲 $dzji^1$（1.10）	斫 $dzjo^1$（1.51）	食

---

① 谓词随人称发生变化，最初是由西田龙雄先生发现的。他在整理西夏文《金刚经》的过程中，注意到在动词后面出现人称代词"缏"（我）时，动词会发生变化，他把人称代词后面出现的动词称为"B形式"，以别于普通的"A形式"。其所举例子部分转列如下：

A形式　　　　　　B形式
蕿 闻　　　　　　巍缏 我闻
祇 得　　　　　　矖缏 我得
糕 得　　　　　　矖缏 我得
縃 作　　　　　　狥缏 我作

详见［日］西田龙雄：《西夏译经杂记》，载《西夏文华严经》Ⅱ，京都大学文学部1976年版，あとがき（后记），第18页。

② 龚煌城：《西夏语动词的人称呼应与音韵转换》，《语言暨语言学》2001年第1期。

③ 按，原文分五类，后一类基本式、衍生式同形，没有变化。第三类学界有不同观点，详见"运动谓词"部分。

续表

基本式	衍生式	汉义
[illegible] *dźjij*^{2}（2.32）	[illegible] *dźjo*^{2}（2.44）	有
[illegible] *śjii*^{1}（1.14）	[illegible] *śjoo*^{1}（1.53）	屠、杀、宰
[illegible] *wjị*^{2}（2.60）	[illegible] *wjọ*^{2}（2.64）	晓、学、能
[illegible] *tjị*^{1}（1.67）	[illegible] *tjọ*^{1}（1.72）	令饮、令食、喂
[illegible] *tjị*^{1}（1.67）	[illegible] *tjọ*^{1}（1.72）	置、列、安置
[illegible] *rjir*^{1}（1.79） [illegible] *rjir*^{2}（2.72）	[illegible] *rjor*^{1}（1.90） [illegible] *rjor*^{2}（2.81）	得、获 得、获
[illegible] *tśhjwi*^{1}（1.10）	[illegible] *tśhjwo*^{1}（1.48）	劝说
[illegible] *tśhjwi*^{1}（1.10）	[illegible] *tśhjwo*^{1}（1.48）	穿、通

第二类动词（*-ju* 与 *-jo* 的转换）：

基本式	衍生式	汉义
[illegible] *pju*^{2}（2.03）	[illegible] *pjo*^{1}（1.51）	烧、燃
[illegible] *sju*^{1}（1.03）	[illegible] *sjo*^{1}（1.51）	藏、怀
[illegible] *tśhju*^{1}（1.02）	[illegible] *tśhjo*^{1}（1.51）	怀、有
[illegible] *·ju*^{2}（2.02）	[illegible] *·jo*^{2}（2.44）	寻、觅
[illegible] *lju*^{2}（2.02）	[illegible] *ljo*^{2}（2.44）	散、铸、攻、击
[illegible] *lju*^{2}（2.02）	[illegible] *ljo*^{2}（2.44）	捕
[illegible] *kjur*^{1}（1.76）	[illegible] *kjọ*^{1}（1.72）	盛、入
[illegible] *lhjụ*^{2}（2.52）	[illegible] *lhjọ*^{2}（2.64）	得、获
[illegible] *njụ*^{2}（2.52）	[illegible] *njọ*^{2}（2.64）	喂乳
[illegible] *djuu*^{2}（2.06）	[illegible] *djoo*^{1}（1.53）	刺、斫、穿
[illegible] *khjuu*^{2}（2.06）	[illegible] *khjoo*^{2}（2.46）	监、视、见
[illegible] *ljuu*^{1}（1.07）	[illegible] *ljoo*^{1}（1.53）	赌

第三类动词（前元音 -ji 或 -jii 与央元音 -ji 或 -jii 的转换）

基本式	衍生式	汉义
〔字〕 *phji²*（2.10）	〔字〕 *phji¹*（1.30）	舍、出（家）
〔字〕 *tshji¹*（1.11）	〔字〕 *tshji¹*（1.30）	要害、喜爱
〔字〕 *sji²*（2.10）	〔字〕 *sji¹*（1.30）	死、亡、没、丧
〔字〕 *śji²*（2.9）	〔字〕 *śji¹*（1.29）	往、至、诣、去
〔字〕 *ljii²*（2.12）	〔字〕 *ljii²*（2.29）	待
〔字〕 *lhjii¹*（1.14）	〔字〕 *lhjii*（2.29）	悔、退，悔改

第四类动词（衍生式较基本式失却韵尾 -j 的转换）：

基本式	衍生式	汉义
〔字〕 *djij²*（2.33）	〔字〕 *dji²*（2.10）	饮
〔字〕 *djij²*（2.33）	〔字〕 *dji²*（2.10）	曾、尝
〔字〕 *njij²*（2.33）	〔字〕 *nji²*（2.10）	听
〔字〕 *khjij¹*（1.36）	〔字〕 *khji²*（2.10）	切断、割断、砍
〔字〕 *tsjij²*（2.33）	〔字〕 *tsji²*（2.10）	解、悟、会
〔字〕 *ljij²*（2.33）	〔字〕 *lji²*（2.09）	见、睹
〔字〕 *mjiij¹*（1.39）	〔字〕 *mjii²*（2.12）	养育
〔字〕 *tshjiij¹*（1.39） 〔字〕 *tshjiij²*（2.35）	〔字〕 *tshjii²*（2.12）	说、讲、演、宣述
〔字〕 *lhjij²*（2.54）	〔字〕 *lhji²*（2.60）	受、取
〔字〕 *·jijr²*（2.68）	〔字〕 *·jir²*（2.72）	诛、斩

主语呼应的具体情况是，主语是第一、第二人称时，使用谓词的衍生式，谓词的人称呼应后缀可以不出现；主语是第三人称时，使用动词的基本式。例如（以下两组谓词，每组前者为基本式，后者为衍生式）：

𗣼 *dźjij²* : 𗣫 *dźjo²*（有）

（1）𗼖 𘀗 𗧘 𗤫 𗣼。

　　zji̱¹ 　*lji²* 　*dźjwu¹* 　*nji̱ j¹* 　*dźjij²*

　　小　　儿　　仁　　　心　　　有。

　　小儿有仁心。（《类林》卷四《清吏篇》）

（2）𗥃 𗤀 𗊢 𗤖 𗣁，𗴴 𗤇 𗤨 𗣫 𘂛?

　　sji² *jij¹* *ljiir¹* *tśhjaa¹* *dju¹* *nji²* *zji̱j¹* *mə²* *dźjo¹* *nja²*

　　妇　O-P　四　　德　　有，汝　儿　种　　有　-2sg?

　　妇有四德，汝有几种?（《类林》卷九《丑人篇》）

𘂂 *tji̱¹* : 𗄈 *tjo̱¹*（饮）

（3）𗼖 𗽀 𗄻 𗱷 𗱕 𗧯 𗣫 𘂂。

　　bu̱² *kow¹* *tśhji²* *rjar²* *·o²* *khjow¹* *dja²* *tji̱¹*

　　穆　公　立　便　酒　赐　△　饮。

　　穆公遂赐之以酒。（《类林》卷七《报恩篇》）

（4）𗴿 𗺒 𗣫 𗄈 𗤫 𗄊 𗧅 𗣫 𘃸。

　　khji² *dzjwo²* *dja²* *tjo̱¹* *ŋa²* *njij²* *·o¹* *dja²* *lhjij²*

　　万　　人　　所　饮　-1sg　亲　主　　所　缺。

　　我饮与万人独缺亲主。（《新集锦合辞》）

　　需要说明的是，发生形态变化的是人称词尾前的动词，若有两个以上的动词相连，只有最后一个动词（即人称词尾前面的动词）发生变化，其他动词仍保持原形。例如：

（1）𗁮　𘃎　𗌞　𗦀　𗢸　𗙏　𗤋　𗏇　𘓐　𗁮。

ŋa² njwo² tha¹ do² ljij² wjuu¹ ŋwəə¹lhjij² dji² ŋa²

我　昔　佛　处　大　悲　咒　受　曾　-1sg。

昔我于佛处曾受大悲咒。（《大悲心陀罗尼》）

（2）𗄊　𗤻　𗤼　𗫡　𗢣　𗁮　𗤼　𗴺　𗉓　𗡪　𘋫　𗮅

nji² dzjwo² ·jij¹ gji² we² ŋa² ·jij¹ wejr¹ ljij¹ phji¹ gjij¹ yie²

汝　人　之　子　为　我　ACC　兴　益　令　利　益

𗿒　𗁮　𘈷　𗊠　𗜓　𗺋　𗤻　𗤼　𗗙　𗤛　𘁂　𗰜

mji¹ njwi² nioow¹thjij² sjo² ljwij¹ dzjwo² ·jij¹ dźjar² lhju² phjo² nja²

莫　能　复　何　如　死　人　ACC　罪　获　令　-2sg

𘂶？

·ji²

谓？

汝为人子，不能有益我之兴盛，如何累及死人获罪？（《类林》卷
五《方术篇》）

上面两句中，人称后缀"𗁮"及"𗰜"前皆有两个相连的动词，只有紧
接在它们之前动词用衍生式"𘓐""𘁂"，其他动词则为基本式。

4.6 谓词的趋向范畴

趋向范畴是西夏语的重要语法范畴，是西夏语确定为羌语支的一个显
著标志之一。如同羌语支中的其他语言，方向的概念不仅表现在方位名词
上，也表现在谓词上。除前文介绍的虚化的"来"、"去"谓词外，在谓词
前附加不同的前缀，表示动作趋向的方位也不同。

西夏语谓词前缀共 13 个，表达 7 种不同的方位概念：向上、向下、向内、

向外、朝向说话方、离开说话方以及不定方①。一般分为两组：

第一组前缀共七个，通常称之为前缀一，已发展成兼表完成体的标志；

第二组前缀共六个，通常称之为前缀二，已发展成兼表希求式②的标志。

两组前缀构成一一对应关系，并存在音韵转换现象，后者是将前者韵母转换为 -jij 而产生。其中第二组的"𦀣"djij² 分别对应第一组的"𦃘"dji² 与

---

　　① 关于这批前缀，学界经历了较为漫长的认识过程。1914 年，罗福苌在《西夏国书略说》中将"𦀣"·wjij²、"𦃘"dji²、"𣜩"nja¹、"𦀣"·jij¹ 等词称为语助字；1960 年，聂历山也提了四个语助字，即"𦃘"dji²、"𦀣"jij¹、"𥾊"kji¹、"𥺵"rjijr²，并将"𥺵"dja² 称作过去完成小品词（*частица прошедшего совершенного*）；1966 年，日本学者西田龙雄在《西夏语の研究》（Ⅱ）中详细阐述了西夏语动词的六个接头词，即"𣕚"ja¹、"𥾊"wji²、"𥾊"kji¹、"𥺵"dja²、"𥺵"rjir²、"𣜩"nja¹，推定前四者各自表示动词的既然态、终结态、将然态、进行态，"𥺵"rjir² 表示动作的客体，"𣜩"nja¹ 有充满、覆盖之意并表示向下的方向，而将"𦀣"jij¹ 当作对格助词处理，将"𥺵"rjijr² 当作动词看待；1968 年，索孚洛诺夫在《西夏语语法》书中，首次将"𦀣"djij²、"𣜩"·wjij²、"𥾊"kjij¹、"𦀣"jij¹、"𥺵"rjijr² 等词头归为一组，称之为希求式前缀，而将"𥾊"wji²、"𥺵"dja²、"𥺵"rjir² 三个词头看成是构成动词的过去式，将"𥾊"kji¹、"𣜩"nja¹、"𣕚"ja¹ 三个词头分别看成构成动词的完成体、完成始动体、一次完成体；1971 年，克平在《A Category of Aspect in Tangut》文中，将"𥾊"wji²、"𥺵"dja²、"𥺵"rjir²、"𥾊"kji¹、"𣜩"nja¹、"𣕚"ja¹ 六个词头全部归为表完成体的词头，且认为与动作的趋向有关；1979 年，她再次肯定六个词头为表完成体的前缀，且与希求式前缀不能同现，1984 年，她在《唐古特语表示动作方向的范畴》文中，在原有六个完成体前缀基础上又增加了一个"𦃘"dji²，同时指出完成体前缀的方向标记作用正在逐步消失。克平同样认可西夏语动词有希求式，且在索孚洛诺夫基础上增加了"𧸘"njij²。并指出每个前缀都与一定的动词群相结合，希求式前缀和完成体前缀都是源于指示行为趋向的趋向前缀，依据行为趋向，每个希求式前缀都和完成体前缀构成对应关系。龚煌城进一步指出，完成体前缀与希求式前缀存在音韵转换关系。参见罗福苌：《西夏国书略说》，上海：待时轩丛刊 5，1937 年；Невский Н. А.，*Тангутская филология：Исследования и словарь*，Москва：Издательствовосточнойлитературы．I，стр 499.1960；西田龙雄：《西夏语の研究》（Ⅱ），东京座右宝刊行会 1966 年版，第 277—280 页；М.В. Софронов，*Грамматика Тангуского Языка*（Книга 1），Москва：Издательство «Наука»，1968，стр 210-212，193-196，200-205；К. Б. Кепинг，"A Category of Aspect in Tangut，"*ACTA.ORIENTALIA*.1971；К. Б. Кепинг，*Сунь Цзы в Тангутском Переводе*，Москва：Издательство.Наука，1979；克平著，顾荫宁译，史金波校：《唐古特语表示动作方向的范畴》，《语言研究》1984 年第 2 期。

　　② 龚煌城先生称之为祈求体。见龚煌城：《西夏语概况》，载《西夏语言文字研究论集》，第252 页。

"𘓺"*dja²*①。这两组趋向前缀的对应关系如下：

前缀一（Pref.1）	前缀二（Pref.2）	方向
完成体	希求式	
𗥦·*ja¹*	𗔉·*jij¹*	向上
𗼝 *nja¹*	𗫿 *njij²*	向下
𗧓 *kji¹*	𗤙 *kjij¹*	此方，向内方，接近
𗤴 *wji²*	𗪩 *wjij²*	彼方，向外方，远离
𗦎 *dji²*	𗼩 *djij²*	朝向说话者，得到
𘓺 *dja²*	𗼩 *djij²*	离开说话者，失去
𗼱 *rjir²*	𗫁 *rjijr²*	不表示方向

　　前缀一发展为兼表完成体的标记，前缀二发展为兼表希求式的标记，已为学界普遍接受。尽管如此，并不意味着趋向前缀已经完全丧失其趋向功能，很多情况下，还是能看到它们各自与谓词结合在一起，表示着不同的方向。下面按照方向及各自配对关系一一介绍②。

---

　　① 两列词头具体对应与搭配各家稍有出入，这里采用了龚煌城先生的配对。诸家最大的分歧在第五行的"𗦎"*dji²*，西田没有列入，而将"𗼩"*djij²*与"𘓺"*dja²*相配；克平不但列入，且将"𗼩"*djij²*与"𗦎"*dji²*相配，"𘓺"*dja²*成为唯一孤立、对应希求式空缺的前缀；龚煌城先生在修正索孚洛诺夫语音基础上，将"𗼩"*djij²*同时与"𗦎"*dji²*、"𘓺"*dja²*二者相配；荒川慎太郎提出将"𗦎"*dji²*单独列为前缀三（Pref.3），支持了西田"𘓺"*dja²*与"𗼩"*djij²*相配的观点；张珮琪进一步从修正索孚洛诺夫拟音及所示方向意义两个角度，支持了龚煌城先生的配对。参见西田龙雄、克平、龚煌城等上述成果，另见 ARAKAWA Shintaro, On the Tangut Verb Prefixes in "Tiansheng Code",《克恰诺夫 80 诞辰国际会议论文集》，2012 年；张珮琪:《西夏语的体范畴》，载《汉藏语研究——龚煌城先生七秩寿庆论文集》，中研院语言学研究所，2004 年，第 403—449 页。

　　② 每组中前三个例子都可以看出各自明显的趋向性，后面的例子则表示各自已发展为兼表完成体或祈求式的标记。

𗯁 *·ja¹* 与 **𗷦** *·jij¹*：向上方

（1）𗤵 𗼃 𗯁 𗙴。

    dzuu²   *tji̱²*   *·ja¹*   *wor¹*

    坐   处   Pref.1   起。

    从座起。(《金光明最胜王经》卷一)

（2）𗤦 𘄒 𗿸 𗁲 𗯁 𗴢。

    tshji¹   *dzjwo²*   *ŋər¹*   *lhejr²*   *·ja¹*   *to²*

    齐   人   山   道   Pref.1   登。

    齐人登山。(《孙子兵法三注》中卷《势篇》)

（3）𗋽 𗅲 𗷏 𘃸 𘃸 𗷦 𗥦。

    tśhja²   *·ioow¹* *tśiow¹* *ŋowr²* *ŋowr²* *·jij¹*   *śjwo¹*

    <u>功   德</u>   聚   <u>一   切</u>   Pref.2   起。

    若生一切功德聚。(《金光明最胜王经》卷一〇)

    以上例子明显带有向上的方向性，但下列句子中，"𗯁" *·ja¹* 与 "𗷦" *·jij¹* 已经没有方向性，前者表示已经许诺，属于完成体的范畴；后者表示愿望，属于希求式的范畴。

    （4）𘜶 𗸦 𗛅 𘜒，𗀔 𘝀 𘄒 𗁲 𗢭 𗾔 𗤻 𗤦

    mjo²   *wa¹*   *śji¹*   *bjij²*   *tshe²*   *sji²*   *do²*   *mja¹*   *nar²*   *niow¹*   *gjwi²*   *kji¹*

    我   夫   行   时，贱   妾   处   母   老   故   语   Pref.1

    𗤦，𗵤 𗯁 𗤦 𗚦。

    tshji¹   *ŋwu̱¹*   *·ja¹*   *lhjir¹*   *ŋa²*

    要，言   Pref.1   取   -1sg。

    吾夫行时，嘱贱妾以老母，吾许诺。(《新集慈孝传》卷下《婆媳章》)

（5）薢 孺 頦 訅 嫬。

rjur¹ swew¹ ŋwəə¹ ·jij¹ tsjij²

诸　 明　 呪　 Pref.2　 解。

善解诸明呪。（《金光明最胜王经》卷八）

除此之外，"羏"·ja¹ 加在谓词之前，可以表示疑问 [①]；"訅"·jij¹ 加在谓词之前，可以作为持续体标记。

羢 nja¹ 与 艈 njij²：向下方

（1）訨 爾 羢 寢。

śjwi¹ kowr² nja¹ lji̵¹

齿　 牙　 Pref.1　 落。

牙齿脱落。（《金光明最胜王经》卷一〇）

（2）粠 糏 毭 罿 禩 羢 帍 羢 毴 骹 綴。

ŋər¹ kha¹ phji² khjiw²tsjiir¹ rjir² ·u² nja lhji² khjuu¹ lhjij²

山　 中　 比　 丘　 法　 堂　 中　 Pref.1 下　 迎　 承。

山向比丘下讲堂迎之。（《经律异相》卷一五）

（3）羬 糏 艈 嫬 羳。

zji̵ir² kha¹ njij² ·jijr¹ gjii²

水　 中　 Pref.2　 堕　 望。

---

①　 西夏语"羏"的用法较多，详见孙伯君：《西夏语"羏 ·ja"的用法及与之相关的惯用型》，《宁夏社会科学》2016 年第 1 期。

冀其溺于水。（K・M・192）

上述例子明显带有向下的方向性，但以下两句，"𦳋" nja^1 与 "𦴴" $njij^2$ 同样方向性并不明确，前者表示"更添"，属于完成体范畴；后者表示祝愿，属于希求式范畴。

（4）𦵫　𦶢　𦭔　𦬠　𦳈　𦴙　𦳿　𦵹　𦶷　𦬦　𦴙
　　　$thji^2$　pja^1　gu^2　nji^2　tja^1　so^1　ya^2　$śja^1$　$ŋwər^2$　kha^1　$sjwɨ^1$　ya^2
　　　此　　掌　　中　　珠　　者　　三　　十　　七　　面　　中　　新　　十

𦶙　𦳋　𦵤。

$gjwi^2$　nja^1　lhu^1

词　Pref.1　添。

此掌中珠者三十七面内更新添十句。（《掌中珠》）

（5）𦺚　𦲪：……　𦳮　𦶕　𦴗　𦵱　𦴴　𦶩，𦶆　𦵌　𦶪
　　　kju^1　da^2　　　$·u^2$　$·u^1$　$śiọw^1$　sji^2　$njij^2$　$sə^1$　ljo^1　$tśhja^2·wjij^2$
　　　祝　　曰：……　仓　中　黍　谷　Pref.2　满，福　德　Pref.2

𦴹　𦵞　𦵲。

$ŋowr^2$　$lhə^2$　$ŋa^2$

全　　足　　-1sg。

祝曰："……五谷满仓，福德具足。"（《十二国》卷上）

𦱻 kji^1 与𦲜 $kjij^1$：此方，向内方，由远及近
（1）𦲨　𦵻　𦱻　𦵠，𦵸　𦭔　𦳋　𦴩　𦲿　𦴘。
　　$thja^1$　gji^2　kji^1　$lhjwo^1$　$lhiow^2$　bia^2　nja^1　$dzəj^1$　sji^2　$ljij^2$
　　其　　子　　Pref.1　归，　羹　饭　Pref.1　减　NOM　见。

子归，睹羹饭有减。(《经律异相》卷一五)

（2）𗏵　𗳇　𗏆　𘟢　𗡣。

　　　tha¹　*tśja¹*　*kjɨ¹*　*lhjụ²*　*phji¹*

　　佛　　道　　Pref.1　得　　令。

令吾得佛。(《经律异相》卷一五)

（3）𗏼　𗍫　𗤒　𗤙　𗤓　𗉖　𗳜　𗤗　𗤭　𗤗　𗳉　𗄻

　　thja¹　*dźiəj²*　*·u²*　*ɣạ²*　*tu¹*　*źju²*　*dja²*　*sji²*　*mjij²*　*sji²*　*kjij¹*　*juu¹*

　　其　　池　　中　　十　　千　　鱼　　Pref.1　死　　未　　死　　Pref.2　验

𗤽……

　śjɨ¹

往……

往彼池所，验其虚实，彼十千鱼，为死为活。(《金光明最胜王经》
卷九)

以上例子明显带有"由远及近""此方""向内方"的方向性，但以下句中，
"𗳉"*kjɨ¹*与"𗳉"*kjij¹*，前者表示"已看完"，属于完成体范畴;后者表示祝愿，
属于希求式范畴。

（4）𗀉　𗤙　𘃡　𗫩　𗥃　𗫨　𗤒　𗳉　𗄻。

　　thjɨ²　*ɣạ²*　*sọ¹*　*rer²*　*·jwir²*　*mjo²*　*zji²*　*kjɨ¹*　*juu¹*

　　此　　十　　三　　篇　　文　　吾　　皆　　Pref.1　观。

子之十三篇，寡人尽观之矣。(《孙子兵法三家注》卷上《计篇》)

（5）𗊨　𗤢　𗤭　𗤙　𗱽　𗤓　𗫶　𗳉　𘃽。

　　ŋwər¹　*tha²*　*no²*　*zjọ²*　*zjir²*　*tụ¹*　*tsə̣²*　*kjij¹*　*ljij²*

皇　太　子　寿　长　千　秋　Pref.2　见。

皇太子千秋长寿。(《经律异相》题记）

需要注意的是，"𗦲" kji¹ 的功能相对比较复杂，除作趋向前缀、完成体标记外，它还出现在复句前一子句的谓词之前，表示让步；它也出现在谓词之后，为人称代词双数的人称呼应后缀。此外，它还有较强的构词功能，参与构成的词语有"𗦲𗾾" kji¹ djij²（一定）、"𗂁𗦲" lji¹ kji¹（何、谁）、𗡮𗦲 wa² kji¹（何），等等。

𗫐 wji² 与 𗿢 wjij²：彼方，向外方，由近及远

（1）𗗙　𗓰　𗠁　𗋃　𗫤　𗦲　𗫐　𗅡。

　　　ka²　tśjij²　lju¹　·u²　bə¹　lu¹　wji²　to²

　　　狮　子　身　中　蛆　虫　Pref.1　出。

　　　师子内身自有虫出。(《经律异相》卷一五）

（2）𗆟　𗉨　𗫐　𗓰　𗺂　𗄻　𗿀　𗿁。

　　　·ja¹　na¹　wji²　lhjwo¹　tha¹　do²　nji²　ljij²

　　　阿　难　Pref.1　还　佛　处　至　来。

　　　阿难还至佛所。(《经律异相》卷一五）

（3）𗊬　𗿢　𗗙，𗠇　𗤀　𗡪；𗊬　𗫘　𗣀　𗈈，𗠇　𗙴

　　　mjo²　wjij²　khwa¹　mji¹　kjij¹　njij¹　mjo²　ɣwə²　rjir²　we²　mji¹　nioow¹

　　　吾　Pref.2　远，敌　P.2　近；吾　前　面　为，敌　后

　　　𗿢　𗧤。

　　　wjij²　tji¹

　　　Pref.2　置。

吾远之，敌近之；吾迎之，敌背之。(《孙子兵法三注》卷中《行军篇》)

以上一对前缀明显与带有"由近及远""彼方""向外方"的谓词相连，下面则是完成体与希求式的用例。

（4）𗊗　𗀔　𗤁　𗢳　𗰜，　𗇃　𗤻　𗷅。

nji^2　$\cdot jij^1$　$tjij^2$　$śji^2$　$nioow^1$　$njiij^1$　wji^2　$djij^2$

侄　O-P　往　视　因，　心　Pref.1　止。

往视侄，故心已安。(《新集慈孝传》卷下《叔侄章》)

（5）𗼃　𗗙　𗹙　𗩈　𗤛　𘃡　𗔇，　𗱉　𘋨　𗤚　𗩈　𗒹

$mjor^1$　$dźjiij^1$　ljo^1　$njow^2$　ju^2　$\cdot wjij^2$　ηowr^2　me　$ljij^2$　$sjij^2$　$njow^2$　$\cdot io^1$

现　在　福　海　恒　Pref.2　全，　当　来　智　海　圆

𗤞　𗰞。

$\cdot jij^1$　$sə^1$

Pref.2　满。

现在福海愿恒盈，当来智海愿圆满。(《金光明最胜王经》卷五）

如同"𗿒"kji^1，"𗤚"wji^2也有较强的构词功能，参与构成的常用词语有"𗤚𗟲"$wji^2 rar^2$（过去）、"𗤚𘄡"$wji^2 sju^2$（犹如）、"𗤚𗾟"$wji^2 tji^1$（此），等等。

𘄡 dji^2 与 𗼻 $djij^2$：朝向说话者，得到

（1）𗤁　𗿒　𗀝　𘋩　𗺍　𗀔　𗟨　𗿒　𘄡　𗿒。

$mjii^1$　$diow^2$　$phji^1$　bju^1　ηa^2　$\cdot jij^1$　$zjij^1$　$khjij^1$　dji^2　$khjij^1$

姐　妹　意　依　我　ACC　几何　与　Pref.1　与。

姊随心与我几许。(《经律异相》卷一五)

（2）𗾣　𗘂　𗣁　𗀓　𗣓　𗆼　𗕈　𗧘　𗣫　𗗙　𗊟　𗣠。
　　　　tha¹　lji̱¹　nioow¹　sẽ¹　·jij¹　dji²　ɣju¹　so̱¹　lhjij²　phow¹　kju̱¹tshwew¹
　　　　佛　　及　　僧　ACC Pref.1　请　　三　　个　　月　　供　养。
　　　　请佛及僧三月供养。(《经律异相》卷一五)

（3）𗱜　𗤁　𗣴　𗐆　𗣺　𗢲　𗀓　𗯨　𗅲　𗗠。
　　　　thji²　ɣji̱¹　tshu¹　lhjwi¹　tja¹　ŋa²　·jij¹　ljo¹　djij²　rjir¹
　　　　此　　瓦　　粗　　取　　者　　我　ACC　福　Pref.2　得。
　　　　亲取此粗瓦，惟欲福我。(《经律异相》卷一五)

𗗙 dja² 与 𗅲 djij²：离开说话者，失去。

（1）𗙪　𗤋　𗗙　𗈬，𗎚　𗗟　𗤁　𗣴。
　　　　wja¹　mja¹　dja²　nar²　mej¹　tsji¹　kji¹　məə¹
　　　　父　　母　Pref.1　老，　眼　　亦　Pref.1　盲。
　　　　亲老羸乏，已且失明。(《经律异相》卷一五)

（2）𗾣　𗲢　𗘂　𗣫，𗤁　𗦳，𗱜　𗐆　𗗙　𗗠。
　　　　tha¹　pa²　ŋwu²　lhji̱j²　wji²　dzuu²　thji¹　dźjwa¹　dja²　rjir²
　　　　佛　　钵　　以　　受，　P.1　坐，　饮　　毕　Pref.1　出。
　　　　佛以钵受，却坐，饭毕即去。(《经律异相》卷一五)

（3）𗭣　𗣃　𗥩　𗐆　𗥩　𗾣　𗅲　𗣠。
　　　　tji¹　rjur¹　ljwi̱j¹　·o¹　ljwi̱j¹　njiij¹　djij²　phji¹

愿 诸 怨 主 怨 心 Pref.1 舍。

愿冤家解怨释结。(《金光明经忏悔灭罪传》)

与上述句中明显带有方向性稍有不同，下面的句子前缀虽仍与“失去”“离开说话者”等谓词连用，但它们各自属于完成体及希求式标记。

（4）[illegible]

pjụ^1 *ɣie*^{1} *dja*^{2} *lhjo*^{1} *mji*^{1} *ta*^{1} *wa*^{2} *ljiij*^{1}

威 力 Pref.1 失 不 走 何 待。

其势已屈，不走何待?（《孙子兵法三注》卷中《军争篇》）

（5）[illegible]

kjụ^1 *lew*^{2} *źjɨr*^{1} *ɣiej*^{1} *dạ*^{2} *zji*^{2} *tshọ*^{2} *lạ*^{1} *djij*^{2} *mjij*^{1}

求 所 实 真 言 皆 虚 诳 Pref.1 无

所求真实语，皆愿无虚诳。(《金光明最胜王经》卷四）

[illegible] ***rjɨr***^{2} **与**[illegible] ***rjijr***^{2} ：不表示方向

（1）[illegible]

ŋa^2 *sjij*^{1} *thjɨ*^{2} *dạ*^{2} *zjɨɨr*^{1} *zjịj*^{1} *rjɨr*^{2} *tshjiij*^{1}

我 今 此 事 略 许 Pref.1 说。

我今且说如是之事。(《金光明最胜王经》卷六）

（2）[illegible]

rjur^1 *kha*^{1} *ljọ*^{2} *rjɨr*^{2} *ljij*^{2} *śjɨ*^{1}

世 间 何 Pref.1 来 往

世间从何处来?（《大方广佛华严经》卷二十一）

（3）𗱼　𗤁　𘒺　𗅲　𗢸。

tji¹　zji²　xja¹　rjijr²　lja¹

愿　皆　速　Pref.2　来

皆愿速来至。(《金光明最胜王经》卷八)

（4）𗣗　𗤻　𘔼　𗭁　𘋧　𗣄　𗅲　𘔚。

thej¹　xew¹　ŋwər¹　dʑow¹　mə¹　zjọ²　rjijr²　ka¹

太　后　皇　后　天　寿　Pref.2　齐。

愿太后、皇后寿与天齐。(《经律异相》题记)

与"𗅲"*rjir²*搭配最为频繁的是表不同方向的运动动词("𗢸"*ljij²*、"𗢸"*lja¹*、"𗤁"*śji²*、"𘃸"*wjij¹*、"𗢩"*tshjo²*、"𗅻"*śio¹*、"𗼻"*phji¹*、"𗫂"*tshjij¹*)以及"𘋧"*wji¹*（包括衍生式"𗴴"*wjo¹*）、"𘔚"*tshjij¹*（包括衍生式"𗂁"*tshji²*）等，除此之外，"𗅲"*rjir²*可搭配的谓词语意范畴非常广，包括向心方、离心方、向上方、向下方等趋向以及趋向表达不明显的一些谓词。所以学术界倾向于将其界定为不表方向或不定方向，或者说它已经朝着单纯表完成体的方向发展了。此外，还有一定的构词功能，如"𗅲𘔚"相当于"乃至"一词。

"𗅲"*rjijr²*虽然也和一些运动动词连接，但明显表达的是希求、愿望。

理论上，以上十三个趋向前缀，都可以加在同一个谓词前，用于表达不同方向的附加意义。但在实际使用过程上，由于受到词义的限制，一个谓词往往只能和其中一两个或者几个前缀搭配使用。其中可搭配前缀最多者，目前所见达到五个，例如谓词"𗢸"*lja¹*有以下形式：

𘟛 *nja¹*	
𘟛 *wjɨ²*	
𘟛 *rjɨr²*	+ 𘟛 *lja¹*
𘟛 *njij²*	
𘟛 *djij²*	

例见：

（1）𘟛　𘟛　𘟛　𘟛，𘟛　𘟛　𘟛　𘟛　𘟛　𘟛　𘟛　𘟛
　　 kwej¹　kji¹　njɨ²　śji²　kji¹　lhjọr¹　yu¹　gja¹　lew²　lew²　djij²　kji¹
　　 会　　稽　　至　　往，　△　　陈　　吴　　军　　郁　　郁　　然　　Pref.1

𘟛　𘟛。
lja¹　ljij²
来　　见。

行至会稽，望见吴军郁郁。(《类林》卷三《忠谏篇》)

（2）𘟛　𘟛　𘟛　𘟛　𘟛　𘟛　𘟛　𘟛　𘟛。
　　 na¹　khju¹　zjɨr²　gu²　khjị̃¹　yiẹ²　·wjɨ²　lja¹　mji¹
　　 夜　　下　　水　　中　　琴　　声　　Pref.1　来　　闻。

夜闻水中琴声出。(《类林》卷九《舞蹈音乐篇》)

（3）𘟛　𘟛　𘟛　𘟛　𘟛　𘟛　𘟛　𘟛　𘟛，𘟛　𘟛
　　 ljɨ¹　wjɨ²　ljijr²　twụ¹　rjɨr²　lja¹　khia¹　bji²　zjij¹　ku¹　kji¹　djij²
　　 风　　东　　方　　处　　Pref.1　来　　鹊　　鸣　　时　　则，　必　　定

𘟛　𘟛　𘟛　𘟛。
ljɨ¹　śjij¹　bji²　ljɨ¹
风　　顺　　鸣　　也。

风从东来，鹊鸣必向风。(《类林》卷四《权智篇》)

（4）𗙽　𗋽　𗾔　𗏹　𗣼　𗦎。

　　　kju^1　da^2　$dzju^2$　tha^2　$njij^2$　lja^1

　　　祝　　曰　　雨　　大　Pref.2　来。

　　　祝曰：祈降大雨。(《十二国》卷上)

（5）𗤁　𗦎　𗥃　𗦎　𗧠　𗏁　𗍫　𗋽　𗰜　𗢳，𗢳　𗜓

　　　$tjij^1$　mji^1　$lhew^1$　lji^1　$dzjwo^2$　zji^2　$siow^1$　sji^2　$rjir^1$　ku^1　$sjij^1$　wji^1

　　　若　　不　　牧　　耕　　人　　皆　　粮　　食　　获　　则，明　　年

　　　𗢳　𗢳　𗥃　𗦎　𗾔　𗮳　𗦎　𗥃　𗦎　𗧠　𗏹　𗞵

　　　$siow^1$　sji^2　dja^2　$sjij^1$　$zjij^1$　$tsji^1$　mji^1　$lhew^1$　lji^1　$dzjwo^2$　ji^2　$·wjij^2$

　　　粮　　食　Pref.1　成　　时，亦　　不　　牧　　耕　　人　　复　　敌

　　　𗙬　𗦎　𗦎

　　　zji^1　$djij^2$　lja^1

　　　人　Pref.2　来。

若不耕者皆获粮，则明年粮熟时，不耕者愿寇复来。[1](《十二国》
卷上)

同一谓词接不同的词头，一般有以下几种情况[2]：

一是当谓词为方向性强的谓词时，不同的词头表示不同的方向。上述句
中前四类分别表示由远及近、由内向外、由东向西、由上向下等不同方向，
最后一例则有更明显的祈愿意义。

二是词头本身有不同语法功能。例如"𗦎"$·ja^1$，既是完成体标记，也作

---

[1]　按西夏文意思，"若不耕者皆获粮食，则明年粮食熟时，不耕者愿寇复来。"

[2]　参见张珮琪前文。

疑问式标记；"𘓓" *kji¹* 既是完成体标记，也可作表示让步关系的连接词。

　　三是谓词有多层词义或者该谓词有同形异义的形式时，不同的词义需附加不同的词头。例如，"𘓓𘈖" *ja¹ zow²* 往往表示"手持"义、"𘓓𘈖" *kji¹ zow²* 则表示"坚守"义、"𘊄𘈖" *wji² zow²* 则表示"执掌"义；再如，"𘓓𗥤" *kji¹ khju¹* 表示"迎娶（妻）"义、"𘊄𗥤" *wji² khju¹* 则表示"迎接"义。

　　文献中还经常出现同一谓词之前出现两个词头连用的情况。对这一现象的认识，目前未形成明确结论。具体连用的形式主要有以下几种：

第一个词头	第二个词头	词头结合的情况
𘓓 *kji¹*	𘊄 *wji²*	P1+P1
𘓓 *kji¹*	𘊝 *rjir²*	P1+P1
𘓓 *kji¹*	𘟣 *dja²*	P1+P1
𘓓 *kji¹*	𗥣 *djij²*	P1+P2
𘊝 *rjir²*	𘊄 *wji²*	P1+P1
𘒣 *kjo¹*	𘊄 *wji²*	P2+P1
𘒣 *kjo¹*	𘓑 *kjij¹*	P2+P2

4.7 谓词的体范畴

　　体范畴是指通过一定的语法形式表示动作进行的状态。西夏语谓词体范畴主要有完成体、进行体、将行体、持续体[①]。语法手段主要有两种：一是谓词附加词头（前缀），二是谓词附加示体后缀。其大致情况列表

[①]　关于具体的体范畴，各家观点不一。马忠建区分为一般体（零形式）、多次体、已行体、加强体、进行体、将行体。关于多次体，也有不同观点，马忠建是将单音节动词 AA 式重叠看成是多次体；克平则提出，动词前缀"𘊝" *rjir²* 除表示完成体外，也表示多次体；格林斯德蒂也认可"𘊝" *rjir²* 表"重复"之意。参见马忠建：《西夏语动词的体范畴》，《宁夏社会科学》2001 年第 3 期；К.Б.Кепинг，*Тангутский язык：Морфология*，Москва：Издательство Наука，1985.；Grinstead. E.，*Analysis of the Tangut Script*，Scandinavian Institute of Asian Studies，Monograph Series，No 10，1972。

如下：

完成体	𘞧 ·ja¹ ＋ 谓词 𘟩 nja¹ ＋ 谓词 𗖵 kji¹ ＋ 谓词 𗟲 wji² ＋ 谓词 𗷒 dji² ＋ 谓词 𘉋 dja² ＋ 谓词 𗣼 rjir² ＋ 谓词	表示动作已经完成
进行体	谓词 ＋ 𘜶 djij²	表示动作正在进行，或与另一动作同时进行，或动作的经常性和持续性
将行体	谓词 ＋ 𗤛 ·jij¹	表示动作之将要进行
持续体	𗈧 ·jij¹ ＋ 谓词	表示动作持续进行

A）完成体[①]

西夏语谓词的完成体形式，与带第一套前缀的趋向范畴形式一致。趋向范畴的构成，是在不同的谓词群前分别加上词头 𘞧 ·ja¹（向上）、𘟩 nja¹（向

[①] 学术界还有关于已行体的提法，即把谓词前的第一套前缀称之为已行体标记。换言之，不少学者将它们合二为一。张珮琪则将两者进行了区分，其在已行体之后括注英文 perfect，而将完成体括注为 perfective。克平所及的已行体标志即是谓词之后的"𘜶"sji²。"𘜶"sji² 的功能比较复杂，除已行体标志外，最常见的是作名物化后缀使用。需要注意的是，马忠建否定了"𘜶"sji² 为已行体标记的说法，而将克平所引例句中的"𘜶"sji² 看作为表示测知语气的语法形式；张珮琪则将这批例句分作两部分处理，一部分确为马忠建所述为测知语气的语法形式，但把事件发生有时间参照点（即"𘜶"sji² 所在的子句充当"𗤛"ljij² 等感知动词的宾语）的这一部分材料仍当作已行体处理；笔者也认可马忠建关于语气语法形式的观点，但把后一种情况中的"𘜶"sji² 看成是名物化后缀，同样不认可"𘜶"sji² 为已行体标记的说法。参见 К.Б.Кепинг，*Тангутский язык：Морфология*，Москва：Издательство«Наука»，1985，169-170；张珮琪：《西夏语的体范畴》，载《汉藏语研究——龚煌城先生七秩寿庆论文集》，中研院语言学研究所，2004 年，第 403—449 页；李范文主编：《西夏语比较研究》，宁夏人民出版社 2004 年版，第 252—254 页；段玉泉：《西夏语的名物化后缀》，《西夏学》2021 年第 2 期。

下）、𫫇 *kji¹*（由远及近或由外及内）、𦙺 *wji²*（由近及远，由内及外）、𫰹 *dji²*
（向心）、𣊟 *dja²*（离心）、𣀔 *rjir²*（零方向）。这些趋向前缀逐渐演化为兼表
完成体的标记（详见"谓词趋向范畴"例文）。

B）进行体

在谓词词根后加后缀"𦛨" *djij²*，表示动作正在进行，或与另一动作同时
进行，或动作的经常性和持续性。西夏语中也有谓词不加任何前后缀，即可
表示动作正在进行的情况。①

表示动作正在进行者，如：

（1）𫫇　𣊟　𦛨　𦁇　𣀔　𣀔？

wa^1　$śji^2$　$djij^2$　tja^1　$ljo̱^2$　$śjwo^1$

猪　杀　PROG　者　何　需？

何需杀猪？（《类林》卷三《敦信篇》）

（2）𣊟　𦁇　𣀔　𦁇　𣀔　𣀔，𣊟　𦁇　𣊟　𦁇　𣊟　𦁇

gja^1　$bjuu^2$　$thju^2$　nji^2　$ljij^2$　$ŋa^2$　nja^2　mji^1　$ɣiow^1$　mji^1　$dzji^1$　$ɣwej^1$

军　将　此　至　来　-1sg，汝　不　降　不　战　斗

𣀔　𦛨　𦁇　𣊟　𣊟？

---

① 这里采用了马忠建、张珮琪等的观点，相关例子也来自他们文中。关于"𦛨" *djij²* 的认识，学术界观点较多，克平及索孚洛诺夫都认为其接在动词之后表时间范畴，既表示现在相对时间，也表示现在绝对时间与一般现在时间，或者发生在说话当下的行为；西田龙雄将其作为持续体的标记；孙伯君提出其用法之一，可以作为名物化标记；麻晓芳提出"𣊟𦛨" *ji¹djij²* 连用，属于间接引语标记；最近，张珮琪进一步提出"𦛨" *djij²* 具有示证功能，属于西夏语的示证范畴。上述例句中，同一例子往往各家观点不一。分见马忠建：《西夏语动词的体范畴》，《宁夏社会科学》2001 年第 3 期；张珮琪：《西夏语的体范畴》，载《汉藏语研究——龚煌城先生七秩寿庆论文集》，"中研院"语言学研究所，2004 年，第 403—449 页；M.B. Софронов，*Грамматика Тангуского Языка*. Т.1, 2. Москва：Издательство «Наука»，1968，Ⅰ:192，Ⅱ:192-193.；К.Б. Кепинг，*Тангутский язык: Морфология*，Москва：Издательство «Наука»，1985，169-170.；[日] 西田龙雄：《西夏语の研究》（Ⅱ），东京座右宝刊行会 1966 年版；孙伯君：《简论西夏文"𦛨" *djij2.33* 的语法功能》，《西夏学》第 6 辑，上海古籍出版社 2010 年版，第 130—132 页；麻晓芳：《西夏语的引述句与言说义动词初探》，《民族语文》2018 年第 6 期；张珮琪：《论西夏语"𦛨" djij2 的功能——西夏语是否存在示证范畴》，待刊稿。

nja² djij² tja¹ thjij² γiej¹

-2sg PROG TOP　何　真?

将军（我）今到此，你为何不战不降?（《类林》卷三《烈直篇》）

（3）𘓟　𘂚　𗉝："𗙏　𗚜　𘒫　𗣴　𘄽　𗥃?"

dzjwɨ¹ ·jɨr¹ da² khia² ljọ² rjɨjr² bji² djij² jɨ¹

帝　问　言："鹊　何　方　鸣　PROG　谓?"

帝问曰："鹊何处鸣?"（《类林》卷四《权智篇》）

（4）𗇀　𗼃　𗾔　𗹫　𗎭,　𗤈　𗿒　𘜶　𗼑　𘄽。

lạ¹ tśhjij¹ ŋwu² kwar¹ ŋwu² tjọ² zjɨɨr¹ dju¹ ·jow² djij²

手　举　悲　泣　以,　弟　少　有　赞　PROG。

举手以哀言，称叹弟希有。（《金光明最胜王经》卷一〇）

表示与另一动作同时进行者（也有认为其为名物代后缀的观点），如：

（5）𘟀　𗏆　𗤻　𗤟　𘄽　𘁨。

lew¹ mjij¹ lhwu¹ zwər¹ djij² ljij²

一　女　衣　洗　NOM　见。

见一女子濯衣。（《类林》卷七《报恩篇》）

（6）𗄂　𘝞　𗸎　𘟀　𘜶　𘝢　𗼂　𘘐　𗣼　𗤚　𗥃　𘄽

ŋa² jij wier¹ lew² zji² tsəɨ¹ njij² gji² dja² phji² jɨ¹ djij²

我　之　爱　所　最　小　王　子　P.ref.1　失　谓　NOM

𘗾　𗄂。

mjo¹ ŋa²

听　-1sg。

我闻外人作如是语，失我最小所爱之子。(《金光明最胜王经》卷十)

动作的经常性和持续性，如：

(7) [illegible]

sjij^{1} *pji*^{1} *kã*^{1} *·jị*^{2} *·jị*^{2} *ŋwu*^{2}*pjwɨɨr*^{1} *dạ*^{2}*tshjiij*^{1} *djij*^{2}

今 比 干 屡 屡 而 劝 言 说 DUR。

今比干屡屡相劝。(《类林》卷三《辩捷篇》)

(8) [illegible]，[illegible]

sjij^{1} *rjur*^{1} *kha*^{1} *lhji*^{2} *kjạ*^{2} *wji*^{1} *djij*^{2} *tja*^{1} *śji*^{1} *thjij*^{1} *xiwəj*^{1} *ɣa*^{2}

今 世 中 死 歌 为 DUR 者，先 田 横 于

[illegible]。

wjɨ^{2} *rjɨr*^{2}

Pref.1 出。

今世上挽歌，起于田横。(《类林》卷九《歌舞音乐》)

不加任何前后缀，谓词直接表示动作正在进行者，如：

(9) [illegible]，[illegible]

zjọ^{2} *rjur*^{1} *dzjịj*^{2} *gji*^{2} *rjir*^{2} *·jwɨr*^{2} *·wo*^{2} *zjọ*^{2} *ljị*^{1} *kjij*^{1} *kha*^{1} *tśhjɨ*^{2}

时 诸 弟 子 与 文 义 时 论 讲 中，立

[illegible]。

rjar^{2} *·wjị*^{1} *nja*^{1} *ljịj*^{2}

便 雪 Pref.1 下。

时与诸弟子讲论文义，俄而下雪。(《类林》卷五《辩捷篇》)

西田龙雄还提出谓词加上词头"葰"dja^2 也可用来表示进行体①，例如：

（10）𗁅　𗼟　𘕾　𗢨　𘊭　𘝶　𗅁。

　　　lja^2　$\cdot u^2$　$dzow^1$　gji^2　dja^2　$tśhju^1$　$ljij^2$

　　　口　　中　　钩　　一　　Pref.1　有　　见。

　　　见（鱼）嘴中有一钩。（《类林》卷七《报恩篇》）

（11）𗏁　𗢨　𘀄　𗦲　𗨙　𘝢　𘊭　𗘂　𗤁　𗤁　𗎖　𗤱

　　　$dźju^2$　gji^2　lju^2　ya^2　lji^1　$rjar^2$　dja^2　$\cdot o^1$　ηa^2　ηa^2　$\cdot wji^2$　tji^2

　　　鹤　　一　　身　　上　　箭　　迹　　Pref.1　有　　好　　好　　△　　困

　　　𗎖　𘃠　𗅁。

　　　jar^2　sji^2　$ljij^2$

　　　倦　　NOM　见。

　　　见一鹤身有箭疮，大为困苦。（《类林》卷七《报恩篇》）

c）将行体

在谓词词根后加后缀"𗮔"jij^1，表示动作将要进行。例如：

（1）𗢳　𗢧　𘋥　𗭧　𘋥　𗌭　𗼻　𗤦　𗵡　𗮔。

　　　$dźjwiw^2$　pa^2　kji^1　tha^2　kji^1　$djij^2$　$\cdot jij^1$　gji^2　$dzjij^1$　$\cdot jij^1$

　　　饿　　渴　　P1　　迫　　必　　定　　自　　子　　食　　PROS。

　　　饥渴所逼，必还啖子。（《金光明最胜王经》卷十）

（2）𗦀　𗤉　𗴺　𗼩　𘋥　𘕾　𗮔。

　　　$tsj\tilde{i}^1$　xew^1　$tśhju^1$　$lhjij^?$　$rjir^2$　$ywej^1$　$\cdot jij^1$

　　　晋　　侯　　楚　　国　　与　　战　　PROS。

　　　晋侯欲伐楚。（《类林》卷六《占梦篇》）

---

①　［日］西田龙雄：《西夏语の研究》（Ⅱ），东京座右宝刊行会 1966 年版，第 579—581 页。

D）持续体

克平提出前缀"絞"*·jij¹* 兼表持续体标志。克平指出，当动词与词头絞 *·jij¹* 结合时，通常表行为持续了一段时间，且伴随时间状语。除此之外，该行为可以持续到说话当下，也可以持续在过去某段时间。[①] 张珮琪也支持这一观点。[②] 例如：

（1）絥 絞 橇 級 祿 嬔 綂 偏 絞 迩。

　　ŋa²　ɣa²　njïɨ¹　kjiw¹　tśjij¹　thji²　kjïïr²　·u²　·jij¹　dźjiij¹

　　我　十　二　年　正　此　室　内　Pref.2　**住**。

　　吾止此室十有二年。(《维摩诘所说经》卷中)

（2）席 忱 纖 赦 橇 絞 嶜 靴 刻 席 絞 鎜。

　　njij²　mji¹　nji²　ŋwu²　njɨ¹　ɣa²　śjạ¹　jar²　dzjwɨ¹　lu²　·jij¹　dzuu²

　　王　不　听　因　二　十　七　日　帝　位　Pref.2　坐。

　　帝不听，在位二十七日。(《类林》卷六《占梦篇》)

（3）燚 絞 纏 豸 蔽 巍 羼。

　　sjij¹　·jij¹　ŋo²　lju²　dja²　gieej¹　rowr¹

　　今　Pref.2　病　身　Pref.1　瘦　枯。

　　今抱病，形容憔悴。(《类林》卷九《美人篇》)

4.8 谓词的式范畴

式范畴是指通过一定的语法形式表示说话的不同语气，也叫语气范畴。

[①] Kepping，K. B.（Кепинг К. Б.），*Тангутский язык：Морфология.*［The Tangut Language：Morphology］，Москва：Издательство «Наука»，1985，pp. 186-187.

[②] 其观点前后有所变化。最初认为，"絞" *·jij¹* 只是加在内部无法达到界限的动词之前，来强调动作的界限，不必分出持续体；后来通过这些动词前加不同前缀比较，如"絞嬔"（立）与"穮嬔"（起立），"絞鎜"（坐着）与"穮鎜祇"（使坐下）及"蔽鎜"（坐），又支持了持续体的观点。参见张珮琪：《西夏语的体范畴》，载《汉藏语研究——龚煌城先生七秩寿庆论文集》，中研院语言学研究所，2004年，第 403—449 页；张珮琪：《论西夏语动词第二类趋向前缀》，《西夏学》2020 年第 2 期。

西夏语谓词式范畴所包含的语法意义有很多种，常见的有陈述式、疑问式、希求式、否定式、禁止式和命令式等①。其中陈述式无表示语气的特殊标记（即零形态），其他式范畴均以谓词附加词缀的形式构成，大致情况列表如下：

希求式	蔽 *jij¹* + 谓词 蕭 *njij²* + 谓词 嫋 *kjij¹* + 谓词 牧 *wjij²* + 谓词 祥 *djij²* + 谓词 嬾 *rjijr²* + 谓词	表示对动作行为的愿望和企盼
疑问式	移（羼）*·ja¹tśhji¹* + 谓词	表示疑问
否定式	慨 *mji¹* + 谓词 骸 *mjij²* + 谓词 畿 *mji¹* + 谓词	表示对动作行为的否定
禁止式	務 *tji¹* + 谓词	表示对对方动作行为的禁止或劝阻
命令式	緓 *wji²* + 谓词	表示要求或命令对方做某事

A）希求式

所谓希求式，是指通过特定的语法形式表现说话者的愿望或祝愿。西夏语谓词希求式是通过在谓语动词上附加希求式前缀的方式构成。②

---

① 关于式范畴，马忠建先后有两次论及，在其博士论文中提到的式范畴为希求式及假定式，后者是把副词"疑" *mja¹*（疑、恐）看作动词之前加助词来构成，其后专讨论式范畴提到的主要有陈述式、虚拟式、疑问式、否定式和希求式。参见马忠建：《西夏语语法若干问题之研究》，中国社会科学院 1987 年博士学位论文，第 95—102 页；马忠建：《西夏语动词的式范畴》，《宁夏社会科学》2001年第 6 期。

② 关于希求式是在谓词前加第二套前缀构成观点的提出及其认识过程，详见"趋向前缀"之注释。

西夏语谓词的完成体形式，与带第二套前缀的趋向范畴形式一致，是在不同的谓词群前分别加上前缀"骸"jij^1（向上）、"萧"$njij^2$（向下）、"綵"$kjij^1$（由远及近或由外及内）、"牧"$wjij^2$（由近及远，由内及外）、"羊"$djij^2$（向心或离心）、"燚"$rjijr^2$（零方向）。这些趋向前缀逐渐发展为兼表希求式的标记（详见"谓词趋向范畴"例文）。

B）疑问式

西夏语谓词的疑问式是通过在谓词之前附加疑问前缀"扬"$\cdot ja^1$的方式构成。扬$\cdot ja^1$与谓词之间也常见嵌入"孖"$tśhi^1$的用例。例如：

（1）橛 嫠 扬 嬔 旅？

　　nji^2　$djii^1$　$\cdot ja^1$　$njwi^2$　nja^2

　　汝　分　Q　能　-2sg？

　　汝能分不？（《经律异相》卷一五）

（2）羢 韹 羊 崧 絲 獳 扬 叕 脄？

　　$thja^1$　$ljwi^1$　phu^2　$rjir^2$　sew^2　$khwej^2$　$\cdot ja^1$　ηwer^1　lji^1

　　其　籽　树　与　小　大　Q　匹　矣？

　　其子与树大小类不？（《大宝积经》卷一〇一）

（3）祕 孨 瓟 懒 扬 毊 霏？

　　buu^2　$mjijr^2$　$rjir^2$　$ljij^2$　$\cdot ja^1$　no^2　$rejr^2$

　　胜　士　△　来　Q　安　乐？

　　胜士得来安乐耶？（《大宝积经》卷六一）

（4）羢 薮 燚 孖 䊷 豵 轩 瀄 祾 扬 孖 瀥

　　$thja^1$　wja^1　mja^1　jij^1　jir^1　da^2　we^1　$śjij^1$　gji^2　$\cdot ja^1$　$tśhi^1$　$dzjij^1$

　　彼　父　母　ACC　问　曰　孝　顺　子　Q　尔　在

𗴮？

ji^2

谓？

问其亲曰："孝子安在？"（《经律异相》卷一五）

（5）𗯨　𗯨　𗥦　𗯇：𗴸　𗴱　𗥖　𗴮　𗴮？

$jow^1\ sew^2\ \cdot jij^1\ \cdot jir^1\ \cdot ja^1\ t\acute{s}hi\mbox{\fontsize{}{}}^1\ tsjij^2\ nja^2\ \cdot ji^2$

杨　修　ACC　问　Q　尔　解　-2sg　谓？

问杨修曰："解否？"（《类林》卷四《聪慧篇》）

在一些句子中，对连接出现的多重谓词都表示疑问时，只在第一个谓词前加前缀"𗴱"$\cdot ja^1$表示。例如：

（6）𗝢　𗵒　𗶷　𗴫　𗴱　𗶷，　𗴮　𗴢　𗴮　𗴾，　𗵯　𗵒

$rjur^1\ pju\mbox{\fontsize{}{}}^1\ dzuu^2\ wor^1\ \cdot ja^1\ \cdot jij^1\ mja^1\ \eta o^2\ mja^1\ \dot zji^1\ t\acute{s}ja^1\ d\acute zjij^1$

世　尊　座　起　Q　轻，　恐　病　恐　烦，　路　在

𗵯　𗴢　𗶊　𗶋，　𗵧　𗵱　𗵯　𗴢　𗶣　𗶤？

$dja^2\ mja^1\ \cdot u\mbox{\fontsize{}{}}^1\ \cdot u^1\ dzji^1\ \acute sjij^1\ dja^2\ mja^1\ sjwi^1\ nji^2$

Pref.1　恐　疲　疲，　食　粮　Pref.1　恐　乏　你？

世尊安乐，少①病少恼，起居轻利，在路不疲，供馔不乏也？

（《大宝积经》卷六一）

C）否定式

西夏语谓词的否定式大多是通过在谓语动词上附加否定缀词的方式构成

---

① "少"在这里表示"缺少""没有""无"的意思。

的。西夏语的否定缀词主要有"𗄊"*mji¹*、"𗄋"*mjij²*、"𗋽"*mji¹*三个①。

𗄊 *mji¹* 不。通常加在动词和形容词之前②。例如：

（1）𗆧𗄊𗡝 *dźiej²mji¹ljwu¹* 不失信（《类林》卷三《敦信篇》）

（2）𘃸𗢝𗄊𗫔 *thji²dźji¹ mji¹dźjij¹* 不行此行（《类林》卷三《敦信篇》）

（3）𗵘𘃸𗄊𗦲 *dja²zar²mji¹rejr²* 惭而不安（《类林》卷三《忠谏篇》）

𗄊 *mji¹* 可以出现在谓词和其附加成分之间，如谓词与其后的能愿词之间，谓词与其前表完成体的趋向前缀之间，例如：

（4）𘃸　𗠩　𗱀　𗄊　𗤛。

　　　mjo²　tśji¹　gjuu²　mji¹　njwi²

　　　我　苦　济　不　能。

　　　我无以济苦。（《金光明最胜王经》卷十）

（5）𗄋　𗢳　𗦣　𗾫　𗐽　𗧟　𗄊　𗜓。

　　　mjij²　ljij²　rjur¹　niow²　ji²　wji¹　mji¹　kjir²

　　　未　来　诸　恶　重　为　不　敢。

　　　未来之恶更不敢造。（《金光明最胜王经》卷三）

（6）𗙻　𗤛　𗡝　𗧠　𗰖　𗤀，𗙻　𗾔　𗣜　𗴺　𗄊　𗬠。

---

① 一般将"𗄊"*mji¹*、"𗄋"*mjij²*、"𗋽"*mji¹*、"𗋽"*tji¹*这四个词语当作否定副词处理，马忠建、向柏霖等将其称之为否定前缀，聂鸿音先生进一步指出"𗄊"*mji¹*还可以作为中缀使用，所以这里改称为否定缀词。另外，这里还采用了张永富博士的观点，将"𗋽"*tji¹*从否定缀词中分离出来，看成是构成禁止式的缀词。参见马忠建：《西夏语语动词的式范畴》，《宁夏社会科学》2001年第6期；Guillaume Jacques, *Esquisse de phonologie et de morphologie historique du tangoute*, Leiden : Brill, 2014, p. 178.；聂鸿音：《西夏语的否定词缀mji¹》，《中国少数民族文学与文献国际学术论坛论文集》，2018年；张永富：《西夏语的禁止式标记》，《西夏学》2019年第2期。
② "𗄊" *mji¹* 有时也出现在少量名词或数词之前。例如：
𗄊𗫡 *mji¹tśja¹* / 不道
𗄊𗫔 *mji¹dzjij¹* / 不时
𗄊𗇃 *mji¹lew¹* / 不一
𗄊𗍫 *mji¹nji̱¹* / 不二

xia¹　pẽ²　dzjwị¹　tśhjạ¹　tsẹ¹　tśjij¹　gọr¹　sji²　·jij¹　·wjɨ²　mji¹　·ju²
夏　　统　　船　　　上　　　药　　曝，　男　　女　O-P　Pref.1　不　　前。
夏统在船中曝药，男女为之不前。(《类林》卷三《隐逸篇》)

（7）𗀕 𗑣 𘊱 𗠁 𗀔 𗤙 𗊌 𗍫 𗤁 𗫸 𗍺 𗒅，
nja²　tshji²　mjijr²　ŋewr²　thji²　·wji²　sju²　tśier¹　phjo²　nja²　djij²　tja¹
汝　　侍　　者　　　数　　　此　　Pref.1　如　　利　　令　　-2sg　PROG　者，
𗟨 𗠁 𗭼 𗒅?
dja²　mji¹　khwej²　mo²
Pref.1　不　大　乎?
君侍者（内宠）如此，无乃大盛乎? (《类林》卷三《忠谏篇》)

在双音节谓词的否定结构中，"𗠁" *mji¹* 可以插入到两个音节之间作为"中缀"。例如下句"𗤁𗤙" *tjɨ¹thji¹* 一词，插入了𗠁 *mji¹*。

（8）𗄜 𗑅 𗤁 𗠁 𗤙 𗃀 𗟨 𗈈。
thja¹　bju¹　tjɨ¹　mji¹　thji¹　ŋwu²　dja²　sji²
其　　因　　食　　不　　饮　　以　　Pref.1　死。
是以不食而卒。(《类林》卷三《隐逸篇》)

𗏇 *mjij²* 未。表已然性否定，即表示情况还没有出现或动作还没有进行。如：

𗏇𗢳 *mjij²ljij²* 未来
𗏇𗗿 *mjij²djij²* 未定
𗏇𗣫 *mjij²djij²* 未曾
𗏇𗤙 *mjij²wji¹* 未作

𗼐 *mji¹* 无、不。表可能性否定，更多与能愿性谓词或助动词等连用。如：

𗼐𗗙 *mji¹nji²* 不及

𗼐𘓿 *mji¹lhjụ²* 不获

𗼐𗣊 *mji¹rjir¹* 不得

𗼐𘁂 *mji¹nwə¹* 不知

𗼐𗦻 *mji¹kjir²* 不敢

𗼐𗾈 *mji¹nji¹* 不能

𗼐𗧙 *mji¹ljɨ¹* 不能

𗼐𘓐 *mji¹dzjij²* 不肯

𗼐𗒅 *mji¹wji²* 不会、不能

𗒅𗼐𗒅 *wji²mji¹wji²* 可不可

D）禁止式

表示禁止或劝阻对方某事。西夏语的禁止式是在谓词词干前加前缀"𗼰" *tji¹* 构成[1]。"𗼰"*tji¹* 加在谓词前表示禁止或劝阻，只用于第二人称，且与后续谓词之间不能插入其他成分。[2] 例如：

（1）𗾈　　𘓐　　𗼰　　𗒅！

　　　nji¹　*jijr²*　*tji¹*　*wji¹*

　　　情　　面　　休　　做！

　　　休做人情！（《掌中珠》）

（2）𘜶　　𗤻　　𗼟　　𗆔，𘏨　　𗙴　　𗫼　　𗤸　　𗼰　　𗒅！

　　　mjo²　*sji¹*　*nioow¹*　*ljijr²*　*mji¹*　*·jij¹*　*gji²*　*bjij²*　*tji¹*　*·wji¹*

　　　我　　死　　后　　方，他人　　之　　妻　　子　　莫　　为！

---

① 学术界一般也将其当作否定词或否定前缀处理。

② 参见张永富：《西夏语的禁止式标记》，《西夏学》2019 年第 2 期。

吾死后，不可为他人妻！①（《类林》卷六《烈女篇》）

（3）𗗚　𗕟　𗋽　𗧀！

　　　kie¹　tsjɨr¹　tji¹　bjɨj¹

　　　戒　　法　　莫　　违！

莫违条法！（《掌中珠》）

（4）𗤛　𗄊　𗫕　𗙟　𗥾：𗋽　𗔉　𘝯　𗟀！

　　　śio¹　dʑwo²　nji²　wji²　pjwɨr¹　tji¹　śji¹　nja²　ji²

　　　从　　人　　等　　Pref.1　劝：莫　往　-2sg　QUOT！

从人等劝曰："莫往！"（《类林》卷三《敦信篇》）

E）命令式

命令式表示要求或命令对方做某事。西夏语谓词的命令式，是在谓词词根前加趋向前缀𗙟 wji²。②"𗙟"wji²加在禁止式前缀"𗋽"tji¹之前，表达禁止式的命令。例如：

（1）𗙟　𗋽　𗗇　𗸜！

　　　wji²　tji¹　rejr²　rjir²

　　　IMP　莫　停　滞！

莫要停滞！（《掌中珠》）

（2）𘄡　𗙴　𗢸　𗵂　𗣼　𗟀：𗼖　𗋽　𗙟　𗸲　𘝯！

　　　tha¹　śja¹　rjir²　gji²　·jij¹　ji²　tsej²　zjɨj¹　wji²　ljii¹　nja²

　　　佛　　舍　利　子　ACC　谓　须　臾　IMP　待　-2sg！

---

① 此为张天锡病重，对宠妾阎氏、薛氏二人所说之话。
② 麻晓芳：《西夏语动词的命令式》，《语言研究》2020 年第 2 期。

佛告舍利弗:"汝宜且待!"(《大宝积经》卷一〇三)

（3）𗐯 𗣼 𗕵 𗤙 𗣗 𗦺 𗇋 𗼇 𗙏! 𗣜 𘃡 𗆧

tśhji¹　bju̱²　dźjiw¹　ŋwu̱¹　sji²　dźjwo²　wji²　·jar¹　nja²　mjij¹　ku¹　khia¹

齐　将　追　曰　妇　人　IMP　止　-2sg!　否　则　射

𗼇 𗤳。

nja²　ji²

-2sg　QUOT。

齐将追曰:"妇人止! 不止,则射之。"[1](《新集慈孝传》卷下《姑妹章》)

4.9 谓词的态范畴

西夏语谓词有态的范畴。主要有自动态和使动态两种。其使动态构成手段主要有分析形式与形态变化,前者主要是在谓词后面添加附加成分"𗰖"*phji¹*或"𗼃"*wji¹*,后者是通过词根的内部曲折表示。[2]

A) 添加附加成分

在谓词之后添加附加成分"𗰖"*phji¹*或其衍生式"𗵀"*phjo²*,是西夏语使动态构成的主要手段。"𗰖"*phji¹*与"𗵀"*phjo²*,有"使""令"的意义,通常紧接在谓词之后,无论谓词之后是否出现能愿动词、人称呼应后缀等,其位置皆为固定。如表示否定,通常在谓词之间加上否定词"𗆐"*mji¹*,或者"𗆐𗐯"*mji¹tśhji¹*;若对能愿谓词否定,否定词"𗆐"*mji¹*出现在能愿动词之前,也不影响使动附加成分之位置。例如:

（1）𗷳 𗋽 𗜓 𗰖 𗠋。

du¹　rjij²　śjij¹　phji¹　nji¹

---

① 聂鸿音:《西夏文〈新集慈孝传〉研究》,宁夏人民出版社 2009 年版,第 123 页。《家范》卷七作:"军士引弓将射之,曰:'止! 不止,吾将射之!'"
② 张珮琪:《论西夏语动词的态范畴》,《西夏学》第七辑,上海古籍出版社 2011 年版。

　　楼　阁　成　使　能。

可使成楼观。(《金光明最胜王经》卷一)

（2）𗉛　𗋠　𗏇：𘉋　𗫡　𗄃　𗦳　𗄻？　𗢮　𘉒　𗥃　𗿒

　　thu¹　sji²　dạ²　nji²　njwi²　dźji¹　wa²　dźjo²　·ju²　dzjwo²　·jij¹　lhạ²

　　杜　昕　曰：汝　能　业　何　有？　常　人　ACC　迷

　　𗼞　𗷦　𗤶？

　　phjo²　nja²　ji²

　　令　-2sg　谓？

　　杜昕曰："汝有何术？而诬惑百姓？"(《类林》卷五《方术篇》)

（3）𘜶　𗪺　𗙲　𗟭　𗱸　𗤈　𗥹。

　　rjur¹　tsjiir¹　kha¹　mji¹　zjij¹　phji¹　kiẹj²

　　世　法　中　不　着　使　欲。

　　不著世法。(《大方广佛华严经》卷七八)

（4）𘜶　𗒹　𘜶　𗪺　𗤋　𗿒　𗷯　𗥃　𗾈　𗏇　𗥹　𗇐

　　rjur¹　tha¹　rjur¹　tsjiir¹　tsəj¹　dzu¹　mjijr²　·jij¹　dzju¹　dzjiij²　kiẹj²　nioow¹

　　诸　佛　诸　法　小　乐　者　ACC　教　化　欲　缘

　　𗌚　𗬆　𗅢　𘝞　𗥛　𗄽　𗑮　𗤈。

　　gji¹　sej¹　lhjij²　·iọ¹　mji¹　tśhji¹　śja²　phji¹

　　清　净　土　院　无　尔　现　令。

　　又诸佛为欲化诸乐小法者，不尽现其清净土耳。(《维摩诘所
说经》卷下)

　　若主要谓词后有接"𗼖"lja¹（来）、"𗼰"sji¹（去）动词，附加成

分 "𗫂" phji[1] 及衍生式 "𗫂" phjo[2] 都接在这些 "来" "去" 动词之后。例如：

（1）𗫂 𗫂 𗫂 𗫂 𗫂 𗫂。

dzjwɨ[1] dzjow[2] zeew[2]·juu[1] śjɨ[1] phji[1]

帝　人　遣　观　往　令。

帝使人往视之。(《类林》卷五《方术篇》)

（2）𗫂 𗫂 𗫂 𗫂 �2 �2 �2 �2。

nji[2] ·jij[1] mjii[2] śjij[1] sjii[1] mej[1] lja[1] phji[1] ŋa[2]

汝　之　治　NOM　检　察　来　令　-1sg。

吾来察君治迹尔。(《类林》卷四《清吏篇》)

B) 词根内部的屈折

a) 松紧元音对立。自动态以松元音表示，使动态则以紧元音表示。例如：

�2 lwu[1]	混和	—	�2 lwụ[2]	搅
�2 ɣwej[1]	争、战	—	�2 ɣwẹj[1]	使起战争
�2 nju[2]	饮乳	—	�2 njụ[2]	喂乳
�2 bji[2]	鸣	—	�2 bjị[2]	劝、唆
�2 bji[1]	薄	—	�2 bjị[1]	变薄
�2 bji[2]	下	—	�2 bjị[1]	使低
�2 bjij[2]	高、严	—	�2 bjịj[1]	加高
�2 gjwi[2]	着、穿	—	�2 gjwị[1]	给穿衣
�2 lhjwij[1]	斜、弯曲	—	�2 lhjwịj[1]	使曲
�2 dzjɨ[1]	皆全	—	�2 dzjị[2]	集、具
�2 tshjɨj[1]	细	—	�2 tshjịj[1]	削

b) 松紧元音对立兼辅音交替。自动态为松元音且声母为送气清辅音，而

使动态之元音为紧元音，且声母为同部位的不送气清辅音。例如：

藏 *tśhjij¹* 持去	—	蕤 *tśjij¹* 令他人持去
隬 *thji¹* 饮	—	胈 *tji¹* 令饮
祳 *tśhjo²* 持去	—	夐 *tśjo¹* 令他人持去

c）有无中缀 -w- 的变化。自动态无中缀 -w-，而使动态则以中缀表示。例如：

絆 *dzji¹* 静	—	铧 *dzjwi¹* 使心静
孩 *tshja¹* 热	—	孩 *tshjwa¹* 使热、加热
摺 *dzjij²* 寒冷	—	薇 *dzjwij¹* 使冷
毵 *njij¹* 红	—	熰 *njwij¹* 红、凝血

d）浊—清送气交替。自动态以浊辅音声母表示，使动态则以同部位的送气清辅音表示。例如：

稍 *gji¹* 落、失	—	襖 *khji¹* 拂、令失落
骸 *dzjwi¹* 清	—	溉 *tśhjwi¹* 使清
鱻 *dwər²* 燃	—	翳 *thwər¹* 燃烧
餒 *gjiw²* 裂开	—	骹 *khjiw²* 开决

5. 副词

副词是用来限制、修饰谓词，表示动作、行为、状态的程度、范围、时间等意义的词。副词没有形态变化，一般不能单独回答问题。西夏语的副词主要有程度副词、时间副词、范围副词等，此外还有表示语气、性状、关联、否定等方面的其他副词。

5.1 程度副词

程度副词主要是用来表示谓词性质状态的程度。主要有以下几个：

□ *zji²* 最、甚

□□ *zji²kha¹* 最、极

□□ *źjɨr¹ɣiej¹* 真实、十分

□ *źjɨr¹* 实、十分

□□ *ŋạ² ŋạ²* 甚、极

□ *ljow²* 略、稍微

□□ *ljow² zjij¹* 略微

□ *dźjij¹* 纯、精

下面逐一介绍。

□ *zji²* 与□□ *zji² kha¹*

相当于汉语的“最、极”，这是一组程度较高的、也是最为常见的程度副词。如：

（1）□ □ □ □ □ □ □ □ □ □ □ □。

ŋa² nji² thji² wji² zji² na¹ zji² phju² thjoo¹tsjiir¹ mji¹ rjir¹

我 等 此 Pref.1 最 深 最 上 妙 法 闻 得。

我等今者得闻甚深无上妙法。(《金光明最胜王经》卷八）

（2）□ □ □ □ □ □ □ □ □ □。

ŋa² ·jij¹ wier¹ lew² zji² tsəj¹ njij² gji² dja² phji²

我 之 爱 所 最 小 王 子 Pref.1 失。

失我最小所爱之子。(《金光明最胜王经》卷十）

（3）□ □ □ □ □ □ □ □ □ □ □。

rjur¹ tsjir¹ ŋowr² ŋowr² ·jij¹ tsjiir² gji¹ sej¹ zji² kha¹ sej¹

诸 法 一 切 自 性 清 净 最 中 净。

一切诸法自性清净极清净。(《圣胜慧到彼岸功德宝集偈》卷上）

（4）𗣑　𗣀　𗼦　𗫣　𗈜　𗜐　𗤋　𗣿　𗅫　𗴿。

thja¹　njiij¹　śjwo¹　tja¹　bej¹　nji°　su¹　tsji¹　zji²　kha¹　lji‡¹

彼　　心　　起　　TOP　败　　负　　于　　亦　　最　　中　　重。

发此心者其过重于他胜罪。(《圣胜慧到彼岸功德宝集偈》卷下)

𗅲𗈁 *źjir¹ɣiej¹* 与 𗅲 *źjir¹*

相当于汉语的"真实、十分"，藏文程度副词 yongs su、rab tu、rnam par 及 yang dag 等[1]。这一组词可以作形容词修饰名词用，更常用于修饰谓词。

（1）𗅲　𗈁　𗳦　𗌆　𗸱　𗌜　𗅱　𗼌　𗗙　𗤋。

źjir¹　ɣiej¹　gju¹　mjijr²　mjor¹　·ju²　mji¹　tśhji¹　la¹　yiwej¹　tsji¹

真　实　渡　者　实　前　不　尔　记　受　亦。

假使不蒙诸佛世尊亲记别。(《圣胜慧到彼岸功德宝集偈》卷上)

（2）𗍳　𗫣　𗭪　𗖌　𗆧　𗤀　𗤒　𗌆　𗅲　𗴾　𗔀。

sẽ¹　tja¹　thji²　rewr²　ŋwu²　·ji²　gjuu²　mjijr²　źjir¹　rjir²　tshjiij¹

想　TOP　此　岸　是　谓　救　者　实　Pref.1　说。

想谓此岸即救度者实所演。(《圣胜慧到彼岸功德宝集偈》卷上)

𗌳 *ljow²* 与 𗌳𗍫 *ljow²zjij¹*

相当于汉语的"略""略微"，这是一组程度较轻的程度副词。如：

（1）𗍳　𗫣　𗮟　𗙸　𗣑　𗵑　𗌳　𗍫　𗤅　𗍳。

ηa^2　$sjij^1$　nji^2　jij^1　$thja^1$　da^2　$ljow^2$　$zjij^1$　$tshjii^2$　ηa^2

我　今　汝　ACC　彼　事　略　许　说　-1sg。

我今为汝略说其事。(《金光明最胜王经》卷一)

（2）级 糁 茙 飓 骸 徽。

$tsji^1$　zar^1　$\cdot jwir^2$　dji^2　$ljow^2$　γiew^1

番　汉　文　字　略　学。

稍学番汉文字。(《掌中珠》序)

荒 $dzjij^1$

相当于汉语的"纯、精、专"，这也是西夏语中频度较高的一个程度副词。

（1）佾 觐 荒 牖 荒。

$xiw\tilde{a}^1$　$dzji^2$　$dzjij^1$　djo^2　$dzjij^1$

梵　行　专　修　行。

专修行梵行。(《大宝积经》卷三六)

（2）眦 鸂 斛 糁 臽 荒 蘱。

$tsho^2$　ηa^2　gu^2　$m\partial^2$　$\cdot jir^2$　$dzjij^1$　$jiir^2$

虚　空　中　种　缯　纯　伸。

于虚空中张施缯彩。(《大宝积经》卷三六)

（3）漩 㧱 糁 糁 敠 叚 岛 荒 㿹 瓶。

$thji^2$　sju^2　$m\partial^2$　$m\partial^2$　tha^2　$tsji^1$　$tsiow^1$　$dzjij^1$　gu^1　$sjwo^1$

是　如　种　种　大　苦　聚　纯　生　起。

如是种种生起纯大苦聚。(《大宝积经》卷三六)

5.2 时间副词

时间副词主要是表示动作行为的时间、速度和频率。这类词语相对较多，常见的主要有以下词语：

𗢳 *sjij¹* 今 ── 𗣼𗤁 *thji² wji²* 从此、从今

𗈹 *pji¹* 今 ── 𗢻𗦹 *na¹ rar²* 明日

𗣺 *njwo²* 昔、往 ── 𗈬𗣺 *pji¹ njwo²* 往昔

𗢌 *ɣu¹* 先、前 ── 𗣫𗢌 *sji¹ ɣu¹* 先、前

𗦻𗤁 *tśhji¹ zjo²* 尔时

𗦻𗣼 *tśhji¹ zjij¹* 尔时

𗦻𗢌 *tśhji¹ dzjij¹* 尔时

𗣫𗣼 *tsej² zjij¹* 须臾、瞬时

𗄅𗣙 *tśji¹ rjor²* 俄顷

𗣩 *ju²* 常、久

𗦜 *tśjo²* 永，久

𗣿 *lhjwi²* 骤然、突然

𗣙𗢆 *tśhji² rjar²* 立即

𗣐 *xja¹* 速、疾 ── 𗣇𗣐 *dzjir¹ xja¹* 疾速

𗣇𗣫 *dzjir¹ lji²* ── 急速

𗢍𗢍 *śjwɨ¹ śjwɨ¹* 数、屡屡、屡次 ── 𗣣𗣣 *no² no²* 时时、屡屡

𗣅 *ji²* 复、再、还

5.3 范围副词

范围副词主要是表示动作行为的范围、范畴。常见的主要有：

𗤂 *zji²* 皆 ── 𗤂𗤂 *to² zji²* 悉皆

𗤎 *zji²* 皆 ── 𗤂𗤎 *to² zji²* 悉皆（此组或为上一组的通假，文献中颇为多见）

𗣤 *gu²* 共、俱 ── 𗣤𗣤 *gu² gu²* 俱共

褊褊 *ŋowr² ŋowr²*　一切、所有

㵲 *lew¹*　唯、只

5.4 其他副词

其他副词主要涉及语气副词、性状副词、关联副词等方面。

表语气的，主要有：

㳚 *mja¹*　疑、恐

㰀㡶 *mə² la²*　果然

㠯㦬 *kji¹ djij²*　必定、定

表性状的，主要有：

㺩㺩 *nji²nji²*　暗暗、悄悄、窃窃

表示相互关系的，主要有：

㴴㲸 *gu² dźjwɨ¹*　互相

㲸㴴 *dźjwɨ¹gu²*　更互

㶡㴴 *jij¹gu²*　互相、更互、彼此

㶡㴴 *zji²gu²*　俱共、咸共、同

表示动作行为存在关联的关联副词。主要有：

㳚 *tsji¹*　亦

㳆 *nioow¹*　又

表示否定及禁止的副词①，主要有：

---

① 这几个副词，近来学术界也倾向于将其当作"式范畴"中的"否定式"或"禁止式"缀词处理，详见本书"谓词的式范畴"部分，这里暂时两边具列。

𗼨 *mji¹*（表否定）

𗷄 *mjɨ¹*（表否定）

𗤱 *mjij²*（表否定）

𗵽 *tji¹*（表禁止）

6. 连词

连词起连接作用，连接词、短语、分句和句子等，表示并列、选择、递进、连贯、转折、条件、因果、对比等关系。

6.1 并列连词

西夏语表并列关系的连词主要有以下几个：

𗂼 *ljɨ¹* 和、及

𗼨 *nioow¹* 和、并、及、与

𗂼𗼨 *ljɨ¹nioow¹* 和、并

𗼨𗴂 *nioow¹tsjɨ¹* 和、并、亦

前两个连词除作并列连词外，还可以表示其他关系："𗂼" *ljɨ¹* 可表让步关系，"𗼨" *nioow¹* 可以表时间关系；后两个为复合连词。作为并列连词，"𗂼" *ljɨ¹*、"𗂼𗼨" *ljɨ¹nioow¹* 二者多见用于连接词或短语，"𗼨" *nioow¹*、"𗼨𗴂" *nioow¹tsjɨ¹* 既可以连接词或短语，也可以连接句子。如：

（1）𗼑 𗿋 𗾟 𗂼 𗿋 𘄀 𘋩 𗵒

     thja¹ *lhjɨj* *dzju²* *ljɨ¹* *lhjɨj²* *·iọ¹* *sjij²* *·ju²*

     彼 国 主 及 国 家 庶 民。

     彼国主及以国人。(《金光明最胜王经》卷五)

（2）𗗙 𗤩 𗼨 𗩱 𗥩，𗙱 𘝢 𗼨 𗭘 𗵽。

     wja¹ *mja¹* *nioow¹* *gji²* *bjij²* *ljo²* *tjọ²* *nioow¹* *tsja¹* *diow²*

     父 母 及 子 妻， 兄 弟 及 姐 妹。

父母及妻子，兄弟并姐妹。(《金光明最胜王经》卷八)

（3）𗹬　𗲇　𘋉　𗾦　𗏁　𘝵　𗆟。
　　　nji²　*nji²*　*lji̱¹*　*nioow¹*　*rjur¹*　*wji̱¹*　*dźjwɨ¹*
　　　汝　　等　　_及_　　诸　　眷　　属。

汝等及诸眷属。(《金光明最胜王经》卷六)

（4）𗾦　𗫂　𘝵　𗙴　𗙴，𗾦　𗥃　𗳐　𗤅　𗣼。
　　　rjur¹　*mə¹*　*dzju²*　*ŋowr²*　*ŋowr²*　*nioow¹*　*tsji¹*　*dzjwo²*　*kha¹*　*njij¹*
　　　诸　　天　　主　　一　　切，　_及_　　人　　中　　王。

一切诸天主，及以人中王。(《金光明最胜王经》卷八)

在多重并列项中，"𘋉" *lji̱¹*、"𗾦" *nioow¹* 通常多出现在前两个并列项之间，其余各项之间不再出现，当然也有少量例外。如：

（5）𗹬　𗆫　𘋉　𗾥　𘎟　𗥃、𘝵　𗭼　𗰔　𘖑　𗥃　𗾦
　　　nji²　*njiij¹*　*lji̱¹*　*źji̱¹*　*tśier¹*　*la̱¹*　*wər²*　*zjir²*　*khjuu²*　*śjij¹*　*ja¹*　*nwə¹*
　　　汝　　心　　及　　左　　右　　手、脊　　背　　看　NOM Pref.1 知

　　　𗲇?
　　　nji²

　　　-2pl ?

汝知尔心与左右手、背乎？(《孙子传》)

（6）𗫴　𘋔　𗫂　𗾦　𗫂　𘟛、𘖑　𘖑　𗼕　𗼓……
　　　mjor¹　*ljij²*　*mjii¹*　*nioow¹*　*mjii¹*　*tshja²*　*ŋa²*　*ŋa²*　*·jij¹*　*mjij¹*
　　　如　　来　　施　　及　　施　　报、我　　我　ACC 无……

如来(善知)施及施果、无我我所……(《金光明最胜王经》卷一)

此外，“[illegible]” *tjij*^{1}、“[illegible]” *tśhioow*^{1}、“[illegible]” *mo*^{2} 等选择关系连词，也兼表并列关系，详见“选择关系连词”。

6.2 选择连词

西夏语表并列关系的连词主要有以下几个：

[illegible] *tjij*^{1}　或、或者

[illegible] *tśhioow*^{1}　或、或者

[illegible] *mo*^{2}　或

这几个词都可以与汉语“或”对译，但也有很大不同。“[illegible]” *tjij*^{1} 通常为假设连词，与汉文“若”对译，与“或”对译更多出现在“[illegible] *tjij*^{1}……，[illegible] *tjij*^{1}……”的结构中；“[illegible]” *tśhioow*^{1} 几乎一致与“或”对译，同样多用“[illegible] *tśhioow*^{1}……，[illegible] *tśhioow*^{1}……”的结构；它们既可以连接词和短语，也用于连接分句。“[illegible]” *mo*^{2} 似乎多用于连接词和短语。三者同时皆兼表并列关系。例如：

（1）[illegible] [illegible] [illegible] [illegible] [illegible] [illegible] [illegible]，[illegible] [illegible] [illegible] [illegible] [illegible]

njij^2 *njiij*^{1} *dạ*^{2} *bja*^{1} *tjij*^{1} *ŋwuu*^{1} *lhjii*^{1} *wa*^{2} *nioow*^{1} *thjɨ*^{2} *kię*^{1} *tsə*^{1}

慈 心 言 粗 或 语 软，何 故 此 金 色

[illegible] [illegible]？

bji^1 *śja*^{2}

光 现？

慈心粗言**或**软语，何故现斯金色光？（《大宝积经》卷三二）

（2）[illegible] [illegible] [illegible] [illegible] [illegible] [illegible] [illegible]。

tśhioow^1 *phju*^{2} *tśhioow*^{1} *bji*^{2} *ljụ*^{2} *zjir*^{2} *njɨ*^{2}

或 上 或 下 身 远 至。

或上**或**下遍于身。（《金光明最胜王经》卷五）

（3）𗣼 𗴲 𗤱 𗣓 𗦴 𗗙 𗏹。

rar² zjɨr² mo² tha² ŋjow² kha¹ ·o²

流　水　或　大　海　中　入。

入流水**或**大海中。(《圣观自在大悲心总持功能依经录》)

（4）𗦎 𗫂 𗼃 𗗙 𗤦 𗤱 𗪙 𗤭 𗜍 𗟲 𗣴。

kjir¹ lji² rjur¹ kha¹ dźjiij¹ mo² ya² sjwɨ¹ lja¹ ·ja¹ dạ²

巧　健　世　间　住　或　忧　愁　度　一　言。

知者住世**或**趣圆寂皆同等。(《圣胜慧到彼岸功德宝集偈》卷中)

𗤱 mo² 用于多项选择时，如同并列连词 "𗤭" lji¹、"𗜍" nioow¹，多出现在前两个并列项之间，其余诸项之间不再出现。[①]

6.3 递进连词

西夏语递进关系连词主要有：

𗦱𗤱 rjir² njɨ² 乃至

𗧁𗫨 mji¹dźjij¹ 不但、不仅

两个连词前面还都可以带上连词 "𗤭" lji¹，意义与之相同。"𗧁𗫨" mji¹ dźjij¹ 后面往往又搭配上连词 "𗜍" nioow¹，组成 "……(𗤭) 𗧁𗫨, 𗜍……" 的格式。如：

（1）𗫨 𗵝 𗼃 𗧇 𗦴 𗮾 𗤱, 𗦱 𗤱 𗆧 𗤭 𗣝

dzu¹ lew² rjur¹ war² to² zji² dźjiir¹ rjir² njɨ² lju² kạ¹ wier¹

爱　所　诸　物　悉　皆　舍，乃　至　身　命　惜

𗣞 𗧜。

① 段玉泉：《西夏语中的选择连词 mo²》，《语言研究》2005 年第 1 期。

njiij¹ mjij¹

心 无。

所爱之物皆悉舍，乃至身命心无悋。(《金光明最胜王经》卷九)

(2) [illegible]。

ber² gie¹ sẽ¹ ljị¹ rjɨr² njɨ² sǐə tɕǐei njɨ² sẽ¹ śjwo¹

遇 难 想 及 乃 至 思 苦 等 想 起。

生难遭想乃至忧苦等想。(《金光明最胜王经》卷一)

(3) [illegible]，[illegible]

bia̱² ŋwər¹ dzow¹ gja¹ bju̱² bia̱² ɣjwã¹ ·jij¹ mjịj¹ ŋwu² kjur² sej¹

马 皇 后 军 统 马 援 之 女 是，贞 洁

[illegible]，[illegible]。

mji¹ dźjij¹ tjịj² ·wo² nwə¹ sjij²

不 但，礼 义 知 识。

马皇后，将军马援之女也，(不仅)贞洁，多识礼义。(《类林》卷六《贞洁篇》)

(4) [illegible]，

tjij¹ śjɨ¹ ku¹ nji² ·jij¹ lju̱² kwər¹ lji̱² nja² ljị¹ mjɨ¹ dźjɨj

若 往 则 汝 之 身 体 丧 -2sg 及 不 但，

[illegible]。

ŋa² ·jij¹ tsjɨ¹ ɣiẹ² we² ljɨ¹

我 ACC 亦 害 为 也。

若去则非但丧子千金之质，亦当误老夫矣。(《类林》卷六《异识篇》)

（5）𗀗 𗾲 𘉂 𗾺 𗗋 𗆀 𗾞 𗼷，𗾞 𗼷 𗀟

xu¹ ·jow¹ ·jir² dạ² phja¹ dzjij² rjijr¹ mji¹ dźjij¹ nioow¹ mjij¹ sẹw²

符　融　习　事　断　判　善　不　仅，　又　梦　占

𗾞。

rjijr¹

善。

符融善断狱，又能占梦。（《类林》卷六《占梦篇》）

（6）𗀉 𗀖 𗀄 𘈩 𗟲 𗰔 𗾴 𗾞，𗀟 𗾈 𗀟 𗀟

śjwi¹ gjị¹ kjiw¹ we² zjọ² ·jwir² tshjị¹ rjijr¹ dzja¹ kụ¹ ŋwə¹ gjij²

年　九　岁　为　时　文　诵　善，　长　后　五　经

𗀟 𗀞 𗀟 𗀟 𗾞 𗼷，𗾞 𗟲 𗟲 𗗂 𗀟 𗀟

·wo² ja¹ tsjij² ljị¹ mji¹ dźjij¹ nioow¹ rjur¹ rjur¹ gor¹ gji² kjị¹

义　Pref.1　解　及　不　但，　复　诸　诸　君　子　Pref.1

𗀟。

yjir¹

作。

（班固）年九岁能属文，长通五经，兼诸子百家。（《类林》卷四《聪慧篇》）

6.4 附加连词

西夏语表附加意义的连词主要有：

𗾞𘔪 mji¹wjij¹　除外，除……以外

表示在原有意义基础上补充或排除之外的固定结构。例如：

（1）𗑢 𗾱 𗼸 𗼷 𗰔 𗾴 𗰔，𗐬 𗳭 𗀟 𗀟 𗀟

ljij² ·ji¹ źji² tsjiir¹ kiej² kjị¹ lja1,　śji¹ ·ụ² tsəj¹ yiew¹ dzjụ²

大　众　皆　法　界　Pref.1　证，　先　乘　小　修　习

[illegible]

mjijr^{2}, lji̠^{1} nioow^{1} le̠j^{2} dzu^{1} zjiïr^{2} kha^{1} dji^{1} bu^{1} mjijr^{2} nji^{2} mji^{1}

者 及 贪 爱 水 中 溺 没 者 等 不

[illegible]。

wjij^{1}。

有。

大众皆证法界，除先修习学小乘者，及溺贪爱之水等者。

（《禅源诸诠集都序》卷下）

（2）[illegible]，[illegible]，[illegible]，

tji̠^{1} wa^{2} kju̠^{1} tja^{1} phji^{1} bju^{1} źji^{2} lhju̠^{2} xja^{1} śjij^{1} ·jiw^{2} rjir^{1}，

愿 何 求 者，意 依 皆 获，速 成 就 得，

[illegible]。

njiij^{1} mji^{1} tji̠^{1} tja^{1} thji^{2} kha^{1} mji^{1} wjij^{1}。

心 不 诚 者 此 中 不 有。

所愿求者，无不果遂，速得成就，除不至心。（《金光明最胜王经》卷八）

（3）[illegible]，[illegible]

thja^{1} njiï^{1} gji^{2} rjijr^{2} mji^{1} ŋowr^{2} tsji^{1} ljiïr^{1} tjij^{1} bio^{1} kha^{1} mji^{1}

夫 二 子 才 不 全，犹 四 品 列 中 不

[illegible]。

wjij^{1}。

有。

夫以二子之才未成，犹不列于四科。（《论语全解》第六《先进篇》）

6.5 连贯连词

西夏语连贯连词主要有：

𗧀 *nioow¹* ……后

𗧀𗥦 *nioow¹ rjijr²* 之后

𗼆𗧀 *mja¹ nioow¹* 然后

𗿷𗼆𗧀 *tśhji¹ mja¹ nioow¹* 然后

这些连词都只能出现于连贯复句中，作用是连接复句中的分句。详见"连贯复句"部分。

6.6 条件连词

西夏语条件关系连词只有一个：𗧫 *ku¹*

𗧫 *ku¹* 只能连接复句中的分句，而且只能接在后面分句的句首，表示前面分句所述事件是后面分句所述事件之所以发生或存在的条件。详见"条件复句"部分。

6.7 因果连词

西夏语因果连词主要有：

𗧀 *nioow¹* 因、故

𗧫 *ku¹* 故、则

𗤁 *tśhjwo¹* 方、故

前两词一般出现在表"因"部分的末尾，后一词则出现在"果"的开头。如：

（1）𗢳 𗥦 𗤎 𗴖 𗧀，𘎺 𗝗 𗠝。

　　 dzju¹ bji² mjij² ljiij² nioow¹ sja¹ wo² lji¹

　　 指 挥 未 待 因， 杀 可 也。

　　 因未待令，可斩也。[1]（《孙子兵法三注》卷中《军事篇》）

---

[1] 原文作"（吴起曰：信材士，）非令也，乃斩之。"

（2）𗪲 𗼲 𗧾 𗏓 𗼃 𗼃 𗼃，𗼃 𗼃 𗾺 𗴩 𗼃

gja¹ mjijr¹ zjɨ¹ nwu¹ sju² ·jur¹ ku¹ gu² bjij¹ ŋwu² ·jij¹ lju¹

军 卒 婴 儿 如 养 故， 共 险 境 自 入

𗧾 𗦰；𗴩 𗏓 𗾺 𗼃，𗼃 𗼃 𗧾 𗦰。

tsjɨ¹ kjir² gji² sju² wier¹ ku¹ gu² sji¹ tsjɨ¹ kjir²

亦 敢； 子 如 惜 故， 共 死 亦 敢。

视卒如婴儿，**故**可与之赴深溪；视卒如爱子，故可与之俱死。（《孙子兵法三注》卷下《地形篇》）

（3）𗼃 𗾺，𗧾 𗴩 𗼃 𗏓，𗼃 𗾺 𗼃 𗦰。𗴩 𗾺

ljuu² tja¹ dzjɨ° śjij¹ mjaa¹ lja¹ wo² æjwɨ² yiej¹ phjoo² tsjiir² ·jij¹

严 者， 行 成 果 满， 理 合 真 合。 性 相

𗼃 𗾺，𗴩 𗾺 𗼃 𗦰。𗴩 𗾺 𗼃 𗧾，𗼂 𗼃

loò² dzjar² sji² lew² zjɨ² dzjwɨr¹ dźju¹ sjwij¹ swew¹ sej¹ tśhjwo¹ mjiij²

两 灭， 能 所 俱 绝。 显 焕 明 净， 故 名

𗾺 𗦰。

ljuu² jɨ²

严 也。

严者，行成果满，契理称真。性相两亡，能所俱绝。显焕炳着，故名严也。（《修华严奥旨妄尽还源观》）

6.8 假设连词

西夏语假设连词有两个：

𗴩 tjij¹

𗴩𗴩 tji² tjij¹

二者表假设关系，一般用于假设复句的前一个分句句首或主语之后，往往与"𗏓"ku¹、"𗼃"zjɨj¹等词搭配使用，详见"主从复句"部分之"假设复句"；

或者出现于话题句中与主题标记"𗣋" *tja¹* 配合使用, 例如:

（1）𗓴 𗟣 𗤀 𗣼 𗣋 𗣴 𗣼 𗷅 𗡽。

    tjij¹ *lju²* *mji¹* *ŋowr²tja¹* *zji²* *ŋowr²* *lhə˞* *rjir¹*

    若   身   不   具   TOP   皆   具   足   得。

    若身不具，皆蒙具足。(《金光明最胜王经》卷一)

（2）𗓴 𗣴 𗗙 𗘂 𗤙 𗣐 𗤵 𗦩 𗣼 𗣋, 𗣴

    tjij¹ *·ji¹* *wee¹* *thjɨ²* *sju²* *rjur¹tśhjaa¹·ioow¹* *mjij²* *ŋowr²* *tja¹* *zji²*

    若   众   生   此   如   诸   德   功   未   具   TOP   皆

    𗣼 𗷅 𗤑。

    ŋowr² *lhə˞* *phji¹*

    具   足   使。

    若有众生未具如是诸功德者，悉令具足。(《金光明最胜王经》卷三)

（3）𗓴 𗣋 𗦛 𗕼 𗵹 𗡝 𗣋 𗕼 𗤀 𗡽 𗣋 𗴟

    tjij¹ *gji²* *bjij²* *tśja¹* *lhju²* *wə¹* *gji²* *tśja¹* *mji¹* *rjir¹* *tja¹* *thja¹*

    若   妻   妾   道   获   夫   妻   道   不   得   者，   其

    𗼍 𗽃 𗤀 𗧯。

    ŋewr² *kha¹* *mji¹* *wjij¹*

    数   中   不   在。

    若妇得道而夫不得道，则不在数。(《经律异相》卷一五)

7. 助词及语法标记

    助词是指附着于实词之后、没有实际词汇意义，只表示一定语法意义的虚词。助词不能单独使用，不能单独作句子成分。西夏语助词按作用不同主要有结构助词与名物化助词。西夏语中还有一些附着在实词之后，表示特定意义标记的虚词，也放在这里介绍。

7.1 结构助词

　　结构助词是指附加在名词、代词以及名词性短语之后，表示与其他名词性词语或谓词之间逻辑关系的虚词。西夏语的结构助词，学术界或称之为格助词、格标记。相关的介绍或描写，可见于毛利瑟（Morisse，1904）、索弗洛诺夫（Sofronov，1968）、西田龙雄（1964）、克平（Kepping，1985）、马忠建（2004）、荒川慎太郎及张珮琪等研究。各家对于结构助词不但称呼有所不同，数量差别也很大，从 5 个到 20 余个不等。[①] 最新归纳出的有 14 个[②]。

---

　　① 除马忠建先生称之为结构助词外，其他学者多以格助词或格标记称呼。根据审稿专家意见，不宜盲目套用描写屈折语的西洋语言学理论和术语的，除部分引用外，这里也改称为结构助词。马忠建先生将西夏语结构助词，按施动、主语、宾语、领属性定语、工具、时间、处所、比较、对象、原因、随同，分为共 11 类；史金波先生所列格助词包括主格（𘟀 tja^1）、属格（𗙫 jij^1）、宾格（𗙫 jij^1）、引述格（𗏁 ji^2）和行为主体格，余皆归为介词。同样一个结构助词（格助词），各家的认识和区分也有很大不同，例如"𗙫" jij^1，毛利瑟区分为相当于汉文的"之"（属格）和与格，西田龙雄区分为属格、与格、对格，马忠建区分为主语助词、宾语助词、领属性定语助词，史金波先生区分属格和宾格，等等。也有学者将格助词的数量明显扩大化的现象，例如西田先生将动词前缀"𗙫" jij^1 判定为对格，克平则将"𗤻" gji^1、"𘋨" io^1、"𗐹" $lhjwi^2$、"𗷈" $phja^1$、"𗥑" $nioow^1$ 和"𗯟" $rjar^1$ 等词也都当作格助词来处理。参见李范文主编：《西夏语比较研究》，宁夏人民出版社 2004 年版，第 54 页；毛利瑟：《西夏语言文字初探》，唐均译，载孙伯君编：《国外早期西夏学论集》（上），民族出版社 2005 年版，第 131—132 页；西田龙雄：《西夏语の研究》（Ⅱ），东京座右宝刊行会 1966 年版，283—285 页；史金波：《西夏文教程》，社会科学文献出版社 2013 年版，第 190—192 页；Kepping, K. B.（Кепинг К. Б.），*Тангутский язык : Морфология.*（*The Tangut Language : Morphology*），Москва：Издательство «Наука»，1985，pp144-164；张珮琪：《西夏语的格助词》，载《西夏学》第五辑，上海古籍出版社 2010 年版，第 113—149 页。

　　② 此为张珮琪教授上文中关于格助词的归纳，其归纳转列如下：

主题标记（topic marker）	𘟀 tja^1	
作格（ergative marker）	𗙫𗰗 $dzji\cdot wji^1$	
主格（nomji1native marker）	不及物句	及物句
	𗙫 jij^1	Ø
属格（genitive marker）	𗙫 jij^1	
受格（object marker）	属人名词	非属人名词
	𗙫 jij^1	Ø
具格（instrumental marker）	𗦎 ηwu^2	
伴随格（comitative marker）	𗏇 $rjir^2$	
比格（comparative marker）	𗁈 su^1	
目标格（termji1native marker）	𘟀 do^2	
处所格（local cases : locative, allative, ablative markers）	𗀀 $tśhjaa^1$、𗖻 $khju^1$、𗾚 $\cdot u^2$、𗒹 ya^2、𗫲 kha^1	

燚 *tja¹*

表示停顿、提示。或称之主题标记。通常用于名词性词语或小句之后，用来表示句子主题的停顿、提示，藉此表达想要强调的人和事物。"燚" tja¹ 可以出现在主语之后，也可以出现在宾语之后。如：

（1）眊　姞　祾　燚，毿　甌　緂　蒿　慨　辑。

·io¹　goor¹　gji²　tja¹　tsjij¹　gjij¹　nioow¹ ·jij¹　mji¹　mji²

　凡　男　子　TOP，他　利　因　自　不　忘。

凡君子者，为物岂可忘己？（《番汉合时掌中珠》序）

（2）縹　嶽　羕　燚　鶒　𪃦　飑?

wo²　wa²　dju¹　tja¹　·ja¹　nwə¹　nja²

　义　何　有　TOP　Pref.1　知　-2sg ?

（汝）知有何义？（《类林》卷五《权智篇》）

𪃧𣍍 *dźji² wji¹*

施动助词。字面意思为"行为"，用于标记动作行为的发出者（或者说施动者的标志）。西夏语是 SOV 语言，名词都出现在谓语之前，施动助词便成为区分句子主语和宾语的重要标志。学术界或将其称之施事格助词或作格标记。藏缅语中很多语言施动者的标志是以工具助词标记（或者说与工具助词相同，如藏语中的 gyis），而西夏语的施动助词与工具助词有明显的区分。例如：

（1）婳　羕　蕠　𪃧　𣍍　姞　豳　𪃧　荔　恍　祧　鹡

thow¹　thej¹　tsũ¹　dźji²　wji¹　lji²　mjiij²　xu¹　·ji²　we²　tśhjaa¹　swẽ¹

　唐　太　宗　ERG　地　名　霍　邑　城　上　宋

蕬　斿　龘　𣍍。

la¹   śiəj¹   tśhjiw²   wji¹

老   生   诱   为。

唐太宗诱宋老生于霍邑。（《孙子兵法三注》卷中《九变篇》）

（2）𗇻 𗈇 𗙊 𗄹 𗵽 𗋽 𗩉 𗉮 𗥻 𗣼 𗈪／𗕥。

·ju² sjiij źjɨ¹ tśier¹ dzjow² dźjɨ² wji¹ mja¹ sja¹ ŋa² jɨ²／jɨ¹

常   思   左   右   人   ERG   恐   杀   -1sg   QUOT。

（曹操）常虑左右人图己（被左右人杀）。（《类林》卷四《权智篇》）

（3）𗈦 𗫡 𗋽 𗩉 𗷝 𗜓 𗩉。

·jwar¹ njij² dźjɨ² wji¹ dja² pha¹ wji¹

越   王   ERG   Pref.1 破   为。

为越所灭。（《孙子兵法三注》卷下《九地篇》）

𗣼 ***jij***¹⁽一⁾

表示前后词语之间是领属关系，或称之属格助词。西夏语中修饰性的名词性短语在语序上主要有两种形式：修饰语为形容词时，一般放在中心语之后；修饰语为名词、代词或名词性短语时，一般放在中心语之前。名词修饰名词可以直接依语序相加，当修饰语与中心语有领属关系时，通常在二者之间加结构助词"𗣼"*jij*¹，相当于汉语的"之"或"的"。例如：

𗥦𗙏𗣼𗃛 *ji¹ wee¹ jij¹ lju²* 众生之身

𗄊𗣼𗆀𗤋 *tha¹ jij¹ ju² rjir²* 佛之面前

𗥻𗣼𗤋 *ŋa² jij¹ lạ¹* 我之手

𗠋𗣼𗤶𗮔 *nji² jij¹ gji² bjij²* 汝之妻姜

𘝞𗋽𗀁𗟻 *thja² ·jij¹ śja¹ lji²*　彼之舍利

𗖵𗋽𘝆𘏚 *·jij¹ ·jij¹ wja¹ mja¹*　己之父母

当然也有不用"𗋽"*·jij¹*者，例如：

（1）𗋽　𘟣　𗷰　𗁬　𘖠　𗙴　𘉒　𗣼。

　　　thja¹　rjur¹　phji²　khjiw²　njiij¹　bie²　lhew²　rjir²

　　　彼　　诸　　比　　丘　　心　　解　　脱　　得。

　　　彼诸比丘心得解脱。（《维摩诘所说经》卷上）

𗋽 *·jij¹*（二）

受动助词。或称之受格助词。用于受动者的后面，受动者可以是直接宾语，也可以是简接宾语。并非所有受动者后面都需要加受动助词"𗋽"*·jij¹*，受格助词的出现通常与宾语是否为生命度高的名词有关。

（1）𗣼　𗀔　𘎵　𘝵　𗼩　𘘚　𘖪　𘄴　𗋽　𗣖　𗫵。

　　　xã²　·u²　dzjwɨ　dźjɨ²　wji¹　tũ¹　xjow²　śio²　·jij¹　nja¹　miej¹

　　　汉　武　帝　　ERG　东　方　朔　ACC　Pref.1　召。

　　　汉武帝召东方朔。（《类林》卷四《权智篇》）

（2）𗜓　𗬩　𗦲　𘝵　𗼩　𘟙　𘊝　𗋽　𘜶　𗁬。

　　　kju¹　we²dzjwo²　dźjɨ²　wji¹　tśiow¹　tśhji²　·jij¹　dja²　sja¹

　　　莒　城　人　　ERG　淖　齿　ACC　Pref.1　杀。

　　　莒城人杀淖齿。（《类林》卷四《权智篇》）

（3）𗉘　𘏨　𘜶　𘍦　𗋽　𘐔　𗈓。

　　　ljow¹　xji¹　lju²　ko¹　·jij¹　t-²　kiej²

　　　梁　熙　吕　光　ACC　拒　欲。

梁熙欲拒吕光。(《孙子兵法三注》卷下《九地篇》)

（4）𘀈　𗹩　𗗔　𗰖　𗡜　𗾞。
　　　tjij¹　*mji¹*　*ŋa²*　*jij¹*　*pjo¹*　*tsjij²*
　　　若　　他　　我　　ACC　谤　　诽。
　　　我若被他诃毁。(《大宝积经》卷四五)

（5）𗷰　𗡝　𗳦　𗊱　𗏇　𗁗　𗱲　𗰖　𘄄　𗴿。
　　　nji²　*nji²*　*lji̭¹*　*nioow¹*　*rjur¹*　*wji̭¹*　*dźjwi¹*　*·jij¹*　*mjii¹*　*khjow¹*
　　　汝　　等　　　及　　诸　　　眷　　属　　　　　ACC　施　　给。
　　　施与汝等及诸眷属。(《金光明最胜王经》卷六)

（6）𗏹　𗷰　𗡝　𗰖　𗎩　𗯿　𗾕　𗖩。
　　　sjij¹　*nji²*　*nji²*　*jij¹*　*ji¹*　*ŋo²*　*tser¹*　*dji̭²*
　　　今　　汝　　等　　ACC　众　　病　　医　　治。
　　　今为汝等治疗治众病。(《金光明最胜王经》卷九)

严格来讲，这几个句子中的"𗰖"*jij¹*是有所区别的，其中的第（5）例，
龚煌城先生将其作与格处理。

𗰖 *jij¹*（三）

主语助词，或称主格助词。西夏语中𗰖*jij¹*的用法较多，除通常作领属
关系助词和受动助词外，文献中也多见用来标记不及物动词、部分存在动词、
系动词以及状态动词的主语。如：

（1）𗳦　𗰖　𗱧　𗤁　𗩾。
　　　ŋa²　*jij¹*　*thji²*　*do²*　*tji²*

我　P-O　此　TERM　停。

我（李陵）留此处（匈奴）。（《类林》卷七《文章篇》）

（2）𗀀　𗀀　𗀀　𗀀　𗀀　𗀀。

ηa^2　$tshew^1$　$\cdot jij^1$　dja^2　sji^2　ji^1

戴　曹　P-O　Pref.1　死　谓。

戴曹死矣。（《类林》卷四《酷吏篇》）

（3）𗀀　𗀀　𗀀　𗀀　𗀀　𗀀　𗀀。

gja^1　$dzjij^1$　$\cdot jij^1$　ko^1　$mjij^1$　ku^1　bej^1

军　行　P-O　车　无　则　败。

军无辎重则亡。（《孙子兵法三注》卷中《军争篇》）

（4）𗀀　𗀀　𗀀　𗀀　𗀀　𗀀。

$bjuu^2$　$\cdot jij^1$　$\eta w\partial^1$　$m\partial^2$　ηjir^1　dju^1

将　P-O　五　种　灾　有。

将有五危。（《孙子兵法三注》卷中《九变篇》）

（5）𗀀　𗀀　𗀀　𗀀，　𗀀　𗀀　𗀀　𗀀。

nja^2　$\cdot jij^1$　$dzjiij^2$　ηwu^2　ηa^2　tja^1　$khwa^1$　lji^1

汝　P-O　师　是，　我　TOP　远　也。

子为师，吾则远矣。（《孟子传·离娄下》）

𗀀 ηwu^2

工具助词，或称之为工具格。"𗀀" ηwu^2 用在名词之后表示施事者达成或完成一个动作或行动所凭借或使用的工具或行为方式。^① 用以指示工具的，如：

（1）𗢨　𗭦　𗹦　𗯴　𗍺　𗦾　𗹏。

　　　śji² ŋwu² ·jij² wji¹ thja² ·u² źiejr²

　　　草　INSTR 室　作　彼　中　居。

　　　葺茅为室在中居。（《金光明最胜王经》卷七）

（2）𗱸　𗯑　𗨁　𗭦　𗲠　𗆧。

　　　kew¹ tsu² ya¹ ŋwu² dja² sja¹

　　　高　祖　剑　INSTR Pref.1 杀。

　　　高祖以剑斩之。（《类林》卷十《祥瑞》篇）

用以指示行为方式、方法的，如：

（3）𗴴　𗰛　𗭦　𗙏。

　　　no² nej² ŋwu² me²

---

① 马忠建先生认为西夏语的工具助词有两个，除了"𗭦" ŋwu² 外，还有"𗷜" bju¹。"𗷜" bju¹作为工具助词，只表行为的方式。如：
（1）𗇃　𗆟　𗊁　𗷜　𗆫。
　　 gja¹ tja¹ ljor¹ bju¹ śjij¹
　　 军　TOP　诈　INSTR 成。
　　 兵以诈立。（《孙子兵法三注》卷中《军争篇》）
此外，"𗭦" ŋwu² 和"𗷜" bju¹ 还可以分别用于表示时间的起讫和从由。例如：
（1）𗁦　𗾫　𗭦　𗷢　𗧘　𗕼　𗆫　𗼨。
　　 pji¹ njij² ŋwu² nji² tśhja¹ dwewr² śjij¹ rjir¹
　　 今　日　INSTR 至　正　觉　成　得。
　　 至于今日得成正觉。（《金光明最胜王经》卷三）
（2）𗠩　𗧽　𗰉　𗦾　𗷜　𗿵　𗹏　𗺗　𗩽　𗤁
　　 nioow¹ wa² dzjij¹ kiej² bju¹ rjur¹ rjar² ŋo² gu¹ śjwo¹
　　 复　何　时　节　INSTR 诸　疾　病　生　起
　　 复在何时中，能生诸疾病？（《金光明最胜王经》卷九）
参见李范文主编：《西夏语比较研究》，宁夏人民出版社 2004 年版，第 54 页。

安　稳　INSTR　睡。

安稳而睡。(《金光明最胜王经》卷九)

(4)𗾑　𗅠　𗵉　𗑣　𗀔　𗥃　𗋽。

wjij² zjɨ¹ śio¹ ŋwu² zjɨ̈r² kjij¹ dzjiij²

敌　寇　引　INSTR　水　Pref.2　渡。

引敌使渡。(《孙子兵法三注》卷中《行军篇》)

此外,在复句中,如同"𗤾"bju¹,"𗑣"ŋwu²也常出现在因果关系复句的前一分句末尾,作关联词语用,详见因果关系复句。

𗟲 rjir²

表示随同或伴随。西夏语中表示两人或两件事物同时参与某一行为,或同时处于某一状态,其中一者伴随另一者进行,用"𗟲"rjir²表示前者是所表动作的被动参与者。

(1)𗴿　𗫂　𗼃　𗟲　𗢳　𗤓　𗴾　𗩾。

ŋa² thja¹ njij² rjir²　gu² tśhjaa¹ tsjiir¹ nji²

我　彼　王　COM　共　正　法　听。

我与彼王共听正法。(《金光明最胜王经》卷六)

(2)𗼃　𗥦　𗀆　𗪕　𗟲　𗤑　𗍷　𗽛　𗴿　𗮔。

njij²　xja¹ ŋwər¹ dzow¹ rjir² bjiij² lha¹　śjɨ¹　tjɨ¹　tjij¹

王　速　天　后　COM　行　驾　往　急　速。

王即与夫人严驾而前进。(《金光明最胜王经》卷七)

(3)𗴿　𗫓　𗫿　𗰖　𗧾　𗟲　𗪘　𗦓　𗲟　𗧋　𗢬　𗷟。

ŋa²　śji¹　rjur¹　phji¹　tśhjų¹　rjir²　zji²　ɣa¹　nioow¹　rewr²　dja²　dzjiw¹
我　前　诸　苾　刍　COM　皆　门　外　足　Pref.1　濯

茇。

nji²

AGR。

如我共诸苾刍，皆于门外洗双足已。（《根本说一切有部毘奈耶
杂事》）

（4）𦥑　𧸰　𣎴　𦃆，𦌊　𦄀　𦂅　𥇡。

mə¹　ljɨ²　:ju¹　njạ¹　war²　rjir²　gu²　lej¹
天　地　鬼　神　物　COM　共　转。

天地神明，与物推移。（《黄石公三略》卷上）

此外，助词"𦄀" *rjir²* 常跟特定的动词连用，成为动词支配关系的一部
分。此类动词包括"𧿸" *ka²*（离）、"𦆙" *ljwu¹*（违）、"𧼇" *ber²*（遇）、"𦆲" *ljwu²*
（会）等，例如：

（5）𦩁　𧻮　𦐜　𦃆　𦆀　𦄀　𧿸　𦅾，𦢈　𦆲　𦃯　𦆀。
tjij¹　:ji¹　wee¹　ljɨ²　ŋo²　rjir²　ka²　khu¹　dźiã²　tsjij²　tsjɨ¹　ŋo²
若　众　生　虽　病　COM　离　则，菩　萨　亦　病

𦃐。

mjij¹

无。

若众生得离病者，则菩萨无复病。（《维摩诘所说经》卷中）

（6）𧸭　𦊞　𦄀　𧼇　𦃆　𦆶　𦃆　𦃆　𥋼　𦆀。
njij²　ŋjir¹　rjir²　ber²nioow¹　lwər²　ljɨ¹　ljɨ¹　njɨ²　djii¹

王　难　COM　遇　因　经　及　论　等　分。

因王难，经论分化。(《根本说一切有部毗奈耶杂事》)

（7）𘟍　𗦴　𗓋　𗦫　𗴂　𗦴　𗙴　𗼞　𗢳。

gja¹ bjuu² ɣu¹ khji¹ tshjĩ¹ gja¹ rjir² ·ja¹ ber²

军　将　吴　起　秦　军　COM　Pref.1　遇

吴起将军与秦兵战。(《孙子兵法三注》卷中《军争篇》)

（8）𗓋　𗪟　𗈸　𗣼　𗦇　𗇃　𗦴　𗁬　𗉲，𗽽　𘂞　𗍁

ɣu¹ njij² xu¹ tśhia¹ lja¹ rjijr² gja¹ dźjịj¹ śji¹ tsjĩ¹ thjij² kow¹

吴　王　夫　差　北　方　军　行　往，晋　定　公

𗦴　𗉗　𗦆　𗶷　𗴢　𗈀　𘇂　𘝶。

rjir² ljɨ² mjij² xow¹ tśhiə¹ tśhja¹ kjɨ¹ ljwu²

COM　地　名　黄　池　上　Pref.1　会

吴王夫差北征，会晋定公于黄池。(《孙子兵法三注》卷中《行军篇》)

𗵘 su¹

比较助词。西夏语通过"𗵘" su¹ 表示两种人或两种同类事物在性质与程度上的差异和对比。其标准句式为：A+B+𗵘 su¹+ 比较结果（dimension）（谓词或谓词短语）。如：

（1）𗯱　𗼄　𗣼　𗍁　𗵘　𗵤。

kjwi¹ śiə¹ tśjiw¹ kow¹ su¹ loʔ

季　氏　周　公　COMP　富。

季氏富于周公。(《论语全解》卷六《先进篇》)

（2）𗗙 𗆟 𘕿 𗼲 𗣼 𗼗 𗗙 𘙌。

bji² dzjwɨ¹ su¹ pju¹ ku¹ phju² bji² ŋewr¹

臣　君　COMP　尊　则　上　下　乱。

臣当君尊，上下乃昏。（《黄石公三略》卷下）

（3）𗗙 𗆟 𘕿 𗤒 𗿢，𘜼 𗟻 𘕿 𗤒 𗋽。

bji² dzjwɨ¹ su¹ mji¹ lo¹ nji¹ lhjɨj ʔ su¹ mji¹ khwej²

臣　帝　COMP　不　富　家　国　COMP　不　大。

臣无富于君，家无大于国。（《六韬》卷上《文韬》）

（4）𗼩 𗺉 𗍫 𘕗 𘕿 𗤻 𗤩。

dwuu² da̱² sjii¹ dju² su¹ gie¹ mjij¹

密　事　间　谍　COMP　难　无。

事莫密于间。（《孙子兵法三注》卷下《用间篇》）

（5）𘜼 𗤻 𗤧 𗤧 𗤆，𗦛 𗀔 𘜼 𘕿 𘊝 𗤩。

dzjiir¹ gie¹ ŋowr² ŋowr² kha¹ ·jij¹ lju² dzjiir¹ su¹ dzjiij² mjij¹

舍　难　一　切　中　自　身　舍　COMP　过　无

一切难舍中，无过己身。（《金光明最胜王经》卷十）

𗵧 *do²*①

表示目标。指出动作所向的目标，该目标通常为人或人之处所及人所属

---

① 这一助词学界有不同处理方法，这里采用了张珮琪教授的观点，马忠建先生将其连同"𗴺" *ɣa²* 一并作处所助词（位格）处理，龚煌城先生在《藏缅语中的格助词》一文中也作位格处理，而在《西夏语概况》一文中将其作向格处理。见龚煌城:《西夏语言文字研究论集》，民族出版社 2005 年版，第 238、250 页。

之物。类似于藏文的向格 / 与格助词 -du、-tu、-la、-ru/-r、-su。[①] 也可意指"对于……（某人）"。表目标的，如：

（1）□　□　□　□。

　　　 xja¹　thja²　do²　śjɨ¹

　　　 速　彼　TERM　往。

　　　 速至其所。（《金光明最胜王经》卷八）

（2）□　□　□　□　□　□，□　□　□　□。

　　　 ɣa¹　khju¹　dzjwo²　·jiw²　śjwo¹ŋwu²　kow²　do²　kjɨ¹　tshjɨj¹

　　　 门　下　人　疑　生　因，官　TERM　△　说。

　　　 门下人疑，乃诉于官。（《类林》卷四《断狱篇》）

（3）□　□　□　□　□　□　□　□　□?

　　　 nji²　sjij¹　tha¹　do²　wa²　tji¹　kju¹　kiej²　nja²

　　　 汝　今　佛　TERM　何　愿　求　欲　-2sg ?

　　　 汝今从佛欲乞何愿?（《金光明最胜王经》卷一）

　　意指"对于……（某人）"的，如：

（4）□　□　□　□　□　□　□　□。

　　　 rjur¹　pju¹　nar²　do²　dzjwɨ¹　śjij¹　njiij¹　mjij¹

　　　 诸　尊　老　于　敬　顺　心　无。

　　　 于诸长宿心无敬顺。（《大宝积经》卷四一）

---

① -la、-ru/-r、-su、-du 与 -tu 为词音位变体（allomorph）：-ru 出现在元音之后；-tu 出现在 g、b、d 之后；-su 出现在 s 之后；-du 出现在以 m、n、r、ŋ（ng）、d、l 结尾的词之后；而 -la 则不受到前一音节结构的限制，可以自由运用。

𗿒 *do²* 也偶见用于表示受事。

（5）𗼅　𗼗　𗰛　𗵤　𘏞　𗿒　𗭪　𗬩　𗥃　𘃡　𗟞　𗈪
　　　 śji¹　*mji¹*　*pju̱¹*　*rjur¹*　*tha¹*　*do²*　*kju̱¹*　*tshwew¹*　*na¹*　*neew²*　*tśhji²*　*buu²*
　　　 昔　　无　　量　　诸　　佛　　ACC　供　　养　　深　　善　　根　　种

　　　𗾔
　　　 djij²
　　　 曾。

　　　已曾供养无量诸佛，深植善本。（《维摩诘所说经》卷上）

𗰜 *ɣa²*

处所助词。或称之为位格。通常置于名词或代词之后，表示方位、处所、与事、时间等多种语法意义，类似于汉文的"于"、藏文的 *la*。多与"𗵜𗁬" *bju̱¹gji²*（依倚）、"𗁬" *gji²*（依）、"𗽀" *tha²*（依靠）、"𗤀" *nji²*（至）、"𗧓" *·o²*（入）等动词连用，成为该动词支配关系的一部分，或多出现在存在动词"𗼻" *·o¹*（有）的句中。在藏传佛教文献中，该词也多与藏文从格助词 *las* 对译。

表示方位者，意指"在……方"、"在……里面"或"往……里面"，或动作所向。例如：

（1）𗼻　𘝞　𘏞　𗰜　𗖿　𗟻。
　　　 wji̱²　*zjir¹*　*njijr²*　*ya²*　*lhji̱²*　*lew²*
　　　 东　　南　　面　　LOC　下　　应。

　　　应居其东南面。（《孙子兵法三注》卷中《行军篇》）

表示目标或动作所向，例如：

（2）𗵤　𗏁　𘚉　𘉋　𗼅　𗻛　𗰜　𗧓。
　　　 rjur¹　*phji¹*　*tśhju̱¹*　*tsji¹*　*yu¹*　*djij²*　*ɣa²*　*·o²*

诸　苾　刍　亦　初　定　LOC　入。

诸苾刍亦入初定。(《根本说一切有部毘奈耶杂事》)

（3）㮶　禨　刁　禨　粍　誃。

njɨ¹　tsjiir¹　lew¹　tsjiir¹　ɣa²　·o²

二　法　一　法　LOC　入。

二法入于一法。(《大宝积经》卷三一)

表示空间处所者，如：

（4）㳇　䲽　㳘　䌫　㲚　䕻　䲽　粍　㑊。

thji²　tśju¹　we²　tja¹　śjwa¹　lja¹　rewr²　ɣa²　wjij²

此　邾　城　者　江　北　岸　LOC　有。

此邾城者在江北岸。(《孙子兵法三注》卷中《九变篇》)

表时间者，如：

（5）䌫　䴵　䜣　粍　憍　絴　䴖。

ŋa²　njwo²　zjǫ²　ɣa²　lej²　njiij¹　śjwo¹

我　昔　世　LOC　贪　心　生。

我于往昔生贪心。(《大宝积经》卷四一)

（6）䏦　㦿　䜣　粍　䊃　㲝　牖。

mjij²　ljij²　zjǫ²　ɣa²　po¹　tjij¹　djǫ²

未　来　世　LOC　菩　提　修。

于未来世修菩提。(《金光明最胜王经》卷五)

表与事者，即用于表示直接对象。

（7）𗼲　𘄱　𗟻　𗰟　𘄴　𗣼　𗧹　𗷤。

　　　gja² 　mji² 　thji² 　śjwa¹ 　zjɨr² 　ɣa² 　gjwɨ¹ 　gji²

　　　咱　 们　 此　 河　 水　 LOC　 坚　 依。

　　　吾固依于此江水。（《孙子兵法三注》卷中《九变篇》）

（8）𗟻　𗰜　𗰱　𘃞　𗫒　𗾟　𗩱　𗧹　𗁬　𗳦。

　　　thja¹ 　njij² 　tja¹ 　bjuu¹ 　·ju¹ 　lhwu¹ 　gjwi² 　ɣa² 　ma² 　njwi²

　　　彼　 慈　 者　 恭　 愧　 衣　 服　 LOC　 涂　 能。

　　　是慈能涂惭愧衣服。（《大宝积经》卷四一）

表涉事者，即用于表示间接对象，如：

（9）𗂰　𘀞　𗧹　𗥃　𗤙　𗸁　𗇋。

　　　zjo² 　ka¹ 　ɣa² 　jiw² 　ljɨj¹ 　njiij¹ 　śjwo¹

　　　寿　 命　 LOC　 疑　 惑　 心　 生。

　　　于寿命生疑惑心。（《金光明最胜王经》卷一）

西夏语表示处所意义的助词还有以下几个[①]，其意义相对清楚，兹不详述：

𗼴 tśhjaa¹　上、于

𗱲 khju¹　下、于

𗼨 ·u²　中、内、里

𗧰 kha¹　中、内

7.2 名物化助词

名化助词是用于谓词、形容词或谓词性短语之后使其名化而成为名词性

---

　　① 龚煌城先生把"𗯝"gu²也纳入位格助词。参见龚煌城：《西夏语言文学研究论集》，民族出版社 2005 年版，第 250 页。

短语并承担相应句法功能的虚词。多数名化助词具有构词法的功能，作为构词语素置于谓词或形容词之后派生出新的名词。学界通常也将名化助词称之为后缀。主要有以下六个："𗟲" *mjijr²*、"𗰜" *sji²*、"𘊱" *śjij¹*、"𗼞" *lew²*、"𗒹" *tji²*、"𘔼" *djij²*，[①] 前面五个呈对立分布，"𗟲" *mjijr²*、"𗰜" *sji²*、"𘊱" *śjij¹* 三个可以划归能动系列，"𗼞" *lew²*、"𗒹" *tji²* 两个可以划归所动系列。它们各自使用范围有宽有窄，往往呈现出交叉对立。其使用分布如下[②]。

能动（主动）（能）		所动（被动）（可、所）	
𗟲 *mjijr²*	施动者		
𗰜 *sji²*	施动工具 施动原因 施动方法途径	𗒹 *tji²*	动作涉及的处所、方向
		𗼞 *lew²*	动作涉及的事物
𘊱 *śjij¹*	施动原因 施动方法途径 施动的程度		

---

① 西夏语中名化助词的数量学界认识不一，或多或少。马忠建先生在论及西夏语的构词法时，提及西夏语有十三个构词后缀，其中可以作为谓词或形容词后缀的有："𗟲" *mjijr²*、"𘒏" *tja¹*、"𗼞" *lew²*、"𗒹" *tji²*、"𗦣" *twu¹*、"𗰜" *sji²*、"𘊱" *śjij¹*、"𗾲" *dźjwi¹*、"𗦟" *sju²*；史金波先生提及了五个后缀，其中可以作为谓词或形容词后缀的只有四个："𗼞" *lew²*、"𗾲" *dźjwi¹*、"𗰜" *sji²*、"𗟲" *mjijr²*；"𘔼" *djij²* 则由孙伯君教授纳入名物化后缀系列之中。参见马忠建：《西夏语法若干问题之研究》，中国社会科学院 1987 年博士学位论文，第 26—41 页；史金波：《西夏文教程》，社会科学文献出版社 2013 年版，第 141—143 页；孙伯君：《简论西夏文 "𘔼" *djij2.33 的语法功能》，《西夏学》第 6 辑，上海古籍出版社 2010 年版，第 130—132 页。

② 详见段玉泉：《西夏语的名物化后缀》，《西夏学》第 23 辑，甘肃文化出版社 2021 年版，第 1—19 页。

𗥚 *mjijr²*、𗝥 *sji²* 与𗷦 *śjij¹*（"能"系列）

"𗥚" *mjijr²* 通常用在谓词或谓词性短语之后，表示该谓词所表现动作或描写性状的人，构成名词性短语。如：

𗵓 *kjii¹* 买 —— 𗵓𗥚 *kjii¹ mjijr²* 买者、购者

𗭧 *tshji²* 侍 —— 𗭧𗥚 *tshji² mjijr²* 侍者

𘃡 *lu²* 贫 —— 𘃡𗥚 *lu² mjijr²* 贫者、穷人

𘊝𗯉 *zji² phju²* 最上 —— 𘊝𗯉𗥚 *zji² phju² mjijr²* 最上者、无上士

𗷦 *nji²* —— 𗷦𗥚 *nji² mjijr²* 能遍

"𗝥" *sji²* 通常用在谓词或谓词性短语或者小句之后，既可以表示动作的工具，又可以表示施动的原因、方法或手段。例如：

𘋩 *tsjụ¹* 击 —— 𘋩𗝥 *tsjụ¹ sji²* 鼓槌（工具）

𗝞 *ljiij²* 败 —— 𗝞𗝥 *ljiij² sji²* 败因（原因）

𗬩 *·wiọ¹* 含 —— 𗬩𗝥 *·wiọ¹ sji²* 能含

𗟝 *ljiij²* 容 —— 𗟝 *ljiij² sji²* 能容

"𗝥" *sji²* 用于动词或动宾式短语之后，使之名物化，充当修饰语、宾语或主语。充当修饰语者，如：

（1）𗴮　𗥃　𗰖　𗣫　𗝥　𗬬　𘝯　𗬮，𗣼　𗷦　𗶵　𗰖

　　　ja¹　*na¹*　*piẹj²*　*kjur¹*　*sji²*　*gju²*　*lhjwi²*　*zow²*　*rjur¹*　*pjụ¹*　*jij¹*　*piẹj²*

　　　阿　难　发　盛　NOM　器　旧　持，世　尊　之　发

　　　𗣫。

　　　kjur¹

　　　盛。

　　　阿难持旧盛发器，收世尊发。（《经律异相》卷一五）

（2）𘊝　𗥃　𗮼　𗡪　𗰖　𗣆　𗶍　𗷦　𗣫　𗝥　𘄢。

　　　tśja¹　*mjaa¹*　*ŋwuu¹*　*śioo¹*　*yjɨ¹*　*njij²*　*gjwi²*　*jij¹*　*phie²*　*sji²*　*la¹*

道　果　语　录　金　刚　句　ACC　解　NOM　记。

解释道果语录金刚句记。(《解释道果语录金刚句记》经题)

（3）𗜀　𘊵　𗸰　𗼴　𗪴　𗤁　𗋽　𗼩。

rjur¹ tśhiow¹ tśhji² śjwo¹ sji² lhu¹ ljij¹ wo²

诸　结　根　生　NOM　增　长　义。

增长生诸结根义。(《经律异相》卷一五)

充当主语者，如：

（4）𗖰　𗼴　𗤁　𗏁，𗖰　𗤋　𗧤　𗾔。

thjuu¹ sji² sjij² mjij¹ thjuu¹ lew² mjɨ² ŋa¹

缘　能　智　无，缘　所　境　空。

能缘智寂，所缘境空。(《修华严奥旨妄尽还源观》)

"𗼴" sji² 用于小句之后，使之名物化，充当句子的宾语。如：

（5）𗾔　𘈷　𘏨　𘕺　𘃜　𗠁　𗰜　𗤓　𗼴　𗤁　𗾔，𗕪

dzjij¹ dzjwo² gji² mji¹ dźji² wji¹ nja¹ tśjir² sji² lji² ŋa² thji²

时　人　一　彼　行　为　束　缚　NOM　见　我　此

𘈷　𗬸　𘊳　𘕺　𗠁　𘟙　𗾔　𗕪?

dzjwo² dźjar² wa² rjir² wji¹ dja² ·jir² ŋa²

人　罪　何　乃　犯　即　问　我?

见有一人身被束缚，我即问言，此何所犯? (《悲华经》卷九)

（6）𗼱　𘟙　𘈩　𗤎　𗵒　𗼴　𗤁　𗤓　𘎑　𗼴　𗋽。

śji¹ dja² phji² rjijr¹ thja¹ nji² kji¹ tśhiow¹ wji² dzji¹ sji¹ ljij²

先　Pref.1　失　马　彼　等　Pref.1　偷　Pref.1　食　NOM　见。

（穆公）见先前所失之马，为彼等所偷食。（《类林》卷七《报恩篇》）

𗧾 śjij¹

"𗧾" śjij¹ 可作动词用，相当于汉文的"顺"或"从"，但更多情况下是出现谓词之后具有名物化的功能①。作为名物化助词的"𗧾" śjij¹，既可与"𗤁" śji² 处于偶句对应的语位，又可以构成异文，或在相同的派生词中互换，同样可以归入"能系列"名物化后缀之列。与"𗤁" śji² 处于偶句对应语位者，如：

（1）
𗤁	𘕯	𗀁	𘓺	𗗙	𗧾	𗒛	𗈶	𗧾	𗤁	𘋩	𗨁
·iọ¹	sọ¹	tji¹	ŋwə¹	kie¹	tja¹	tśjị¹	ŋjow²	lho¹	sji²	dzow¹	tśja¹
夫	三	归	五	戒	者，	苦	海	出	NOM	津	梁，

𗼃	𗼃	𗹏	𗧾	𗥃	𗒱
djiij²	phã¹	tshwew¹	śjij¹	mər²	kụ²
涅	盘	趣	NOM	根	本。

夫三归五戒者，盖是出苦海之津梁，趣涅盘之根本。

（《修华严奥旨妄尽还源观》）

相互构成异文者，如下句中的"𗤁" śji²，在英藏黑水城文献 Or.12380—3744 中作"𗧾" śjij¹：

（2）
𗤁	𗰜	𗎟	𗸮	𗄴	𗵐	𗵱	𗡪	𗵙	𘕯	𗤁
tśhja²	njij²	śjij²	thjoo¹	gjuu²	rjur¹	·jij¹	buu²	zjir¹	phji¹	ljij¹	sji²
德	王	圣	妙	吉	祥	之	胜	慧	意	增	NOM

𗧾	𗵐
𗧾	𗵐

---

① 需要说明的是，也偶见该词出现在名词之后的用例。此外，克平提出它还可以作补语后置词，马忠建则提出不同看法，认为克平所举八个例句中的"𗧾" śjij¹ 都可以当词缀处理，具有构词法的功能。参见 Кепинг К.Б., Тангутский язык：Морфология，Москва：Издательство «Наука»，1985，стр.171；马忠建：《西夏语语法若干问题之研究》，中国社会科学院 1987 年博士学位论文，第38—39 页。

zji² jij¹

总　持。

尊者圣妙吉祥能增胜慧觉之总持。①

此外，文献中常见"𗱕𗥃"与"𗱕𗤫"两词，皆用于表示原因，相当于汉文的"所以"。

"𗤫"*śjij¹* 作为名物化助词，至少有三个方面的内涵，既有如"𗥃"*sji²* 表示施动的方法途径及施动的原因的功能外，还可以表示动作的程度。表示施动的方法与途径者，如：

（3）𗥃 𗣼 𗤫 𗴿 𗤫，𗐆 𗗟、𗰖 𗡞、𗭸 𗷙 𗸀

dzjwo² mji̱² śjij¹ tśja¹ tja¹ tji̱ zjijr¹ lhwu¹ low² źiejr² dżjiij¹ dzjiij²

人　治　NOM　道　者，食　饱、衣　暖、居　住　教

𗱗，𗿄 𗤫 𗢼 𘝴 𘃽。

mjij¹ ljwi̱¹ dżjwow¹ rjir² phja¹ njij¹

无，　禽　兽　与　　近　　。

治人之道也，饱食、暖衣、逸居而无教，则近于禽兽。

　　　　　　　　　　　　　　　　　　（《孟子》卷五《滕文公章句上》）

（4）𗵐 𗤐 𗄼 𗤋 𗣼 𗤫 𗦇。

thẽ² wẽ¹ kow¹ lhji̱j¹ mjii² śjij¹ ·jir¹

滕　文　公　国　治　NOM　问。

滕文公问为国。（《孟子》卷五《滕文公章句上》）

表示施动的原因者，如：

（5）𗐆 𗥃 𗿄 𗤫 𗢼 𗭼 𗤫 𗤫，𘝵 𗼱 𗤣 𗥵

---

① 此为西夏文文献经题，该文献目前共发现四件，其中三件用"𗥃"*sji²*。详见段玉泉：《西夏文〈尊者圣妙吉祥之智慧觉增上总持〉考释》，《西夏研究》2012 年第 3 期。

·iọ¹ dzjwo² ljwị¹ dźjwow¹ rjir² do² śjij¹ tja¹ dźjwu¹ wo² dźjij² nioow¹

夫　人　禽　兽　与　异　NOM　者，仁　义　有　故

毅。

ŋwu²

是。

夫人所以异于禽兽者，以有仁义也。(《新集慈孝传》卷下《婆媳章》)

表示动作的程度者，如：

（6）繺　夏　頑　繈，祯　斂　纰　撖　祶　澢　叕　醐

thji² guu² ljwĩ¹ tja¹ nji² do² ljii¹ śjij¹ gji² zjij¹ mjɨ¹ ?

第　五　伦　者，侄　于　厚　NOM　子　何　不　及

祗　瀫？

phji¹ mo²

令　乎？

第五伦者，厚侄岂不如子哉？(《新集慈孝传》卷下《叔侄章》)

（7）纞　繗　厎　骸，茏　鞟　撖　婧　薆　毥。

gji² bjij² tji¹ deej¹ dźjwɨ¹ bjuu¹ śjij¹ wji¹ tshji¹ sju²

妻　眷　食　传，互　敬　NOM　宾　侍　如。

妻奉食，敬相待如宾。(《新集慈孝传》卷下《夫妇章》)

纞 lew²、叕 tjị²（"所"系列）

"叕" tjị²、"纞" lew² 作为名物化助词可以划归所动系列，前者多半表示动作涉及的事物、对象，后者多半表示动作涉及的处所或方向。如：

繈纞（所容），即表示"可被其他事物包容的""可容的事物"。

纰纞（所含），即表示"可被其他事物包容的""可容的事物"。

𗄊𗣩（烧＋𗣩），表示"被烧的东西""可烧的东西"，即柴薪。

𘕤𗒹𗣩𗏁（赞叹＋𗣩），表示"被（可）赞叹的事情"，对汉文"堪为赞叹"。

𗵤𗊱（供＋𗊱），表示"供养的地方"，对藏文 mchod rten 及汉文"塔"。

𗰖𗨁𗊱（生＋𗊱），表示"生出的处所、源头"。

𗩾𗊱（遍、到＋𗊱），表示"到的处所"。

𗵐𗊱（趣入＋𗊱），表示"朝某个方向趣入"。

𗾔𗊱（入＋𗊱），表示"入的处所、方向"。

西夏语"能""所"两个系列的名物化助词往往构成交叉对立。"𗩉"
$mjijr^2$ 一般与"𗊱"tji^2 对立出现，也与"𗣩"lew^2 对立使用；"𘔊"sji^2 一般与"𗣩"lew^2 对立出现，也与"𗊱"tji^2 对立使用。例如：

（1）

𗩾	𗆼	𗊱	𗹦	𘒣	𘒣	𗤁	𗑁	𗄊	𗤁	𗩾	𗅋
ji^1	nji^1	$ljuu^2$	$tshjij^2$	twu^1	bji^1	$swew^1$	dju^1	$dʑjwɨ^1$	gu^2	nji^1	$yjiw^1$
众	珠	庄	严	各	光	明	有	互	共	遍	容

𗤁	𗅋	𘔊	𗾔	𗩉	𗾟	𘓚	𗤋	𗏁	𘓷	𗣩	𗾔
lew^1	$yjiw^1$	**sji^2**	$·o^2$	$mjijr^2$	wo^2	bju^1	$wə^1$	we^2	$·wiọ^1$	lew^2	$·o^2$
唯	摄	▽	入	能	义	因	主	为	含	所	入

𗊱	𘓚	𗑾	𗏁
tji^2	bju^1	$bjij^2$	we^2
所	因	助	为

众珠庄严，各有光明，交涉遍容，唯因能摄能入之义为主，因所含所入为伴。　　　　（《注华严法界观门通玄记》）

（2）

𗖰	𗩉	𘂦	𗦀	𗖰	𗣩	𗩱	𘙆	𘔲	𗧘	𘂦
$yiew^1$	$mjijr^2$	$ljɨ^1$	$nioow^1$	$yiew^1$	lew^2	$tsjiir^1$	zji^2	$thjuu^1$	$sjij^2$	$ljɨ^1$
学	能	及	与	学	所	法	皆	缘	无	及。

能学及与所学之法无所缘。

slob pa po dang slob pa'i chos rnams mi dmigs shing。

　　　　　　　　　　　（《圣胜慧到彼岸功德宝集偈》卷下）

（3）𗣻　𗩩　𗝠　𗢌　𗾴　𗱻　𗀰，　𗍫　𗣼　𗼰　𗧻　𗄈
　　　 tśja¹　mjaa¹　lja¹　rjir¹　sji²　mər²　ŋwu²　ljo¹　neew²　to²　śjwo¹　tji̱¹
　　　 道　　果　　证　　得　　NOM　本　　是，　福　　善　　出　　生　　NOM

　　　𗢋　𗵒。
　　　 yjow¹　we²
　　　 源　　为。

诚证道果之本，乃生福善之源。（《大白伞盖陀罗尼经发愿文》）

　　除以上名物化助词之外，西夏语中还有一个名物化助词"𗧻"*djij²*。"𗧻"
djij² 几乎都出现在主谓式、动宾式短语及小句之后，使其充当"𗀀"（见）、
"𗀁"（见）、"𗌍"（知）、"𗒛"（知）等感知动词的宾语。例如：

（1）𗲟　𗣷、　𗷂　𗍳、　𗧀　𗦂　𗏁　𗾻　𗅲　𗇋　𗦍　𗋲
　　　 we²　wjijr¹　nə²　dźjə¹　yjir¹　la̱²　nji²　djij¹　tśhji¹　dzji¹　sjij¹　thji¹
　　　 狼　　豺　　獲　　狐　　雕　　鹫　　等　　类　　肉　　食　　血　　饮

　　　𗇁　𗎰　𗰷　𗀰，　𗆅　𗕿　𗦍　𗫵　𗧻　𗧻　𗧻　𗀀。
　　　 rjur¹　ljwɨ¹　dźjwow¹　ŋwer²·ja¹　rjijr²　yu¹　tshwew²　du¹　du¹　djij²　ljij²
　　　 诸　　飞　　禽　　等，　一　　方　　头　　向　　移　　动　　NOM　见。

见诸禽兽、豺狼、狐獲、雕鹫之属食血肉者，皆悉奔飞一向而去。

　　　　　　　　　　　　　　　　　　　　　　　（《金光明最胜王经》卷九）

（2）𗦍　𗴿　𗊬　𗥹　𗆅　𗗙，　𗏇　𗕿　𗟭　𗀀　𗄊　𗆊
　　　 lew²　śji¹　ŋa¹　mjij¹　bo¹　kha¹　phji¹·jwi²　gji²　ljij²　·u²　lwər²

我　先　空　寂　林　中，苾　刍　一　大　乘　经

𗧃　𗈷　𗝠　𗩾　𘃽　𗸍　𗠁　𗥛　𗁬　𗂸　𗕑

lhejr² do¹ tshji¹ niow¹ ɣa̱² nji¹ niow¹ śjwo¹ źji² na¹ tsjir¹ tshji¹

典　读　诵，复　十　二　缘　生　甚　深　法　要

𗡪　𗤻　𗡜　𗽀

dew² djij² lji² lew²

说　NOM　见　我

我先曾于空闲林处，见一苾刍读大乘经，说十二缘生甚深法要。

（《金光明最胜王经》卷九）

（3）𗤻　𗼃　𘓄　𘇂　𗤂　𗤂　𗽀　𗙴　𗠁　𗼃　𗴾　𗏁

gur¹ mjiij¹ ljoor¹ məə¹ lhiaa² lhiaa² djij² ljij² tshji¹ dzjwo² zji² we¹

牛　尾　火　光　炫　耀　NOM　见，军　人　皆　龙

𗀚　𘈩

ŋwu² ·ji¹

是　谓。

见牛尾火光炫耀，士兵皆言是龙。（《类林》卷四《权智篇》）

（4）𘕕　𗥃　𗕑　𗟲　𗤂　𗾟　𘃽　𘃚　𗸍　𗾟　𘕰　𗥃

thej¹ kow¹ tshji¹ lji̱² ·io̱¹ ·u² rjir² wjij¹ tśja¹ ·u² sji² dzjwo²

太　公　齐　地　方　内　△　过，路　内　妇　人

𗊱　𗀚　𘀄　𗽀　𗙴

gji² ŋwu² kwar¹ djij² ljij²

一　啼　泣　NOM　见。

太公过齐地，于路见一妇人啼泣。（《类林》卷八《贫达篇》）

7.3 空间位移标记

"𗿧" *rjar¹* 可以用在里程、路程等横向距离的名词之后，也可用于垂直乃至空间任意两点距离的名词之后，以限定作用。例如：

（1）𗇋 𗥔 𗤱 𗦩 𗇃 𗼽，𗥔 𗦻 𗥥 𗢳 𗼨 𗇃

　　 zjir¹　biaa²　lji̱¹　·ji²　lhjij²　·u²　　biaa²　ɣjwã¹　dźji²　wji¹　rər²　dzji̱²

　　 南　　蛮　　林　　邑　　国　　中，　　马　　援　　行　　为　　铜　　柱

　　 𗤌 𗤒 𗥤 𗇋 𗃀 𗼯 𗭻 𗘂 𗿧 𗏁。

　　 wji̱²　jar¹　phji¹　zjir¹　njow²　śji̱¹　ku¹　so̱¹　tu¹　bju̱²　rjar¹　ŋwu²

　　 P1　立　令，　南　海　去　则　三　千　里　△　是。

　　 南蛮林邑国，马援令立铜柱，去南海三千里。（《类林》卷四《四夷篇》）

（2）𗤀 𗿇 𗴂 𗤒 𗤊 𗧔 𗵩 𗏇 𗿧，𗉋 𗋱

　　 thja¹　rjir²　so²　wa̱²　ɣa̱²　njɨ¹　·juu¹　śja¹　no¹　rjar¹　rjur¹　śja¹

　　 其　塔　高　广　十　二　瑜　缮　那　△，　诸　香

　　 𗤒 𗤱 𗧫 𗷚 𗷺 𗗙 𗢳 𗷲 𗣜 𗢳

　　 wja̱¹　lji̱¹　dźjow¹　lə　ɣja²　ŋwu²　ju²　kju̱¹　tshwew¹　wji¹

　　 花　宝　幢　幡　盖　以　常　供　养　为。

　　　　　　　　　　　　　　　　　　　　　　（《金光明最胜王经》卷三）

"𗿧" *rjar¹* 也与"𗼨"（来）、"𗴂"（往）、"𗧉"（往）等空间位移动词，或存在一定距离的运动动词连接，标志距离的存在。例如：

（3）𗉌 𗦻 𗪊 𗋱 𗥛 𗄻 𗥔 𗧉 𗿧 𗆧，𗤒 𗨗

　　 xã²　tśjaa¹　dzjwi¹·io̱²　bo¹　kha¹　dźjij¹　śji²　rjar¹　ŋwu²　dze¹　khia¹

　　 汉　昭　帝　苑　林　LOC　行　往　△　以，　雁　射

　　 𗤒 𗨒 𗤌 𗧫 𗤊 𗓁 𗥥 𗢳 𗥤 𗨩

nja¹　khji¹　dze¹　khjɨ¹　ɣa²　su¹　·u²　jij¹　njij¹　jwɨr²　dja²　·o¹
P1　　落，　雁　　足　　上　苏　武　之　帛　　文　　P1　有

杨 羋 纸。

·ja¹　rjir¹　ɣa²
P1　得　于。

汉昭帝游行上林苑，射得雁，雁足上得苏武帛文。

（《类林》卷三《烈贞篇》）

（4）耗 孩 鈗 鞍 疏 緻，膝 覭 移 巇 緻 犇
thej¹　gjuu¹　zjɨɨr²　mjii²　zar²　nioow¹　mə¹　dźjɨ¹　wji¹　ɣjiw²　thjo̠¹　zew²
大　　禹　　水　　治　　经　故，　天　　行　　为　　玉　　美　　圭

羽 菝 疏，斌 祇 羋 耗 羋 瓾 覭 移 拜
gjɨ²　dja²　khjow²　śjwa¹　dzjɨj¹　śji²　rjar¹　we¹　nər²　dźjɨ̱²　wji¹　dzjwɨ̱¹
一　　P1　　赐，　江　　渡　　往　　△　　龙　　黄　　行　　为　　舟

叕 鐽 移。
kjɨ¹　dźjwi²　wji¹
P1　负　　作。

大禹治水，故天赐一美圭，往渡江而黄龙负舟。

（《类林》卷十《祥瑞篇》）

（5）棹 叕 娥 菝 孩 緻，毗 娥 耗 赦 瓾 赢
ljow　khja²　kṵ¹　dja²　dza¹　tho̠²　khja²　luu¹　rjar¹　ŋwu²　tṵ¹　khjɨ²
龙　　俭　　后　　P1　　长　　大，　井　　凿　　△　　以　　千　　万

鞴 藌 纸 杨 羋，刷 羆 羽 叕 邗
sa¹　rər²　dzjɨj¹　·ja¹　rjir¹　tśhjwor²　wə̱¹　gjɨ²　kjɨ¹　lwə²
缗　　铜　　钱　　P1　　得，　奴　　老　　一　　P1　　买。

龙俭后长成，凿井得铜钱千万贯，买得一老奴。(《类林》卷六《异识篇》)

8. 语气词、感叹词

8.1 语气词

语气词是表示语气的虚词。多出现在句子末尾，表示陈述、判断、疑问等特定语气。西夏语语气词主要有：句末语气词"𗏴"lji^1、"𗉞"mo^2，句首语气词"𗥟"$\cdot io^1$。

𗏴 lji^1 也、矣、哉

句末语气词。相当于汉语的"也""矣""哉"等。通常出现于判断句、陈述句或疑问句末尾，在不同句式中可以表达不同语气。用于判断句句末，主要表示加强判断、肯定的语气。如：

（1）𗊲 𗒹 𗏴 𗕸，𗰗 𗜐 𗏴。
　　　$khju^2$ pie^1 $gjuu^1$ tja^1 $goor^1$ gji^2 lji^1
　　　蘧　伯　玉　TOP，君　子　也。
　　　君子哉，蘧伯玉。(《论语全解》卷八《卫灵公篇》)

（2）𗤀 𗕸 𗦱 𗟍 𗤁 𗏴。
　　　$thji^2$ tja^1 da^2 $bjij^2$ ηwu^2 lji^1
　　　此　TOP　言　助　是　也。
　　　此者，语助是也。(《文海宝韵·平声》)

用于陈述句句末，主要加强陈述的肯定语气，表示谓词所述内容确实存在。如：

（3）𗕦 𗠣 𗔮 𗦲 𗓦 𗥟 𗏴。
　　　kji^1 $djij^2$ $wjij^2$ zji^1 la^1 lji^1 lji^1

必　定　敌　人　手　入　也。

必为敌人所擒也。(《孙子兵法三注》卷中《行军篇》)

(4)𗧘　𗄷　𗾖　𗇂　𗴮　𗋕。

gja¹ dzjwo² ɣie¹ ·o¹ ɣwej¹ lji¹

军　人　力　有　战　也。

士卒力战也。(《孙子兵法三注》卷下《九地篇》)

用于疑问句末，主要加强疑问语气，句中通常还有疑问代词。如：

(5)𗱕　𗟭　𗟭　𗄂　𗤋　𗰞　𗪟　𗋕?

sjij¹ jij¹ jij¹ sja¹ kiej² thjij² sjo² lji¹

今　自　自　杀　欲　云　何　也?

何故今欲自杀?(《类林》卷三《忠谏篇》)

(6)𗼫　𗾔　𗄡　𗙴　𗥔，𗷸　𗰞　𗦳　𗋕?

tjij¹ nju¹ lji¹ mjij¹ ku¹ ɣie² thjij² mji¹ lji¹

若　耳　及　无　则　音　何　闻　也?

若无耳，何以闻音?(《类林》卷五《辩捷篇》)

𗁯 mo² 乎、耶

句末语气词。表示疑问。例如：

(1)𗿦　𗤺　𗤋　𗥦　𗼑　𗤵　𗥰　𗵘　𗥔　𗿦　𗁯?

ŋa² dzjij² ji¹ mjii¹ ·u² phji¹ tśhju¹ ·jij¹ dja² khjij¹ ŋa² mo²

我　他　众　寺　内　苾　刍　ACC Pref.1 给　-1sg　耶?

我岂与彼外寺苾刍耶?(《根本说一切有部目得迦》卷十)

（2）𗂒 𗴟 𗀔 𘝯 𗥛 𘃡？

nji² kã¹ tśja¹ wji² dzjwo² mo²

汝　甘　蔗　Pref.1　食　耶？

汝食甘蔗耶？（《根本说一切有部目得迦》卷十）

（3）𗀊 𗤽 𗕤 𗤯 𗋽 𗟻 𘃡？

gja¹ dźjij¹ lji¹ ljwụ¹ sju² wji¹ mo²

军　行　率　然　如　为　乎？

兵可使如率然乎？（《孙子兵法三注》卷下《九地篇》）

𗗙 ·iọ¹　凡、夫

句首语气词。相当于古汉语中的发语词，表示下文发表议论。如：

（1）𗗙 𗤒 𘝾 𘓓 𗾝 𘕤，𘟂 𗀱 𗒹 𘎑 𘞠 𘃜，

·iọ¹ sọ¹ tji¹ ŋwə¹ kie¹ tja¹ tśji¹ ŋjow² lho¹ sji¹ dzow¹ tśja¹

夫　三　归　五　戒　者，　苦　海　出　▽　津　梁，

𘉞 𘁂 𗹠 𘃜 𗟲 𘃜。

djiij² phã¹ tshwew¹ śjij¹ mər² kụ²

涅　盘　趣　NOM　根　本。

夫三归五戒者，盖是出苦海之津梁，趣涅盘之根本。

（《修华严奥旨妄尽还源观》）

（2）𗗙 𗉚 𗤒 𘃜 𗴩 𗍊 𗊢 𘓇 𘈩 𘟣。

·iọ¹ goor¹ gji² tja¹ tsjij¹ gjij¹ nioow¹ ·jij¹ mji¹ mjị²

凡　男　子　TOP　他　利　因　自　不　忘。

凡君子者，为物岂可忘己。（《掌中珠》序）

8.2 感叹词

感叹词表示说话者某种强烈感情、态度或应答的词。通常出现在句首。西夏语中的感叹词主要有：

𗹏𗾊 $tjij^2rjijr^2$　表示赞许，相当于汉语的"善哉"。

𗿢𗆧 $nji^2mə^2$　表示惊奇，相当于汉语的"奇哉"。

𗁬𗁫 $zjiir^1dju^1$　表示惊奇，相当于汉语的"善哉"、藏语的 a la la。

𗾔𗿕 $\cdot ji^1\,\eta jir^1$　表示叹息、悲痛，相当于汉语的"苦哉""痛哉"。

𗾫𗿕 $\cdot ja^1\,\eta jir^1$　表示叹息、悲痛，相当于汉语的"苦哉""痛哉"。或与"𗾔𗿕" $\cdot ji^1\,\eta jir^1$（苦哉）通。

𗫂𗫈 ηo^2djiij^2　表示叹息，相当于汉语的"呜呼"。

𗌦 $phjij^1$　表示悲痛或叹息。相当于汉语的"噫"。

相关例句如下：

（1）𗧁 𗥃 𗾊 𗤂 𗣼 𗤪 𗾊：𗹏 𗾊 𗹏 𗾊 𗿢
　　 tha^1 $ljiir^1$ $\eta wər^1$ $njij^2$ $\cdot jij^1$ da^2 $\cdot ji^1$ $tjij^2$ $rjijr^2$ $tjij^2$ $rjijr^2$ nji^2
　　 佛 　四 　天 　王 　ACC 言 　曰：善 　哉！善 　哉！汝
　　 𗥃 𗧁 𗤂 𗼃 𗴮 𗫡 𗤪 𗤂 𗵧 𗶡 𗿢
　　 nji^2 $ljiir^1$ $njij^2$ $thji^2$ sju^2 $lwər^2$ $lhejr^2$ $\cdot jij^1$ $\cdot wejr^2$ $\cdot jiij^1$ $njwi^2$ nji^2
　　 等 　四 　王。是 　如 　经 　契 　ACC 护 　持 　能 　2pl
　　 𗁬。
　　 lji^1
　　 也。

佛告四天王："善哉！善哉！汝等四王乃能拥护如是经典。"

　　　　　　　　　　　　　　　　　　　　　　　（《金光明最胜王经》卷六）

（2）𗧓 𗥃 𗤪 𗾊：𗿢 𗆧 𗼃 𗵝，𗬃 𗸦 𗴆 𗳟
　　 $tshji^2$ $rjar^2$ da^2 $\cdot ji^1$　 nji^2 $mə^1$ $thji^2$ wji^2 mji^1 $tsjiir^1$ do^2 wji^1

立　即　言　谓：△　天　此　刻，无　法　处　Pref.1

𗥃　𗌪　𘊝！𗋽　𗉾　𗼍　𗟲，𗌧　𗤻　𗅋　𗠐　𗥃

wee¹　ŋa²　sji²　nji¹　mə¹　thji²　wji²　mji¹　tsjiir¹　do²　wji²　wee¹

生　-1sg　NOM！△　天　此　刻，无　法　处　△　生

𗌪　𗌸　𗟲

ŋa²　sji²　ji¹

-1sg　NOM　谓。

便唱是言："奇哉今者，生非法处！" 又作是言："奇哉今者，生非法处！"　　　　　　　　　　　　　　　　　　（《大宝积经》卷四十八）

（3）𗀔　𗆧　𗹠　…　𗼍　𗾺：𘄜　𗼶，𗳒　𗨨！𘄜　𗼶，

zjir¹　gjwi¹　lwo²　…　kja¹　ljaa¹　zjɨir¹　dju¹　swew¹　sə¹　zjɨir¹　dju¹

实　坚　固　…　赞　叹：少　有，明　满！少　有，

𗪺　𗤻！𘄜　𗼶，𗫸　𗈜！

thjoo¹　tsjiir¹　zjɨir¹　dju¹　tha²　ji¹

妙　法！少　有，大　众！

至坚（喜不自胜，而作）叹言："奇哉，正觉！奇哉，妙法！奇哉，僧伽！"　　　　　　　　　　　　　　　　　（《胜相顶尊总持功能依经录》）

（4）𗩰　𗼍　𗹦　𗴟　𗦀　𗤉　𗹦　𗟲：𘊐　𗎩！𘊐　𗎩！

njij²　thji²　da²　mji¹　djo²　djij¹　da²　ji¹　ji¹　ŋjir¹　ji¹　ŋjir¹

王　是　语　闻　悲　叹　言　曰：苦　哉！苦　哉！

𗌪　𗥇　𗫷　𗹤　𗤔　𗾞　𗌪　𗟲。

ŋa²　wier¹　lew²　gji²　dja²　phji²　sji²　ji¹

我　爱　所　子　Pref.1　失　NOM　谓。

王闻是语悲叹而言："苦哉！苦哉！失我爱子。"（《金光明最胜王经》

卷六）

（5）𗼲　𗊲　𗊲　𗣫　𘕲　𗣫　𘕲　𗏴。

gjij¹　sjwi¹　zji¹　ja¹　ŋjir¹　ja¹　ŋjir¹　ji²

倍　愁　恼　苦　哉！　苦　哉！　称。

倍复愁恼，而称苦哉。（《佛顶无垢经》卷上）

（6）𘜶　𗢣　𗟨　𗰖　𗼻　𗤁！　𗾟　𗼰　𘏽　𗣼　𗤒……

ŋo²　djiij²　ku¹　yiew¹　mjijr²　nji²　tha¹　do²　dźiej²　śjwo¹　lew²

呜　呼，后　学　者　等！　佛　处　信　起　当……

呜呼，后之学者！当取信于佛……（《禅源诸诠集都序叙》）

（三）句法

句法分短语、单句、复句三个部分介绍。

1. 短语

短语，也称词组。是由两个或两个以上的实词按照一定方式组合起来可作句子成分的语言单位。短语的主要功能是作句法成分，理论上，所有短语都能充当一个更大的短语里的组成成分。此外，大部分短语加上句调可以独立成句。西夏语短语根据其结构关系可以划分为不同的类型，具体的划分学界稍有不同 ①，这里主要介绍常见的几种。

---

① 马忠建先生介绍较为详细，其所列词组包括主谓词组、动宾词组、并列词组、偏正词组、补充词组、同位词组、否定词组、能愿词组、趋向词组和兼语词组；史金波先生所列包括并列词组、偏正词组、宾动词组、动补词组、主谓词组、宾介词组、复指词组、连动词组。参考：马忠建：《西夏语语法若干问题之研究》，第158—231页；史金波：《西夏文教程》，社会科学文献出版社2013年版，第201—208页。

1.1 主谓短语

由有陈述关系的两部分组成，前者被陈述部分是主，后者陈述部分是谓。前者可以是名词、代词或者数词等，后者则是谓词（动词或形容词）。例如：

〔西夏文〕‖〔西夏文〕/ 医人看验（《掌中珠》）

〔西夏文〕‖〔西夏文〕/ 烦恼缠缚（《掌中珠》）

〔西夏文〕‖〔西夏文〕/ 七十者稀（《掌中珠》）

西夏语的主谓短语作为一个整体，可担任句子的谓语、谓词的宾语。例如：

〔西夏文〕（谓）

彼饿虎身赢瘦（《金光明最胜王经》卷十）

〔西夏文〕（宾）

知事得成（《金光明最胜王经》卷六）

1.2 动宾短语

由有支配或涉及关系的两部分组成，语序上通常为"OV"结构，支配或涉及的事物在前，为宾语；表支配或涉及的动词在后，为述语。例如：

〔西夏文〕（土运）/ 运土（《掌中珠》）

〔西夏文〕（泥和）/ 和泥（《掌中珠》）

〔西夏文〕（诸众生 ACC 利益）/ 利益诸众生（《金光明最胜王经》卷四）

〔西夏文〕（我 ACC 恭问）/ 为我致问（《金光明最胜王经》卷一）

1.3 并列短语

由两个或多个以上地位平等、性质相近或相反的词语并列构成。它们之间可直接连接，也可以用连词连接，多项并列时连词一般放在前两项之间。西夏语的并列短语作为一个整体，在句子中可担任主语、谓语、动词的宾语，或名词的定语。例如：

〔西夏文〕/ 纸笔墨砚

𗧘𗵘𗧘𗂧 / 或上或下

𘃷𗨁𘄬𗥤𘄻 / 兄弟并姐妹（《金光明最胜王经》卷八）

𘈩𗢍𗤶𗨁𗤶𘗐、𗥃𗥃𗸕𗸆……

如来（善知）施及施果、无我我所……（《金光明最胜王经》卷一）

1.4 修饰性短语（偏正短语）

由修饰关系的两部分组成，修饰的部分叫修饰语，被修饰的部分叫中心语。依据中心语的不同，分为名词性和谓词性两类。

A. 名词性修饰性短语

由修饰语加名词性中心语组成。名词性修饰性短语中的修饰语，有的在中心语之前，有的在中心语之后，依修饰语的词性而定。

由名词、代词充当修饰语的，修饰语一般在中心词之前。例如：

𗄔𗗟𗀔 / 女人身

𗋖𗰖 / 我子

𗢸𗤝𗖵𗰗 / 汝之寿量

由形容词充当修饰语的，修饰语一般在中心语之后。例如：

𗋽𗓉（山·高）/ 高山

𗒛𘜶（雨·急）/ 暴雨

𗳜𗙻𗰖（地程·远）/ 远距离

也有部分充当修饰语的形容词位于中心语之前。这多见于从汉文翻译的西夏文献中，可能是受汉语影响的结果。例如：

𗰔𘆄𗵆 / 清洁衣

𘜶𗰑 / 暴风

𘝞𘄢 / 利器

数词充当修饰语修饰名词，一般位于中心词之前；序数词修饰名词，既有在中心词之前者，也有在中心词之后者；数量结构作定语，修饰中心语，既有在中心词之前者，也有在中心词之后者。例如：

𗏁𗅆𗏁𗤋 / 三十三天

𗣼𗯿𗤋𗏇 / 序品第一

𗏁𗤋𗼑 / 第三地

𗄑𗤋𗢳 / 第一义

𗏁𗆨𗟲 / 三种过

𗙏𗯿𗤋𗬺𗩈 / 八百乘车马

B. 谓词性修饰性短语

由修饰语加谓词性中心语组成，谓词中心语包括动词中心语和形容词中心语。动词中心语的修饰语（或称状语）可以是副词、名词或形容词的重叠式。例如：

𗫂𗫂𗭼𗙇 / 悉皆成就（《金光明最胜王经》卷四）

𗰖𗐴𗭒𗏀 / 泣而行诛（《孙子兵法三注》卷下《地刑篇》）

𗗙𗗙𗫨𗪊 / 必谨察之（同上卷中《行军篇》）

𗗙𗗙𗭒𗗠 / 深感愧疚（《类林》卷九《丑人篇》）

形容词中心语的修饰成分多为程度副词。例如：

𗫞𗅆𗪊 / 最清净

𗫞𗲲𗬺 / 极妙

1.5 补充短语

由补充关系两部分组成，中心词居前，由谓词充当；补语词在后，可以是谓词和数量词。中心词是动词，后面的补语词主要是形容词或形容词性的短语。例如：

𗊋𗗙𗅆𗪊 / 洗浴清净

𗼍𗫂𗫞𗃮 / 福得甚多

中心词是形容词，后面的补语词主要是数量词。例如：

𗵐𗅆𗖸𗲠 / 重十二斤

𗟲𗏁𗯦 / 长三尺

2. 单句

句子可以分为单句和复句。单句是由短语或词充当、有特定的语调、能够独立表达一个相对完整意思的语言单位。根据不同的标准，单句可以划分出不同的句型和类别。根据句法成分的配置格局，可以划分为主谓句与非主谓句；根据表达功能划分，可以分为判断句、描写句、叙述句和疑问句；根据语气表达划分，可以分类陈述句、祈使句、疑问句、感叹句，等等。这里只就其中比较值得关注的两种句式进行介绍。

2.1 否定句

否定句是指表示否定的句子。句子的否定通常要由否定词来实现，西夏语有六个否定词：羇 *mji¹*、羇 *mji¹*、羇 *mjij²*、羇 *tji¹*、羇 *mjij¹*，与羇 *njaa²*。前面三个属于否定副词（或者称之为缀词），第四个主要表示禁止，后两个属于否定谓词，可以充当谓语。前四个否定词一般放在它所要否定的谓词前面，或出现在谓词与其附加成分之间。否定谓词"羇" *mjij¹* 与"羇" *njaa²* 则出现在否定的对象之后，或者单独使用。

羇 *mji¹*　不

这是西夏语中最常用的否定词，一般用于谓词之前。通常也出现在出现谓词和其附加成分之间，如谓词与其后的辅助谓词中间、谓词与其前表完成体的趋向前缀中间；在双音节谓词的否定结构中，它则出现在两个音节之间。

羇 *mji¹*　不、未

表示可能性否定。较少单独出现在主要谓词之前，一般多出现在主要谓词和辅助谓词之间，或者说多用于"羇" *njwi²*、"羇" *kjir²*、"羇" *ljii¹*、"羇" *dzjij²* 等辅助谓词之前，详见"辅助谓词"及"谓词的式范畴"之"否定式"部分。

需要补充的是，"羇" *mji¹* 通常与"羇" *tshji¹* 连用，组合成"羇羇" *mji¹*

tśhjɨ¹，放在谓词之前，表示否定。例如：

（1）绕 蕤 藐 稻 絺 縖 羧 乤 殂 譏。

　　 ŋa² njwo² thjɨ² sju² ljo¹ rjar¹ rjir² mjɨ¹ tśhjɨ¹ ber²

　　 我 昔 此 如 福 田 与 不 尔 遇。

我昔未值如是福田。（《大宝积经》卷四十二）

（2）缵 薿 藏 稀 瓲 瓶 菽 乤 绬，懘 绬 乤

　　 sjij¹ mjo² gja¹ ·jij¹ śiə¹ ·wjij¹ ljij² mjɨ¹ djij² lhjwo¹ djij² mjɨ¹

　　 今 我 军 P-O Pref.1 往 见 ___只___， 回 NOM 未

　　 殂 菽 绕 乤。

　　 tśhjɨ¹ lji² ŋa² ·ji²

　　 尔 见 -1sg QUOT。

今吾见军之出，不见军之入！（《类林》卷三《忠谏篇》）

"乤殂" *mjɨ¹ tśhjɨ¹* 后接"绬"*djij²*（曾）、"瓯"*djɨ²*（曾），表示"未曾"，与"骸绬"*mjij²djij²*（未曾）、"骸瓯"*mjij²djɨ²*（未曾）相同。例如：

（3）绕 矖 蕤 毣 藐 叔 乤 瓲 祗 绕，藐 稻

　　 ŋa² pjɨ¹ njwo² ɣa² thjɨ² tśjɨ¹ kjɨ¹ rjir² zar² ŋa² thjɨ² sju²

　　 我 往 昔 于 此 苦 虽 Pref.1 经 -1sg， 此 如

　　 絺 縖 羧 譏 譏 乤 殂 瓯 绕。

　　 ljo¹ rjar¹ rjir² dźju² ber² mjɨ¹ tśhjɨ¹ djɨ² ŋa²

　　 福 田 与 值 遇 不 尔 曾 -1sg。

我于往昔虽经此苦，曾不值遇如是福田。（《大宝积经》卷四十二）

骸 mjij² 未

表已然性否定。详见"谓词的式范畴"之"否定式"部分。

𗣼 *tji* [1] 勿、莫

表示禁止或劝阻对方某事。详见"谓词的式范畴"之"禁止式"部分。

𗣪 *mjij* [1] 无

通常出现在否定内容之后，也经常与"𗥤" *dju* [1]、"𗢞" *dźjij* [2] 等存在谓词相对出现。例如：

（1）𗣩　𗥤　𗣜　𗣪　𗢞　𗣧　𗣨　𗥤?

　　　tjij [1] *rewr* [2] *lji* [1] *mjij* [1] *ku* [1] *bji* [2] *ljo* [2] *dju* [1]

　　　若　足　△　无　则　步　何　有?

　　　若无足，岂有步?（《类林》卷五《辨捷》）

（2）𗤋　𗥤　𗤻　𗣪　𗢞　𗤪　𗤴　𗥤。

　　　dzjwo [2] *khwa* [1] *sẽ* [1] *mjij* [1] *ku* [1] *djij* [2] *njij* [2] *sjwɨ* [1] *dju* [1]

　　　人　远　虑　无　则　定　近　忧　有。

　　　人无远虑，必有近忧。（《论语全解》卷八《卫灵公篇》）

（3）𗣧　𗣪，𗤼　𗤙　𗢞。

　　　zji [1] *mjij* [1] *so* [1] *mjij* [1] *dźjij* [2]

　　　子　无，女　一　有。

　　　（老人）无子，有一女。（《类林》卷四《断狱篇》）

（4）𗤓　𗤕　𗣜　𗣪　𗤲　𗤗　𗤘　𗢞。

　　　njow [2] *lew* [1] *ljii* [1] *mjij* [1] *sjij* [1] *ŋwə* [1] *lhwu* [1] *dźjij* [2]

　　　昔　一　裤　无　今　五　衣　有。

　　　昔无一裤，今有五襦。（《类林》卷四《清吏篇》）

"𗆍" *mjij¹* 通常出现在 "……𗤶" 话题之后，单独作谓语。例如：

（5）𗤭　𗌰　𗥥　𗤶　𗢳　𗒉　𗅲　𗑌　𗼕　𗠁　𗐯　𗼖，
　　　thjɨ²　*we²*　*·u²*　*tja¹*　*yu¹*　*khjwɨ¹*　*mji¹*　*le²*　*bjuu²*　*dju¹*　*mjɨ¹*　*djij²*
　　　此　　城　　中　　TOP　头　　砍　　不　　畏　　将　　有　　__只__

　　　𗥰　𗐯　𗤶　𗆍。
　　　yiow¹　*bjuu²*　*tja¹*　*mjij¹*
　　　降　　将　　TOP　无。

　　　此城中但有断头将军，无降将军。（《类林》卷三《烈直篇》）

（6）𗕑　𘕿　𘉒　𗑌　𘝞　𗤶　𗆍。
　　　mjo²　*ŋwuu¹*　*do²*　*mji¹*　*de²*　*tja¹*　*mjij¹*
　　　我　　语　　于　　不　　悦　　TOP　无。

　　　于吾言无所不说（悦）。（《论语全解》卷六《先进篇》）

𗾺 *njaa²* 非

出现在否定对象之后，通常看做是判断谓词 "𗤈" *ŋwu²* 的否定形式，且常相对出现，详见 "判断谓词" 部分。需要补充的是，"𗾺" *njaa²* 常作为否定的回答，可以单独使用。例如：

（1）𘐀　𗦂　𗐯：𗾺。　𗤾　𗤾　𗧓　𗑌　𗢣　𗯿。
　　　xjwi¹　*tśhjow¹*　*dạ²*　*njaa²*　*nạ²*　*nạ²*　*wji²*　*sjiij²*　*nja²*　*·ji²*
　　　费　　仲　　曰：非。　好　　好　　Pref.1　思　　-2sg　谓

　　　费仲曰："不然，愿察之。"（《类林》卷三《忠谏篇》）

（2）𗈦　𗱕　𗐯：𗾺　𗢣　𗯿。
　　　sjã²　*xu¹*　*dạ²*　*njaa²*　*nja²*　*·ji²*

先　毅　曰：非 -2sg　谓。

先毅曰："汝非。"（《孙子兵法三注》卷中《行军篇》）

2.2 疑问句

疑问句是指表示疑问的句子。西夏语的疑问句主要有三种方式。

A. 句末使用疑问语气词"𗙴"*mo²*"乎、耶、吗"。例如：

（1）𗷬　𗥃　𗀴　𗆌　𗰜　𗙴?

　　　nji²　*kã¹*　*tśja¹*　*wji²*　*dzjo¹*　*mo²*

　　　汝　甘　蔗　△　食　耶?

　　　汝食甘蔗耶?（《根本说一切有部目 得迦》卷十）

（2）𗏵　𗼨　𗂰　𗤀　𗦲："𗗚　𗈪　𗉛　𗙴　𗇋?"

　　　wẽ¹　*njij²*　*bjuu¹*　*jir¹*　*dạ²*　　*źju²*　*lju²*　*dzju¹*　*mo²*　*ji¹*

　　　文　王　恭　问　曰："鱼　捕　爱　耶　QUOT?"

　　　文王恭问曰："子乐渔也?"（《六韬》卷上《文韬》）

B. 句中使用疑问代词。详见"疑问代词"部分。

C. 使用谓词前缀"𗴢"*ja¹*表示疑问。"𗴢"*ja¹*的位置和动词前缀相同。详见"谓词的式范畴"部分之"疑问式"。

3. 复句

复句由两个或两个以上意义相关，结构上互不作句子成分的分句组成。分句与分句之间的关系有时用关联词语来表示，有时不用而直接组合。关联词语主要是连词，也有部分是副词、助词及关联短语等。

根据分句间的意义关系划分，西夏语复句可以分为联合复句和主从复句两大类。① 联合复句各分句间意义上平等、无主从之分，主从复句各分句间意义有主有从、有偏句正句之分。

3.1 联合复句

联合复句包括并列、连贯、选择、递进四类。

A. 并列复句

并列复句由两个或几个分句并列组成，分别叙述或描写有关联的几件事情或同一事物的几个方面。分句间或者是平列关系，或者是对举关系。常见的关联词语有：

𘃸 tsji¹　亦

𗁅 nioow¹　又

𗁅𘃸 nioow¹ tsji¹　及、并

具体阐述如下。

𗁅 nioow¹、𗁅𘃸 nioow¹ tsji¹ 属于并列连词，前文已述，它们除连接词或短语外，也用于连接句子。例如：

（1）𗤛 𗾞 𘃎 𗵽 𗉐 𗣼 𘃥 𗩱 𗫸 𗰱 𘞘 𗅫
　　　ljiir¹ ŋwər¹ njij² kiẹ¹ bji¹ swew¹ lwər² lhejr² ·jij¹ kju¹ tshwew¹ dzjwi¹
　　　四　天　王　金　光　明　经　典　ACC　供　养　恭

　　　𗩱，𗁅 𗣼 𘃥 𘃄 𗄊 𗩱 𗩈 𘕣 𗩱。
　　　lhejr²,　nioow¹ lwər² lhejr² ·jiij¹ mjijr² ŋewr² ·jij¹ tśju¹ ·wejr² njwi¹
　　　敬，　又　经　典　持　者　数　ACC　守　护　能。

　　　四天王恭敬供养金光明经，及能拥护诸持经者。（《金光明最胜王经》卷六）

---

① 这里参照了汉语复句中常见的二分法，学界或称之为并列复句与偏正复句。也有学者主张三分法，如邢福义先生提出的因果、并列、转折三分系统，参见邢福义：《汉语复句研究》，商务印书馆2001年版，第38—47页。

（2）羆　隨　席　㴜　㴝　蒛　祇　絴　嫇　嫲　㴜　隊

thja¹　lhjɨj²　njij²　thjɨ²　lwər²　lhejr²　·jij¹　njiij¹　tji¹　nji¹　lhjɨj²　·jow²

彼　国　王　此　经　典　ACC　心　诚　听　受　赞

薇　羁　蘬，慨　术　㴜　㴝　蒛　㴝　彥　絧　繇

śja²kju¹tshwew¹　nioow¹tsjɨ¹　thjɨ²　lwər²　lhejr²　·jiij¹mjijr²　ljɨir¹　djij¹

叹　供　养　并　亦　此　经　典　持　者　四　部

嫲　祇　羁　蘬。

·ji¹　·jij¹　kju¹tshwew¹

众　ACC　供　养。

彼国王于此经典至心听受赞叹供养，并复供给受持是经四部之众。

（《金光明最胜王经》卷六）

术 *tsjɨ¹* 是个副词，它在复句中所处位置与上述连词不同：

一是位于后一分句的主语之后。例如：

（3）㪍　彶　㪍　媵　㹣　虓　臧　㷱　席　瓬，瓬　媵

sọ¹　ɣa²　sọ¹　mə¹　wə¹　twụ¹　yie¹dźjwu¹　njij²　·wụ¹　rjur¹　mə¹

三　十　三　天　主　各　力　人　王　助，诸　天

褊　褊　术　蒜　㹣　臧　瓬　㦎

ŋowr²ŋowr²　tsjɨ¹　·jij¹　wə¹　yie¹　·wụ²　bjij²

一　切　亦　自　在　力　佑　助。

三十三天主分力助人王，及一切诸天亦资自在力。（《金光明最胜

王经》卷八）

二是位于后一分句的谓词之前。例如：

（4）㪍　㸗　㗲　綴　虒，幯　术　虒。

bo¹ kha¹ bạ² to² dju¹ gji¹ tsjɨ¹ dju¹

林   中   叶   生   有， 落   亦   有。

林中叶有生，亦有落。（《大方广佛华严经》卷一〇）

三是前后分句之中俱存。例如：

（5）𗫂 𗊂 𗥃 𗏵，𗕩 𗥃 𗏵。

thja¹ lja¹ tsjɨ¹ mjij¹ śjɨ¹ tsjɨ¹ mjij¹

彼   来   亦   无， 往   亦   无。

彼亦不来，亦不去。（《大方广佛华严经》卷二）

如遇否定，"𗥃"既可以位于该否定词组之前，也可以插入否定词组之中。
例如：

（6）𗾔 𗉛 𗣼 𗏵 𘃝，𗣼 𗥃 𗏵 𘃝。

sjij²mjijr²dzjwo² mji¹ lhjo¹ ŋwuu¹ tsjɨ¹ mji¹ lhjo¹

智   者   人   不   失， 言   亦   不   失。

知者不失人，亦不失言。（《论语全解》卷八《卫灵公篇》）

（7）𗸐 𗡪 𘎧 𗾔 𗖅，𗸐 𗡪 𗏵 𗥃 𗥑。

lew¹ tsjiir¹ wee¹ mjij² djij² lew¹ tsjiir¹ mji¹ tsjɨ¹ dzjar²

一   法   生   未   曾， 一   法   不   亦   灭。

未曾生一法，亦不灭一法。（《金光明最胜王经》卷八）

B. 连贯复句

前后分句按时间、空间或逻辑关系的顺序说出连续动作或相关的情况，
分句间有前后相承的关系。连贯复句又称顺承复句、承接复句。西夏语连贯
复句分句之间可用关联词，也可不用关联词而依分句排列次序表示。常见的
关联词有：

慨 *nioow¹*　后、已

慨嫩 *nioow¹ rjiijr²*　之后

縱慨 *mja¹ nioow¹*　然后

孙縱慨 *tśhjɨ¹ mja¹ nioow¹*　然后

例如：

（1）緋 猯 蓊 慨，翩 羂 効 蓷。

　　ŋa² ɣju¹ mji¹ nioow¹ xja¹ thja¹ do² śjɨ¹

　　我　请　闻　后，即　其　处　往。

　　我闻请已，即至其所。（《金光明最胜王经》卷八）

（2）爽 孲 繊 爽 㴱 叕 㳺 慨 嫩，嘉 逖 叕

　　dji² mjiijr² tser¹ dji² śjij¹ kjɨ¹ nej² nioow¹ ljiijr² ·jij¹ dźjɨj¹ tjɨ²

　　治　者　医　治　法 Pref.1 示　后　方，自　住　处

　　死 蓷。

　　twu̧¹ śjɨ¹

　　各　往。

　　即为处方，便还归住处。（《根本说一切有部毗奈耶杂事》卷一三）

（3）㩇 慨 豺 蔲 核 縱 慨 豺 蔲 嬍。

　　dzjwo² mji¹ wji¹ dźjo² ljɨ¹ mja¹ nioow¹ wji¹ dźjo² nji¹

　　人　不　为　有　也　然　后　为　有　能。

　　人有不为，而后可以有为也。（《孟子传·离娄下》）

（4）纀 瀡 羖 敧，縦 慨 矗 蘿 㫑 㻺 緋 㛣，

　　sji¹ ɣu¹ zjɨr² lju² tśjɨ¹ nioow¹ śjwo¹ wej² sə² rur² rjir² zji²

　　先　前　水　洒，次　及　打　扫　清　净　△　作，

𗾣　𗢸　𗡪　𗣋。

tśhjɨ¹ mja¹nioow¹ tjɨ¹

尔　然　后　敷。

先当洒水，次扫令净，然后敷座。

（《根本说一切有部毘奈耶杂事》卷一三）

（5）𗾙　𗼻　𗀄　𗣼　𗤊　𘝵，𗾣　𗢸　𗡪　𗭑　𗭡。

tśhjạ²ŋwu² tśhjɨ¹ low² dza² ka¹　tśhjɨ¹ mja¹nioow¹ phja¹ lew²

尺　以　狭　宽　量　计，尔　然　后　裁　应。

可取竹片量叶宽狭，然后裁之。（《根本说一切有部毘奈耶杂事》卷
一三）

此外，𗾞 *tśhjwo¹* 和𗡪 *nioow¹* 前后呼应，组成"……𗾞……𗡪……"的结
构，可以共同表达分句间的连贯关系。例如：

（6）𘝦　𗾈　𗀿　𗫴，𗾞　𘝷　𗧓　𗣫，𗤦　𗣴　𗢟　𗡪，

thjɨ² sju² dzjiw¹ dźjwa¹tśhjwo¹sej¹ lhwu¹ gjwi² wạ²　ju² lhoˀ nioow¹

此　如　浴　已，方　净　衣　穿，坛　视　出　后，

𘝷　𗏷　𗌋　𗀼。

sej¹　kjür²　·u²　·o²

净　室　中　入。

如是浴已，方著净衣，既出坛场，入净室内。（《金光明最胜王经》
卷七）

C. 递进复句

递进复句中的分句，在结构上是平等的，但后面分句所表达的意思，比
前面分句更进了一步。分句间的递进关系，必须用关联词来表示。西夏语中，
递进复句最常见的形式，主要是通过以下关联词语表达。

𗿒𗅹 *rjir² nji²* 乃至

𗩧𗪘 *mji¹ dźjij¹* 不但、不仅

两个词语的使用情况详见"连词"之"递进连词"部分。

西夏语中，也有一些递进复句是没有关联词语的，其递进关系是通过叙述的先后顺序、或时间顺序逐层表达出来的。例如：

（1）𗣋 𗗂 𗠊，𗭩 𗬜 𗦜 𗰛 𗿊 𗣩 𗣔 𗰗，

dzjwɨ¹ ljij² tshja¹ zjɨ¹ tśier¹ dzjwo² zew² pju̱ rjir² khju¹ tśhjij¹ phji¹

帝 大 怒， 左 右 人 遣 殿 堂 下 拖 令，

𗣫 𗶙 𗗙 𗰜 𗵐。

rjir² ·u² njij² yiẹ¹ ·jɨ²

斧 中 Pref.2 煮 谓。

帝大怒，使左右拖下殿，令镬煮之。（《类林卷六》卷六《医巫篇》）

（2）𗥾 𗩱 𗣩 𗒒 𗪢 𗤁，𗭪 𗯿 𗤁 𗾲 𗬜 𗰗

śji¹ nja² rjir² ·ja¹ dźju² zjọ² rjar¹ ŋo² dźjɨ djwar¹ zja̱ dja²

初 汝 与 Pref.1 遇 时， 疾 病 皮 肤 间 Pref.1

𗧓，𗩪 𗰛 𗏁 𗐴 𗬓 𗠅； 𗩻 𗶸 𗤁 𗒒 𗪢

tji̱¹ sar¹ pju² ·wji¹ ŋwu² ŋwər² lji¹ ·jɨ² nji² rjir² ·ja¹ dźju²

在， 针 灸 为 以 癒 也； 再 汝 与 Pref.1 遇

𗤁，𗭪 𗯿 𗧃 𗥃 𗬜 𗧓，𗵣 𗵐 𗐴 𗬓 𗠅；

zjọ² rjar¹ ŋo² sjij¹ kha¹ dja² tji̱¹ tsə¹ tji̱¹ ŋwu² ŋwər² lji¹

时， 疾 病 血 中 Pref.1 在， 药 饮 以 癒 也；

𗥃 𗶸 𗤁 𗒒 𗪢 𗹢 𗭪 𗯿 𗥾 𗯞 𗥃 𗧃

sjij¹ nji² rjir² ·ja¹ dźju² ku¹ rjar¹ ŋo² rjir¹ lhu̱² kha¹ kjɨ¹

今 汝 与 Pref.1 遇 则 疾 病 骨 髓 中 Pref.1

𗣇 𗠊，𗬜 𗼖 𗬓 𗮔 𗤁 𗵐 𗠅。

·o² 　sji² 　ka̱¹ 　dzju² 　lja¹ 　tsji¹ 　dji² 　mji¹ 　njwi² 　lji¹

入　NOM，命　主　来　亦　治　末　能　也。

初见公时，病在皮肤，针灸所及；再见公时，病在血脉，汤药所及；今见公，病入骨髓，司命亦莫能治也。（《类林卷六》卷六《医巫篇》）

有些复句，其递进关系是通过"𗁾"tsji¹、"𗦀"nioow¹等词语帮助表达。例如：

（3）𗢸 　𗤋 　𗥃 　𗫂 　𗭼，𗦀 　𗟵 　𗥃 　𗤒 　𘂚，𗸕 　𗑠

thji² 　sju² 　tśhja² 　tsjiir¹ 　ya² 　nioow¹ 　dzjwị¹ 　lhejr² 　njiij¹ 　mjij¹ 　rjur¹ 　dzjij²

此　如　正　法　于，复　恭　敬　心　无，诸　其

𗊰 　𗁾 　𗝣，𗫂 　𗦀 　𗉣 　𗤒 　𗍫。

da̱² 　tsji¹ 　śjwo¹ 　tsjiir¹ 　mji¹ 　bjuu¹ 　dźiã² 　tśhju¹

事　亦　起，法　不　恭　情　有。

于如是正法，不复兴恭敬，更起诸余事，不敬法众生。（《大宝积经》卷四三）

（4）𗵃 　𗴂 　𗙚 　𘀍 　𗁬 　𗢸 　𗙚 　𗨱 　𘝶 　𗫡 　𗄻 　𘊲

nji² 　dzjwo² 　·jij¹ 　gji² 　we² 　ŋa² 　·jij¹ 　wejr¹ 　ljij¹ 　phji¹ 　gjij¹ 　yie²

汝　人　之　子　为　我　ACC　兴　益　令　利　益

𘝶 　𗥃，𗦀 　𘞌 　𗫅 　𘑗 　𗴂 　𗙚 　𗎭 　𗰜 　𘜶？

mji¹ 　njwi¹ 　nioow¹ 　thjij² 　sjo² 　ljwij¹ 　dzjwo² 　·jij¹ 　dźjar² 　lhjụ 　phjo² 　nja²

莫　能，复　何　如　死　人　ACC　罪　获　令　-2sg？

汝为人子，不能有益于我，如何累辱亡灵？（《类林》卷五《方术篇》）

更多的递进复句是通过"𗏁"lew¹、"𗧘"njaa²、"𗦀"nioow¹、"𗁾"tsji¹等词语组合而成一些相对固定的表达，主要有以下形式：

□ *lew¹*……□□，……□……

□ *lew¹*……□，……□……

□ *lew¹*……□，□□……□……

这些组合形式意思基本一致，相当于汉语的"非但（不但）……，而且（乃至）……"。例如：

（5）

□	□	□	□	□	□	□	□	□	□	□
mə²	*mə²*	*śja¹*	*lji²*	*lew¹*	*thji²*	*sọ¹*	*tụ¹*	*tha²*	*tụ¹*	*rjur¹*	*kiej²*
各	种	香	气	惟	此	三	千	大	千	世界

□	□	□	□	□	□	□	□	□	□
nji²	*lji̱¹*	*nja̱²*	*ja¹*	*lji̱r²*	*ljiij¹*	*zjij¹*	*nioow¹*	*śja¹*	*rjijr²*	*mji¹*	*pjụ¹*
至	及	非	一	念	顷	时	又	十	方	无量

□	□	□	□	□	□	□	□	□	□
bju²	*mjij¹*	*khjã²*	*khja²*	*bẹ¹*	*nji²*	*·jir²*	*tụ¹*	*khji¹*	*rjir²*	*rjur¹*	*tha¹*
边	无	殑	伽	沙	等	百	千	万	亿	诸	佛

□	□	□	□
lhjij²	*iọ¹*	*·u²*	*nji²*
国	土	内	至

种种香气，非但遍此三千大千世界，于一念顷，亦遍至十方无量无边恒河沙等百千万亿诸佛国土。（《金光明最胜王经》卷六）

（6）

□	□	□	□	□	□	□	□	□	□	□
ŋa²	*wji²*	*rar²*	*dźjã²*	*tsjij²*	*tśja¹*	*rjir²*	*dźjij¹*	*zjọ²*	*lew¹*	*zji̱ir²*	*lji̱¹*
我	过	去	菩	萨	道	乃	行	时	惟	水	及

□	□	□	□	□	□	□	□	□	□
tji¹	*mjii¹*	*ŋwu²*	*zjụ²*	*kạ¹*	*gjuu²*	*nja̱²*	*rjir²*	*nji²*	*dzu¹*	*lew²*	*ljụ²*
食	施	以	鱼	命	救	非	乃	至	爱	所	身

𗁠　𗾺。

tsji¹ dzjïir¹

亦　舍。

我于过去行菩萨道，非但施水及食济彼鱼命，乃至亦舍所爱之身。

（《金光明最胜王经》卷一〇）

西夏语复句中还有一种衬托式递进复句，前一分句谓词之前使用"𗁠"，后一分句使用"𗧜"加反问形式，最常见的形式是"……𗁠……，𗧜……𗾺𗿷𗒹？"，相当于汉语的"尚（亦）……况复（何况）……？"。例如：

（7）𗊢　𗤁　𗣠　𗁠　𗱠　𗱛　𗺉　𗀔，𗼻　𗆟　𗇋　𗁬，

　　thja¹ rjur¹ lhji² tsji¹ lji¹ bju¹ sar² ljiij² zji² rjir² lew² mjij¹

　　此　诸　尘　尚　风　随　散　灭，皆　存　可　不，

　　𗧜　𗖊　𗿷　𗤒　𗆟　𗒹　𗾺　𗿷？

　　nioow¹ ŋər¹ lụ¹ nji² rjir² tji² ljọ² wjij²

　　复　山　石　等　存　可　何　有？

　　此诸尘随风散灭，了不可得，何况山石当有存者？（《大宝积经》
卷三七）

（8）𗊢　𗴾　𗀉　𗏀，𗽉　𗏗　𗁠　𗧜　𗐲，𗧜　𗽉　𗒿

　　thja¹ gjij² njïir¹ kha¹ zjïir² mjiij² tsji¹ mji¹ mji¹ nioow¹ zjïir² rjir¹

　　彼　旷　野　中，水　名　尚　不　闻，复　水　得

　　𗾺　𗿷　𗒹？

　　tji² ljọ² wjij²

　　可　何　有？

　　彼旷野中，不闻水名，况复其水？（《佛说无垢经》卷上）

这些衬托式递进复句，有时也于前一分句末尾搭配连词"𗤁"wja¹，形成了一组比较固定一致的搭配形式，主要有：

"……𗟲……𗤁，𗣜……𗴺𗧤𗧤𗰗？"

"……𗟲……𗤁，𗣜……𗴺𗧤𗰗？"

"……𗟲……𗤁，（𗣜）……𗴺𗧤𗧬𗤁？"

"……𗟲……𗤁，……𗧤𗧬𗤁？"

"……𗟲……𗤁，……𗧤𗧤𗣳𗤁𗴺？"

这组复合句式表达的意思基本一致，相当于汉语的"尚且……，何况……"[①]，例如：

（9）𗦲 𗣍 𗴮 𗻻 𗣍 𗟲 𗧾 𗴺 𗧤 𗤁，𗭴 𗪪

po¹ tsa¹ ma² ŋạ² tsa¹ tsji¹ thji² ji² lji¹ wja¹ tœhji¹ rjir²

菩 萨 摩 诃 萨 亦 此 谓 也 △，斯 已

𗣜 𗴦 𗗉 𗣜 𗧠 𗤁 𗧬 𗰗？

nioow¹ tja¹ tshja² mji¹ lji¹ tji² ljọ² wjij²

下 者 报 不 报 可 何 有？

菩萨摩诃萨尚致此言，况降斯已下而无报答？（《慈悲道场忏法卷》第七）

（10）𗧖 𗟲 𗴺 𗤝 𗫰 𗾭 𗖒 𗤁，𘒣 𗸦 𗬦 𘓇

lji² tsji¹ thji² sju² dja² we² sji² wja¹ śjij² mjijr² rewr² wji²

地 亦 此 如 △ 是 NOM △ 圣 者 足 底

𗧤 𗫰 𗾭 𗣳？

wa² dja² we² jaa¹

何 Pref.1 是 可？

---

① 详见 Yuquan Duan，"Conjunction wja1 in Tangut language"，*Chinese Writing Systems*，2019（1）。

地尚如此，圣者之足其状若何？"（《根本说一切有部毘奈耶杂事》卷一三）

D. 选择复句

选择关系复句一般包括两种：一是未定选择，即两个以上的分句，分别说出两种以上可能的情况，让人从中选择；二是已定选择，即选定其中一种，舍弃另一种。未定选择常用的关联词主要有：

𗣫 *tjij¹*　　或、或者

𗐗 *tśhioow¹*　　或、或者

前文已及，𗣫 *tjij¹* 通常为假设连词，与汉文"若"对译，与"或"对译更多出现在"𗣫 *tjij¹*……，𗣫 *tjij¹*……"的结构中；𗐗 *tśhioow¹* 几乎一致与"或"对译，同样多用"𗐗 *tśhioow¹*……，𗐗 *tśhioow¹*……"的结构。它们既可以连接词和短语，也用于连接分句。例如：

（1）𗥁　𗆟　𗾟　𗯨　𗍫　𗼨　𗳦　𗘂，𗣫　𗴿　𗒹　𗪒
　　 ŋa²　ju²　thja¹　do²　njɨɨ²　gjɨ²　dzjɨ²　dźjij¹　tjij¹　śjɨ¹　lhjii¹　ŋwu²
　　 我　 常　 彼　 处　 昼　 夜　 习　 行，或　草　 软　 以

　　 𗪴　𗱕　𗾔　𗯨，𗣫　𗤁　𗍳　𗥤　𗰗　𗤼　𗤾　𗥃
　　 ·jij¹　dzuu²　twụ¹　tji¹　tjij¹　nji¹　wjụ²　·o²　mur¹　dzjwo²　nji¹　śji¹
　　 已　 坐　 所　 置，或　聚　 落　 入　 凡　 人　 家　 往。

　　 我于是处昼夜经行，**或**施软草宴坐之所，或入聚落诣白衣家。

　　　　　　　　　　　　　　　　　　　　　　（《大宝积经》卷三二）

（2）𗐗　𗿷　𗾆　𗥁　𗳦　𗄊　𗔣，𗐗　𗼻　𗄊　𗒛　𗐩
　　 tśhioow¹mjor¹ljij¹　zji²　phju²　tśja¹　kju¹　tśhioow¹dźiã²　tsjij¹　yiẹ²　mji¹
　　 或　如　 来　 无　 上　 道　 求，**或**　菩　 萨　 声　 闻

　　 𗣫　𗔣。
　　 ·ụ²　kjụ¹

乘　求。

或求如来无上道，**或**求菩萨声闻乘。(《大宝积经》卷三二)

蕤 *tśhioow¹* 还经常连用，形成"蕤蕤……，蕤蕤……"的结构，表示"或有……，或有……"的选择。例如：

（3）羆　庞　絥　絥　賅　莜　楸，蕤　蕤　諓　帯

　　　thja¹　rjur¹　mə²　mə²　mo²　dźji¹　ljɨ¹　kha¹　tśhiǫw¹tśhiǫw¹gji¹　śju

　　　彼　诸　种　种　摩　尼　宝　中，　或　有　清　凉

　　　賍　絭　緻，蕤　蕤　絻　矵　緻　蕤　蕤　絻　綖

　　　bji¹　ljoor¹　to²　tśhiǫw¹tśhiǫw¹zjɨɨr²　ŋwər²　to²　tśhiǫw¹tśhiǫw¹　zjɨɨr²njij¹

　　　光　焰　出，　或　有　水　青　出，　或　有　水　赤

　　　緻　蕤　蕤……

　　　to²　tśhiǫw¹tśhiǫw¹

　　　出，　或　有……

彼诸种种摩尼宝中，或有出于凉冷光焰，有出青水，有出赤水，有……(《大宝积经》卷六四)

已定选择常用关联词为"……縠綅，……赦幠"，表示肯定前者，否定后者，或者单用"縠綅"，皆相当于汉语的关联词"是……，不是……"。例如：

（4）瞾　茲　楊　絢　赦　絥　缪　瓻　燺　祇　縠　綅，

　　　lwər²　lhejr²　ja¹　mjiij²　ŋwu²　tha¹　wo²　wjɨ²　dźju¹　phji¹　mji¹　djij²

　　　经　典　Pref.1　名　以　佛　理　Pref.1　显　使　<u>只</u>，

　　　蕭　瓲　絥　釛　赦　幠。

　　　mər²　ɣa²　tha¹　dạ²　ljɨ¹　njaa²

　　　本　于　佛　言　及　非。

是以经题显佛意，非佛本语也。(《禅源诸诠集都序》)

3.2 主从复句

主从复句包括条件、假设、让转、因果四类。

A. 条件复句 [1]

西夏语的条件关系复句中，从句提出一种条件，主句说明这种条件下产生的结果。常用的关联词语有 $\text{锋 } ku^1$。也有不用关联词语，直接通过分句排列次序来表达条件关系的情况。

关联词 $\text{锋 } ku^1$ 通常出现在从句末尾 [2]，用于表示条件关系。例如:

(1) 𗂷 𗟲 𗅲 𗢳 𗦲，𗣼 𗥔 𗄩 𗗼 𗫉。

　　$bjuu^1$　$bjij^1$　mji^1　$\cdot jiw^2$　ku^1　$\eta w\partial r^1$　$khju^1$　ηwej^2　$w\partial\partial^1$　lji^1

　　敬　　高　　不　　疑　　则，　天　　下　　和　　服　　也。

　　敬之勿疑，天下和服。(《六韬》卷上《文韬》)

(2) 𗤒 𗦻 𗤒 𗱅 𗦲，𗱠 𗧓 𗅋 𗣼。

　　$dzjwo^2$　$khwa^1$　$s\tilde{e}^1$　$mjij^1$　ku^1　$djij^2$　$njij^2$　$sjwi^1$　dju^1

　　人　　远　　虑　　无　　则，　定　　近　　忧　　有。

　　人无远虑，必有近忧。(《论语全解》卷八《卫灵公篇》)

不实用关联词，仅仅依靠分句排列次序也可以表达条件关系。例如:

(3) 𗍳 𗾫 𗅲 𗱆，𗦲 𗣼 𗫉 𗟲。

---

① 关于条件复句与假设复句，并没有泾渭分明的差别，有分开处理，也有将假设条件合在一起称呼者，还有只列条件关系复句，而无假设复句者。参见张珮琪:《西夏语的副词子句》,《西夏学》2018 年第 2 期。

② 关于 "锋" ku^1 词的位置，在实际的文献解读过程中，有将其从前一从句断者，也有将其置于主句句首者。从夏汉对译语料看，它通常与汉文主句之首的 "则" 对译；从夏藏对译材料看，它通常与藏文从句末尾的 na 对译。但在偈颂体文本中，"锋" ku^1 一般出现在某一颂句结尾。所以我们据此认定西夏语中 "锋" ku^1 应当出现在从句末尾，而非主句句首。

thji² dźji² mji¹ djọ², *ŋa² dzjiij² gji² njạ²*

此　行　不　修，我　弟　子　非。

不修此行，非我弟子。(《六祖坛经》)

（4）𗅲 𗢲 𗭪 𗼓 𗓽，𗣼 𗅋 𗼛 𗫘 𗭪 𗵘

thji² njij² mji¹ tsjiir¹ wji¹ niow² wjɨ¹ rjir² ？ njij¹ njij² lu²

此　王　不　法　做，恶　党　与　亲　近，王　位

𗭪 𗨻 𗅁。

mji¹ khwa¹ ljiij²。

不　久　毁。

是王作非法，恶党相亲附，王位不久安。(《金光明最胜王经》卷八）

B. 假设复句

西夏语假设关系复句中，从句提出一种假设，主句说明假设后产生的结果。常用的关联词语有：

𗦻 *tjij¹*、𗾔𗦻 *tji² tjij¹*、

𗦻 *tji²*/𗾔𗦻 *tji² tjij¹*……𘃡 *ku¹*，……

𗦻 *tji²*/𗾔𗦻 *tji² tjij¹*……𗟻 *zjij¹*，……

前两类用例较多，试看后一类型的例子。如：

（1）𗾔 𗦻 𗦜 𗇋 𗋽 𗣼 𘟀 𗟻，𗦲 𗆄 𗫂 𗭪

tji¹ tjij¹ mej² ·u² bə² lụ¹ śji¹ zjij¹ kjwij¹ jir² ljɨ¹ nioow¹

倘　若　孔　中　虫　蚁　入　时，纸　绢　及

𗧊 𘐛 𗫂 𗤒 𗸰。

war² bji¹ ŋwu² lə¹ lew²。

物　薄　以　盖　应。

若孔有虫入，应以纸绢及薄物而掩盖之。

（《根本说一切有部毗奈耶杂事》卷一三）

假设关系复句另一种形式是，谓词前缀𗑗 $djij^2$ 与连词𗢳 ku^1 的搭配，构成"……𗑗……𗢳……"的结构。例如：

（2）𗣼 𗈈 𗧤 𗤁 𗑗 𗷆 𗢳，𘝞 𘔭 𗤶 𗐲 𗿒

　　　$thja^1$　$nj\dot{i}^1$　tha^2　bji^2　$djij^2$　$mjij^1$　ku^1　$thjij^2$　sjo^2　$lhjij$　$\cdot io^1$　$mj\dot{i}^2$

　　　此　二　大　臣　Pref.2　无　则，何　云　国　家　治

　　　𗼧　𗶉?

　　　wjo^1　ηa^2

　　　为　-1sg

　　　微此二子者，何以治吾国？（《十二国》卷上）

（3）𘕰 𗥫 𗮇 𗱈 𗑗 𗸠 𗢳，𗤶 𗐲 𗈈 𗤁 𗣀

　　　$thji^2$　$\cdot wj\dot{i}^2$　$xw\tilde{a}^1$　kow^1　$djij^2$　$d\dot{z}jiij^1$　ku^1　$lhjij$　$\cdot io^1$　bji^2　$mjijr^2$　zji^2

　　　此　刻　桓　公　Pref.2　在　则，国　家　臣　宰　皆

　　　𗒓 𘕪 𗲅 𘍦 𗤊 𗧤 𗡺?

　　　$kw\tilde{a}^1$　$t\acute{s}hjow^2$　$wj\dot{i}^2$　sju^2　mji^1　ηwu^2　mo^2

　　　管　仲　Pref.1　如　不　是　乎?

　　　（昔有桓公，故有管仲；）今桓公在此，则车下之臣尽管仲也。

　　　　　　　　　　　　　　　　　　　　　　　　　（《十二国》卷上）

（4）𗎫 𗤋 𗤋 𘕰 𘗠 𗝼 𘔾 𘞌 𗑗 𗶛 𗷾 𗢳，

　　　nji^2　ηa^2　ηa^2　$thji^2$　$yjiw^2$　nju^1　mja^1　sju^1　$djij^2$　$njwi^2$　nja^2　ku^1

　　　汝　好　好　此　玉　耳　环　藏　Pref.2　能　-2sg　则，

　　　𗱩 𗥫 𗡪 𘑘 𘑘 𘟩 𘟩 𗽻 𗱈 𗼆 𘔯。

　　　ku　gji^2　$lhji^1$　$tw\ddot{e}^2$　$tw\ddot{e}^2$　$tsiow$　$tsiow$　$s\tilde{a}^1$　kow^1　wji^1　ji^2

　　　后　子　孙　续　续　长　长　三　公　为　QUOT。

君能好好掌此玉耳环，后子孙相继为三公。[1]（《类林》卷七《报恩篇》）

假设关系复句还有一种形式是，使用关联词语"𗾺"·wja¹。例如：

（5）𗾺 𗴿 𗸼 𗓠 𗒐 𗴱 𗡞 𗙴 𗼺， � 𗺳 𗰖

sjij¹ tśjow¹kju¹ tsə¹ dzjij¹ gji² khji² sa¹ dźjij² thja¹ dzjwo²rjur¹

今 张 车 子 钱 数 万 缗 有， 其 人 世

𗤋 𗄊 𗷝 𗾺 𗼨 𗼨 𗱠 𗘆 𗾺 𗍳 𗥤 𗏹

kha¹ mjij² we̱ ɣiã¹ tji̱¹ we² śjij² ·wji¹ ·wja¹ ·ja¹ ·wo² lji¹

中 未 生， 间 置， 魏 娶 为 则， Q 可 也

𗾁？

ji²

谓？

今张车子有钱数万，其人未生，甚闲，且借之，可乎？[2]（《类林》卷八《贫窭篇》）

C. 让步复句

让步复句，亦称让转复句。即前一分句表示让步，后一分句表示转折。西夏语表示让转关系的语法手段除分句间先让后转的语序外，同时必须使用一些关联词语。

---

[1] 此为笔者重新翻译。《类林研究》译作："君当好掌此玉耳环，则后子孙相继为三公。"后附《类林杂说》作："君好掌此环，子孙当雷世三公。"参见史金波、黄振华、聂鸿音：《类林研究》，宁夏人民出版社1993年版，第176、302页。

[2] 此句西夏文后一分句是通过动词前缀"𗱠"来表示疑问。从句子本身的语气看，问话者所及内容应是传达"假如将未出生者之钱借出，不大合适"之意，表示假设关系。有意思的是，回答者天帝却在下文给出了同意借出的答复。

表让步关系的常见关联词语有连词"𭒨"*lji*[1]、谓词前缀"𗣼"*kji*[1]① 以及副词"𗨱"*tsji*[1]。"𭒨""𗣼"表示让步通常出现在前一分句谓词之前,"𗨱"则出现在前一分句末尾。如:

(1) 𗟲 𗡩 𘃚 𗖌 𗡩 𭒨 𗣼 𗫧, 𗼨 𘄀 𗟽 𗫩

　　yjir[1] *njijr*[1] *khia*[1] *śji*[2] *njijr*[1] *lji*[1] *mji*[1] *lhju̱*[2] *da̱*[2] *ŋa*[2] *gji*[2] *rjor*[2]

　　朕　　兽　　射　　往　　兽　　虽　　不　　获,　言　　良　　一　　得

　　𗦇。

　　ŋa[2]

　　-1sg。

朕射猎虽未获兽,却得一良言。(K·M·47)

(2) 𗴿 𘗐 𗏵 𗷻 𗙏 𗣼 𗰖, 𗵀 𗙏 𗣷 𗥃 𗷔

　　thja[1] *dzjwo*[2] *ju*[2] *rjur*[1] *kha*[1] *kji*[1] *dźjiij*[1] *rjur*[1] *kha*[1] *tsjiir*[1] *jij*[1] *laa*[1]

　　是　　人　　常　　世　　间　　虽　　住,　世　　间　　法　　ACC　　染

　　𗿧 𗁁 𘕾。

　　lew[2] *mji*[1] *we*[2]

　　所　　不　　为。

是人虽复常处世间,而不为彼世法所染。(《大宝积经》卷三七)

---

①　马忠建先生认为,西夏语中让步句还有一种情况,即偏句谓语前附加希求式前缀"𗥦""𗥨"或"𗣼",正句前加副词"𗨱",形成"……𗥦(𗥨、𗣼)……𗨱……"这样前后照应的格式,以表达让转关系。并提出,理论上已知的六个希求式前缀"𗥦""𗥨""𗣼""𭒨""𗔆""𗪙"都能够附在偏句谓语之前构成让步,但由于资料所限,迄今未发现以"𭒨(𗔆、𗪙)+谓词(形容词)"方式构成让步的例文。我们认为,这里表示让步的关键词不在动词前缀,而在后面的"𗨱",这个"𗨱"不是出现在主句句首,而是偏句之末尾。我们发现,带这类前缀的情况很多,马先生未曾发现的"𭒨"也有文献用例,所有这些表让步关系的例子中必须要有"𗨱",这与前缀"𗣼"的情况不同,"𗣼"表让步的句子中完全可以没有"𗨱"。之所以让步句中多见希求式前缀,是因为这些让步的内容多未发生,本身就是希求的内容。所以,我们这里没有将这类希求式前缀当作表让步的关联词处理。参见马忠建:《西夏语语法若干问题之研究》,中国社会科学院研究生院 1987 年博士学位论文,第 259—260 页。

（3）𗼖 𗰖 𗰜 𗰜 𗫂 𗦏 𗤁 𗼖 𗅉 𗃅，𗰟 𗉛

　　gjij¹　·jur¹　ŋowr²　ŋowr²　dzju²　dzjɨ²　mur¹　gjij¹　rjir¹　tsjɨ¹　de²　ljɨj²

　　利　　养　　一　　切　　全　　集　　俗　　利　　得　　虽，喜　　悦

　　𗧯 𗂈。

　　mjɨ¹　śjwo¹

　　不　　生。

一切治生谐偶虽获俗利，不以喜悦。（《维摩诘所说经》卷上）

用"𗉛"*ljɨ¹* 表让步的句子中，若谓词后有辅助动词，"𗉛"*ljɨ¹* 则出现二者之间；若谓词带有前缀，"𗉛"*ljɨ¹* 则置于前缀与谓词中间。如：

（4）𗝣 𗝣 𗄟 𗉛 𗫂 𗃛 𗤻 𗀛 𗫡 𗾔 𗃜

　　thju¹　thju¹　źji²　ljɨ¹　kiej²　nja²　ku¹　ŋa²　dạ²　nji²　lew²

　　实　　谛　　卖　　虽　　欲　　-2sg　则，我　　言　　听　　应。

　　汝实欲卖，则应听我言。①（《经律异相》卷一五）

（5）𗙊 𗰭 𗏁 𗰚 𗴮 𗫣 𗉛 𗟲 𗤁 𗫂，𗰩 𗃀

　　mjo²　tśhjɨ¹　zjọ²　jij¹　twụ¹　wji¹　ljɨ¹　kụ²　wji¹　djij²　jiw²　mjijr²

　　我　　尔　　时　　自　　各　　△　　虽　　答　　为　　NOM，疑　　者

　　𗤛 𗙏。

　　rejr²　zjij²

　　众　　多。

余虽随时各已酬对，然疑者千万。（《禅源诸诠集都序》）

此外，"𗉛"*ljɨ¹*"𗦊"*kjɨ¹* 常常与名物化后缀"𗫂"*djij²* 搭配，形成"……

---

① 汉文原文作"审欲卖者，一随我语"。

敤（羉）+ 谓词 + 夎，……" 的形式，相当汉语的"虽然……，则……"。其中尤以谓词为系词"羉" *lji¹* 者多见，似形成"敤羉夎" *lji¹ lji¹ djij²* 之固定短语，相当汉语的"虽然"、"然则"。例如：

（6）　孈　靬　席　鹟：羷　俍　羉　鹼　菀　夎，　輆　恍

wẽ¹　kow¹　njij²　dạ²　yjwã¹　we²　lji̱¹　rjir¹　nji²　djij²　źiej²　mji¹

文　公　王　曰：原　城　虽　得　-2pl NOM，信　不

祇　菠　縋　劦。

lhjo¹　dzju¹　ŋa²　ji̱¹

失　爱　-1sg　QUOT

文公曰："得原城而失信，吾不为也。"（《十二国》卷中）

（7）　孍　珑　羉　鹼　夎，　妯　嬂　赦　夒　薿　澎　姦

yji̱¹　kjïïr¹　kji̱¹　lji¹　djij²　dzjiw¹　luu¹　ŋwu²　bə²　lụ¹　ŋwo²　tśjuu¹

陶　工　虽　是　NOM，土　掘　以　虫　豸　损　害

骸　纵。

mjij²　djij²

未　曾。

虽为陶家，未尝垦土惧害虫豸。（《经律异相》卷一五）

（8）　潕　俍　敤　鹼　夎，　斓　孎　佳　纞　级　敠　祼

nji²　sjij¹　lji̱¹　lji¹　djij²　sjij¹　nwə¹　niow¹　tja¹　tśji̱¹　zar¹　lew²

此　如　虽　是　NOM　今　时　人　者　番　汉　语

祇　飙　羺　澎　荻。

njij²　ŋowr²　wji̱²　śjwo¹　lji̱¹

言　全　能　用　也。

然则，今时人者番汉语可以具备。（《掌中珠》序）

D. 因果复句

西夏语复句表示因果关系主要通过关联词语来表示，这些关联词主要包括因果连词"繳" $nioow^1$、"縃" ku^1、"斱" $t\acute{s}hjwo^1$ 以及结构助词"瀧" bju^1、"赦" ηwu^2。偶尔也见有一些因果复句不用任何关联词语。

"繳" $nioow^1$、"縃" ku^1、"斱" $t\acute{s}hjwo^1$ 三个连词在"因果连词"部分已经介绍，需要补充的是，在复句中，它们之间还可以搭配使用，形成"……繳縃，……""……繳，斱……""……縃，斱……""……繳縃，斱……"等组合形式。① 如：

（1）茲 燅 毳 縱 鶂 繳 縃，籵 緶 黻 牖。

　　$rjur^1$　ji^1　wee^1　ηo^2　$\eta w\partial r^2$　$nioow^1$　ku^1　$rejr^2$　ljo^1　$sjwij^1$　$dj\d{o}^2$

　　诸　众　生　病　愈　因　故，多　福　业　修。

　　诸众生以除病故，多修福业。（《金光明最胜王经》卷九）

（2）縌 厏 絘 看 繳，斱 緮 绗 縌。

　　ηa^2　$tj\d{i}^1$　war^2　$\acute{s}jij^2$　$nioow^1$　$t\acute{s}hjwo^1$　bju^2　χju^1　ηa^2

　　我　食　财　乞　因，方　唤　请　-1sg。

　　我乞财物，方唤请。（《金光明最胜王经》卷六）

（3）縌 繈 鞒 衆 繳 縃，斱 祇 禒 縌。

　　ηa^2　$sjij^1$　$lj\d{i}^2$　$lj\ddot{i}^1$　$nioow^1$　ku^1　$t\acute{s}hjwo^1$　$t\acute{s}ja^1$　$tshjwu^1$　ηa^2

　　我　今　恩　报　因　故，方　敬　礼　-1sg。

　　我为报恩，故致敬礼。（《金光明最胜王经》卷一〇）

结构助词"瀧" bju^1、"赦" ηwu^2 也是表示因果关系的常见关联词语。

① 这里将"縃"一律放在前句末尾处理。参见前文"条件复句"注释。在短句过程中，不少学者认为"縃"从后句之首，这里一律改为从前句尾断开。

"𗄊" *bju¹* 不但与 "𗥃" *nioow¹* 相对出现，也还与 "𘕂" *tśhjwo¹* 搭配使用。如：

（4）𗭑 𘐊 𗾱 𗥃 𗄊，𗼩 𗾺 𗓟 𗔅；𘄏 𗷓 𗼨

dźjwɨ¹ dạ² mji¹ gie¹ bju¹ bar¹ kji¹ thu¹ phjɨj¹ rer² śjɨj¹ khjuu²

相　言　闻　难　因，鼓　Pref.1　设　置；队　法　视

𗥃 𗥃，𗾱 𗾺 𗓟 𗔅。

gie¹ nioow¹ gjwii¹ kji¹ thu¹ phjɨj¹

难　因，旌　Pref.1　设　置。

言不相闻，故为鼓铎；视不相见，故为旌旗。（《孙子兵法》卷中
《势篇》）

（5）𘋧 𗹢 𗯟 𗾱 𗄊，𗖌 𗤒 𘕂 𗋽 𗬊。

ŋwər¹ dzow¹ zjɨɨr² pho¹ bju¹ rejr² ljiij¹ tśhjwo¹ ·ja¹ gji¹

皇　后　水　洒　因，多　时　方　Pref.1　醒。

夫人蒙水洒，久乃得醒悟。（《金光明最胜王经》卷一〇）

（6）𗙴 𗴫 𗤋 𗵒 𗄊，𘕂 𘍞 𗮀 𗙣 𗣼 𗴷

rjur¹ tha¹ jow² śja² bju¹ tśhjwo¹ thji² rewr² rewr² tsjiir¹ lwər² lhejr²

诸　佛　赞　誉　因，方　此　忏　悔　法、经　典

𗴿 𗼒 𘀄。

nji² lhjij¹ rjir¹

听　闻　得。

诸佛之所赞，方得闻是经及以忏悔法。（《金光明最胜王经》卷一）

结构助词 "�" *ŋwu²* 较多用以表示动作或行为藉以进行的工具和材料以
及行为的方式，但也常有在复句中用作表原因的关联词。如：

（7）𗙴 𗬛 𗼨 𘝞 𗹢 𗫰，𗥃 𗤒 𗾺 𗣼。

ya^1 $khju^1$ $dzjwo^2$ $\cdot jiw^2$ $\acute{s}jwo^1$ ηwu^2 kow^2 do^2 kji^1 $tshji\cdot j^1$

门　下　人　疑　生　因，官　处　Pref.1　说。

门下人疑，乃诉于官。(《类林》卷四《断狱篇》)

此外，西夏文献中也有一些复句不用任何关联词语，却有明显的因果关系。如：

（8）𗾔 𗏇 𘄄 𗰷，𗏇 𗥤 𗣼 𗆟。

$m\partial r^2$ $tsjiir^2$ bju^1 $d\dot{z}jwo^1$ $rjur^1$ lji zji^2 $tsjij^2$

本　性　聪　明，诸　论　皆　解。

本性聪明，诸论皆释。(《金光明最胜王经》卷九)

（9）𗵜 𗏇 𗣼 𘄄，𗥤 𗣼 𗆟 𗆟。

$mjor^1$ laa^1 $\acute{s}jwo^2$ $ljuu^2$ $dzjwo^2$ zji^2 $ljij^2$ dzu^1

容　颜　端　正，人　皆　见　爱。

容颜端正，人皆乐见。(《金光明最胜王经》卷九)

五、文字

（一）文字创制

西夏文字是记录西夏主体民族党项羌习用语言的文字，属于表意性方块字，共有 5900 字左右①。又称番（蕃）书、番（蕃）文、番（蕃）文字，后世也称之为河西字。

西夏为何要创制文字，学术界有多种不同看法。

一种观点认为与民族自觉和巩固自身语言有关。吴天墀先生即持此说："为了巩固自己的民族语言，并作为民族自觉的表征，元昊颁行创制一种新文字，尊为'国字'。"②

另一种观点认为是配合政权建立的需要。白滨、聂鸿音等先生皆持此说：白先生提出"西夏文字的创制，是党项族为建立封建国家的需要，它构成西夏文化的重要特色与标志"③；聂先生则言"西夏创制文字是为宣布独立而做的

---

① 按，李范文先生所编《夏汉字典》所收字符总数为 6074 个，贾常业先生所编《西夏文字典》所收字符总数为 6852 个。据韩小忙先生《西夏文正字研究》，其所收集字符总数为 6066 个，实际正字总数为 5861 个，余皆为别体、讹体。参见韩小忙：《西夏文正字研究》，陕西师范大学 2004 年博士学位论文。

② 吴天墀：《西夏史稿》，四川人民出版社 1980 年版，第 265 页。

③ 白滨：《党项史研究》，吉林教育出版社 1989 年版，第 27 页。

诸多舆论准备之一"①。

第三种观点则是多种原因综合之说。史金波先生认为西夏文字的创制既有社会原因、也有文化原因、更有政治需要和民族感情需要、还有宗教原因。②

关于西夏文字的创制者和创制时间，因为几种史书的记载存在差异，而存在分歧。

一种说法由元昊之父李德明所创。《辽史》持此说：

> 德明晓佛书，通法律，尝观《太乙金鉴诀》《野战歌》，制蕃书
> 十二卷，又制字若符篆。③

另一种说法由李元昊创制。此说或言李元昊自制，或云元昊自制、野利仁荣演绎之。有以下几种记载：

> 元昊自制蕃书，命野利仁荣演绎之，成十二卷，字形体方整类
> 八分，而画颇重复。教国人纪事用蕃书，而译《孝经》《尔雅》《四
> 言杂字》为番语。④

> 元昊自为蕃书十二卷，文类符篆。⑤

> 赵元昊自制蕃书十二卷，字画繁冗，屈曲类符篆。教国人纪事
> 悉用蕃书。⑥

还有一说法是在李元昊时期由野利遇乞所创。《梦溪笔谈》持此说：

---

① 聂鸿音：《古道遗声》，中华书局 1997 年版，第 33 页。
② 史先生所述的这几个原因具体内容转引如下："民族的发展进步使创制民族文字成为迫切的需要，也是创制西夏文的社会原因。""社会发展较快，文化素养不断提升，民族文化需要记录和传播……文字是文化的载体，没有文字不仅不便于人们之间的交际，也妨碍文化的发展和传播，这是创制西夏文字的文化原因。""元昊把创制民族文字看作立国的一个基本条件。这是创制西夏文字的政治需要和民族感情需要。""西夏大力推行佛教……因此翻译佛经的需要也促进了民族文字的产生……这是创制西夏文字的宗教原因。"详见史金波：《西夏社会》，上海人民出版社 2008 年版，第 356 页。
③ 《辽史》卷一一五《西夏传》。
④ 《宋史》卷四八五《夏国传上》。
⑤ （宋）曾巩：《隆平集》卷二〇。
⑥ （宋）李焘：《续资治通鉴长编》卷一一九，仁宗"景祐三年十二月辛未"条。

元昊果叛，其徒遇乞先创造蕃书，独居一楼上，累年方成，至
是献之。元昊乃改元，制衣冠礼乐，下令国中，系用番书、胡礼，
自称大夏。①

上述材料中的"蕃书"，实则为"番书"，即后世所说的西夏文。依据这
些史料，关于西夏文字的创制时间，有德明和元昊两歧之说；关于创制人，
则有德明、元昊、野利遇乞创制说及野利仁荣演绎等观点。

西夏自身也有关于文字创制的许多材料。

宋宝元二年（1039，夏天授礼法延祚二年），元昊遣使上表于宋，文中
提到：

臣偶以狂斐，制小蕃文字，改大汉衣冠。衣冠既就，文字既
行，礼乐既张，器用既备，吐蕃、塔塔、张掖、交河，莫不从伏。②

出土西夏文献材料中，更不乏关于文字创制的记载。西夏谅祚朝
（1049—1067）所作西夏文《妙法莲华经序》记载：

𗾟𗫕𗄊𗡞𘊝𗾟𘊻𗱢，𘝵𗥃𗏵𘈷𗟲，𗖼𗢳𗇁𗺔，𗴾𗮔𘙏𗤌，𗄛𘏞𗏁
𘇗，𗶷𘈷𗡞𗫨，𗀔𗥃𘕘𗋽，𘗣𘋥𘈩𗤌，𘝵𗣼𘝵𗢲。[其后风角城皇
帝，以本国语言，兴起番礼，创制文字，翻译经契，武功特出，德
行殊胜，民庶治育，无可譬喻。]

这里的"风角城皇帝"亦称"风帝"，即西夏第一代皇帝元昊。西夏文字
书《同音跋》中亦载：

𗧘𘈞𗴾𗮔𘃽，𘄒𘊝𘗠𘃽𘄑。[今番文字者，祖帝朝搜集。]

西夏文《三才杂字序》亦载：

𗧘𗴾𗮔𘃽，𘈞𗬘𘄒𗮔𘏞𗃴𘕘……[今文字者，番之祖朝因四
天……]

---

① （宋）沈括：《梦溪笔谈》卷二五"杂志二"。
② 《宋史》卷四八五《夏国传上》。

西夏早期所建大夏国舍利碣石铭文中亦载：

> 我圣文英武崇仁至孝皇帝陛下，敏辩迈唐尧，英雄□汉祖，钦
> 崇佛道，撰述蕃文。①

这里的"圣文英武崇仁至孝皇帝"即是元昊。

综合这些材料，学术界倾向于西夏文字是在元昊时期创制的。至于具体的创制人，一般认可上文提到的"演绎之"的野利仁荣。《宋史》中还提到：

> （绍兴）三十二年（1162，夏天盛十四年），夏国……始封制蕃
> 字师野利仁荣为广惠王。②

这里明确提出野利仁荣为"制蕃字师"。西夏文宫廷诗集中还有专门一首歌颂造字师的诗歌：

> （西夏文）[羌汉番三一母生，语言不同地所分。愈西愈高羌人国，羌人国内羌文字；愈东愈低汉人国，汉人国内汉文字。自己语言自己爱，各个文字各个敬。我辈国野利夫子，天上文星出东方，引导文字照西方。]

《宋史》又载"（元昊以）野利仁荣主番学"，能够主持番学的野利仁荣其地位也应该是与造"番书"者相适应的。

是以，西夏文字是在元昊时期的创制的，其具体创制应该是在元昊的倡导之下由野利仁荣完成的。

（二）文字构造

西夏文字是记录西夏党项族语言的书写符号系统，"字形体方整类八分"

① 嘉靖《宁夏新志》卷二《寺观》。
② 《宋史》卷四八六《夏国传下》。

（《宋史·夏国传》），属于典型的方块字，与汉字"论末则殊，考本则同"（《掌中珠》序），"乍视，字皆可识，熟视，无一字可识"（张澍语）。《文海宝韵》等出土西夏字书有关于字形构造的专门解说，后世学者也对西夏文字构造有过较多探讨。

1.《文海宝韵》等字书关于字形构造的解说

出土西夏字书关于字形构造的解说主要见于《文海宝韵》甲、乙两本，《同音》《同音》丁种本背注、《同音文海宝韵合编》及《择要常传同名杂字》等字书也有部分字形解说资料。

1.1《文海宝韵》等字书解说字形的术语

《文海宝韵》基本上是依据字间的联系来解释西夏文字，通常是从两个文字中各选取一部分构件加以组合以解释另一个字的字形，也有少量从三个或四个字中选取构件者。为配合说明这些所选构件的部位，通常会使用一些指示构件部位的术语。也有少数情况，是通过删减某个字的构件去解释另一个字形。无论是通过组合还是删减，字形解说皆限定为四字。术语多出现于第二、四字位置，这些术语大抵有以下八个。

术语	字义	所指示 文字部位	用例
𗰛	半、偏	左部	𗥫：𗥠𗰛𗄈𗆀 / 靴：腿左蔽右 《文海》甲59.222
𗆀	助	右部	𗆀：𗥄𗰛𗧓𗆀 / 恨：心左恶右 《文海》甲56.112
𗕑	头	上部	𗕑：𗏁𗕑𗺌𗕑 / 翁：首上白全 《文海》甲71.211
𗾞	下	下部	𗾞：𗄈𗕑𗻈𗾞 / 震：地上动下 《文海》甲86.271
𗤛	心	中间	𗕛：𗀔𗤛𗏜𗆀 / 弓：射中庞右 《文海》甲76.141
𗝢	围	周围	𗀈：𗞞𗝢𗰛𗰛 / 帮：互围助左 《文海》甲92.132
𗲀	全	全部	𗲀：𗀔𗤛𗾱𗲀 / 肩：臂中高全 《文海》甲59.212
𗀏	减	表示删减	𢆡：𗸊𗫨𗄈𗀏 / 八：七之上减 《文海》甲85.232

表中第一例"𘀁"（靴）由"𘝆"（腿）的左边及"𘞦"（蔽）的右边组成，合二字之意；第二例"𘈩"（恨），是由"𗟩"（心）的左边及"𗥦"（恶）的右边组成，合二字之意；第三例"𗢯"（翁），是由"𗤒"（首）的上部及"𗷓"（白）的全部组成，合二字之意；第四例"𗥤"（震），是由"𘗜"（地）的上部及"𗂚"（动）的下部组成，合二字之意。这里"𘗜𗂚"二字不大准确，实际是取"𘗜"（地）的左部将其作为"𗥤"（震）的上部；第五例"𗣝"（弓），是由"𘕜"（射）的中间部分及"𗷓"（白）的右部组成，取前者作意符、后字作声符，造形声字；第六例"𗩾"（帮），是取"𗤈"（互）字之围（上部及左部）及"𘞅"（助）的左部组成，合二字之意；第七例"𗾴"（肩），是由"𘞴"（臂）的上部及"𗾴"（高）的全部组成，合二字之意；第八例"𘎑"（八），是由"𗒹"（七）字减去其上部构件而成。

《文海宝韵》等字书关于西夏文字字形的解说，基本上是通过以上八个术语来运作。前七个术语解说原则一致，皆属于组合式解说，可以称之为通例；后一个术语用于删减式解说，可以称之为变例。[①] 就解说频次而言，这八个术语并不均衡，前两个术语使用最多，其他术语相对较少，"𗤻"最少。各术语在《文海宝韵》现存构形资料中使用频次如下：

𘝆 2046　　𘞅 1826　　𗥤 416　　𘞦 241　　𘕜 231　　𗩾 250　　𗾴 808　　𗤻 21

术语出现频次表明，字书中西夏文字构形主要是通过"𘝆""𘞅"两个术语进行运作的，也进一步说明西夏文字形体上主要是以左右结构为主。

有些术语，如"𗤻"（减），在使用过程中贯彻很不一致，主要有两种形式：一是搭配"𗷾"使用，二是搭配"𗿂"使用。搭配"𗷾"使用者又有两种：

---

① 通例和变例之说，西田龙雄先生稍有不同。前六个术语都是就文字的某一部分而言的，西田龙雄将它们归为一类，称之为通例；第七个术语是就整个字形而言，第八个则是在他字基础上删减，西田龙雄将它们称之为变例。参见［日］西田龙雄：《西夏語の研究》（Ⅱ），东京座右宝刊行会1966年版，第251页。

形式一"A 𗇃𗧹（𗿒）𗎭"或"A 𘃆𗧹（𗿒）𗎭"。即减去 A 字之左部或上部，以术语"𗧹""𗿒"配合解说。例如：

𗏁：𘃜𗇃𗧹𗎭 / 小：小之减左 _{《文海》甲 38.216}

𗫂：𗸓𗇃𗿒𗎭 / 狲：孙之减上 _{《文海》甲 20.262}

𗣓：𗶷𘃆𗧹𗎭 / 牙齿：乳字减左 _{《文海》甲 33.151}

形式二"A 𗇃 B 𗎭"。即在 A 字基础上减去 B 字或者 B 字的某个构件。例如：

𗭗：𘄒𗇃𗣎𗎭 / 皮：表皮之减地 _{《文海》甲杂 6.171}

𗏹：𘆄𗇃𗢳𗎭 / 夏：阿之减草 _{《文海》甲杂 18.271}

搭配"𗕑"使用者也有两种：

形式一："A 𗧹（𗿒）𗎭𗕑"。即减去 A 字的左边或上部而成，以术语"𗧹""𗿒"配合解说。例如：

𗪍：𗪵𗿒𗎭𗕑 / 浊：垢上减为 _{《文海》甲 51.131}

𗲏：𗲚𗿒𗎭𗕑 / 坐：集上减为 _{《文海》杂 14.243}

形式二："AB 𗎭𗕑"。即在 A 字上减去 B 字的某个构件而成，这类比较少见。例如：

𗢭：𗼑𗸦𗎭𗕑 / 肉：挤心减为 _{《文海》乙 73.72}

此外，同样一个字在使用"𗎭"（减）这个术语时，不同字书呈现形式也不同。例如：

𗸐：𗤭𗧹𗎭𗕑 / 蹄：白左减为 _{《文海》乙 86.31}

𗸐：𗤭𗇃𗧹𗎭 / 蹄：白之减左 _{《合编》甲 01.143}

术语贯彻不一致，还表现在"𗼻""𗅁"这两构件上，字书解释时会出现多种不同情况：一是使用"𘀌"（围）这个术语，二是使用"𗧹"（左）这个术语，三是使用"𗀁"（脚、足）解说。

用"𘀌"（围）者，如：

𗩟：𘄴𘀌𗴢𗧹 / 斗：鹊围争左 _{《文海》甲 35.121}

𗀁：𗀁𗀁𗀁𗀁 / 说：协围音左（《文海》甲 93.151）

用"𗀁"（左）者，如：

𗀁：𗀁𗀁𗀁𗀁 / 回：回左拔右（《文海》甲 44.142）

𗀁：𗀁𗀁𗀁𗀁 / 交媾：交左根右（《文海》甲 19.212）

用"𗀁"（脚、足）者，如：

𗀁：𗀁𗀁𗀁𗀁 / 回：回脚抽全（《文海》甲 35.112）

𗀁：𗀁𗀁𗀁𗀁 / 尿：膀胱脚中水（《文海》甲 73.111）

有些术语，实际内涵比较丰富。如"𗀁"（围），主要有以下几种情况：

（1）指取一字的上部和左部。[1] 如：

𗀁：𗀁𗀁𗀁𗀁 / 凝：寒围润右（《文海》甲 77.221）

（2）指取一字的上部及左右部。[2] 如：

𗀁：𗀁𗀁𗀁𗀁 / 仪：礼围序左（《文海》甲 82.221）

（3）指上部及右部。如：

𗀁：𗀁𗀁𗀁𗀁 / 蔽：于围盖全（《文海》甲 58.212）

𗀁：𗀁𗀁𗀁𗀁 / 契：乞围陆左（《合编》甲 14.013）

（4）指一字全部，一分为二左（或者说左部和右部）。如：

𗀁：𗀁𗀁𗀁𗀁 / 中间：二围间左（《文海》甲 27.153）

（5）指上部加下方中心部分。如：

𗀁：𗀁𗀁𗀁𗀁 / 黑（漆漆）：目围黑全（《文海》甲 14.212）

（6）指左部及下方。这主要涉及"𗀁""𗀁"两个构件。如：

𗀁：𗀁𗀁𗀁𗀁 / 斗：鹊围争左（《文海》甲 35.121）

𗀁：𗀁𗀁𗀁𗀁 / 弄脏：臭围使左（《文海》甲 13.272）

---

① 此种情况，西田龙雄、韩小忙先生已有阐述。详见西田龙雄：《西夏語の研究》（Ⅱ），东京座右宝刊行会 1966 年版，第 251 页；韩小忙：《西夏文的造字模式》，中国社会科学出版社 2016 年版，第 10 页。

② 此种情况由龚煌城先生补充。见龚煌城：《西夏文字的结构》，载《西夏语言文字研究论集》，民族出版社 2005 年版，第 272 页。

𗙩：𗂸𗾈𗉋𗮹／骨：肋围令全 <small>《合编》甲 17.104</small>

术语在使用过程中还存在简省情况，大体有两种：一是以简省符号替代，出现在《同音文海宝韵合编》丙种本书中[1]；二是术语直接省略，出现在《文海宝韵》乙种本及《同音》中。《文海宝韵》甲种本涉及用三字或四字解说一字时，受四字体例之限，也会出现术语直接省略的情况。例如：

𗊂：𗰟𗼝𗫂𗟻／队：行宫集右 <small>《文海》甲 56.121</small>

𗾴：𘔰𗺁𗽕𗼋／困：睡卧眼住 <small>《合编》甲 23.132</small>

第一例"𗊂"，是指选取"𗰟"（行）的左边构件"𗰟"上部及左边部分"广"（亦即"亻"），再取"𗼝"（宫）的左边构件"忄"，后取"𗫂"（集）的右下边构件"夂"，合三部分而成；第二例"𗾴"，是取"𘔰"（卧）的上部、"𗺁"（卧）的左边、"𗽕"（眼）的下半中间部分、"𗼋"（住）的右边构件，合四部分而成。

也有合三字而成而不用术语者，仅见一例：

𗴲：𗾛𗛰𘋮／爬：膝手行

此例"𗴲"（爬）的构形，是指选取"𗾛"（膝）的左边构件，"𗛰"（手）的左边构件，"𘋮"（行）的上边及左或右边构件，合三部分而成。"𗴲"（爬）之义亦会合"𗾛""𗛰""𘋮"三字之义。

1.2《文海宝韵》等字书解说字形的基本用字

《文海宝韵》等字书解说字形时，用于解说他字的字并非杂乱无章、随意使用，不少字反复出现。经过对这些字进行初步整理和统计，我们发现它们几乎都是西夏文字中的常用字。这里将字频在 5 次以上者初步分类整理如下（为方便比较有个别列三四次者）。

（1）记录名词的字

a. 自然现象、时节

---

[1] Hongyin Nie，"Graph omission and abbreviation in Tangut script"，*Chinese Writing Systems*，2018（3），p157-161.

□/天 8　□/天 3

□/地 38　□/土 25　□/坤 5　□/巽 5

□/风 15　□/水 30　□/火 20　□/光 9

□/石 12　□/铁 24　□/山 5　□/沟 5　□/田野 7

□/年 7　□/月 10　□/季 6　□/节 13　□/夜 5　□/黑暗 6

b. 人物、称谓、人体

□/人 9　□/人 9　□/人 5　□/净人 7

□/姓 54　□/嫡亲 6　□/姻亲 5

□/男 9　□/子 8　□/女 6　□/女 3

□/头 14　□/首 6　□/面 6

□/耳 11　□/鼻 6　□/喉 5　□/口 11　□/齿 5　□/舌 5　□/眼 8　□/目 6

□/手 24　□/指 8　□/身 7　□/腿 10　□/臀 5　□/心 32　□/腹 5　□/肉 14

□/皮 15　□/骨 8　□/毛 7　□/发 5

□/意 9　□/气 5　□/颜 5　□/色 5

c. 植物、动物、昆虫

□/木 78　□/柳 5　□/草 42　□/草 4　□/菜 7　□/稻 10

□/禽 45　□/鸟 7　□/鹦 5

□/兽 9　□/牲 7　□/马 11　□/牛 8　□/犛牛 5　□/狗 5　□/狗 5

□/虫 23

d. 其他

□/声 47　□/言 31　□/言 8　□/语 4

□/鬼 13

□/物 5　□/檀 5　□/轮 8　□/杖 5　□/囊 4　□/末 8

□/宫 5　□/门 6　□/屋 5　□/壁 5

𗧓 / 上 13　𗣼 / 下 6　𘜶 / 外 8　𗰭 / 内 7　𗦀 / 东 5　𗉔 / 边 6

𗏹 / 圣 8　𗧋 / 智 7　𗣀 / 慧 7　𗦔 / 宝 7　𘚢 / 富 5

𗡪 / 主 7　𗑾 / 势 6　𗏹 / 力 8

𗧗 / 根 6　𗧦 / 稍 5

𗣩 / 脂 6　𗤶 / 乳 5　𗋽 / 润 5

𗿢 / 病 8　𗿠 / 癞 5　𗿣 / 疮 5

𗓽 / 寿 5　𗐛 / 种 6　𗧋 / 苦 6　𗏵 / 义 5　𗊋 / 论 6　𗏹 / 力 8

𗿲 / 羽 3

𗽃 / 圆 9　𗦆 / 圆 5　𗦻 / 数 6　𗡪 / 司 5　𗒅 / 后 6

（2）记录动词的字

a. 存在动词

𘚝 / 有 29　𗦿 / 有 14　𘃡 / 有 9　𗦺 / 有 6　𗪘 / 有 6　𗤋 / 有 5

b. 一般动词

𗆸 / 过 32　𗤟 / 流 12　𗰜 / 到 11　𗰺 / 行 9　𗥃 / 来 9　𘔼 / 往 8　𘕿 / 行 6　𗸓 / 步 5　𗨻 / 逃 5　𘀄 / 离 5

𗛝 / 做 21　𗤊 / 置 19　𗨳 / 取 17　𗤫 / 穿衣 13　𗦳 / 择 10　𘝵 / 缚 10　𘃡 / 给 9　𗤻 / 打 9　𗤳 / 缚 6　𗣜 / 施 6　𗤜 / 传 5　𗤐 / 雕 5　𗤒 / 切 5

𗦉 / 分明 19　𗧘 / 见 15　𗤣 / 看 7　𗪁 / 问 6　𗤴 / 闻 5

𗥝 / 讲 8　𗣚 / 宣 8　𗏵 / 谓 8　𘃢 / 食 9　𗰜 / 吃 5

𗦒 / 绕 8　𗑯 / 围 7　𗧡 / 坐 7　𗧶 / 居 11　𘎑 / 聚 11　𗷢 / 聚 10　𗦈 / 集 5

𗦤 / 畏 17　𗦼 / 着 9　𗥛 / 爱 9　𗥢 / 惜 8　𗶵 / 礼 7　𗦵 / 厌 5　𗦔 / 悟 7　𗦷 / 晓 5　𘎡 / 迫 5　𗈅 / 违背 5

𘕄 / 受 8　𗝾 / 报 8　𗦊 / 承受 7

𗤣 / 生 11　𗥤 / 死 5

𗤎 / 无 18

𗤟 / 测 12　𗩹 / 测 5

[illegible]/结 8　[illegible]/停 8　[illegible]/牧 7　[illegible]/穿 7　[illegible]/动 7　[illegible]/成就 7　[illegible]/发生 7　[illegible]/起 6　[illegible]/买 6　[illegible]/穿 5　[illegible]/盖 6　[illegible]/遮 6　[illegible]/贯 6　[illegible]/伏 5　[illegible]/沉 5　[illegible]/积 5　[illegible]/连 5　[illegible]/燃 5　[illegible]/蔽 5　[illegible]/和 6　[illegible]/合 5　[illegible]/戏 5

c. 使令、助动词

[illegible]/使 7　[illegible]/需 6

(3) 记录形容词的字

[illegible]/黑 16　[illegible]/白 9　[illegible]/红 9　[illegible]/青 5

[illegible]/高 15　[illegible]/长 15　[illegible]/宽 13　[illegible]/细 13　[illegible]/窄 8　[illegible]/高 8　[illegible]/下 6

[illegible]/巧 22　[illegible]/刚 12　[illegible]/刚 12　[illegible]/正 11　[illegible]/明 10　[illegible]/庄严 7　[illegible]/严 5　[illegible]/珍 7

[illegible]/妙 7　[illegible]/美 6　[illegible]/柔 6

[illegible]/大 9　[illegible]/小 13　[illegible]/小 10　[illegible]/轻 11　[illegible]/多 6

[illegible]/强 10　[illegible]/强 5　[illegible]/弱 6　[illegible]/老 6　[illegible]/瘦 8　[illegible]/衰 7　[illegible]/羸 5

[illegible]/盛 12　[illegible]/满

[illegible]/冷 10　[illegible]/冷 5　[illegible]/热 8

[illegible]/斜 7　[illegible]/坦 7

[illegible]/狂 5　[illegible]/聪 5　[illegible]/灵 5　[illegible]/清 5

[illegible]/厚 5　[illegible]/远 5

(4) 记录副词的字

[illegible]/先 12　[illegible]/略 10　[illegible]/实 10　[illegible]/真 8　[illegible]/迅疾 8　[illegible]/迅 5　[illegible]/殊 6　[illegible]/复 5

(5) 记录其他词的字

代词：[illegible]/自 23

动词前缀：[illegible]/9　[illegible]/7　[illegible]/4　[illegible]/2

译音字：荔/野11 孜/杜8 姐/卿7 𫘪/啰5

数词：椆/二7 𫘪/第六5

否定：𤉷/不34 㲎/无6

连词：𤉷/又11 繇/则5

这些字虽然反复出现于解说字形的构形资料中，但在具体参与构形过程中，同样一个字在不同字的构形资料中，选取的部件往往不同。这里以"羳"（慧）为例。

（1）完整选取（羳/菁/羳），构件随位置不同末笔有所不同：

5437 毻 dzow（1.54 Ⅵ）智慧；藏　　羳甋朓毶/慧全巧右《文海》甲杂4.173）

5309 毻 ·o（1.49 Ⅷ）权势　　羳甋縒毷/慧全贵左《文海》甲56.242）

1814 𤏡 do（1.49 Ⅲ）读　　𪗴毶羳甋/语右慧全《文海》甲56.162）

（2）选取上部（艹）：

4897 菊 ljow（1.56 Ⅸ）龙（汉借）　　羳𥲤瓺祓/慧头蛇下《文海》甲62.211）

（3）选取下部（耘）：

4881 羳 zjir（1.86 Ⅸ）社佘涉（族姓）　　薿𥲤羳祓/佘上慧下《文海》甲杂10.162）

0075 毛 siow（1.57 Ⅶ）束（地名、族姓）　　𪒱毶羳祓/拔右慧下《文海》甲62.271）

0556 骸 ljij（1.61 Ⅸ）悟、意　　髄羳𥲤毷/人慧解左《文海》甲68.131）

尽管如此，但每个字几乎都有一个主要的选取部件。例如（术语字加黑者表示主要选取部件）：

祏/声47：**祏毷**42　　祏毶3（余无术语）

夋/虫23：**夋甋**22　　夋𥲤1

繾/禽45：**繾毷**28　　繾毶13（余无术语）

薿/铁24：**薿𥲤**15　　薿甋4　薿毭3　薿祋1（余无术语）

薸/木78：**薸𥲤**72　　薸毶1　薸祋1　薸毭1（余无术语）

𤉷/肉14：**𤉷毶**8　　𤉷毷3（余无术语）

此外，前文所说作为构形术语的这几个字，几乎也都出现在解说字形的基本用字之中，只是构形过程中基本上取各自本义参与其他字形解说。这类情况的字频如下：

嬲/偏6　脆/助2　嬲/头14　被/下3　祓/心4　舵/圆9　魕/全5　祎/4

1.3《文海宝韵》等字书解说字形的几种特殊情况

A. 循环解说

循环解说是指西夏字书解说字形是经常用 A 字解说 B 字，又用 B 字去解说 A 字。例如：

嬴: 纈瓞爻祎/十: 什之人减 （《文海》甲 27.113）

纈: 骹脆嬴魕/什: 数右拾全 （《文海》甲 7.222）

祓: 祎嬲爻嬲/忠: 正左贤右 （《文海》甲 63.211）

祓: 祓嬲豁脆/正: 忠左入右 （《文海》甲 51.171）

《文海宝韵》字形解说中这类循环解说多达 1280 组[①]，大量的循环解说一直为学术界所诟病，这也正是今天学术界认为《文海宝韵》字形解说不够严谨的关键所在。

B. 不同字书字形解说的不一致

这里所说的不一致主要是指字形解说用字的不同，因为《文海宝韵》乙种本及《同音》中部分解释大都省略掉了构形术语，此类因为省略构形术语造成的不同不能算作构形的差别。涉及解说不一致的字书主要有《文海宝韵》甲本、乙本以及《同音文海宝韵合编》,《同音》虽然也有少量字形解说资料，但数量极少，且未发现有不同之处。这些不一致的资料主要有以下几种

---

① 韩小忙:《西夏文的造字模式》，中国社会科学出版社 2016 年版，第 17 页。

情况：

a. 解说用字完全不同或部分不同，此类情况相对较多。先看部分不同者。例如：

4702 □ *zar*（1.80 Ⅸ）祖先
□□□□／父上拶全（《文海》甲 84.151）
□□□□／父围教全（《文海》乙 51.64）

5325 □ *wejr*（2.66 Ⅱ）鼻栓
□□□□／苇下盖中（《文海》乙 86.610）
□□□□／苇左盖中（《合编》甲 03.124）

2969 □ *ŋjɨr*（2.77 Ⅴ）顽羊
□□□□／兽左皮全（《文海》乙 90A10）
□□□□／兽左羊右（《合编》甲 13.011）

5095 □ *ner*（1.77 Ⅲ）老羊
□□□□／羊寿饮右（《文海》甲 81.271）
□□□□／羊寿就右（《文海》乙 50.36）

第一例中，《文海》甲乙两本第一个解说字都是“□”，但所接术语不同，一取该字之上、一取该字之围（上部及右部）；第二个字两本差别很大，甲本取“□”字之左，且以其为声符，乙本则取“□”之全部。第二、三两例同样都有一字相同，一字不同。第四字皆是用三字解说一字，其中前两字二者都相同，唯第三字有别。

b. 解说用字完全相同，但使用术语有别。例如：

0090 □ *wor*（1.89 Ⅱ）鸡
□□□□／雀围美中（《文海》甲 90.251）
□□□□／雀围美中（《文海》乙 55.32）

“□”中心的构件“□”，甲本以为取自“□”右边构件“□”中的“□”，而乙本以为取自中“□”中间的“□”。

c. 一本采用组合构字法，一本采用减形构字法。例如：

2396 □ *dzuu*（2.05 Ⅶ）坐
□□□□／息左安右（《文海》甲杂 14.243）
□□□□／坐头减为（《文海》乙 103）

以上都属于不同字书间的不一致。还有一些字两本构形表述确实有很大差别，但实质内容完全一致。

₁₄₇₅ 𗇋 bji（1.11 Ⅰ）薄；赢

𗇋𗇋𗇋𗇋 / 薄之右是 《文海》甲 16.222）

𗇋𗇋𗇋𗇋 / 薄左减为 《文海》乙 14.43）

₅₃₄₈ 𗸖 sjii（1.14 Ⅵ）痛哭、吊唁

𗸖𗸖𗸖𗸖 / 西眼啼左 （海甲 20.141）

𗸖𗸖𗸖𗸖 / 西右眼啼 （海乙 16.56）

第一例，两本都是以"𗇋"字来解释"𗇋"，一者直言为"𗇋"之右、一者言减"𗇋"之左，二者表述不一，但实际内容相同；第二例"𗸖"由三字构成，一般情况只在最后一字出现构形术语，《文海》乙本术语则在首字之后，术语出现位置不同，但实际用字及构意完全相同。

C. 解说字相同，因所取构件不同、所取解说字顺序不同而造不同的字。例如：

₃₄₇₇ 𗹭 yiwəj（1.41 Ⅷ）横（借）　　𗹭𗹭𗹭𗹭 / 不左正右 《文海》甲 51.161）

₁₉₈₅ 𗹭 gja（1.20 Ⅴ）口吃　　　　𗹭𗹭𗹭𗹭 / 不左正左 《文海》甲 28.233）

₀₇₃₉ 𗹭 tewr（1.87 Ⅲ）笨重　　　　𗹭𗹭𗹭𗹭 / 实全重右 《文海》甲 89.261）

₅₉₄₅ 𗹭 tjir（1.86 Ⅲ）沉重　　　　𗹭𗹭𗹭𗹭 / 重中实全 《文海》甲 89.132）

前一组属于所取构件不同，同样都是用"𗹭""𗹭"来解说被造字，只因选取"𗹭"字的构件有别，前者选取"𗹭"的右边，后者选取了"𗹭"的左边，结果分别形成了"𗹭""𗹭"这两个不同的字；后一组则属于解说字排列顺序的不同，同样都是使用"𗹭""𗹭"来解说被造字，只因选字顺序不同，而组合成不同之字。

同形字构形资料不同，意义有别。西夏文中有不少字形完全相同，但读音、意义皆不同的字，即同形字。它们由不同的字组合而成，但最后所造之字字形巧合一致。例如：

第一组：

₅₀₀₁ 𗸪 rjir（2.72 Ⅸ）买卖　　　𗸪𗸪𗸪𗸪 / 日围买左 《合编》甲 23.083）

₅₀₀₂ 𗸪 ljaa（2.18 Ⅸ）失落　　　𗸪𗸪𗸪𗸪 / 拉围失左 《合编》甲 24.011）

第二组：

₁₇₃₄ 𗯱 *tji*（1.11 Ⅲ）不莫休无　　𗯱𗤺 / 𗤺𗯱 / 处右置左 _{（《文海》甲 16.262）}

₁₇₃₅ 𗯱 *kwej*（1.33 Ⅴ）恭敬　　𗯱𗤺 / 𗤺𗯱 / 爬左肘右 _{（《文海》甲 44.112）}

2. 西夏字与汉字字形结构的比较

汉字学史上，讲述文字构造，一般离不开六书之说。六书是指象形、指事、会意、形声、假借、转注。[①] 对照汉字六书，西夏文字主要以会意、形声为主，罕见象形、指事、假借、转注之字。六书之外，中古汉字用字实践中出现的切身、合文等用字现象也出现在西夏文字的造字及用字过程中。

2.1 会意

所谓会意是指会合两个或两个以上的有意义的形体，传达一个新的意义的造字法。许慎所下定义为"比类合谊，以见指挥"。西夏文中会意字数量最多，达 1932 个。[②] 汉字中的会意字应时代不同而有所差别，早期会意字（古文字阶段）一般是会合两个或两个以上象形构件的图形而表达意义的[③]，隶变后的会意字多是会合构件的语义而表达新意义的。西夏文中少见象形文字，也不存在图形式构件，其会意字大体如汉字隶变后的会意字，即会合构件的语义而成。其类型比较符合张有所说"会意者，或合其体而兼乎义，或反其文而取其意"[④]。

合其体而兼乎义，是指汇合不同构件之形体，兼合构件所代表字之意义。

---

① 关于六书的名称和次序，历来都有一些差别，这里采用了许慎《说文·叙》中的名称和次序。
② 此据韩小忙先生的统计，这 1932 个会意字包括西夏字书中存有字形解说资料的 1502 个，以及未存字形解说资料但能构拟出的 430 个。韩先生指出，存有解说资料的 4090 个字中，会意字有 2096 个，排除循环解说的 594 个，实际可用于分析的只有为 1502 个，合构拟出的 430 个，共 1932 个。参见韩小忙：《西夏文的造字模式》，中国社会科学出版社 2016 年版，第 188—242 页。
③ 裘锡圭先生称之为"图形式会意字"。参见裘锡圭：《文字学概要》，商务印书馆 1988 年版，第 123 页。
④ 转引自赵宧光：《六书长笺》卷四，《续修四库全书·经部》203 册，上海古籍出版社 2002 年版，第 434 页。

所合构件一般为所代表字之省形，或为全字。通常以合二体为主，也有合三体、四体者。但兼乎义的情况非常复杂，即所造字的意义与组合成字的各成分之间的意义关系[1]，目前尚未能完全阐述清楚。

有些会意字，构件代表字的意义组合与所造字意义完全一致，构件间的意义结构可以是陈述、支配或者修饰式等关系。例如：

𗥦：娇瑞蔽被 / 震：地左动下（地动为震）

𗥨：頑凌纛 / 爬：膝手行（膝手行为爬）

𗧘：蘐鬃移瑞 / 烙（饼）：饼围做左（做饼为烙）

𗦑：纵瑞散颓 / 凉：热左散全（散热为凉）

𗦧：筋瑞殊烧 / 茅：草左细右（细草为茅）

𗦣：筋瑞绵烧 / 蒲：草左轻右（轻草为蒲）

𗦠：锻瑞狲烧 / 苇：水左草右

𗦥：刻瑞蠢烧 / 恃、怙：势左仗右

有些会意字，构件代表字的意义组合通过联想或补充词语加以理解，可与所造字意义相合。例如：

𗨆：耄统鼠蔽 / 龙：慧上蛇下（智慧的蛇）

𗢧：頑瑞绶烧 / 靴：腿左蔽右

𗢮：頑瑞裘烧 / 跏趺：膝左回右（两足交叉置于左右股上，即盘腿坐）

𗢳：兆叙蓑瑞 / 瓦、陶：泥中烧左

𗢜：锻瑞妊颓 / 泥：水左土全（水合土为泥）

有些会意字，通过进一步考察，构件代表字的意义组合亦与所造字意义

---

[1] 龚煌城先生概括为同心结构和异心结构两类，每类之下又暂时简单列有两三种不同情况，但关于异心结构的可能比较复杂，远非"工具—客体""处所—方位"这两种情况。参见龚煌城：《西夏文字的结构》，《历史语言研究所集刊》第 52 本第 1 分，1981 年，第 79—100 页。

相合。例如：

𗣼：𘜶𘝅𗤊𗤽 / 鍮：铜上做全

按，鍮即鍮石，有两种：一为自然之鍮，一为锻造之鍮。《格古要论》："鍮石，自然铜之精也。今炉甘石炼成者，假鍮也。崔昉曰：铜一斤，炉甘石一斤，炼之成鍮石。真鍮生波斯国者，如黄金烧之，赤色不黑。"西夏字书《文海宝韵》释为"𗣼𘃽𘜶𘏖𗸜𘝽𗣼𗿷𗤽"，汉译"鍮者熔铜撒药为鍮也"，显见为锻造之鍮。"𗣼"构形资料解释为"𘜶𗤽"（铜为），合"铜锻造而为"之意。

𗣭：𗄊𗤈𗣁𗤊 / 民：草左万右　　　　𗤾𗣭 / 庶民

按，这里取"万""草"之义，造"民"之字，当受汉语"草民"观点影响。

有些会意字，构形资料的意义组合与所造字意义不完全等同，但可以涵盖或关联所造字之意义。例如：

𘐰：𗋽𗤈𗪒𗤽 / 埋：地左下全（地下概念比埋大）

𗰛：𗒹𗤈𗰟𗤈 / 淡：水左舌右（以舌尝水）

也有相当一些字，西夏字书所列构形资料，一半意义与所造字意义相同、相近或存在关联，另一半除字形外还难以看出与所造字意义间的联系，也无语音联系。学术界暂时将其纳入会意字之列。例如：

𗀒：𘃽𗤈𗈍𗾟 / 雕：独左刻中（𗈍、𗀒义同，𘃽与𗀒之关系不明）

𗰉：𗋽𗤈𗊖𗤈 / 亩：地左略左（𗰉为𗋽之单位，𗊖与𗰉之关系不明）

还有相当一些字，西夏字书所列构形资料，完全看不出与所释字间的意义联系，也看不出除字形外的其他联系。可能暂时的认识不足，也可能西夏字书本身的解释欠妥，学术界暂时也纳入会意字之列。例如：

𘕿：𗻍𗤈𘝶𗤽 / 阶：勤左授右

𗮉：𗂰𗹢𗴮𗤈 / 有：母全神左

　　反其文而取其意，即通常所说的否定会意。汉字中的否定会意通常是以"不""勿"等否定字为构字成分造会意字。如"覔""歪""孬""甭"等字^①。西夏文中也有类似会意构形方法，即以"𗙼"（不）、"𗟲"（无）、"𘗽"（不、无、莫）等表否定概念的字为基础衍化出其他的字。

　　以"𗙼"（不）为基字造否定会意字者，以选取左边构件"𝼈"为主，亦以中间部分"𝼉"为构件造新字者。例如：

　　𗢳 mjaa（1.23 Ⅰ）大、粗　　　𗙼𘈩𗤭𘏞 / 不左细右 _{《文海》甲 30B31}

　　𗙣 sã（1.24 Ⅵ）散　　　　　　𗙼𘈩𘕕𘒣 / 不左集全 _{《文海》甲 31B11}

　　𘊅 lhjii（1.14 Ⅸ）温暖　　　　𗙼𗫂𗾟𘏞 / 不热冷右 _{《文海》甲杂 10B32}

　　𗮩 kie（1.09 Ⅴ）戒；法；贯　　𗙼𗤭𗾟𘏞 / 不中超右 _{《文海》甲杂 2A31}

　　𘕿 kiow（1.55 Ⅴ）犟（借）　　𗼋𗙼𗾟𗤭 / 说不听中 _{《文海》甲 61A61}

　　𘛮 ləj（1.40 Ⅸ）均匀、适中　　𗙼𗢳𗙣𘈩 / 不大小左

　　以"𗟲"（无）为基字造否定会意字者，以选取右边构件"𗣼"为主，亦有以中间部分"𝼊"为构件造新字者^②。例如：

　　𗬗 ŋwər（2.76 Ⅴ）愈、消、瘥　　𘚢𗟲𘏞𘏞 / 病无背右 _{《合编》甲 07.231}

　　𗟲 bjaa（1.23 Ⅰ）尽、绝、无　　𗳦𘈩𗟲𘏞 / 续左无右 _{《文海》甲 30B11}

　　𘞈 swu（1.01 Ⅵ）脩　　　　　　𘊻𘕕𗟲𘏞 / 肉津无右 _{《文海》甲 6B62}

　　𘞁 gjo（2.44 Ⅴ）衰（无美色）　　𘏞𘈩𗟲𘈩 / 绒左无左 _{《合编》甲 15.121}

　　以"𘗽"（不、无、莫）为基字造否定会意字的情况较少，目前只见有 5 例，且皆取左边构件"𝼋"参与新字构造^③。例如：

　　𘟙 gjii（1.14 Ⅴ）乞（借）、行乞　　𘗽𘈩𘃢𘏞 / 不左足右 _{《文海》甲 20A33}

────────

　　① 此为典型的"反其文而取其意"，还有一类属于"反其文、取其意、合其音"的情况，也可称之为合音字，例如："不要为嫑""不用为甭"等。

　　② 此外，或有以"𗟲"为基字造否定会意字者，如"𘟤"字，意为"圆""圈""围"等义。该字缺构形资料，据《同音》丁种本 28B51 背注"𘟤：𘏞𗙼𗣻"/ 圆：方不有，推测其构形资料由"𗙼"加"𗟲"构成，具体方法应当是在"𗟲"全形基础上从中插入"𗙼"的左边构件。

　　③ 详见段玉泉：《西夏文字中的否定会意构字法》，载李运富主编：《跨文化视野与汉字研究》，社会科学文献出版社 2018 年版，第 182—190 页。

𗣼 *wjij*（1.61 Ⅱ）短　　　　𗣼𗅲𗓞𗓅/ 未左到右 _(《文海》甲 66A61)

𗝾 *tsjo*（1.51 Ⅵ）躁（借）　　　𗣼𗅲𗣏𗅲/ 不左善左 _(《文海》甲 58A52)

𗣕 *ŋə*（1.27 Ⅴ）闹、闹腾　　　𗣼𗅲𗤒𗓅/ 不左谐右 _(《文海》甲 34B53)

𘚝 *ljii*（2.12 Ⅸ）破、损、丧；累　　𗣼+𗪜/ 不牢 _(拟推)

2.2 形声

西夏字以会意、形声为主，形声字数量位居会意字之后，多达 1630 个。[①]
从文字形成过程的动态角度分析，西夏文形声字形成有几种不同的类型[②]：

一是在假借基础上通过加类化构件或区别符号造专属形声字，其假借包
括与汉字相关涉的外部假借以及西夏字内部的假借。

外部假借，即龚煌城先生所题及的"汉语形声字"[③]。以"𗣟" *tã¹*（单）与
"𗼑" *bji¹*（单、薄）字为例。前者，据《文海宝韵》（31A31）解释"𗣟：𗼑
𗓞𗣏𗓅。𗅲𗣏𗣟𗣏𗤒，𗩱𗢹𗼑𗤒，𗼑𗤒𗼑𗓅𗓅"（单：薄全衣右。单者单薄也，
无里薄也，不厚实之谓），是为汉语"单衣"的"单"所造专属字，这在文献
中可以找到进一步佐证的材料，例如：

𗢹𗣟𗤒𗗿𗣟𗤒。_(转引自聂历山 Ⅱ 593)

衣单布亦无寒。

"𗣟" *tã¹*（单）音、义皆与汉语"单衣"的"单"相合，是为汉语借词"单"
而造的专属字。这个"𗣟" *tã¹*（单）的形成，即是找与汉语"单"同义的西

---

① 此据韩小忙先生的统计。这 1630 个形声字包括西夏字书中存有字形解说资料的 1121 个，以
及未存字形解说资料但能构拟出的 509 个。韩先生指出，存有解说资料的 1121 个中，属于循环解说
的有 416 个，实际可用分析的只有 705 个，合构拟出的 509 个，共 1214 个，其实际整理出的形声字
共 1179 个。参见韩小忙：《西夏文的造字模式》，中国社会科学出版社 2016 年版，第 188—242 页。

② 段玉泉：《论西夏文形声字的形成》，载杜建录主编：《西夏学》第二十二辑，甘肃文化出版社
2021 年版，第 48—58 页。

③ Gong, Hwang Cherng, "Chinese elements in the Tangut script", *Bulletin of the Institute of History
and Philology*（ *BIHP*), 53.1 : 167–187, 1982.

夏字"𗟲"bji¹（单、薄）为基础，再添加从"𗎀"（衣）省的类别化构件而成。"𗼨"tã¹（单）与"𗟲"bji¹（单、薄）读音并不相同，理论上是不能划归形声字的，但因为"𗼨"tã¹（单）与"𗟲"bji¹（单、薄）所对应的汉字"单"语音相同，所以可以将"𗼨"解释为取"𗟲"之形、合"𗟲"所对应汉字"单"之音而作声符。毫无疑问，"𗼨"字的形成是以"𗟲"为核心、为基础形成的。之所以选用"𗟲"来造"𗼨"字，是因为借用了"𗟲"所对应的汉文"单"与被造用来记录借词"单衣"的"单"二者字音相合这一层联系。所以我们把它称之为来自外部的假借。

内部假借是在假借的基础上通过添加或置换构件造形声字。以"𗭘"khie¹（苦）与"𗥒"khie¹（厌恶）为例，二者读音相同，字形关联，文献中有借用后者表示"味苦"之"苦"的用法，"𗭘"khie¹可以看作是在借字"𗥒"khie¹的基础上加"𗤁"（"𗤁""味'省形）而造的记录"苦"的专属字。

二是在母文基础上通过添加或置换类化构件或区别符号而形成的衍生字，这类衍生字继承了母文的核心义，是以母文核心义为基础用于具体事物的扩大或缩小，其中的类化包括依据事物所属意义类别的类化以及根据上下文的文字构件而产生的类化。例如，西夏文中有一批表示"风"的字：

𗼻 lji（1.29 IX）风　　　𗼻𗤁𗼻𗤁 / 勒巽土右　　𗼻𗤁 / 巽风

𗼻 lji（1.29 IX）风（伤风）　　𗼻𗤁 / 伤风

𗼻 lji（1.29 IX）威风、威仪　　𗼻𗤁𗼻𗤁 / 耳上风全　　𗼻𗼻 / 威风

不难看出，三字同音，且都有"风"义。"𗼻"的字形资料中，明确注明其从"𗼻"而来；"𗼻"《文海宝韵》等字书缺少构形数据，但从该字意义、左边构件及其所记录词语入手不难发现，这里的"𗼻"当从"𗤁"（病）省。"𗼻"lji¹（伤风）、"𗼻"lji¹（威风）虽然是以"𗼻"lji¹为声符，但同时还保有"𗼻"lji¹（风）之义。换言之，"𗼻"lji¹（伤风）、"𗼻"lji¹（威风）是以

"觚" *lji¹* 为母文，在其基础上再加意义类别的构件而成，二字的核心意义还是由声符表示，"乜""艹"只是意义类别和区别符号。

三是造单纯声符标志的形声字，主要包括为造同音字通过不同的意符加以区分开来而产生的形声字，以及为记录意义相同或相关的概念通过不同的声符加以区分开来而产生的形声字。西夏文形声字所有的形成方式都有汉文形声字的影子。西夏文形声字多以声符为纲的特点，同样很好地诠释了"以事为名，取譬相成""形声相益"等本用于描述汉文形声字的概念和特点。

2.3 切身

切身是指合二字之音、兼取二字之形而产生新字的一种用字方法，这是古代佛典翻译实践中，遇到一些外来读音，而汉语中又没有对应音节情况下的一种处理方式。清顾炎武《音论·南北朝反语》："赵宦光曰：'释典释法真言中，此方无字可当梵音者，即用二字聚作一体。谓之切身，即古人所谓自反。'"其合二字之音实际上是用反切的方式来处理外来音节，不给反切只是一种注音方式，正式行文过程中以"某某反"表示总归不大方便，人们就想到用反切上下字合成一字的方式来记录这一音节。于是就出现了切身字。这些字仅仅是记录外来音节，一般没有特定的意义。例如，佛教文献中对应汉语中没有的梵文音节 *maṃ* 时，常用"轹"一字，其下常见注"切身"或"牟含反"。

西夏文字中也有不少合二字之音、兼取二字之形合成的西夏字，用于记录本语言中没有的外来音节。例如"黻"字即为既切"莘"*djij²* "陵"*wjij²* 二字之音，又合二字之形而产生的新字，用于记录梵文音节"*dve*"。

据统计，西夏文字中被收入西夏字书的切身字共160字左右[①]，也还有一些切身字仅在文献中出现，而未被字书收录。西夏切身字与汉文切身还有以下几点不同：

一是多以省形构件合成，汉文多合全字而成。

[①] 韩小忙：《西夏文的造字模式》，中国社会科学出版社 2016 年版，第 242—250 页。

二是使用范围更广，不限于释典梵音真言及陀罗尼，也可用于记录汉语中族姓、译音字及借词等等。

三是也用于记录一些有实际意义的概念。例如《掌中珠》的"䐗散"（急随钵子）之"䐗" *tswụ¹*（急随）一字，其反切为"𦄐𦇛" *tsji² lwụ¹*，再看字形，其与反切上字左边构件及反切下字右边构件相同，无疑是既合"𦄐""𦇛"合二字之音、又合二字之形的切身字。

2.4 合文

合文是指合两字或两字以上的字成一新字，用以记录原字所记录的词。合文可以直接合原文而成，更多合原文部分构件而成。例如敦煌文献中常见的"菩"，即卝·是"菩萨"二字，各抽取一个"卝"构件而合成的新字；再如"菩"，则是"菩提"二字的合文，分别前字之构件及后字之全形而成。

西夏文《金刚乘根犯堕》不同文本的梵文经题呈现出两种形式，分别为：

䕶𧸘𦒶　𦙴𦕤　𦈹𦈥　𦍩𦌤（*vajrayānamūlāpatti*，金刚乘根犯堕）

䕶𦙴𦕤　𦈹𦈥　𦍩𦌤（Инв . № 2551）

其中，后者是以"䕶"字代替前者的"䕶𧸘𦒶"（vajra，金刚）一词，即合后三字而成。具体合成方法是，分别选取了"䕶"字的左边、"𧸘"字的上半及下半左边以及"𦒶"的左半三部分构件而成。与前文切身合两字记录一个音节不同，这个新合成之"䕶"字则是直接记录了一个梵语词"䕶𧸘𦒶"（*vajra*，金刚）。[①] 围绕 *vajra* 这一词的合文在西夏文献中还出现两个变体，一是只合"䕶𧸘𦒶"三字的后两字者，二是合异译的"𦙴𧸘𦒶"（*vajra*，金刚）三字而成。[②]

如同汉文合文，西夏文的合文，不是主流现象，根本没有纳入西夏字典

---

① 段玉泉：《西夏语文献阅读札记》，载杜建录主编：《西夏学》第十二辑，甘肃文化出版社 2016 年版，第 331—332 页。

② Hongyin Nie, "Graph omission and abbreviation in Tangut script", *chinese writing systems*, 2018（3），pp.157-162.

的收录范围，只是文献中出现的仿汉文合文的用字现象。

（三）文字性质

　　人类历史上文字的产生与发展，一般不外乎两种情况，一是自源文字、一是借源文字。前者是指不依傍其他文字而独立创造出来的，后者则是借鉴、参考或依傍其他文字而创造出来的。汉字作为自源文字，是记录汉语言的符号系统，曾经为周边许多少数民族和国家文字的形成产生过不同程度的影响。契丹、党项、女真、壮等民族在创制自己的文字之前一度借用汉字记录自己的语言，朝鲜、越南、日本等国家在自己的文字产生之前也一度使用汉字。汉字的长时间使用以及汉文化的巨大影响使得他们文字的创制受到了汉字不同程度的影响。受汉字影响最为直观的是曾在越南等地使用的字喃，它不仅借助了汉文的造字法，更将汉字或汉字的构件直接移入，例如记录"字"这个词，字喃的写法是"𡨸"，这里借助汉字"宁"表音，借助"字"表意。有时还直接使用汉字，而完全脱离汉文所造的字极为少见。日本后来使用的假名虽然是一种音节文字，但受汉字的影响同样非常直观。每个假名都有两种字体，一种为楷体，叫片假名，是取汉字楷书字的偏旁或笔画而成，一般用于书写和印刷；一种为草体，叫平假名，是由汉字的草书变化而来，用于记载外来语和特殊词汇。而观西夏文字，虽然远看一个个都像汉字，但其受汉字的影响大不如字喃、假名表现得那么直观，特别是合成西夏文字的一个个偏旁或部首到底是如何创制而来的？至今是一个令我们无法解开的谜团。然而深入西夏文字的内部构造，那一个个的构造、一类类的规律都与中古汉字实际运行过程中表现出来的，特别是民间的、俗文化层面的用字规律是如此神合，无疑是属于源自汉文的借源文字。造字者虽然在字面上力求表现出与汉字的差别，但内在的构造规律却在紧密追随汉字实际应用中的内在变化，这或许正是两个民族紧密相连、长期互动交融的结果，也是党项紧密追随汉地文化发展的表现。

附录：词汇表

说明：

这里选收的词汇多为文献中的常用词语或者是《掌中珠》中的日常生活词语，也收取了部分朝代、国名、族名、州府等专有名词。

全部词语按照名词、数量词、代词、谓词、副词、助词（含缀词）、语气词和感叹词等顺序排列。名词部分又分为若干小类。

词语前面加"*"号的是学术界暂称之为勒尼语的词语。

（一）名词

1. 天体、天相

朘 $m\partial^1$ 天

謿 $tshjwu^1$ 乾

刻 be^2 日（太阳）

猍 $lhjij^2$ 月（月亮）

𦱳𦱳 $gji^2\,gjij^1$ 星宿

𦳊𦱳 $kie^1\,gjij^1$ 金星

𦳅𦱳 $sji^1\,gjij^1$ 木星

𗇁𗺉 *zjɨr² gjij¹* 水星

𗼨𗺉 *məə¹ gjij¹* 火星

𗽷𗺉 *tser¹ gjij¹* 土星

𗀔 *ŋwər¹* 天

𗊢𗇋 *mə¹ tu¹* 天罗

𗡷𗰔 *lji̱² rer²* 地网

�211𗗙 *we¹ŋwər¹* 青龙

𗠂𗠣 *we¹ njij¹* 朱雀

𗩾𗫂 *le² phiow¹* 白虎

𗏓𗩩 *khwə¹ ɣwej¹* 玄武

𗉜𗈍 *lji̱¹ ljɨj²* 宝瓶

𗙏𗗙 *mo² khja²* 么竭

𗲆𗭧 *dow¹ dźji ̩* 巨蟹

𗦳𗣼 *mjɨr¹ rjijr¹* 人马

𗀔𗋡 *ŋwər¹ la ̩* 天蝎

𗀔𗹈 *ŋwər¹ kaar¹* 天秤

𗖮𗬉 *lo² tśhjiw²* 双女（包括双子和处女）

𗰜𗵤 *ka² tśjij²* 狮子

𗴁𗖄 *kie¹ gur¹* 金牛

𗁲𗩩 *jij² phiow¹* 白羊

𗫪𗖮 *źju² lo̱²* 双鱼

𗷨𗅉 *tshjwu¹ bar¹* 天鼓

𗷨𗺉 *tshjwu¹ zjur²* 天火

𗷨𗈶 *tshjwu¹ mja¹* 天河

𗊢𗇁 *mə² zjɨr²* 天河

𗗙 *lji²* 风

𱅉 *djɨj²* 云

𱅉 *dzju²* 雨

𱅉 *wji¹* 雪

𱅉 *ɣju¹* 烟

𱅉 *le²* 雾

𱅉 *zər²* 露

𱅉 *nja²* 霜

𱅉 *djii¹* 雷

𱅉 *mur²* 雹

𱅉𱅉 *lhja¹ tshjwu¹* 闪电

𱅉𱅉 *dʑjwu¹ mjaa¹* 霹雳

𱅉𱅉 *dzju² wer²* 雨泽

𱅉𱅉 *zər² ljɨj²* 甘露

𱅉𱅉 *sjwi¹ gjij²* 旋风

𱅉𱅉 *lji¹ dzju²* 风雨

𱅉𱅉 *lji¹ lhjii¹* 和风

𱅉𱅉 *lji¹ gji¹* 清风

𱅉𱅉 *kie¹ lji¹* 金风

𱅉𱅉 *lji¹ khiej¹* 朔风

𱅉𱅉 *lji¹ njaa¹* 黑风

𱅉𱅉 *tsə¹ dzju²* 膏雨

𱅉𱅉 *śji² dzju²* 谷雨

𱅉𱅉 *dzjɨj¹ dzju²* 时雨

𱅉𱅉 *gju² dzju²* 丝雨

𱅉𱅉 *ɣju¹ djɨj²* 烟云

𱅉𱅉 *dʑju² djɨj²* 鹤云

𗱀𗰦 ŋər¹ djij² 峯云

𗹙𗰦 rjij² djij² 罗云

𗭩𗰦 thwuu¹ djij² 同云

𗼲𗲎 gjuu² wji¹ 瑞雪

𗲎𗗆 wər² phiow¹ 白露

𗵃𗭷 tshjɨ¹ tshjwu¹ 虹蜺

𗴾𗰃 so² lwew¹ 阳气

𗱣𗴾 de¹ so² 阴阳

2. 地理、方位

𗼺 lji² 地

𗊲 phu¹ 坤

𗙢𗼺 tha² lji² 大地

𗱀 ŋər¹ 山

𗁰 tshjwã¹ 川

𗑙 sjwa¹ 江

𗣼 mja¹ 河

𗣼𗙩 mja¹rewr¹ 河泽

𗣼𗰛 mja¹·iọ¹ 洲

𗋽 ŋjow² 四海

𗬑𗫉 rar² mə² 泉原

𗑠𗰚 gju¹ khja² 渠井

𗵏𗵬 low² ljwij² 坡岭

𗵢𗱰 gjij¹ ku¹ 崖谷

𗰚𗫣 ɣju¹ rejr² 沟洫

𗊟 zjɨɨr² 水

𘚢𘝐 *zjïr² pho¹* 水泊

𗤔 *dzjiw¹* 土

𗗙 *bę¹* 沙

𗋽𗰭 *lji̯² rjar¹* 田畴

𗋽𗰵 *lji̯² ŋwu²* 地程

𗦤𗦻 *ljïr¹ rjijr²* 四方

𗦤𗱕 *ljïr¹ dzjij²* 四隅

𗏇 *wji²* 东

𗙫 *zjïr¹* 南

𗤺 *lji²* 西

𗢝 *lja¹* 北

𗀔 *phju²* 上

𗩾 *gu²* 中

𗁬 *njiij¹* 中央

𗾫 *mjiij²* 下、末

𗢦𗦻 *·ju² rjir²* 前、前面

𗣼𗦻 *γwə² rjir²* 前面

𗲆 *mjiij¹* 后、尾

𗙩 *mjij²* 左

𗗙 *tśier¹* 右

𗑱 *bju²* 边

𗣅 *ku̯²* 里

𗥃 *djir²* 外

𗩴 *rjur¹ kiej²* 界；朝

𗋽𗩴 *lji̯² rjur¹* 地界

𗦣𗩴 *rjur¹ kiej²* 世界、京师

[illegible] *bju*^{2} *gu*^{2} 腹地

[illegible] *bju*^{2} *ljị*^{2} 边地

3. 时节、节气

[illegible] *ljɨɨr*^{1} *lu*^{2} 四季

[illegible] ·*jar*^{1} *tsewr*^{1} 八节

[illegible] *njwɨ*^{2} 春

[illegible] *dźjwij*^{2} 夏

[illegible] *tsə̣*^{1} 秋

[illegible] *tsur*^{1} 冬

[illegible] *kjiw*^{1} 年

[illegible] ·*a kjiw*^{1} 一年

[illegible] *njɨɨ*^{1} *kjiw*^{1} 二年

[illegible] *wji*^{1} 年、岁

[illegible] *pjɨ*^{1} *wji*^{1} 今年

[illegible] *sjij*^{1} *wji*^{1} 来年

[illegible] ·*jɨ*^{2} *wji*^{1} 去岁

[illegible] *dəə*^{1} *wji*^{1} 前年

[illegible] *kụ*^{1} *wji*^{1} 后年

[illegible] *lhjij*^{2} 月

[illegible] ·*ja*^{1} *lhjij*^{2} *phow*^{1} 一个月

[illegible] *njɨɨ*^{1} *lhjij*^{2} *phow*^{1} 两个月

[illegible] *lhjij*^{2} *khwə*^{1} 半月

[illegible] *tśjow*^{1} *lhjịj*^{2} 正月

[illegible] *njɨɨ*^{1} *lhjịj*^{2} 二月

[illegible] *sọ*^{1} *lhjịj*^{2} 三月

𘚧𘎙 *ljür¹ lhjij²* 四月

𘐿𘎙 *ŋwə¹ lhjij²* 五月

𘈷𘎙 *tśhjiw¹ lhjij²* 六月

𘓆𘎙 *śja¹ lhjij²* 七月

𘅝𘎙 *·jar¹ lhjij²* 八月

𘂥𘎙 *gjü¹ lhjij²* 九月

𘐴𘎙 *ɣa² lhjij²* 十月

𘐴𘅿𘎙 *ɣa² lew¹ lhjij²* 十一月

𘐴𘎙 *rejr¹ lhjij²* 腊月

𘐌𘎙 *lhu lhjij²* 闰月

* 𘟗𘘯 *ka¹·o¹* 月、月份

* 𘕦𘟗𘘯 *rjir² lo² ka¹·o¹* 二月

* 𘖥𘟗𘘯 *lhejr² gju² ka¹·o¹* 三月

* 𘕊𘟗𘘯 *kwej¹ ŋwər¹ ka¹·o¹* 四月

* 𘓆𘟗𘘯 *tśjür² lu¹ ka¹·o¹* 五月

* 𘍫𘟗𘘯 *źjiw¹ we¹ ka¹·o¹* 六月

* 𘒫𘟗𘘯 *ŋwər¹ ka¹ ka¹·o¹* 七月

* 𘒷𘟗𘘯 *njü¹ ljür¹ ka¹·o¹* 八月

* 𘚧𘐿𘟗𘘯 *ljür¹ ŋwə¹ ka¹·o¹* 九月

* 𘒷𘐿𘟗𘘯 *njü¹ ŋwə¹ ka¹·o¹* 十月

* 𘐿𘈷𘟗𘘯 *ŋwə¹ tśhjiw¹ ka¹·o¹* 十一月

𘎤 *njü²* 日

𘅿𘐴𘎤 *lew¹ djij¹ njü²* 一日（初一）

𘒷𘐴𘎤 *njü¹ djij¹ njü²* 二日（初二）

𘗍𘐴𘎤 *śja¹ djij¹ njü²* 十日（初十）

𘗍𘅿𘎤 *śja¹ lew¹ njü²* 十一日

𗥃𗝀𗢳 *śja¹ŋwə¹njɨɨ²* 十五日

𗡝𗢺𗢳 *njɨɨ¹ɣa̱²njɨɨ²* 二十日

𗾞𗢳 *·ju² njɨɨ²* 望日

𗥃𗢳𗤀𗢳 *pji¹ njɨɨ² tji¹ njɨɨ²* 今日一日

𗢳𗉞 *njɨɨ² zjɨ¹* 白日

𗥃𗢳 *pji¹ njɨɨ²* 今日

𗤀𗬩 *na¹ rar²* 明日

𗤀𗬠 *sja² djij¹* 后日

𗤀𗬠 *ɣwə² djij¹* 外后日

𗜓 *·jaar²* 日

𗟀𗜓 *ja¹ ·jaar²* 一日

𗡝𗜓 *njɨɨ¹ ·jaar²* 二日

𗜓𗴟 *·jaar² tsew²* 日限

𗣼𗧊𗜓 *so̱¹ śja̱¹ ·jaar²* 三七日

𗢳 *njɨɨ²* 昼

𗾟 *gjɨ²* 夜

𗽘𗜛 *lji¹ ljij²* 卓午

𗤀𗩾 *na¹ khju¹* 夜间

𗺋𗾔 *lej² ɣu¹* 晚夕

𗭾 *rjij²* 更

𗪙𗭾 *ŋwə¹ rjij²* 五更

𗊡 *dej²* 甲

𗉿 *ljij¹* 乙

𗽜 *bji¹* 丙

𗨙 *we¹* 丁

𗮠 *we²* 戊

嬂 *tshjį¹* 己

㺻 *lhej²* 庚

䚻 *kǝ¹* 辛

㓢 *nej²* 壬

㡦 *duu¹* 癸

䢡 *xjwi¹* 子

聚 *mjuu²* 丑

䩆 *le²* 寅

㯳 *tser¹* 卯

䍷 *we¹* 辰

瓻 *phio²* 巳

䅳 *gjij¹* 午

㲲 *mjo²* 未

狪 *wji¹* 申

䌼 *dźjwow¹* 酉

䃲 *na¹* 戌

䖑 *gju¹* 亥

䖺蕔 *dzjɨj¹ tsewr¹* 时节

䖫䍷 *njwi² dzjį²* 立春

䌗㺻 *zjɨɨr² dzjṛ²* 雨水

夅绝 *kjij¹ tśjɨɨr²* 惊蛰

䖫㺷 *njwi² djii¹* 春分

㲲䯢 *pǝ¹ we¹* 清明

㺤㺻 *rer² dzjṛ²* 谷雨

㺞䍷 *dźjwij² dzjį²* 立夏

䈀䈀 *kjii¹ dzjṛ¹* 小满

𘊈𗀱 *tser¹ sjọ¹* 芒种

𗹭𘃡 *dźjwij² lu²* 夏至

𗣼𗤺 *ljow² tsja¹* 小暑

𗤺𗊱 *tsja¹ ljij²* 大暑

𘝵𗊱 *tsə¹ dzjị²* 立秋

𗤫𗤺 *zjür¹ tsja¹* 处暑

𘜶𗥃 *zər² dạ²* 白露

𘝵𗗉 *tsə¹ djii¹* 秋分

𗤼𘝢 *dźjij¹ 'nja²* 寒露

𗣼𗤭 *wər² phiow¹* 霜降

𗊱𗊱 *tsur¹ dzjị²* 立冬

𗣾𘝴 *wjị¹ zjür¹* 小雪

𗣾𗊱 *wjị¹ ljij²* 大雪

𗊱𘃡 *tsur¹ lu²* 冬至

𗤼𗤫 *zjür¹ dźjij¹* 小寒

𗊱𗤫 *tha² dźjij¹* 大寒

4. 日常用品、工具

𗼜𗣚 *tsewr² wjị¹* 斤斧

𘜶 *dza¹* 凿

𘈈 *khwu²* 锯

𘏞 *dzwə¹* 镊子

𘓞 *koo²* 铃

𗧛 *bjir¹* 刀

𘝢 *du²* 桶

𗓁 *kwa¹* 罐

瓾瓾 *kia¹ gju²* 器皿

藏蕤 *khu¹·ji¹* 梡匙

𥈊𦮙 *tsə¹ dwu²* 筋

𥈊 *wju¹* 杓

蕣 *lo¹* 笊篱

𥻘蓴 *dji² tsjir¹* 檠子

𥻘瓾 *dji² tsji¹* 楪（碟）

蕢 *lhjij¹* 盔

蕤 *ba¹* 盘

蕤 *rjir²* 铛

蕽 *tshow²* 鼎

𦮙散 *tswu¹ kwaa¹* 急随钵子

蕤蕣 *tshjwa¹ ŋər¹* 火炉鏊

茤 *ɣa²* 甑

蕤蕤 *rjir² ɣja²* 铛盖

蕽蕤 *phjoo² ɣja²* 笼床

俞蕤 *rar² ɣja²* 纱罩

蕤蕤 *tsə¹ tsjwu¹* 茶铫

蕤瓾 *tsjij² gju²* 茶臼

𥻘蕤 *lju² tjwij¹* 瓶盏

𥻘𦮙 *tjij¹ phu²* 灯树

𥻘蕤 *tjij¹ tjwij¹* 灯盏

𥻘蕤 *tjij¹ lha²* 灯球

蕤蕤 *njwị² śji²* 灯草

蕤蕤 *məə¹·joow²* 火炉

蕤蕤 *məə¹ dwu²* 火筋

蘬楛 *məə¹ pjij²* 火杴

蘬傲 *məə¹ · jwii¹* 火栏

豺籛 *· ju² lhjoor¹* 棹子

薁籔 *sji¹ sju²* 柜子

薁蕲 *sji¹ kha* 匣子

鑾 *dźjwi²* 床

帳鑾 *tśja¹ dźjwi²* 交床

死鑾 *gjwir² dźjwi²* 椅子

僦鑾 *kiej¹ dźjwi²* 矮床

桃鑾 *lej² dźjwi²* 踏床

禰鬏 *· wo¹ lju¹* 枕毡

繊襈 *gjwir¹ ljuu²* 褥子

緁鬏 *bu¹ lju¹* 苫（蒲席）

蘬豼 *ko¹rjijr¹* 车马

拜 *dźjwị¹* 船、舟

耤瓣蔹糐 *kjwịj¹ŋwu²dźjọ²sjwo¹* 纸笔墨砚

5. 农具

緩傻 *lji¹ gju²* 农器

蘨蘬 *thə¹ lo²* 礄碌

儎緀 *phji¹ sjị¹* 簸箕

骹觚 *zjur² rjur¹* 扫帚

芇骮 *kiə²tśia¹* 刻叉 ①

---

① 根据汉字注音，此为汉语借词。然据《同音》等字书资料，实为"芇骮"倒文。又《六韬》载："蓊嶽蔹薁薁芇骮，僦豼黄儎祧，骹羬豼蔹蔓。"对应汉文作："方胸两枝铁叉，柄长七尺以上，三百枚"。

齸齾 *ljwi¹ rjar¹* 子楼

薐蕏 *njij² sjij²* 芭罢

蕏尥 *bjɨr¹ dźjɨ¹* 镰刀

𪱷 *kwa̱²* 锄、锄头

𪱷 *ko²* 镢、镢头

𪱷 *pjɨj²* 枚、锹；锸

礠𫍮 *po¹ tshjij¹* 锹

蕏𫍮 *lo¹ khia²* 犁铧

𫍮𫍮 *ko¹ dźiər¹* 车碾

𪱷蕏 *lji¹ ɣ ɨ¹* 耕牛

鏊𫍮 *tio̱¹ · wi²* 碾场

𫍮𫍮 *tsowr¹ dźjwir¹* 碓硙

6. 身体部位

𪱷 *ɣu¹* 头

蕏 *tśjiw²* 顶

蕏 *no²* 脑

𪱷𪱷 *ɣu¹ mjar¹* 头发

𪱷 *mej¹* 目、眼

𪱷𪱷 *mej¹ khwar²* 眼眶

𪱷𪱷 *mej¹ mjar¹* 睫毛

𪱷𪱷 *bee² mjar¹* 眉毛

𪱷 *nju¹* 耳

𪱷𪱷 *nju¹ dźjwo²* 耳窍

𪱷𪱷 *nju¹ pie¹* 耳塞

𪱷 *njii²* 鼻

縦 *njijr²* 面

雅 *lja¹* 额

飯 *ljaa²* 口

阪 *mər¹* 唇

絅 *lhjwa¹* 舌

詑 *śjwi¹* 齿

爾 *kowr²* 牙

毓柭 *kor¹ njwij¹* 咽喉

羸 *ljwij¹* 项、颈、咽项

黀 *wa¹* 肩

死 *gjwir²* 背

揚詫 *wər² zjir²* 脊背

犪惔 *śjwaa¹ no¹* 胁肋

緩 *γar²* 胸

緩嶷 *γar²rjijr²* 胸臆

絴 *njiij¹* 心

絴統 *njiij¹ ka¹* 心命

缸 *tsə̣¹* 肺

匙 *sji²* 肝

縦 *kjür²* 胆

揚絩 *wər² low²* 肾

匙 *pjwür²* 脾

脯 *kha²* 肠

翭 *lju²* 胃

脯 *dzjir²* 肛

繷娀 ·*o¹ bja²* 腹肚

豞豞 · o¹ tjij² 脖脐、肚脐

夂 dźjiw¹ 腰

頙 ŋwer² 膝

㑇 lạ¹ 手

㑇荒 lạ¹ pja¹ 手掌

㑇龙 lạ¹ dzji¹ 指爪

㑇蕤 lạ¹ khjwɨ¹ 手腕

㑇脘 lạ¹ kiwej¹ 手臂

㑇 khjɨ¹ 足、脚

桼 gjij² 胫、膊

㑇豗 khjɨ¹ sjwɨj² 脚根

㑇桼 khjɨ¹ gjij² 脚胫

豞糘 bja¹ dju¹ 股腿

豞豟 rjɨr¹ tsewr¹ 骨节

豞豞 rjɨr¹ lhụ² 骨髓

豞豟 tśhji¹ sjij² 肉血

豞豞 gju² lhuu² 筋髓

豞糘 tju¹ na¹ 唾涕

豞豞 dźjɨ¹ djwar¹ 皮肤

糘豞 ɣie² źjɨr² 气脉

豞豟 lju² kwər¹ 身体

7. 人物、称谓

豟豟 njij¹ low² 亲戚

豞豞 wjɨ¹ dźjwɨ¹ 眷属

豞 wja¹ 父

蕤 *mja¹* 母

蕐羍 *pja¹ pji¹* 爹爹

蕤蘷 *mja¹ mji¹* 娘娘

蕏蕐 · *ja pja¹* 阿耶（即阿爸）

蕏蕤 · *ja mja¹* 阿娘

蕏綴 · *ja mjij²* 阿妈

蕏羴 · *ja pjij²* 阿爸

蕏岁 · *ja ko¹* 阿哥

蕏羬 · *ja¹ tsja¹* 阿姐

綞魝 *ljo² tjo²* 兄弟

綞 *ljo²* 兄、弟

魝 *tjo²* 弟、兄

綞孻 *ljo² khwej²* 兄

綞緤 *ljo² tsəj¹* 弟

努 *mju¹* 兄、弟

努孻 *mju¹ khwej²* 兄

緤孻 *kiej¹ khwej²* 姊

髳 *diow²* 姊

髳孻 *diow² khwej²* 姊

羸緤 *mjij¹ kiej¹* 女妹（姊妹）

蕛髳 *mə² diow²* 姊妹

羬髳 *tsja¹ diow²* 姊妹

爂緤 *gji² bjij²* 妻子

爂 *gji²* 妻、妇

餸 *zji¹* 子、男

羸 *mjij¹* 女

𗧓𗰯 ɣ*ji¹ po¹* 阿舅

𗰓𗰠 *zjwi¹ mo²* 外甥

𗧓 ɣ*ji¹* 舅

𗰓 *zjwi¹* 甥

𗧓𗣫 ɣ*ji¹ · o¹* 舅、舅公

𗧙 *wjij²* 叔、伯

𗼲 *la²* 姨（含叔伯之妻妾及母之姊妹）

𗧙𗼲 *wjij² la²* 伯叔姨

𗼈 *nji²* 侄

𗼲𗰠 *la²mja¹* 姨母、叔母

𗰠𗼲 *la²mja¹* 母姨

𗱸𗼲 · *u²mja¹* 继母、庶母

𗄝𗺉𗰠 *wə¹gu²mja¹* 庶母

𗰒 *nji¹* 姑

𗣫𗣫 · *o¹ · o¹* 公公

𗁲𗣫 *kji¹ · o¹* 公公

𗶷𗰇 *nji¹ wji¹* 婆婆（姑）、岳母

𗰻𗰤 · *ja ba²* 阿婆

𗗟𗴺 *zji¹ mjaa¹* 夫妇

𗅲𗰱 ɣ*iə¹dźjwi¹* 娣姒、妯娌

𗼴𗰱𗣫 *nji¹dźjwi¹ · o¹* 邻家主、邻里

𗼴𗰱𗰠 *nji¹dźjwi¹mja¹* 邻家母

𗄝𗰮 *wə¹ gji²* 夫主、丈夫

𗼴𗣫 *nji¹ · o¹* 家主

𗴸𗣫 *wja¹ · o¹* 祖父

𗰠𗴸 *mja¹wja¹* 祖母

𗼃𗹦 *mər² tju²* 祖宗

𗼎𗹦 *tha² tju²* 太祖

𗼚𗹦𗼚𗹝 *phju² tju²* 高祖

𗹦 *tju²* 祖、曾祖

𗼚𗹦𗼚𗹝 *phju² tju² mja¹ wji¹* 高祖母

𗹦𗼚𗹝 *tju² mja¹ wji¹* 曾祖母

𗼚𗹝 *mja¹ wji¹* 祖母

𗒹𗰀 *tji¹ gji²* 子、儿子

𗒸𗰀 *zji¹ gji²* 子、儿子

𗒺𗒸𗒺𗼻 *zji¹ zji¹ zji¹ mjij¹* 童男童女

𗒺𗸰 *zji¹ nwu¹* 婴儿

𗒺𗸮 *zji¹ lji²* 童子、小儿

𗰀 *gji²* 子

𗼩 *lhji¹* 孙

𗼩𗰀 *lhji¹ pu²* 长孙

𗼬 *lhio²* 曾孙

𗼭 *ljwij²* 玄孙

𗵒𗒸 *sjij² zji¹* 养子

𗵒𗼻 *sjij² mjij¹* 养女

𗵒𗸦𗼚𗼚 *sjij² mjijr² wja¹ mja¹* 养父母

𗼻𗸵 *mjij¹ mjor¹* 亲女

𗼃𗸵 *nji² mjor¹* 亲侄

𗵩 · *jar¹* 媳

𗵪 *lji¹* 儿媳

𗼩𗵩 · *lhji¹ · jar¹* 孙媳

𗼚𗵬𗼚 *mja¹ · jar² sji¹* 改嫁母

𗼇𗿣 *zji¹lhji¹* 孙子

𗦺𗿣 *mjij¹lhji¹* 孙女

𗦺𗾊 *mjij¹ nji²* 侄女

𗾊𗤁 *nji² mja¹* 嫂

𗾊𗬫 *nji² wja¹* 叔

𗴭𗤁 *ku¹ mja¹* 继母

𗉝𗑠𗀔 *sji¹ gji² bjij²* 前妻

𗰛 *ma¹* 婿

𗗙𗥫 *goor¹gji²* 君子、男子

𗖜𗥤 *dzjwo² nji²* 妇人、女子

𗥦𗥫 *dzjiij² gji²* 弟子

𘀀𗠍 · *ju² mur¹* 凡夫

𗟲 *mji¹* 他、他人、彼人

𗥫𗠋 *gja¹bjuu²* 将军

𗥫𗖜 *gja¹dzjwo²* 士卒、士兵、军人

𗥫𗿟 *gja¹ mjijr¹* 士卒、士兵

𗴿𗤒 *wjij²zji¹* 敌人

𗦳𗖳 *ŋwər¹ dzjwi¹* 皇帝

𗦳𗭴 *ŋwər¹dzow¹* 皇后、夫人

𗦳𗤒𗭴 *ŋwər¹ljij²dzow¹* 皇太后

𗢳𗆟 *bji² de̠¹* 大臣

𗣼 *khwej²* 大人

𘛇𘝀 *lhjij²njij²* 国王

𘛇𗱈 *lhjij² dzju²* 国主

𗥃𘀀 *sjij² · ju²* 庶民、人民

8. 动物

𗋽𗴮 *wju¹ njɨjr¹* 野兽

𗡺 *we¹* 龙

𗷟 *phio²* 蛇

𗂁 *le²* 虎

𗴂 *zewr²* 豹

𗓁𘝄 *ka² tśjij²* 狮子

𗋽 *bju²* 象

𗴟 *rjɨj²* 熊

𗼶 *lha¹* 麊

𗴣 *ŋewr²* 獐

𗵽 *ljɨɨ¹* 狼

𗴷𗯃 *khu² śjwi¹* 豺狼

𗼇 *nə²* 沙狐

𗴻 *dźiə¹* 野狐

𗵜𗵚 *ljɨ² · o²* 兔

𗂶𗷲 *bioo¹ źji¹* 猫儿

𗴢 *khjwi¹* 狗

𗴛 *wa¹* 猪

𗙻 *gur¹* 牛

𗴊 *rjijr¹* 马

𗺼 *· jij²* 羊

𗼑𗼑 *tshji¹ · jij²* 羖㸞羊

𗴅 *phjo¹* 黄羊

𗞞𘃵 *gjwa² tjij²* 顽羊

𘝧𘞉 *rar¹ tshji¹* 山羊

𘜶𘟸 *mjii²tśju¹* 骆驼

𘟸𘞝 *la²dji²* 骆驼

𘞝 *tha¹* 驼、骆驼

𘞜𘞊 *lji² we²* 驴

𘞉 *tja¹* 骡

𘝥𘞈 *tsej śiwə¹* 老鼠

𘜫𘝠 *khjwi¹ tśjij²* 细狗

𘜫𘞌 *khie² gur¹* 牦牛

𘝛𘞒 *khə² swẽ¹* 猕猴；猿

𘝬𘝧 *dźjwow¹ we¹* 飞禽

𘝬𘝬 *ku¹ kiej¹* 凤凰

𘜱𘜱 *wor¹ le²* 孔雀

𘝧𘝬 *we¹ la¹* 鹰雕

𘝬𘝬 *kjiwr¹ dźju²* 鸷鹤

𘝬𘝥 *dze¹ kia²* 雁鸭

𘝬𘝦 *ba¹ ŋiaa²* 鹅

𘝬𘝧 · *jow² njaa¹* 黑鸟

𘜵𘞊 *ka² dźji²* 老鸥

𘝦𘝬 *bə² wor¹* 鸳鸯

𘝥𘝥 *bju² njij²* 黄鹃子

𘝧 *khia²* 鹊

𘝦 *khjij²* 鹁鸽

𘝧𘝥 *we¹ so²* 雀子

𘜱𘞜 *wor¹ jaar²* 鸡

𘝥𘝬 *ta¹ · jow²* 燕子

𗙚𗤒 *tow¹ lhowr²* 鹌鹑

𗆧𗆍 *pja¹ pju²* 蝴蝶

𗍺𗈬 *bowr¹ śiwe¹* 蜜蜂

𗗙𗗪 *bə² lu¹* 虫豸

𗆐 *tsju¹* 蜘蛛

𗊲 *kjiwr¹* 蚁

𗒟𗈬 *mə² tsji²* 蝇

𗤋𗷗 *sjij² pie¹* 鱼蛙

𗷦𗈬 *źju² rer²* 鱼鳖

𗴺𗲲 *śju¹ śjiw²* 蚔虱

9. 植物

𗒟𗄟 *·io² bo¹* 园林

𗵒𗵇 *wja¹ mjaa¹* 花果

𗈁𗀔 *war² bạ²* 枝叶

𗢻𗈬𗵒 *thjoo¹ljuu² wja¹* 牡丹花

𗈪𗷝𗵒 *tsə¹ tśhji² wja¹* 芍药花

𗒀𗈬𗵒 *ŋər¹ śjwo² wjạ¹* 山丹花

𗣼𗗙𗵒 *ŋjow² lji² wja¹* 海棠花

𗣝𗗕𗵒 *ljow² pie¹ wja¹* 龙柏花

𗵨𗍫𗵒 *tśhjwir² lhejr² wja¹* 梅花

𗀓𗈬𗵒 *wəə¹ dzjị² wja¹* 葵花

𗀓𗆧𗵒 *wəə¹ njwi¹ wja¹* 芍葵花

𗯴𗆍𗵒 *·jaar² pju² wja¹* 鸡冠花

𗸱𗈬𗵒 *kie¹ dzjij¹ wja¹* 金钱花

𗈬𗆧𗵒 *zjür² dzji² wja¹* 水红花

𗼇𗾺𗿵 *lu¹ lhju² wja¹* 石竹花

𗾺𗿵 *gjuu² śji² wja¹* 萱草花

𗿵 *ɣjiw² wjạ¹* 玉花

𗿵𗼇 *wja¹ sej¹* 莲花

𗿵 *sji¹ mjaa¹* 果木

𗿵 *dew² mjaa¹* 果子

𗿵 *bee¹ xiəj²* 栗杏

𗿵 *wji¹ mjaa¹* 梨

𗿵 *·jur¹ mjaa¹* 檎

𗿵 *njwi¹ do¹* 樱桃

𗿵 *dźia¹ do¹* 葫桃

𗿵 *bie² do¹* 蒲桃

𗿵 *we¹ mej¹* 龙眼

𗿵 *tsjɨɨr¹ mjaa¹* 荔枝

𗿵 *ner² mjaa¹* 李子

𗿵 *śjwii² mjaa¹* 柿子

𗿵 *kjɨ² mjaa¹* 橘子

𗿵 *zər² mjaa¹* 甘蔗

𗿵 *kã¹ tśja¹* 甘蔗

𗿵 *śiwe¹ dze²* 枣

𗿵 *lu¹ we¹* 石榴

𗿵 *do¹ mjaa¹* 桃

𗿵 *bie¹* 柳

𗿵 *wụ¹* 榆

𗿵 *lji¹* 松

𗿵 *źjiw¹* 柏

𗗚 *lhju²* 竹

𗊏 *pə¹* 艾

𗏹𗒀 *sji¹ naa²* 菜蔬

𗏾𗒀 *lji² naa²* 香菜

𗔣𗒀 *se¹ naa²* 芥菜

𗔦𗒀 *tshjwiw² naa²* 薄荷

𗏹𗒀 *ba² naa²* 菠

𗏫𗒀 ·*jiw¹ naa²* 茵陈

𗏴𗒀 *rewr¹ naa²* 百叶

𗏵𗑱 *rjar² tśhji¹* 蔓菁

𗏉𗏫 *phə² rar²* 萝卜

𗏯𗏿 *lu² dźjo¹* 瓠子

𗏱𗒀 *zjwa² naa²* 茄子

𗏵𗒀 *rjar² naa²* 蔓菁菜

𗐧𗏴 *kha² rewr¹* 苦荬

𗏼𗏉𗏫 *dźia¹ phə² rar²* 葫萝蒲

𗐦𗏉𗏫 *zar¹ phə² rar²* 汉萝蒲

𗔣𗔦𗒀 *dźjwij² khwə¹ naa²* 半春菜

𗏸𗔨𗒀 *rjijr¹ śjwi¹ naa²* 马齿蔡

𗏵𗔣𗕷 *rjar² kji² kju²* 吃兜芽

𗔩𗔪 *kia² low²* 苨

𗔫𗔬 ·*ju² kju¹* 常葱

𗔬𗔭 *kju¹ tśhiow¹* 蒜

𗔬𗔮 *kju¹ pie¹* 韭

𗏹𗏺 *mə² · ji¹* 芜荑

𗐨𗒁 *tsar¹ njaa²* 葫椒

𗣼𗒇 *tsar¹ ɣu¹* 椒

𗣼𗒱 *tsar¹ tśhji¹* 干姜

𗣼𗒱 *śioow¹ śji²* 斛豆

𗤋𗒱 *ŋwə¹ śji²* 五谷

𗣫 *lhji¹* 麦

𗒇 *śjij¹* 大麦

𗒇𗒇 *śjij¹ŋwər¹* 青稞

𗟦 *ɣow¹* 荞麦

𗣐 *kwo¹* 糜

𗥦 *so²* 粟

𗧤 *rer²* 稻

𗢸𗗙 *dzju² khie²* 粳米

𗞞𗗙 *dźjaa² khie²* 糯米

𗭢𗗙 *dźia¹ khie²* 炒米

𗱕𗗙 *lwew¹ khie²* 蒸米

𗏷𗗙 *źjwir¹ khie²* 秫米

𗗙𗣤 *khie² phiow¹* 白米

𗟶 *dźjoow²* 面

𗤋𗐺 *dwu² khjij¹* 豌豆

𗤋𗒱 *dwu² njaa¹* 黑豆

𗤋𗣜 *dwu² pie¹* 荜豆

𗦀𗤮 *se¹ phiej²* 麻籸

𗠊𗎭 *bu¹ lo̩¹* 蒲苇

𗣼𗏹 *la²dji²* 骆驼刺

𗒇𗥦 *śia²śju²* 沙果

𗧤𗾟 ·*jiw² pu¹* 稗稊

10. 其他物产或物质名词

𗫨𗵆 lji¹ war² 宝物

𗡈 kie¹ 金

𘂬 ŋwo² 银

𗫻 tshe² 锡

𗉖 śjow¹ 铁

𗈾 γjiw² 玉

𗣊𗦎 rər² ŋur¹ 铜鍮

𗤍𗫨 pə¹ γjɨ¹ 矿石

𗦻𗕻 khu¹ nji 碧珠

𗤁𗦀 śiwə¹ khiwə¹ 珊瑚

𘋟𗆫 lji¹ tśjwiw² 琥珀

𗉛𗤼 khji² phiow¹ 燕珠

𗨛𗤋 niaa² γjɨ¹ 琉璃

𗗙𗤀 gjij¹ no² 玛瑙

𗰔𗗙 lji¹ γjɨ¹ 松炭

𗢳𗗙 lu¹ γjɨ¹ 石炭

𗋽𗰔 bjij¹ śja¹ 檀香

𗰔𗤼 śja¹ phiow¹ 乳香

𗰔𗏇 śja¹ njaa¹ 安息香

𗋽𗰔 kjii¹ śja¹ 草香

𗰔𘝯 dji² lji² 沉香

𘔶 gieej¹ 硃

𗗼 tśhjow² 赤沙

𗫻𗤼 tshji¹ phiow¹ 白土

綻攸 *lhji² me²* 尘土

毹孩 *pe¹ lhjwạ¹* 粪灰

11. 饮食

瓶胝 *tshji² · u²* 盐

緂袱 *tshjwir² rjir²* 醋

蘁 *tsạ¹* 茶

汳 *· o²* 酒

緂 *lhju¹* 乳

嫕 *wji¹* 油

屁薐 *tji¹śioow¹* 食馔

徹瓶 *liẹj¹ wjar¹* 细面

屁霹 *tji¹mjij¹* 粥

暹 *ŋjạ²* 饼

矖暹 *ljij² ŋjạ²* 油饼

薐暹 *ŋur¹ ŋjạ²* 胡饼

緂暹 *khji² ŋjạ²* 蒸饼

磊暹 *rowr¹ ŋjạ²* 干饼

薐暹 *pju² ŋjạ²* 烧饼

滚暹 *wjạ¹ ŋjạ²* 花饼

緂暹 *low² ŋjạ²* 油球

蘁暹 *tjwij¹ ŋjạ²* 盏饠

毻暹 *dzjij² ŋjạ²* 角子

赑緂 *phə² thwu²* 乳头

覊苅 *lju²ŋur¹* 馒头

孩蔍 *ljij²dźiar¹* 酸馅

綏藙 *thjwi¹ dźiar¹* 甜馅

12. 服饰、织物

羛绿 *gjwi² lew²* 衣服

菥菱 *phə² źjwu²* 橪襕

蕤蕤 *phə² lo²* 褐衫

藔綯 *low² ku²* 袄子

绕蘱 *śjo² · wejr²* 汗衫

傩羛 *khwa² gjwi²* 布衫

嗣綯 *mjij¹ ku²* 衬衣

皴缀 *nji¹ ljii¹* 裙裤

效敦 *bia² du²* 祜

薇藕 *tśja² tse¹* 纽子

嫩缀 *bə² du²* 袜肚

夌蓏 *dźjiw¹ śja¹* 腰绳

死蕤 *gjwir² rjij²* 背心

瓶耗 *ŋwu² dzew¹* 领襟

荿 *ɣiej¹* 鞋

荿缀 *khji¹ zji¹* 靴

荿缀 *ɣiej¹ · jij²* 鞋鞺

綏蒶 *khwar² tsowr¹* 短勒

綏萉 *khwar² dźjo¹* 长勒

缀簁 *zji¹ thwo²* 靴底

夌蕤 *dźji¹ gjwi¹* 皮裘

缀 *tśiej¹* 帽

綖缀 *pju² tśiej¹* 冠冕

𗆴𗆴 dźjwij² tśiej¹ 凉帽

𗆴𗆴 tsur¹ tśiej¹ 暖帽

𗆴𗆴 sjwɨ² tśiej¹ 毡帽

𗆴𗆴 bia² tsji² 绵帽

𗆴𗆴 dzja¹pjų¹ 冠子

𗆴𗆴 nju¹ mja¹ 耳环

𗆴𗆴 nju¹ swa¹ 耳坠

𗆴𗆴 dźjwa¹ bẹ¹ 钗錍

𗆴𗆴 khjwɨ¹ tśiə¹ 腕钏

𗆴𗆴 ɣwə² za² 木梳

𗆴𗆴 ŋewr¹ khwu² 剪刀

𗆴𗆴 tśhjaa² sji² 尺

𗆴𗆴 nejr¹ du² 熨斗

𗆴𗆴 śiə¹ ɣa¹ 针线

𗆴𗆴 · jã² tśji² 胭脂

𗆴𗆴 ljų² mẹ² 粉

𗆴𗆴 źjiiw¹ nji¹ 褥

𗆴𗆴 tja² wer² 铺帛

𗆴𗆴 lạ¹ njạ² 手帕

𗆴𗆴 kiẹ¹ rer² 金条

𗆴𗆴 tjij¹rjij² 绫罗

𗆴𗆴 tśjɨ¹koor¹ 绣锦

𗆴𗆴 · jir²gju² 绢丝

𗆴 rar² 纱

𗆴𗆴 ljų²se² 紧丝

𗆴𗆴 · u²bur¹ 透贝

𗆡𗫊 *rjij²lhwa²* 克丝

𗆡𗭴 *rjij²bar²* 煮丝

𗆡 *njowr²* 縠子

𗼨𗫊 *ŋwər²njij²* 彩帛

𗫊𗧪 表里

𗋑𗋩 *noo²khwa²* 褐布

𗆡 · *jir²* 绢

𗆡 *koor¹* 锦

𗫊𗳡 *lew¹ thji̱¹* 白氎

13. 居所、房屋、建筑

𗅢𗆴 *mjii¹ ɣa¹* 家宅

𗼮𗋩 *thjij¹ we²* 屋舍

𗫞𗦀 *sji¹ pjụ²* 宫殿

𗋋𗆣 *du¹ rjij²* 楼阁

𗦀 · *jij²* 帐、舍、堂

𗫲 · *u²* 库

𗦀𗫲 · *jij²* · *u²* 帐库

𗒔𗊬 *rjir² ku²* 棚堂

𗏁𗫲 *tji¹ go¹* 厨庖

𗴂𗴂 *śjwu² dzjwi²* 回廊

𗴂𗴂 *gu² ljwu¹* 重栿

𗴂𗴂 · *ju² ljwu¹* 平五栿

𗴂𗴂 *zeew² ljwu¹* 檐栿

𗴂𗴂 · *ju² ljwu¹* 栀栿

𗴂𗴂 *dźjwa¹ dźjwa²* 椽樺

𗏁𗤋 *twe² wjor¹* 檩

𗆐𗼮 *ljuu² rer²* 栏栀

𗁬𗒦 *dzji² kjaa¹* 柱脚

𗏁𗆈 *twe² tśhjwiw²* 提木

𗀭𗆈 *lu¹ tśhjwiw²* 石顶

𗰔𗇋 *du² śjij²* 枓栱

𗁳𗐊 *we² khjwar¹* 墙圈

𗏇𗁻 *thjij¹ tśior²* 泥舍

𗤽𗄻 *sji¹ lu²* 木植

𗤽𗄭 *sji¹ sjwij¹* 木槛

𗦲𗱢 · *jij² sjwɨ²* 帐毡

𗆐𗆐 *lja¹ · ju²* 毛栅

𗦲𗄍 · *jij² γa¹* 门帘

𗦲𗰭 · *jij² phio²* 天窗

𗄷𗆧 *khjïï² mej¹* 沙窗

14. 乐器名称

𗇋𗱀 *śjïï² kja̱¹* 琴

𗒅𗱀 *ŋwər¹kja̱¹* 琵琶

𗬺𗱀 *lhjoor¹ kja̱¹* 筝

𗆐𗽃 *lju¹ γiwəj¹* 笛

𗴺𗱀 *dźju² kja̱¹* 箜篌

𗆐𗫨 *lju¹ dźjo¹* 管

𗀜𗆐 *tshjïï¹ lju¹* 箫

𗱆𗆐 *ŋur¹ lju¹* 笙

𗑗 *bar¹* 鼓

𘟂𘏜 *bar¹khwej²* 大鼓

𘎑𘟂 *rjijr² bar¹* 长鼓

𘔈𘉒 *dzji̱² dźiwe¹* 拍板

𘛡𘛮 *lju¹pie¹* 竽簧

𘗥𘗊 *da² ɣie²* 磬钟

𘖔𘖸 *tsji¹ ba¹* 铙钹

𘠰𘟂 *rər² bar¹* 铜鼓

𘌉𘛡 *źju² lju¹* 七星

15. 宗教、风俗

𘀄 *nja̱¹* 神

𘓐𘀄 *mə¹ nja̱¹* 天神

𘗶𘘮 *lji̱² sji²* 地祇

𘚂𘑐 *śji¹ dzjwo²* 仙人

𘏥 *tha¹* 佛

𘏥𘕿 *tha¹ tsjiir¹* 佛法

𘞪𘔊 *rjur¹pju̱¹* 世尊

𘒣𘕗 *mjor¹ ljij²* 如来

𘈅𘞩𘏣 *tśji¹ dju¹ dzjij¹* 出有坏、世尊、佛

𘗊𘔊 *dźiã²tsjij²* 菩萨

𘈇𘈅𘙰𘚉 *po¹ tjij¹ kjir¹ sjij¹* 菩提勇识、菩萨

𘞪𘕿𘎖 *rjur¹ɣie̱²bioo¹* 观世音

𘑞𘕺 *dzjwɨ¹dzjiij²* 帝师

𘄯𘕺 *lhjij dzjiij²* 国师

𘗩𘕺 *śjã¹ dzjiij²* 禅师

𘕿𘕺 *tsjiir¹ dzjiij²* 法师

𗼪𗼻 *śio¹dzjiij²* 导师

𗼪𗼻 *phju²dzjiij²* 上师、喇嘛

𗼷𗽗 *mjijr² · jij²* 寺庙

𗼪𗽗 *· ji¹mjii¹* 众宫、寺

𗼪 *tśjow¹* 庙

𗼷𗼻 *bə² du²* 塔

𗼷𗼻 *ŋwej² ka̱¹* 僧监

𗼻𗼻 *dzuu² wə¹* 座主

𗼪𗼻 *ŋwej² · ji¹* 和尚

𗼪𗼻 *xwa¹ śjow²* 和尚

𗼷 *sẽ¹* 僧

𗼪𗼻 *tha² · ji¹* 僧伽、大众

𗼷𗼻 *phji² khjiw²* 比丘

𗼷𗼻𗼻 *phji² khjiw² dźji¹* 比丘尼

𗼪𗼻 *neew² śjwo¹* 善起、比丘

𗼪𗼻𗼻 *neew² śjwo¹ sji²* 善起女、比丘尼

𗼪𗼻 *neew²ʔ* 善近、优婆塞

𗼪𗼻𗼻 *neew²ʔ sji²* 善近女、优婆夷

𗼷𗼷 *śia¹mẽ¹* 沙门

𗼷𗼻 *ɣiẹ² mji¹* 声闻

𗼪𗼻 *lwər² lhejr²* 经

𗼪 *ŋwəə¹* 咒

𗼪𗼻𗼻 *thow¹ lo¹ dźji¹* 陀罗尼

𗼷𗼻 *lə² tshjïï¹* 数珠

𗼪 *dźjow¹* 幢

𗼻 *lə² 幡

𗾺𗃵 *po'tjij'* 菩提

𗡕𗫡 *gjuu² · wejr²* 道士

𗮔𗥦 *lwər² · iọ'* 经院

𗳜𗯀 *· jir² rer²* 璎珞

𗾰𗾺 *dźjow' lə wjạ' rer²* 幢幡花鬘

𗫦𗪚 *tsjiir' bar'* 法鼓

𗼃𗼃 *ŋjow² kwə²* 海螺

𗩴𗏇 *γji' njij²* 金刚杵

𗢤𗏇 *ŋewr' γie²* 铃

𗫤𘓺 *ma² śja'* 涂香

𗪴𘓺 *me² śja'* 末香

𗥤𗾰 *zji² · jiij'* 总持、陀罗尼

𗫡𗐯 *buu² źjir'* 智慧、胜慧

𗫡𗴿 *no²rejr²* 安乐、安隐

𗬁𗉑 *dji' · jij'* 地狱

𗬁𗶷 *dji'dzju²* 阎罗、狱主

𗊢 *ljiij²* 魔

𗊢 *· ju'* 鬼

𗆑𗬈 *mjaa'tshja²* 果报

𗰔𗰖 *rjijr'lji²* 善巧、权巧、智者

𗏉𗃀 *tśhja² · ioow'* 功德

𗈖𗆍 *sjij² dju'* 有情、众生

𗢳𗆍 *dźjij' wjij'* 有情、众生

𗥦𗭞 *· ji' wee'* 众生

𗾺 *kie'* 戒

𗾺𗸑 *dźjəj² lheew²* 瑜伽、禅定、定

16. 医疗、疾病

𗴂 *tsə¹* 药

𗴂𗖻 *tsə¹śji²* 药草

𗴂𗴂 *tser¹tsə¹* 医药

𗴂𗴂 *sju²tsə¹* 甘露、汤药

𗪛𗴂 *mȩ²tsə¹* 丸药、散

𗴂𗟲 *tsə¹kjïr¹* 医生

𗖴𗖩 *dzjwo²dji²* 医人

𗗙𗰀 *rjar¹ŋo²* 疾病

𗰀 · *jiw¹ŋo²* 瘟病、疾疫

𗰀 *tsja¹ŋo²* 热病

𗀊𗰀 *dzjwir¹ ŋo²* 疟疾

𗇋𗬼 *dow²wji¹* 痢疾

𗄭𗖠 *tśhji²rjur²* 疖

𗄭𗋽 *mjaa¹niow²* 恶疮

𗔴 *lhã* 肿

𗰜𗖴𗰀 *sji²dzjwo²ŋo²* 妇科病

𗋽𗄭 *ljaa²mjaa¹* 口疮

𗄭 *pȩ¹* 脓

𗑱𗑱𗰀 *mej¹njij¹ŋo²* 红眼病

𗋽𗉑𗋽𗐔 *tśhji¹śie¹mji¹tȩ¹* 腹泻不止

𗄿𗐔𗰀 *lȩ¹kiwej¹ŋo²* 手臂痛

𗴂𗔇𗰀 *ɣu¹pha¹ŋo²* 偏头痛

𗖩𗬨𗄺 *dzji¹thji¹kȩ¹* 呕吐

𗐔𗐵 *dzjwu¹pȩ²* 消渴

𗰖𗭜 *wee¹ nioow¹* 产后

𗄊𗙴 *sar¹pju²* 针灸

𗏵𗀕𗈁 *zjir²* 经络

𗏵𗏰 *zjir² mej¹* 经穴

17. 专有名词

𗴺 *lhjij²* 国

𗴺𗄈 *lhjij² · u²* 国内

𗴺𗵽 *lhjij² · io̜¹* 国土、国家

𗒘𗒹𗴺 *njij² tsəj¹ lhjij²* 诸侯国

𗴱𗾬 *lhjij² khju¹* 天下

𗢳𗘰 *tser¹ sji²* 社稷

𗣼 *zar¹* 汉

𗣴𗣼 *wji² zar¹* 东方汉地

𗣼𗴺 *zar¹ lhjij²* 汉土

𗃛𗵽 *khwa² · io̜¹* 汉土

𗹦𗴺 *tsjiw¹lhjij²* 周国（朝）

𗣻 *xã²* 汉

𗢮𗴺 *so̜¹lhjij²* 三国

𗥃 *tsjĩ¹* 晋

𗰜𗘁 *ljow² sjij¹* 凉朝（北凉）

𗅲𗣆𗥃 *sji¹ ku̜¹ tshjĩ¹* 前后秦

𗤄 *swẽ¹* 宋（刘宋）

𗣂 *· ji¹* 齐（萧齐）

𗰖𗘁 *ljow¹ sjij¹* 梁朝

𗒭 *we¹* 魏

□□ *lja¹·ji¹* 北齐

□□ *sjwi¹ śjij¹* 隋朝

□□ *thow¹ śjij¹* 唐朝

□□ *tha² thow¹* 大唐

□□□ *tha² tśjiw¹ śjij¹* 大周朝

□□ *ŋwə¹ śjij¹* 五代

□□ *swẽ¹ śjij¹* 宋朝

□ *mji²* 番

*□□ *ljwij¹ dźji²* 勒尼、番

□□ *mji² njaa²* 弭药

□□ *dźjwij² lhjij²* 大夏

□□□ *ljij² dźjwij² lhjij²* 大夏国

□□□□ *phiow¹bjij² lhjij² ljij²* 大白高国

□□□□□ *phiow¹bjij¹ljij² dźjwij² lhjij²* 白高大夏国

□□ *mji²lhjij²* 番国

□□ *lhjwij¹ low²* 番国

□□ *ɣwej¹ɣwə¹* 回鹘

□□ *tśhji¹ tã¹* 契丹

□□ *dźjuu² tśji²* 女真

□ *phə¹* 蕃、西番

□□ *phə¹lhjij²* 蕃国

□□□ *phə¹gu² lhjij²* 西番中国、蕃中国

□□□□ *lji² phə¹gu² lhjij²* 西蕃中国

□□□ *tha² kiej² lhjij²* 大朝国

□□□ *tha² ɣu¹ lhjij²* 大元国

□□□ *tha² swew¹ lhjij²* 大明朝

𗼃𗣼 *lji² mə¹* 天竺、西天

𗼃𗣼 ·*jĩ¹ thu¹* 印度、身毒

𗏹𗣼 *mowr² sej¹* 中书

𗼃𗤼 *rjij² dwuu²* 枢密

𗅡𗥼𗣼 *kjij¹ ljiw² rjar¹* 经略司

𗰗𗥼𗣼 *tśjij¹ bjuu² rjar¹* 正统司

𗰗𗥼𗣼 *pjụ² ·ju² rjar¹* 殿前司

𗣼𗣼 *dzjwi² wiọ¹* 御史

𗏹𗣼 *bjuu² iọ¹* 宣徽

𗅡𗣼 *dzjĩ¹ kaar¹* 三司

𗥼𗥼𗣼 *kụ² ·jaar² rjar¹* 内宿司

𗥼𗥼𗣼 *dju¹njị¹ rjar¹* 陈告司

𗥼𗥼𗣼 *tśhjïï¹ khjïï¹ rjar¹* 磨堪司

𗥼𗥼𗣼 ·*ioow¹ ljị² rjar¹* 审刑司

𗥼𗣼 *sjọ¹ rjar¹* 农田司

𗥼𗣼 *nwə rjar¹* 群牧司

𗥼𗥼𗣼 *yiwej¹ tśjwow² rjar¹* 受纳司

𗥼𗥼𗣼 *gja¹ dzju² rjar¹* 监军司

𗥼𗥼𗣼 *gja¹ bjuu² rjar¹* 统军司

𗣼𗣼 *kjïïr¹* ·*iọ¹* 工院

𗰗𗰗𗰗 *tśjow¹ xjow² xu¹* 中兴府

𗰗𗰗𗰗 *sji¹ ljow² xu¹* 西凉府

𗰗𗰗 *gjĩ¹ tśjiw¹* 银州

𗰗𗰗 *wow¹ tśjiw¹* 甘州

𗰗𗰗 *xia¹ tśjiw¹* 夏州

𗰗𗰗 *kiwa¹ tśjiw¹* 瓜州

𗦮𗏹 *ljow² tśjiw¹* 凉州

𗖫𗏹 *śia¹ tśjiw¹* 沙州

𗆧𗏹 *su² tśjiw¹* 肃州

𗗙𗏹 *sju² tśjiw¹* 绥州

𗤒𗏹 *śji¹ tśjiw¹* 石州

𗀝𗴺 *xẽ² lã¹* 贺兰

𗒘𗴍 *thjij¹ tu¹* 天都

𗣼𗣼 *sjij¹ śjiw²* 西寿

𗤓𗖫𗗚 *mjij¹ śia¹ kjwĩ¹* 鸣沙军

𗋽𗴍𗖓 *xiwa¹·jow² xjwã¹* 华阳县

18. 抽象名词

𗢳 *dẹ¹* 阴

𗣼 *so²* 阳

𗆐𗑷 *ŋwə¹ dźjij¹* 五行

𗣼 *tśhja²* 德

𗣼 *tśja¹* 道

𗣼 *ɣwie¹* 势力

𗤈𗣼 *dźjwu¹wo²* 仁义

𗣼𗦺 *twụ¹dźiej²* 忠信

𗣼𗗚 *mjiij²gjij¹* 名利

𗗚𗐯 *gjij¹ɣie²* 利益

𗣼 *tjịj²* 礼、则

𗣼 *tsjiir¹* 法

𗣼 *dźjar²* 罪

𗣼 *zjọ²* 寿

縋 *ka¹* 命

臕 *sjij²* 识、情

縦 *nioow¹* 因

縋 ·*jiw¹* 缘

繝 *ljo¹* 福

纗 *ŋjir¹* 祸

胝榕 *tsjiir² rjar¹* 性气

聶骹 *sjwi¹ mẹ²* 习气

粥緅 *zjị¹ njɨɨ²* 烦恼

熌熌 *sjwi¹zjị¹* 愁恼

敍纵 *pju¹tśhja²* 威德

敍纞 *pju¹ɣie¹* 威力

蝂犒 *bji¹swew¹* 光明

缡骹 *nju²ŋewr²* 数量、总数

矵 *dźjɨ* 行、业、艺

朥綪 *məˀ ljị²* 活业

巯版 *dạ² mər¹* 事物

（二）数词、量词

剥 *lew¹* 一

椳 *njɨɨ¹* 二

散 *sọ¹* 三

緅 *ljɨɨr¹* 四

慨 *ŋwəˀ¹* 五

綧 ·*tśhjiw¹* 六

薋 *śjạ¹* 七

𘜔 ·*jar¹* 八

𗍫 *gjii¹* 九

𗰗 *ɣạ²* 十

𗣼 ·*jir²* 百

𗙴 *tụ¹* 千

𗢭 *khji²* 万

𗖍 *rjir²* 亿

𗰗𗀔 *ɣạ² lew¹* 十一

𗰗𗍫 *ɣạ² njii¹* 十二

𗰗𗤊 *ɣạ² sọ¹* 十三

𗰗𗏹 *ɣạ² ljiir¹* 十四

𗍫𗰗 *njii¹ ɣạ²* 二十

𗍫𗰗𗀔 *njii¹ ɣạ² lew¹* 二十一

𗣼𘜔 ·*jir² ·jar¹* 百八

𗮀𗣼 *ŋwə¹ ·jir²* 五百

𗀔𗙴𘜔 *lew¹ tụ¹ ·jar¹* 一千八

𗤊𗙴 *sọ¹ tụ¹* 三千

𗀔𗢭𗮀𗙴 *lew¹ khji² ŋwə¹ tụ¹* 一万五千

𗊪 ·*ja¹* 一

𗾖 *lji¹* 一

𗁛 *tji¹* 一

𗿦 *dzjij²* 一

𗏁 *gji²* 一

𗉖 *gji²* 一；有

𗗙 *lọ²* 二，双

𘓐 *śja¹* 十

蟵 *dźjị¹* 十

刻磤 *lew¹ tsew²* 第一

縦磤 *phju² tsew²* 第一

桅磤 *njïi¹ tsew²* 第二

散磤 *sọ¹ tsew²* 第三

緌磤 *ljïir¹ tsew²* 第四

……

敨磤 *ɣạ² tsew²* 第十

瓵摡 *rjïr² lọ²* 第二

薮縚 *lhejr² gju²* 第三

稜菣 *kwej¹ŋwər¹* 第四

殊䄄 *tśjïir² lu²* 第五

姫蘞 *źjiw¹ we¹* 第六

頚骍 *ŋwər¹ kạ¹* 第七

桅緌 *njïi¹ljïir¹* 第八

緌嫏 *ljïir¹ŋwə¹* 第九

桅嫏 *njïi¹ŋwə¹* 第十

嫏磤 *ŋwə¹ tśhjiw¹* 第十一

桅靾糀刻 *njïi² phiaa² kha¹ lew¹* 二分之一

敨靾糀刻 *ɣạ² phiaa² kha¹ lew¹* 十分之一

蠒靾刻 *·jir² phiaa² lew¹* 百分之一

帅 *bjuu²* 里

褙 *la²* 丈

叞 *tśhjaa²* 尺

眲 *tshjwĩ¹* 寸

龍䖏嫏 *·juu¹ śja¹ no¹* 瑜缮那

𗓽𗉮 · *jiw¹sjwĩ¹* 由旬（古印度长度单位）

𗓽𗉮 · *jiw¹sjwɨ¹* 由旬（古印度长度单位）

𗖻 *dźjaa¹* 斛

𗖸 *dụ²* 斗

𗖸 *śjij²* 升

𗔣 *kạ¹* 勺

𗔣 *tśhjaa¹* 撮

𗙏 *ljɨɨ¹* 斤

𗙏 *lju²* 两

𗙏 *dzjij¹* 钱

𗙏 *xu¹* 分

𗙏 *dzow¹* 亩

𗙏 *dzjị²* 顷

𗙏 *sa¹* 缗

𗙏 *dzjij¹* 钱

𗙏 *kjiw¹* 年

𗙏 *lhjij²* 月

𗙏 · *jaar²* 日

𗙏 *biẹj¹* 支

𗙏 *phu²* 棵

𗙏 *no²* 段

𗙏 *phu¹* 部

𗙏 *twee²* 对

𗙏 *dzwə¹* 册

𗙏 *rer²* 篇

𗙏 ？ 卷、

珈 *tjij¹* 品

豅 *kho¹* 首

藏 *khu¹* 碗

蘸 *tjwij¹* 盏

蔬 *khu²* 箱

薮 *gu²* 辆

斑 *njijr²* 面

巅 *gjiwr²* 滴

斫 *dźjow¹* 遍、次

醺 *bji²* 步

（三）代词

纰 *ŋa²* 我

颓 *mjo²* 我、吾、予

犇 *ŋə¹* 我、吾

嶷 *γjir¹* 朕

颟纰 *gja² mji²* 我们、咱们（包含式）

缀纰 *gji² mji²* 我们、咱们（排除式）

纰靶 *ŋa² nji²* 我们

颟畈 *gja² mji¹* 咱俩（包含式）

缀畈 *gji² mji¹* 咱俩（排除式）

楠 *nji²* 你、汝

詉 *nja²* 你、汝、子、卿

楠靶 *nji² nji²* 汝等

嘉 *·jij¹* 自、己、自己

嘉嘉 *·jij¹* 自己

𗿋𘝞 · *jij¹ twụ¹* 各自

𗿋𗥑 · *jij¹ gu²* 自相、相互

𗿋𗗂 · *jij¹ nji²* 自己（复数）

𗿋𘝞 · *jij¹ nji²* 自己（复数）

𗤊𗥑 *sjwi² njii²* 某甲

𗤊 *sjwi¹* 谁

𗤊 *sjwi²* 谁

𗦎 *wa²* 何

𗈍 *zjij¹* 何（原因、时间、事物）

𗈊 *ljo²* 何（处所、原因）

𗊡 *thjij²* 何（原因）

𗉞 *thwo²* 何（人、原因）

𗉞 *thwo²* 何（人、原因）

𗊡𗥴 *thjij² sjo²* 云何（原因）

𗤻𗳩 *lji¹ kji¹* 云何（人、事等）

𗤊𗼝 *zjɨ¹ dju¹* 何（时间）

𗤊𗼝 *zjɨ¹ rjijr²* 何（数量）

𗦎𗳩 *wa² kjɨ²* 何

𗦎𗳩 *wa² kjɨ¹* 何

𗉮 *thji²* 此、是，斯、兹

𗋽 *thja¹* 彼

𗋽 *thja²* 彼

𗉮 *thju²* 此处、此方、此地

𗋽 *thja²* 彼处、彼方、彼地

𗋽 *tjij¹* 彼处、彼方、彼地

𗥴 *xo¹* 彼处

觪 *tśhji¹* 尔、其

觻 *tśhjiw¹* 尔、其

死 *twụ¹* 各

（四）谓词

羕 *dju¹* 有

緪 *mjij¹* 无、不

獵 *lheew²* 有

纊 *dźjij²* 有

菔 *dźjo²* 有

鼠 *tśhju¹* 有

縅 *tśhjo¹* 有

翭 *wjij¹* 有

陵 *wjij²* 有

慈 *du¹* 有

稈 *·o¹* 有

綝 *wə¹* 有；属

絣 *dzuu²* 有；植、立

纔 *njwi²* 能、善

翈 *wji²* 能、会

襚 *wjo²* 能、会

粸 *ljii¹* 得、能

膠 *wo²* 可

綃 *lew²* 应、当

死 *dźjij²* 肯

巍 *dźioow²* 堪、可

𗼑 *kjir²* 敢、能

𗙻 *kiej²* 欲

𗗙 *gjii²* 欲

𗍳 · *jij¹* 欲、将

𗽹 *rjir¹* 得

𗑣 *rjir²* 得

𗥃 *rjor¹* 得、获

𗥤 *rjor²* 得、获

𗦖 *lhjụ²* 得、获

𗦘 *lhjo²* 得、获

𗝣 *djij²* 曾、尝

𗚀 *dji²* 曾、尝

𗐯 *phji¹* 令、使

𗐰 *phjo²* 令、使

𗊩 *ŋwu²* 是

𗎝 *njaa²* 非

𗼓 *we²* 为、是、成

𗥠 *śjij¹* 成

𗇋 *we²* 熟

𗥠𗚀 *śjij¹* · *jiw²* 成就

𗥠𗇋 *śjij¹ we²* 成熟

𗤺𗇋 *śji² we²* 谷熟

𗥤 *tsjụ¹* 击、触、撞、侵、犯、篡

𗏹𗥤 *bar¹ tsjụ¹* 击鼓

𗗙𗥤 *we² tsjụ¹* 筑城

𗋽𗥤 *lu² tsjụ¹* 篡位

𦥯祹 *dzwej² tsju¹* 犯罪

刻 *ta¹* 打

𫞏 *tjwi¹* 打

𫟁 *lhji¹* 打、笞、击

𫞏𫟁 *tjwi¹lhji¹* 拷打

甬𦥯 *tew¹wji¹* 捣

𫞏 *dźjiij¹* 在、住

𧹞 *śja²* 现

𢝗 *ljij²* 来、至

𢝗 *lja¹* 来

𣢜 *śji²* 往、去

𣢜 *śji¹* 往、去

𦥯 *rjir²* 去

謿·*o²* 入、进、

𣢜 *lho²* 出

𣢜 *to²* 出

𦥯 *dźjij¹* 行、遣、用

𦥯 *wji¹* 遣、受用

𦥯 *wjo¹* 遣、送、派遣

𦥯𦥯 *wji¹ dźjij¹* 行遣

𦥯𦥯 *wji¹ɣiwej¹* 受用

𦥯 *ɣiwej¹* 受、授

𫟁𫟁 *bji¹tśhjij¹* 行

𧹞𢝗 *ta¹* 奔

𫞏𦥯 *dew²wji¹* 奔、投奔

𢝗 *lhjwo¹* 归

糒 *sjɨ¹* 死

糦 *sjwụ²* 生

縦 *ŋo²* 病

𢁘 *tshjiij¹* 说

𢁘 *tshjiij²* 说、讲、演、宣述

𢃭 *tshjii²* 说、讲

粀 *tshjɨ¹* 诵

骰 *ljij²* 见、睹

骹 *lji²* 见、睹

縅 *khjuu²* 监、视、见

骹 *khjoo²* 监、视、见

縗 *·juu¹* 看

𣁋 *bioo¹* 观

縦 *nji²* 听

骸 *njij²* 听

蕤 *mji¹* 闻

巍 *mjo¹* 闻

𩆜 *dzu¹* 爱

𣂷 *dzju¹* 爱

𩇓 *wier¹* 爱、吝

綴 *źjɨ¹* 恨

𥎟 *sẽ¹* 想、虑

㡧 *ljɨɨr²* 念、疑

縱 *sjwɨ¹* 思、虑、忧

縱㡧 *sjwɨ¹lə²* 思念

䩗 *mjɨ²* 忘

矐𗤊 *de²ljij²* 喜悦

𗄈 *tji¹* 愿

𗭫 *bjuu¹* 敬

𗔟 *tshjạ¹* 怒

𗥪 *lhạ²* 怒

𗒅 *sjuu¹* 恋

𗫨 ·*jir¹* 问

𗜓 ·*jir²* 问

𗤻 *kụ²* 答

𗄻 *tjạ¹* 答

𗤼 *dji¹* 答、回答、报答

𗤽 *djwu¹* 回报（答）

𗒑 *bju²* 唤

𗷣 *kwə²* 吼

𗣜 *dzji¹* 食

𗄩 *dzjo¹* 食

𗉢 *djij²* 饮

𗉫 *dji²* 饮

𗫂 *thji¹* 饮

𗉃 *tji¹* 令饮、令食、喂

𗋦 *tjo¹* 令饮、令食、喂

𗫡 *tji¹* 置、列、安置

𗪼 *tjo¹* 置、列、安置

𗪽 *tśiow¹* 聚

𗫷𗍳 *dju¹ rjijr²* 告、呼告

𗎭 *lew²* 同、如、类

𦋅 *tśhjwo¹* 劝说

𦋅 *tśhjwi¹* 劝

𦋅 *tśhjwo¹* 穿

𦋅 *tśhjwi¹* 穿、通

𦋅 *gjwi²* 穿

𦋅 ·*ji²* 睡

𦋅 *tji²* 醒

𦋅 *bja²* 断

𦋅 *phja¹* 断、绝、除；禁

𦋅 *ŋewr¹* 裁、剪、割

𦋅 *rər¹* 缝

𦋅𦋅 *kju¹ kjo²* 割断、芟割

𦋅 *tśjiir¹* 削

𦋅 *khjij¹* 切断、割断、砍

𦋅 *khji²* 切断、割断、砍

𦋅 ·*jijr²* 诛、斩

𦋅 ·*jir²* 诛、斩

𦋅 *śjii¹* 屠、杀、宰

𦋅 *śjoo¹* 屠、杀、宰

𦋅 *pju²* 烧、燃

𦋅 *pjo¹* 烧、燃

𦋅 *sju¹* 藏、怀

𦋅 *sjo¹* 藏、怀

𦋅 ·*ju²* 寻、觅

𦋅 ·*jo²* 寻、觅

𦋅 *lju²* 散、铸、攻、击

嫭 *ljo²* 散、铸、攻、击

嫈 *lju²* 捕

嫬 *ljo²* 捕

嫯 *kjur¹* 盛、入

嫒 *kjo¹* 盛、入

蘱 *nju²* 喂乳

蘱 *njo²* 喂乳

报 *djuu²* 刺、斫、穿

荡 *djoo¹* 刺、斫、穿

薇 *ljuu¹* 赌　注

薇 *ljoo¹* 赌

毻 *phji²* 舍、出（家）

巍 *phji¹* 舍、出（家）

姅 *sji²* 死、亡、没、丧

椛 *sji¹* 死、亡、没、丧

徽 *jii²* 待

叕 *ljii²* 待

舒 *lhjii¹* 悔、退

殍 *lhjii²* 悔、退

姉 *tsjij²* 解、悟、会

姊 *tsji²* 解、悟、会

顽 *mjiij¹* 养育

徽 *mjii²* 养育

姚 *lhjij²* 受、取

姚 *lhjij²* 受、取

龘 *sjwo¹* 起、生

𗃛 *wor¹* 起、生、发

𗖰 *tjij¹* 减；除

𗰖 *lhjwi¹* 取、夺；接

𗟻 *ʑji²* 卖

𗆬 *lwə²* 买

𗓦𗔀 *phəə'ka¹* 结合

𗵐𗣷 · *juu'zar²* 看守

𗭪𗯝 *phoo² ɣja²* 覆盖

𗵸 *lə²* 遮掩

𗵸𗏣 *lə²ljij²* 遮蔽

𗥃 *dju¹* 遇

𗥄𗥃 *dʑju² ber²* 值遇

𗏣 *thjwi¹* 染、遇；刻、开

𗖰 *tjij²* 印、信、烙

𗖰𗏣 *thjwi¹* 刻印

𗿷𗏣 *tśja'thjwi¹* 开道

𗗙𗏣 *ŋo² thjwi¹* 染病

𗣼𗭲 *thew² thjwu²* 染病

𗤁𗤇 *thew² thjwu²* 终毕

𗴡 *thjwi¹* 终、完、成

𗟻 *dzjij²* 雕刻

𗼂 *kuu¹* 雕、刻、挑

𗷟 *ljuu¹* 雕刻

𗪿 *luu¹* 掘、凿

𗴬𗼂 *dji² kuu¹* 雕字、刻字

𗽡𗪿 *lji² luu¹* 掘地、垦地

𗀓𗀓 *khja² luu¹* 凿井

𗀓𗀓 *gju¹ phie²* 开渠

𗀓 *śio¹* 导、领；诱、将

𗀓𗀓 *śiə¹śio¹* 引导

𗀓 *tshwew¹* 礼、拜

𗀓𗀓 *tśja¹ tshwew¹* 敬礼

𗀓𗀓 *tśja¹ tshjwu¹* 敬礼

𗀓𗀓 *dzjwị¹ lhejr²* 恭敬

𗀓𗀓 *mjɨ¹ kjiwr²* 轻蔑、轻贱

𗀓𗀓 *khu¹dźjij¹* 精进

𗀓 *lwu¹* 合、混合

𗀓 *ljwụ¹* 合

𗀓 *lwụ¹* 和、混合

𗀓𗀓 *ljwụ¹lwu¹* 混合

𗀓𗀓 *lwụ¹ γiej¹* 混合、搅和

𗀓𗀓 *tśior¹ lwu¹* 和泥

𗀓𗀓 *tsə¹ lwu¹* 和药

𗀓𗀓 *thu¹lwu¹* 和合

𗀓𗀓 *thu¹lwụ¹* 和

𗀓𗀓 / 满足

𗀓 *dźji²* 徒、步、行

𗀓𗀓 *dźji²dźjij¹* 徒行

𗀓𗀓 *rjar¹dju¹* 允许

𗀓𗀓 *rjar¹mjij¹* 不许、不得

𗀓 *to²* 完、终、毕

𗀓 *dźjwa¹* 终、竟、毕

𘚟𘚴 *ɣu²dźjwa¹* 了毕

𘚟𘚴 *ɣu² tśju¹* 勾管

𘚴𘚴 *wəə¹śjij¹* 孝顺

𘚴𘚴 *dzjwi²djɨ²* 修盖

𘚴𘚴 *kju¹tshwew¹* 供养

𘚴𘚴 *sa²tsjiij²* 贯穿

𘚴𘚴 *rejr²rjir²* 住滞

𘚴𘚴 *tjoo¹·ju²* 搜寻

𘚴𘚴 *ɣiwej¹tśjwow²* 受纳

𘚴𘚴 *dju¹njɨ¹* 陈告

𘚴𘚴 *tśhjɨɨ¹khjɨɨ¹* 磨勘

𘚴𘚴 *ɣwə¹ɣwej¹* 斗争

𘚴𘚴 *ŋwo²ɣię²* 伤害

𘚴𘚴 *tshjij¹bio¹* 分析

𘚴𘚴 *gjij¹gju¹* 剃度

𘚴𘚴 *dzow¹ŋwej²* 和合

𘚴𘚴 *ɣiew¹dzjɨɨ²* 学习

𘚴𘚴 *dzju¹bji²* 指挥

𘚴𘚴 *dzjɨ¹djɨ²* 准备、供给

𘚴𘚴 *dzja¹thọ²* 长大

𘚴𘚴 *ɣjɨ¹zjwị¹* 结婚

𘚴 *ljwu²* 会、集、盟

𘚴 *dzjɨ²* 聚集

𘚴𘚴 *ljwu²dzjɨ²* 聚集

𘚴𘚴 *ljɨ²dźjwa¹* 了毕

𘚴𘚴 *lwę²ljiij²* 留连

[illegible] *kiew*^{2}*kia*^{1} 参差

[illegible] *·u*^{2}*tshjiij*^{2} 打诨

[illegible] *djiij*^{2}*phã*^{1} 涅槃

[illegible] *·jɨ*^{2}*me*^{2} 睡眠

[illegible] *·jar*^{2} 嫁

[illegible] *·jar*^{2} *śjɨ*^{1} 嫁、过继

[illegible] *śja*^{1} *njwị*^{2} 烧香

[illegible] *djɨj*^{2} *wji*^{1} 入定

[illegible] *do*^{1} *tshjɨɨ*^{1} 读诵

[illegible] *ŋwəə*^{1} *tshjɨɨ*^{1} 诵咒

[illegible] *kju*^{1} *djo*^{2} 求修

[illegible] *djo*^{2}*dźjij*^{1} 修行

[illegible] *ɣiew*^{1} *dzjɨɨ*^{2} 学习

[illegible] *dzjiij*^{2} 教、化、学

[illegible] *rjur*^{1} *dzjiij*^{2} 化世

[illegible] *wji*^{1} 为、作、做

[illegible] *wjo*^{1} 为、作、做

[illegible] *wji*^{1} *ɣjɨr*^{1} 做造

[illegible] *dzjwɨ*^{2} *dji*^{2} 修造

[illegible] *dzjiw*^{1} *ɣiej*^{2} 运土

[illegible] *wjị*^{1}*djii*^{2} 变化

[illegible] *tśjị*^{1}*ror*^{2} 围绕

[illegible] *·wiọ*^{1} *tśjị*^{1} 围绕

[illegible] *tśjị*^{1} *ror*^{2} 环绕、缭绕

[illegible] *ka*^{2} 离、绝

[illegible] *tśhjow*^{1} *ka*^{2} 分离

𮤰𮤺 *dź'jow¹ ka²* 分离、乖离

𮤾𮤺 *khu¹ ka²* 嫌弃、厌弃

𮤦 *mer²* 惑

𮤦𮤺 *lhạ²* 迷、失

𮤦𮤺 *mer² lhạ²* 迷惑、颠倒

𮤹 *lhjo¹* 丧、失

𮤱 *phji²* 失

𮤺𮤺 *śjwị² de²* 随喜

𮤾𮤦 *dja² ta¹* 奔驰

𮤾𮤦 *bej¹ ta¹* 败走

𮤦𮤾 *ta¹ nu¹* 走北（败北）

𮤹 *khjoo²* 显现

𮤺 *dź'jịj²* 搏、报

𮤾 *dź'jịj²* 戏谑

𮤺 *ljiij²* 毁、坏

𮤦𮤺 *ŋwo² ljiij²* 毁伤

𮤾𮤺 *dzjar² ljiij²* 破灭

𮤦𮤺 *sã¹ ljiij²* 离散

𮤾𮤦 *be¹ ŋewr¹* 狂乱

𮤦 *ɣju¹* 召、请

𮤦𮤺 *ɣju¹ · jir¹* 咨问

𮤾𮤦 *wạ² deej¹* 弘传

𮤦𮤺 *khju² dź'jịj¹* 奉诏

𮤦𮤺 *khja² luu¹* 凿井

𮤦𮤺 *lə¹ luu¹* 挖壑

𮤦𮤺 *ljị² luu¹* 掘地

𗧃𗇑𗏇𗏁 *lji² saar¹ ŋər¹ kiew¹* 地动山摧

𗇑𗑠 *saar¹ mju²* 震动

𘝞 *lə¹* 埋、殡

𗅵𗆟 *mjii² γie²* 饶益

𗆟𗖻 *γie² rjir¹* 得益

𗏷𗿒 *dji² nji²* 谛听

𗅆𗅆 *twẹ² twẹ²* 相续

𗖜 *rur¹* 放牧

𗡪 *pha¹* 破、亡、拔

𗗚𗬩 *do¹ tśhjwi¹* 除毒

𘏞𗬩 *koo² tśhjwi¹* 炼冶

𗬩𗷑 *tśhjwi¹ kiẹ¹* 熔金

𗏬 *wjij²* 补

𗫤 *ljii¹* 嗅

𗬧 *thji¹* 脱、断、剜

𗫻 *lji¹* 入

𗏁𗫻 *śjwi¹ lji¹* 通、往

𗥃𗫻 *lạ¹ lji¹* 擒

𗥃𗧀 *lja¹ lho* 特出、特达

𗣼𘝾 *phie² tshjiij¹* 解说

𗣣𘝾 *neej² tshjiij¹* 宣说

𗡪𗇑 *lhu¹ sji²* 增益

𗡪𗑠 *lhu¹ dzja¹* 增长

𗥹𘏞 *śji² kjwi* 芝草

𗥌𗥌 *śji¹ śja¹* 拂拭、装饰

𗥌 *śji¹* 裹

𘂆𘕦 *pji¹ dźjij¹* 筹议

𘓺𘔀 *wee¹ lja¹* 降生

𘕜𘓺 *to² wee¹* 出生

𘔀𘓄 *sə¹ kjur¹* 盛满

𘓄 *kjur¹* 盛、撒

𘕷𘓄 *lhju¹ kjur¹* 盛乳

𘔀𘓄 *gju¹ phie²* 开渠

𘓄𘕷 *phie² tshjii²* 陈说

𘓄 *phie²* 开

𘓄𘔀 *phie² · jiir²* 张施

𘓄𘓺 *phie² tjij¹* 开闭

𘕜𘓺 *sjij²tsjiir¹* 举贤

𘓺 *tsjiir¹* 选举、挑、取

𘓺 *tjij¹* 闭、塞

𘓄𘕷 *dzjwo² mjạ¹* 伤人

𘓺𘕷 *ŋwo² mjạ¹* 伤破

𘕦 *lju²* 赌

𘓄 · *jiir²* 申、挂、垂

𘓺 *tji¹* 安置、放置、戴

𘕜𘓺 *lạ¹ tji¹* 开始

𘓄𘕷 *bə¹ dźjwo²* 投掷、抛

𘕷𘔀 *tśhjwij¹ rjir²* 禁止

𘓄𘕷 *tji¹ rjir²* 勿遏

𘕦𘕷 *pjụ¹ kaar¹* 计量

𘕷 *kaar¹* 审、察、度

𘓄𘕦 *zeew² kjïï¹* 穰

𘗽𘘦 *tja¹ lhoo¹* 依怙、依靠

𘘦 *lhoo¹* 依靠、恃

𘛇 *khuu²* 搜

𘛊 *tśjaa¹* 斩

𘛎𘛇 *luu¹ dźjɨ* 挖掘

𘛏𘛇 *dźjar² dźjɨ* 伏罪

𘛇 *dźjɨ²* 拉、牵、招、抽

𘘗 *wjɨ²* 遣

𘘼 *tśhjiw²* 引诱

𘘻 *swu²* 充满、圆满

𘘧 *tśiej²* 遍、换、免、守

𘘧𘘁 *tśiej² twe²* 接续

𘘆𘘧 *sja¹ tśiej²* 击杀

𘘧𘘧 *tśiej² tśiej²* 相帮

𘊬 *lwụ¹* 啼、哭

𘊬𘜸 *lwụ¹ kwar¹* 悲号

𘚭𘊬 *ŋwu² lwụ¹* 悲哽

𘚝𘊲 *njiij¹ bioo¹* 观心

𘊲𘚫 *bioo¹ · juu¹* 瞻仰

𘊲𘝲 *bioo¹ tshwew¹* 瞻礼

𘊲𘛧 *bioo¹ thjuu¹* 观察

𘚢𘊭 *mej¹ khioo¹* 张目、目瞪

𘖣 *bej¹* 败、亡

𘖣𘞂 *bej¹ ta¹* 败走

𘘷 *bar¹* 退、还

𘘷𘘴 *bar¹ wji¹* 退还、倒下

𦏹 *dạ²* 说、言

𦏹𦏲 *nur¹ neej²* 指示

𦏴 *tshji²* 侍

𦏴𦏹 *tshji² ljij¹* 侍奉

𦏷𦏴 *bjuu¹ tshji²* 承侍

𦏹𦏼 *dạ² gju¹* 招承

𦏽𦏱 *dzju¹ ljiij²* 命令

𦏾𦏿 *thu¹ phjij¹* 安立、置设

𦐀𦏿 *thu¹ phjij¹* 设置

𦐁 · *wụ²* 助、加

𦐁𦐂 · *wụ² bjij²* 祐助

𦐃𦐄 *mjii¹ rer²* 冕鬘、加封

𦐅𦐆 *tshọ² tśjüür²* 惊慌

𦐇𦐈 *dzew² pjwiir¹* 欺骗

𦐉 *dwa²* 积、堆

𦐊 *dzjọ¹* 比喻；譬如

𦐋 *sju²* 如

𦐌𦐋 *wjɨ² sju²* 犹如

𦐍 *ljwị¹* 奔跑、驰

𦐍𦐍 *ljwị¹ ljwị¹* 驱驰

𦐎 *dəə¹* 趋、顿；兢

𦐎𦐎 *dəə¹ dəə¹* 竞

𦐏𦐐 *γiẹ² śjwu¹* 憩息

𦐑𦐐 *γie¹ śjwu¹* 休息

𦐒𦐓 *pjo¹ njwo²* 哂

𦐔𦐕 *ŋạ² · o¹* 有罪

𗰱 bjo² 罚

𗰱𗵤 bjo² dzjij² 罚治

𗰱𗋽 kjij¹ ljiij² 毁坏

𗰱𗋽 kjij¹ ljiij² 烂坏

𗟲𗇃 tśhiew¹ wji¹ 损坏；坏

𗰱 pjo¹ 谤、诋

𗰱𗋽 pjo¹ ljiij² 毁坏

𗰱𗯱 pjo¹ zeew² 忍辱

𗰱𗤵 pjo¹ źier¹ 诽骂

𗤳 tśjiir² 惊恐

𗷰𗤳 tsho² tśjiir² 惊慌

𗞫𗤳 njiij¹ tśjiir² 心惊

𗤋𗤦 dzə¹ rjijr² 专心、好运

𗦴𗥃 wəə¹ śjij¹ 孝顺

𗦴𗥃？ njij¹ 亲近

𗋦𗤯 tji¹ śjwo¹ 发愿

𗦴 ɣa¹ 悲哀、忧愁

𗦴𗇍 ɣa¹ sjwɨ¹ 忧愁、懊恼

𗲲 dzeej² 骑

𗦍 njiij¹ 通、入

𗙸 daa² 游、行、巡

𗧹 ·ju² 搜寻；豫

𗐼𗧹 tjoo¹ ·ju² 搜寻

𗧹𗍫 ·ju² ·ju² 寻常

𗧹𗧹 ·ju² ·ju² 寻找

𗌮 ŋewr¹ 惧怕

𗼷𗾔 *ŋewr¹ le²* 忧惶

𗱋 *bju²* 唤、召

𗱋𗱟 *bju² ɣju¹* 召呼

𗱲𗷒𗴩𗱋 *dạ² nji² dzjwo² bju²* 追干连人

𗰔 *źiejr²* 居；安

𗱣 *gji¹* 落、失掉

𗴴 *lə²* 盗、窃、偷

𗱉 *noo²* 寄、捎带

𗰕 *·ụ¹* 蔽、依

𗼹 *wjij²* 遣；放

𗴮 *zeew²* 忍、镇、监督

𗴯 *zeew²* 遣送；御、任；聘

𗰏 *tiọ²* 堆压

𗱊 *ljwu¹* 欺骗；违

𗴥𗱊 *dźju¹ ljwu¹* 欺骗

𗴥 *dźju¹* 欺、诳、罔

𗴥𗼈 *dźju¹ wji¹* 欺诳

𗰌 *lạ¹* 妄

𗰌𗴎 *lạ¹ ljoor¹* 谄曲

𗴎 *ljor¹* 伪、残

𗴴𗴎 *dzew² lạ¹* 谄曲

𗱫 *khwej¹* 辟、展、增

𗴊 *njij²* 逼迫；驱赶

𗼣𗴊 *tha² njij²* 逼迫

𗱘𗴈 *śjar¹ taar¹* 剥裂、屠割

𗴈 *piẹ¹* 塞满

𗫩 ba¹ 聋

𗫩𗤌 ba¹ məə¹ 聋盲

𗲽 sej² 熟 (皮子)

𗄓𗯴 śjar¹ taar¹ 剥裂、屠割

𗴺𗯴 pję¹ taar¹ 屠宰

𗴺𗯴 pję¹ taar¹ 屠宰

𗫩 śji² 杀、斩、屠、砍

𗏼 gjii² 饱、满

𗥤 wji² 能、晓、会

𗤋𗥤 mji¹ wji² 不能

𗫩𗴂 lwę² ljiij² 流连

𗫻𗤼 ɣji¹ zjwị² 结婚

𗦳𗦱 le² le² 角力

𗲂 njar¹ 校

𗗱𗗲 dźiej² dźiə² 轮回

𗨁 dzjị² 立、柱

𗭑𗨁 ljụ² dzjị² 立身

𗆀𗲏 sjwị¹ ljị¹ 来往

𗣫 tśhiow¹ 盗、窃

𗲂𗴢 njar¹ tśjij¹ 校正

𗴢𗴢 tśjij¹ tśjij¹ 端正、正经

𗰜𗏼 tjij¹ lhjii¹ 进退

𗫟 wã² 保护、养育

𗤹 mjii² 治、饶、壅

𗣼𗤹 lhjij² mjii² 治国

𗲽 thu¹ 设、置、安、建、修；结织

𗤁 *ljïï¹* 还

𗤁𗤁 *ljïï¹tshwew¹* 回施

𗤁𗤁 *khjï¹ljïï¹* 回脚

𗤁𗤁 *swew¹ljïï¹* 照还

𗤁𗤁 *lji²ljïï¹* 报恩

𗤁𗤁 *śjij¹ljïï¹* 顺逆、顺遂

𗤁 *yu¹* 换、变

𗤁𗤁 *yu¹sej¹* 以为

𗤁 *gji²* 依靠、依避

𗤁𗤁 *bju¹gji²* 相依、依、委信

𗤁·*ju²* 视、看、观、见

𗤁 *dzuu²* 坐、乘、居、住

𗤁𗤁 *tśjij¹dzu²* 正听

𗤁𗤁 *dzu²wor¹* 起居

𗤁𗤁 *dzjwị¹dzu²* 乘船

𗤁𗤁𗤁𗤁 *phjïï¹phjïï²tśjij¹tśjọ¹* 阿谀奉承

𗤁𗤁 *bju¹wjịj²* 奉送

𗤁𗤁 *phjo²kar²* 区分、分别

𗤁·*jow²* 赞颂、赞叹、唱

𗤁𗤁·*jow²śja²* 赞叹、叹誉

𗤁𗤁·*ljaa¹·jow²* 庆赞

𗤁𗤁 *rewr²rewr²* 忏悔

𗤁𗤁 *dźjị¹wja²* 焚烧

𗤁𗤁 *dźjị¹lhew²* 起火

𗤁𗤁 *dźjị¹ɣwej¹* 战火

𗤁 *lha¹* 轻蔑、哂

𗆀𗶜 *mji¹lha¹* 不熄

𗶜𗸰 *lha¹phji¹* 弃灭

𗵒𗶜 *məə¹lha¹* 灭火

𗶜𗗛 *lha¹ljij¹* 删改

𘌳𗺍 *dwər²dźjaa¹* 燃烧、炽焰

𗽰 *γjii¹* 煮、熬

𗾭 *tshjwu¹* 煮

𗖜 *lẹ¹* 煎

𗮎 *tśhia¹* 嗾使

𗩰 *duu²* 胀，吞

𗗙𗩰 *kier¹kar²* 咀嚼

𗆊𗳮 *kjɨ²pạ²* 饥渴

𗩟 *njwi²* 吞食

𘉋𗩟 *dźjwij ¹njwi²* 囫囵吞

𗉝 *γar¹* 诬

𗺝𗉝 *djiij²γar¹* 枉及

𗠰 *bji²* 叫、喊、鸣

𗠰𗠰 *bji²bji²* 和鸣

𗴺𗠰 *dzju¹bji²* 指挥

𗓨𗀱 *dja²mji¹* 喂、使饮、食

𘁗𗀑 *kiə¹kie¹* 呼、唤、喊

𗄊𗀱·*o²thji¹* 饮酒

𗷲𗀱 *sjij¹thji¹* 饮血

𗀱𘋩 *thji¹dzji¹* 饮啖

𗀐 *thjij¹* 呼喊、呼唤

𗨾 *tshjar¹* 唆、谗、谤

𗁽𗁅 *dzjij¹njwi²* 容受

𗏇 *dźjwo¹* 穿、钻

𗏟 *tshwa¹* 刺

𗏟𗋽 *tshwa¹tshej¹* 劳役

𗁷 *lhjii¹* 拨、摘、取、脱落

𗁺 *wjijr²* 举、抱

𗁓 *pho¹* 洒

𗋔𗁓 *tśjiw²pho¹* 灌顶

𗁴 *ŋa¹* 散布

𗁉 *khia¹* 射；捕

𗃛𗁬 *mi²tju¹* 点火

𗁃 *twę¹* 补（位）、袭、立

𗃖𗁺 *tja¹wer¹* 装饰、校饰、严饰

𗂁 *le²* 恐惧

𗂁𗋽 *le²lhji²* 恐怖

𗂷𗂻 *phjo¹wą²* 检查

𗂆 · *ų²* 负担、背载

𗂆𗂻 · *ų²wą²* 负担

𗃙 *dji²* 调整、医治

𗃔 · *jijr¹* 堕、没

𗃧 *wjij¹* 往

𗀒𗃧 *lja¹wjij¹* 来往

𗃐 *śjwow¹* 巡行

𗃤 *lji¹* 堕、落；息；拭

𗃣 *dzjar²* 灭、终、尽

𗃞 *dzji²* 过、错、误

龘 *śju¹* 破烂

厤 *lu²* 燃、烧；烤

縍 *ɣiẹ¹* 煮、烹

矽 *tśiow¹* 聚

嘉殺 *·jij¹kwow¹* 俯仰

矵 *dzeej¹* 争

雅 *wji²* 知

虓穮 *tśhjïi²tśhjuu²* 颠倒

倀夠 *dźiəj²gjiij¹* 踊跃

燬 *dźjiw¹* 追逐

牏 *lja¹* 送

毪廒 *phej¹śja¹* 约束

毪袚 *phej¹tśjïir²* 缠缚

牏弰叕絹 *seew²rər²tji²mjij¹* 不可思议

悢 *lwow¹* 妄、枉、虚、横

倣膝 *sã¹ljiij²* 离散，失散

嬔瀰 *low²ljij¹* 懈怠

惭飝 *lej²dzu¹* 贪爱

憜 *twẹ¹* 擒、夺、动擎

憜藏 *twẹ¹tśhjij¹* 夺去

牁 *kwə²* 吼、鸣

燈 *gjaa²* 食、啖

毺 *ŋwər²* 愈、消、瘥

皱 *śjwo¹* 需、用；先

绖 *dji¹* 沉、溺、没、坠

瑗 *·jur¹* 养、育

𗖅𗖻 ·*jur¹khjij¹* 蓄养、安养

𗆐𗍫 *mur¹lhạ²* 迷惑

𗰱 *gju¹* 渡、度

𗰱𗏵 *gju¹dzjij¹* 渡过

𗳉 *nejr¹* 润、熨

𗀖 *niaa²* 涂

𗟲𗎩 *tśji¹lu²* 付嘱、赠送

𗰉 *dźji* 伸、展、张、仰；抬举

𗐽𗰉 ·*iejr²dźji²* 屈伸

𗱠 *dźjwaa¹* 拍；聚

𗹦𗱠 *lạ¹dźjwaa¹* 拍手

𗢤𗮲 *dji¹nar²* 移动

𗏁𗨙𗏁𗑞 *mji¹wji¹mji¹tśju¹* 不得已

𗎴𗩴𗯴𗩈 *mej¹tjii¹low²wji¹* 嗔目

𗵒𗉛 ·*jow²kjạ²* 歌咏

𗰕𗘞 *dzjwi²dźjij¹* 游行

𗷖 *kwa¹* 系、扎、捆

𗆜𗖶 *tśjụ¹·wejr²* 守护、拥护

𗐑 *ma²* 涂

𗀔𗀩 *śjwo¹wej²* 洒扫

𗐽𗖩 *lwu²·ụ²* 隐藏

𗤁𗥃 *tshjạ¹kwow²* 嗔恚

𗒙 *phjoo²* 合

𗒙𗦛 *phjoo²ŋwej²* 和合

𗥃𗒙 *phjoo²ŋwej²* 齐密

𗥃 *śjwii²* 应、和、调、随

𗾔𗽎 *phjoo² śjwii²* 调和、和合

（五）性状谓词（形容词）

𗂧 *njij¹* 红

𗔭 *nər²* 黄

𗋽 *ŋwər¹* 青

𗙴 *phiow¹* 白

𗤁 *njaa¹* 黑

𗀔 *khjij¹* 灰

𗺌 *tshjij²* 紫色

𗟲 *dźjo¹* 长

𗵜 *dzwa¹* 短

𗒹 *tsowr¹* 短

𗹙 *bja̱¹* 粗

𗤻 *tshu¹* 粗

𗁮 *śio²* 纤、细

𗴺 *tshjij¹* 细

𗗙 *dzu²* 尖锐

𗰖 *ljij²* 大

𗙏 *tha²* 大

𗌭 *khwej²* 大、粗大；长

𗤶 *tsəj¹* 小；幼、少

𗗔 *la¹* 小

𗏇 *ləj¹* 均匀、适中

𗅥 *zjij¹* 宽

𗇃 *gji²* 窄

𗼮 *gjiw¹* 阔

𗾈 *rur¹* 狭

𗰜 *dzjij²* 方

𗷅 *·io¹* 圆

𗟻 *khwa¹* 远

𗏁 *njij¹* 近

𗀔 *tśjij¹* 正

𗥦 *dow¹* 邪

𗤿 *thjoo* 妙

𗁬 *ŋa²* 好

𗤋 *śjwo²* 美

𗢳 *tśjo¹* 丑

𗤁 *sjiw¹* 新

𗡮 *kjwi¹* 旧

𗥤 *ŋowr²* 全

𗒹 *khwə¹* 半

𗘿 *sej¹* 净

𗦳 *gji¹* 清

𗟵 *niəj¹* 浊

𗶔 *la¹* 厚

𗧯 *bji¹* 薄；赢、少

𗧁 *njaa¹* 污

𗊠 *khiee¹* 乱

𗉛 *ŋewr¹* 杂、乱

𗆮 *phiar¹* 散、乱

𗤍 *neew²* 善

緻 *niow²* 恶

蓶 *na¹* 深

𗱕 *djij¹* 浅

𗾰 *bjij²* 高

𗵃 *bji²* 下

𗵉 *tsja¹* 热

𗰛 *dźjij¹* 寒

𗾈 *dạ²* 冷

𗯴 *lhjii¹* 温

𗽀 *ljij²* 酸，甘

𗭊 *thjwi¹* 甜

𗇋 *khie¹* 苦

𗇋 *lhjii¹* 软

𗯋 *wəə¹* 柔、弱

𗧊 *wẹ¹* 愚

𗪛 *mur¹* 俗、愚、顽

𗪛𗫂 *bju¹ dźjwo¹* 聪明

𗉛 *twụ¹* 忠

𗦲 *dow¹* 奸、邪

𗐬 *bjuu¹* 贵

𗘂 *tshe²* 贱

𗨨 *wejr¹* 荣

𗏇 *ka¹* 平、等

𗆟 *twụ¹* 直、正

𗭴 *lhjwij¹* 斜、偏、歪、攲

𗭊 · *jij¹* 轻

𗬐 *ljii¹* 重

𗤒 *tśhjĩ¹* 老

𗬀 *mjaa²* 多

𗬁 *rejr²* 多

𗬁𗼈 *rejr²zjij²* 众多

𗼦 *zjiir¹* 稀、少

𗧓 *do²* 异

𗢳 *dzjij²* 其、他、余

𗧚 *gie¹* 难

𗼋 *lji²* 易

𗱸 *lwę²* 缓

𘀈 *zjir¹* 实

𗀉𗄈 *tshọ²ŋa²* 虚空

𗤗 *xju¹* 虚

𘜶 *rjijr²* 苦、劳

𗤁 *dźju²* 弱

𗲨 *γiwəj²* 瘦、羸

𗲪 *γa¹* 羸、瘦

𗼀 *gieej¹* 瘦、憔悴

𗭲 *rowr¹* 干、枯

𗴺 *mjọ²* 枯、竭

𗹙𗹭 *sej¹ gji¹* 清净

𗾞𗾟 *lə¹ gjiw¹* 宽阔、宽厚

𗾞𗼺 *lə¹ rur¹* 狭窄、阨狭

𘜧𗟟 *śio² dźjo¹* 纤长

𗔆𘕿 *wəə¹ lhjii¹* 柔软

𗥃𗤋 khjwi¹ ljwo¹ 弯曲

𗢸𗤊 low² lạ¹ 密致

𗭊𗴺 buu² gjij¹ 殊胜

𗥠𗴺 rjar¹ gjij¹ 殊胜、殊妙、殊

𗄹𗔇 gieej¹ rowr¹ 干瘦、憔悴

𗵽𗔇 mjọ² rowr¹ 枯竭

𗡪𗤜 ŋewr¹ khiee¹ 杂乱

𗁎𗤜 phiar¹ khiee¹ 散乱

𗡪𗡪 ŋewr¹ ŋewr¹ 扰扰、纷乱

𗭻𗭻 lew² lew² 纷乱；莹莹；郁郁

𗤅𗤅 ljwụ¹ ljwụ¹ 巍巍

𗤊𗤊 lạ¹ lạ¹ 稠密

𗸲𗸲 mur¹ mur¹ 浑沌

𗮔𗷰 thjoo¹ śjwii² 妙应、和雅

·𗆣𗷇 ·jij¹ dzju² 自在

𗥪𗥬 mə² njijr² 种种

𗥪𗥪 mə² mə² 种种

𗴹𗕳𗕳 njij¹ tśiwe¹ tśiwe¹ 红艳艳

𗀔𗕴𗕴 phiow¹ śiwe¹ śiwe¹ 白皑皑

𗥷𗱡𗱡 njaa¹ kiwe¹ kiwe¹ 黑森森

𗣜𗱧𗱧 we² śioow¹ śioow¹ 黑黝黝

𗢝𗱨𗱨 dạ² kwie¹ kwie¹ 冷飕飕

𗁰𗱗𗱗 ka¹ phjar¹ phjar¹ 平展展

𗡊𗱰𗱰 twụ¹ ·jiij¹ ·jiij¹ 直挺挺

𗸹𗱠𗱠 tsha¹ tsha¹ 虚囊囊

𗌄𗱸𗱸 swew¹ ·jwar¹ ·jwar¹ 明亮亮

𗾋𗿉𗿉 *bji¹rjij² rjij²* 光奕奕

𗼋𗾔𗾔 *khjɨɨ¹rewr¹rewr¹* 战兢兢

𗾈𗿋𗿋 *rjijr² gju² gju²* 苦辛辛

𗼖𗾊𗾊 *lja¹njij² njij²* 匿深深

𗿊𗾕𗾕 *njo¹ lu¹ lu¹* 润津津

𗾅𗾅𗿌𗿌 *thə¹ thə¹ ləj¹ ləj¹* 匀匀称称

𗿍𗿍𗼌 *ŋwej² ŋwej² sju²* 侃侃如

（六）副词

𗾎 *zji²* 皆

𗾎𗾎 *to² zji²* 悉皆

𗾏 *zji²* 皆

𗾎𗾏 *to² zji²* 悉皆

𗿎 *gu²* 共、俱

𗿎𗿎 *gu² gu²* 俱共

𗾐𗾐 *ŋowr² ŋowr²* 一切、所有

𗿏 *lew¹* 唯、只

𗾏 *zji²* 最、甚

𗾏𗿐 *zji² kha¹* 最、极

𗿑𗿒 *zjir¹ yiej¹* 真实、十分

𗿑 *zjir¹* 实、十分

𗾑𗾑 *ŋa² ŋa²* 甚、极

𗿓 *gjij¹* 甚、愈、更

𗾏𗿔 *zji² dźjwa¹* 究竟

𗾒𗿕 *njiij¹ tji¹* 至心、专心、诚心

𗿖 *ljow²* 略、稍微

𗥃𗣼 *ljow² zjij¹* 略微

𗣼 *dźjij¹* 纯、精

𗳸 *gie¹* 亘、难

𗳸𗳸 *gie¹ gie¹* 良久

𗼃 *sjij¹* 今

𗢳𗤓 *thji² wji²* 从此、从今

𗉛 *pji¹* 今

𗙸𗬥 *na¹ rar²* 明日

𗍹 *njwo²* 昔、往

𗉛𗍹 *pji¹ njwo²* 往昔

𘉞 *yu¹* 先、前

𘉞𘉞 *śji¹ yu¹* 先、前

𗘱 *ku¹* 后

𗡮 *dzjij¹* 时

𗧓 *zjọ²* 时

𗥘 *zjij¹* 时、

𗣾 *bjij²* 时

𗣴𗧓 *tśhji¹ zjọ²* 尔时

𗣴𗥘 *tśhji¹ zjij¹* 尔时

𗣴𗡮 *tśhji¹ dzjij¹* 尔时

𗧟𗥘 *tsej² zjij¹* 须臾、瞬时

𗡘𗣗 *tśji¹ rjor²* 俄顷

𗣷𗥘 *lhjạ¹ zjij¹* 忽然、倏然

𗱕 *·ju²* 常、久

𗳇 *tśjo-* 永，久

𗤲𗰀 *mji¹ khwa¹* 不久

𗣨 *lhjwɨ²* 骤然、突然

𗣨𗥠 *tśhjɨ² rjar²* 立即

𗥃 *xja¹* 速、疾

𗥕𗥃 *dzjɨr¹ xja¹* 疾速

𗥕𗥜 *dzjɨr¹ lji²* 急速

𗑱𗑱 *śjwi¹ śjwi¹* 数、屡屡、屡次

𗣜𗣜 *no² no²* 时时、屡屡

𗣀𗑇 *wji² rar²* 过去

𗥩𗥤 *mjij² ljij²* 未来

𗥥𗥦 *mjor¹ dźjiij¹* 现在

𗑐 · *jɨ²* 复、再、还

𗣕 *mja¹* 疑、恐

𗣕𗣭 *mja¹ nioow¹* 然后

𗥚𗥑 *mə² la²* 果然、实

𗥰𗥱 *thja¹ śjij¹* 自然

𗤈𗤉 *kjɨ¹ djij²* 必定、定

𗤊𗤊 *nji² nji²* 暗暗、悄悄、窃窃

𗤋𗤌 *gu² dźjwɨ¹* 互相

𗤌𗤋 *dźjwɨ¹ gu²* 更互

𗤍𗤌 · *jij¹ gu²* 互相、更互、彼此

𗤎𗤌 *zji² gu²* 俱共、咸共、同

𗤏 *tsji¹* 亦

𗣭 *nioow¹* 又

𗤐 *mji¹* （表否定）

𗤑 *mji¹* （表否定）

𗤑𗥠 *mji¹ tśhji¹* （表否定）

𗟲 *mjij²*（表否定）

𗢦 *tji¹*（表禁止）

（七）连词

𗣜 *lji̱¹* 和、及

𗣼 *nioow¹* 和、并、及、与；后；复、又

𗣜𗣼 *lji̱¹nioow¹* 和、并

𗣼𗤶 *nioow¹ tsji̱¹* 和、并、亦

𗣰 *tjij¹* 或、或者；若

𗤁𗣰 *tji² tjij¹* 假如

𗤻 *tśhioow¹* 或、或者

𗤻𗤻 *tśhioow¹tśhioow¹* 或、或者

𗤀 *mo²* 或

𗣌𗤬 *rji̱r² nji²* 乃至

𗣼𗤺 *mji¹dźjij¹* 不但、不仅

𗣼𗤲 *mji¹wjij¹* 除外，除……以外

𗣼𗤚 *nioow¹ rjijr²* 之后

𗤥𗣼 *mja¹ nioow¹* 然后

𗤰𗤥𗣼 *tśhji̱¹mja¹ nioow¹* 然后

𗤪 *ku¹* 故、则

𗤮 *nioow¹* 因、故

𗤯 *tśhjwo¹* 方、故

𗣰 *tjij¹* 若

𗤱 ·*wja¹* 则

（八）助词、缀词

𗤌 *mjijr²* 名物化助词

𗰔 *sji²* 名物化助词

𗳉 *śjij¹* 名物化助词

𗼨 *lew²* 名物化助词

𗏇 *tji²* 名物化助词

𗵆 *djij²* 名物化助词

𗼰 *tja¹* 主题标记

𗿢𗆷 *dźji² wji¹* 助词（表施动者）

𗼖 ·*jij¹* 结构助词

𗏁 *do²* 结构助词

𗮀 *ŋwu²* 结构助词

𗵃 *rjir²* 结构助词

𗀔 *su¹* 结构助词

𗥃 *tśhjaa¹* 结构助词

𗎭 *khju¹* 结构助词

𗩈 ·*u²* 结构助词

𗍋 *ɣa²* 结构助词

𗭪 *kha¹* 结构助词

𗥩 ·*ja¹* 谓词前缀

𗾺 *nja¹* 谓词前缀

𗵃 *kji¹* 谓词前缀

𗿳 *wji²* 谓词前缀

𗏁 *dji²* 谓词前缀

𗥦 *dja²* 谓词前缀

𗵃 *rjir²* 谓词前缀

𗼖 ·*jij¹* 谓词前缀

𗕑 *njij²* 谓词前缀

𗣛 *kjij¹* 谓词前缀

𗡪 *wjij²* 谓词前缀

𗵆 *djij²* 谓词前缀

𗍺 *rjijr²* 谓词前缀

𗣛·*ji¹* 述语标记

𗄜 *rjar¹* 空间位移标记

𗷅 *dźjwi¹* 后缀

𗣫 *sju²* 后缀

𗨦 *twụ¹* 后缀

𗈮 *ŋa²* 第一人称单数后缀

𗎫 *nja²* 第二人称单数后缀

𗯵 *nji²* 第一、二人称复数后缀

𗣼 *nji²* 复数后缀

𗐼 *ŋewr²* 复数后缀

𗐼𗥦 *lji²·iọ¹* 地名标记

（九）语气词、感叹词

𗣼 *lji¹* 也、矣、哉

𗘮 *mo²* 乎、耶

𗥦·*iọ¹* 凡、夫

𗣓𗣛 *tjij²rjijr²* 善哉

𗯵𗼋 *nji²mə²* 奇哉

𗄻𗢮 *zjiir¹dju¹* 奇哉

𗰗𗈫·*ji¹ŋjir¹* 呜呼、痛哉

𗈮𗘮 *ŋo²djiij²* 呜呼

𘂀 *phjij¹* 噫

参考文献

（一）古籍

（汉）许慎：《说文解字》（大徐本），中华书局 1963 年版。

（元）脱脱等：《辽史》，中华书局 2016 年版。

（元）脱脱等：《宋史》，中华书局 2016 年版。

（宋）曾巩撰，王瑞来校证：《隆平集校证》，中华书局 2012 年版。

（宋）李焘：《续资治通鉴长编》，中华书局 2014 年版。

（宋）沈括：《梦溪笔谈》，明汲古阁本。

（明）赵宧光：《六书长笺》，《续修四库全书》本（第 203 册），上海古籍出版社 2002 年版。

（清）张澍：《养素堂文集》，清道光十五年枣华书屋刻本。

（二）出土文献

俄罗斯科学院东方研究所圣彼得堡分所、中国社会科学院民族研究所、上海古籍出版社编：《俄藏黑水城文献》（第 1—14 册），上海古籍出版社 1996—2011 年版。

俄罗斯科学院东方文献研究所、中国社会科学院民族学与人类学研究所、上海古籍出版社编:《俄藏黑水城文献》(第 15—31 册),上海古籍出版社 2011—2024 年版。

宁夏大学西夏学研究中心、中国国家图书馆、甘肃古籍文献整理编译中心:《中国藏西夏文献》(全 20 册),甘肃人民出版社、敦煌文艺出版社 2005—2007 年版。

西北第二民族学院、上海古籍出版社、英国国家图书馆编纂:《英藏黑水城文献》(第 1—4 册),上海古籍出版社 2005 年版。

北方民族大学、上海古籍出版社、英国国家图书馆编纂:《英藏黑水城文献》(第 5 册),上海古籍出版社 2010 年版。

(三) 今人论著

1. 著作

白滨:《党项史研究》,吉林教育出版社 1989 年版。

段玉泉:《西夏〈功德宝集偈〉跨语言对勘研究》,上海古籍出版社 2014 年版。

龚煌城:《西夏语言文字研究论集》,民族出版社 2002 年版。

韩小忙:《西夏文的造字模式》,中国社会科学出版社 2016 年版。

Невский Н. А., *Тангутская филология : Исследования и словарь*, Москва: Издательство восточной литературы. I .

黄布凡、周发成:《羌语研究》,四川人民出版社 2006 年版。

К. Б. Кепинг, *Сунь Цзы в Тангутском Переводе*, Москва: Издательство Наука, 1979.

К.Б.Кепинг, *Тангутский язык : Морфология.Москва*, Издательство Наука , 1985.

李范文:《同音研究》,宁夏人民出版社 1986 年版。

李范文主编:《西夏语比较研究》,宁夏人民出版社 2004 年版。

М. В. Софронов, *Грамматика Тангуского Языка*(*Книга 1*), Москва:Издательство «Наука», 1968.

马学良:《汉藏语概论》,民族出版社 2003 年版。

聂鸿音:《古道遗声》,中华书局 1997 年版。

聂鸿音:《西夏文〈新集慈孝传〉研究》,宁夏人民出版社 2009 年版。

孙宏开:《羌语简志》,民族出版社 1982 年版。

[俄]聂历山著,马忠建等译:《西夏语文学》,载李范文主编:《西夏研究》第六辑,中国社会科学出版社 2007 年版。

裘锡圭:《文字学概要》,商务印书馆 1988 年版。

史金波:《西夏社会》,上海人民出版社 2007 年版。

史金波:《西夏文教程》,社会科学文献出版社 2013 年版。

史金波、聂鸿音、白滨译注:《天盛改旧新定律令》,法律出版社 2000 年版。

史金波、白滨、聂鸿音:《类林研究》,宁夏人民出版社 1993 年版。

孙伯君:《西夏新译佛经陀罗尼的对音研究》,中国社会科学出版社 2010 年版。

孙伯君:《国外早期西夏学论集》(两册),民族出版社 2005 年版。

吴天墀:《西夏史稿》,四川人民出版社 1980 年版。

王静如:《王静如民族研究文集》,民族出版社 1998 年版。

[日]西田龙雄:《西夏语の研究》(Ⅰ)(Ⅱ),东京座右宝刊行会 1964、1966 年版。

[日]西田龙雄:《缅甸馆译语の研究》,日本京都松香堂 1972 年版。

[日]西田龙雄:《西夏语研究新论》,日本京都松香堂 2012 年版。

[日]西田龙雄:《西夏文华严经》(Ⅱ),京都大学文学部 1976 年版。

邢福义:《汉语复句研究》,商务印书馆 2001 年版。

A. Stein，*Innermost Asia：Detailed Report of Explorations in Central Asia，Kan-su and Eastern Īrān.* Oxford：Oxford University Press，Vol. III，1928.

2. 论文

ARAKAWA Shintaro，On the Tangut Verb Prefixes in "Tiansheng Code"，《克恰诺夫 80 诞辰国际会议论文集》，2012 年。

ARAKAWA Shintaro，New studies on the directional prefixes in Tangut，《第五届西夏学国际学术论坛暨黑水城历史文化研讨会论文集（下册）》，2017 年。

Laufer，"The Si-Hia Language，A study in Indo-Chinese philology"，*T'oung Pao* 2.17，1916.

陈庆英:《西夏语同藏语词汇之比较》,《青海民族学院学报》1992 年第 4 期。

段玉泉:《西夏语中的选择连词 mo^2》,《语言研究》2005 年第 1 期。

段玉泉:《西夏文献〈圣胜慧到彼岸功德宝集偈〉中的两组程度副词》,《西夏研究》2016 年第 4 期。

段玉泉:《西夏语文阅读札记》,《西夏学》第十二辑，甘肃文化出版社 2016 年版。

段玉泉:《西夏文字中的否定会意构字法》,载李运富主编:《跨文化视野与汉字研究》，社会科学文献出版社 2018 年版。

段玉泉:《论西夏文形声字的形成》,载杜建录主编:《西夏学》第二十二辑，甘肃文化出版社 2021 年版。

段玉泉:《西夏语的名物化后缀》,载杜建录主编:《西夏学》第二十三辑，甘肃文化出版社 2021 年版。

Duan Yuquan，"Conjunction wja1 in Tangut Language"，*Chinese Writing Systems* 2019（1）.

龚煌城:《西夏语动词的人称呼应与音韵转换》,《语言暨语言学》2001 年第 1 期。

龚煌城：《西夏语概况》，载《西夏语言文字研究论集》，民族出版社 2002 年版。

龚煌城：《十二世纪末汉语的西北方音（韵尾问题）》，载《西夏语言文字研究论集》，民族出版社 2005 年版。

龚煌城：《西夏语中的汉语借词》，《历史语言研究所集刊》第 52 本第 4 分，1981。

龚煌城：《西夏文字的结构》，《历史语言研究所集刊》第 52 本第 1 分，1981 年。

Gong，Hwang Cherng，"Chinese elements in the Tangut script"，*Bulletin of the Institute of History and Philology*（BIHP），53.1，1982.

Grinstead. E.，*Analysis of the Tangut Script*，Scandinavian Institute of Asian Studies，Monograph Series，No 10，1972.

[日] 荒川慎太郎著，孟令兮、麻晓芳译：《西夏语的双数后缀》，《西夏研究》2019 年第 4 期。

[日] 荒川慎太郎：《西夏语通韵字典》，《言语学研究》第 16 号（1997）。

贾常业：《西夏语韵母的构拟与分摄》，《西夏研究》2012 年第 1 期。

克平著，顾荫宁译，史金波校：《唐古特语表示动作方向的范畴》，《语言研究》1984 年第 2 期。

Kepping，K. B.，"Subject and object agreement in the Tangut verb，Translated by James A.Matisoff"，*Linguistics of the Tibeto-Burman Area* 2.2：29-231，1976.

Kepping，K.B，"Agreement of the verb in Tangut，Translated and edited by L.Kwanten"，*Linguistics of the Tibeto-Burman Area* 6.1：39-47，1981.

Kepping，K.B.，"Once again on the agreement of the Tangut verb"，*Linguistics of the Tibeto-Burman Area* 7.1：39-54，1982.

Kepping，K. B.，"The conjugation of the Tangut verb"，*Bulletin of the School of Oriental and African Studies* 57.2：339，1994.

Keping, K. B., "Mi-nia（Tangut）self-appellation and self-portraiture in Khara-Khoto materials", *Manuscripta Orientalia* 7.4, 2001.

К.Б.Кепинг, "A Category of Aspect in Tangut", *ACTA.ORIENTALIA*, 1971.

李范文、杨占武:《西夏语中的汉语借词补遗》,《宁夏社会科学》1993 年第 2 期。

罗福苌:《西夏国书略说》,上海:《待时轩丛刊》5,1937 年。

麻晓芳:《西夏语的引述句与言说义动词初探》,《民族语文》2018 年第 6 期。

麻晓芳:《西夏语动词的命令式》,《语言研究》2020 年第 2 期。

Matisoff, James A., "Sino-Tibetan linguistics : present state and future prospects", *Annual Review of Anthropology* 20, 1991.

马忠建:《西夏语动词的人称范畴和数范畴》,载李范文主编:《西夏语比较研究》,宁夏人民出版社 2004 年版。

马忠建:《西夏语人称代词之比较》,载李范文主编:《西夏语比较研究》,宁夏人民出版社 2004 年版。

马忠建:《西夏语名词数范畴之比较》,载李范文主编:《西夏语比较研究》,宁夏人民出版社 2004 年版。

马忠建:《西夏语存在动词类别范畴之比较》,载李范文主编:《西夏语比较研究》,宁夏人民出版社 2004 年版。

马忠建:《西夏语动词的体范畴》,《宁夏社会科学》2001 年第 3 期。

马忠建:《西夏语动词的式范畴》,《宁夏社会科学》2001 年第 6 期。

聂鸿音:《西夏语音商榷》,《民族语文》1985 年第 3 期。

聂鸿音:《西夏语 *1h- 声类置疑》,《中央民族学院学报》1986 年第 4 期。

聂鸿音:《西夏语的小舌塞音》,《宁夏社会科学》1992 年第 4 期。

聂鸿音:《西夏语中汉语借词的时间界限》,《民族语文》1994 年第 1 期。

聂鸿音:《勒尼—— 一种未知的古代藏缅语》,《宁夏大学学报》1996 年第 4 期。

聂鸿音:《西夏语声调研究的新课题》,《宁夏社会科学》1997 年第 5 期。

聂鸿音:《西夏语中汉语借词的时间界限》,《民族语文》2006 年第 1 期。

聂鸿音:《西夏语松紧元音假说评议》,《民族语文》2006 年第 5 期。

聂鸿音:《西夏语谓词人称后缀补议》,《语言科学》2008 年第 5 期。

聂鸿音:《西夏语专有名词的类别标记》,《语言科学》2013 年第 2 期。

聂鸿音:《西夏语的名物化后缀 *sji²* 和 *lew²*》,《语言研究》2013 年第 2 期。

聂鸿音:《西夏语的否定词缀 *mji¹*》,《中国少数民族文学与文献国际学术论坛论文集》,2018 年;

聂鸿音:《一文双语:西夏文字的性质》,《宁夏社会科学》2019 年第 5 期。

聂鸿音:《西夏语谓词趋向前缀的连用型》,《语言科学》2022 年第 4 期。

Hongyin Nie,"Graph omission and abbreviation in Tangut script",*Chinese Writing Systems*,2018（3）.

史金波:《西夏语的存在动词》,《语言研究》1983 年第 2 期。

史金波:《西夏语中的汉语借词》,《中央民族学院学报》1982 年第 4 期。

孙伯君:《西夏语"𘊈"*ja¹* 的用法及与之相关的惯用型》,《宁夏社会科学》2016 年第 1 期。

孙伯君:《简论西夏文"𘜶"*djij2.33* 的语法功能》,载杜建录主编:《西夏学》第六辑,上海古籍出版社 2010 年版。

孙宏开:《六江流域的民族语言及其系属分类》,《民族学报》1983 年第 3 期。

孙宏开:《川西民族走廊地区的语言》,载《西南民族研究》,四川民族出版社 1983 年版。

孙宏开:《从词汇比较看西夏语与藏缅语族羌语支的关系》,《民族语文》1991 年第 2 期。

孙宏开:《论藏缅语族的羌语支》,《语言暨语言学》,"中研院"语言学研究所 2001 年版。

孙宏开:《西夏语声母系统拟测》,《语言科学》2016 年第 1 期。

孙宏开:《西夏与羌——兼论西夏语在羌语支中的历史地位》,《阿坝师范学院学报》2016 年第 6 期。

孙宏开、刘光坤:《也谈西夏语里的小舌音问题》,《宁夏大学学报》2001年第 6 期。

孙宏开、聂鸿音:《二十世纪西夏语言研究》,载杜建录主编:《二十世纪西夏学》,宁夏人民出版社 2005 年版。

王静如:《西夏文汉藏译音释略》,《历史语言研究所集刊》第二本第二分,1930 年。

王静如:《西夏语音系导论》,《民族语文》1982 年第 2 期。

Xun Gong,"Uvulars and uvularization in Tangut phonology",*Language and Linguistics*,2020.

张珮琪:《西夏语的体范畴》《汉藏语研究——龚煌城先生七秩寿庆论文集》,"中研院"语言学研究所 2004 年版。

张珮琪:《西夏语的格助词》,载杜建录主编:《西夏学》第五辑,上海古籍出版社 2010 年版。

张珮琪:《论西夏语动词的态范畴》,载杜建录主编:《西夏学》第七辑,上海古籍出版社 2011 年版。

张珮琪:《西夏语的副词子句》,《西夏学》2018 年第 2 期。

张珮琪:《西夏语代词系统析探》,"中国少数民族文学与文献国际学术论坛(成都,2018)"会议论文,待刊。

张珮琪:《论西夏语动词第二类趋向前缀》,《西夏学》2020 年第 2 期。

张珮琪:《论西夏语"燹"*dij*² 的功能——西夏语是否存在示证范畴》,待刊稿。

张永富:《西夏语的禁止式标记》,《西夏学》2019 年第 2 期。

张永富:《西夏语双数人称后缀补议》,《西夏研究》2021 年第 3 期。

张永富:《西夏语第一、二人称双数后缀与人称范畴再探讨》,《民族语文》2022 年第 1 期。

张竹梅:《西夏语第九类声母音值拟测之我见》,《西夏学》(第一辑),宁夏人民出版社 2006 年版。

3. 学位论文

马忠建:《西夏语语法若干问题之研究》,中国社会科学院研究生院博士学位论文 1987 年。

韩小忙:《西夏文正字研究》,陕西师范大学博士学位论文 2004 年。

后　　记

　　编纂一部多卷本西夏通志是多年的夙愿，2001 年教育部批准建设西夏学重点研究基地时，就将该任务纳入基地建设规划。只是鉴于当时资料匮乏，研究团队也比较薄弱，在上级主管部门和学界的支持下，确定先从基础资料和研究团队抓起，采取西夏文献资料整理出版、西夏文献资料专题研究和大型西夏史著作编纂的"三步走"战略，率先开展教育部基地重大项目"国内藏西夏文献整理研究"。2008 年多卷本《中国藏西夏文献》出版后，开始着手《西夏通志》的编纂，起初取名《西夏国志》，后更名《西夏通志》。经过几年的准备，2015 年获批国家社科基金重大项目，2017 年得到滚动支持，2022 年完成结项。

　　《西夏通志》编纂团队除史金波等前辈学者外，大多是基地培养出的学术带头人和学术骨干，他们绝大部分主持多项国家社科基金项目和部省级项目，有的承担国家社科基金重大重点项目，研究领域涉及西夏政治、经济、军事、文化、艺术、地理、文字、文献、文物等方方面面，为保质保量完成编纂任务奠定了坚实的基础。

　　《西夏通志》编纂过程中，得到学界的大力支持，史金波、陈育宁、聂鸿音、李华瑞、王希隆、程妮娜、孙伯君等先生或讨论提纲，或参与撰稿，或

评审稿本，提出宝贵的意见。人民出版社赵圣涛编审积极组稿，并获批国家
出版基金资助，使本书得以顺利出版，在此表示由衷地感谢！

杜建录

2025 年 3 月 12 日